우남이승만
論說文集
(1913~1941) 3

우남이승만 論説文集 3

2022년 3월 5일 초판 1쇄 발행

저　자 ｜ 이 승 만
편　집 ｜ 박 기 봉
펴낸이 ｜ 박 기 봉
펴낸곳 ｜ 비봉출판사
출판등록 ｜ 2007－43 (1980년 5월 23일)

주　소 ｜ 서울 금천구 가산디지털2로 98. 2동 808호(가산동, IT캐슬)
전　화 ｜ (02) 2082－7444
팩　스 ｜ (02) 2082－7449
E-mail ｜ bbongbooks@hanmail.net

ISBN ｜ 978－89－376－0489－8 03300

값 20,000원

우남 이승만

이승만 지음
박기봉 편집

論說文集

(1913~1941) 3

비봉출판사

서문

태평양잡지와 태평양주보

1904년 8월 9일에 석방된 이승만은 고종황제와의 면담도 거부한
채 미국 유학을 결심하고, 그해 11월 4일에 자신의 신분을 숨긴 채 인
천항을 떠났다. 11월 29일 아침에 배가 호놀룰루에 도착하였는데, 부두
에는 윤병구 목사와 존 와드먼 박사가 환영을 나왔다. 12월 31일 밤에
워싱턴 역에 도착했다.

이리하여 미국에 온 이승만은, 미국 대통령에게 조선의 독립을 청
원하려는 최초의 목적은 달성하지 못했지만, 이로부터 5년 간 미국에
서 조지워싱턴 대학, 하버드대학 석사과정, 프린스턴대학 박사과정을
마치고, 1910년 6월 14일 프린스턴 대학에서 윌슨 총장으로부터 박사
학위를 받았다.

졸업 후 6년 만에 그는 영국의 리버풀로 갔다가 소련의 모스크바를
거쳐 1910년 10월 10일 서울에 도착했다. 그러나 서울에선 "105인 사건"
으로 알려진 일본의 기독교 박해로 오래 있을 수 없어서 1912년 3월 26
일 제37회 생일에 세계 감리교총회 참석을 이유로 미국으로 떠났으니,
그의 평생에 걸친 망명의 시작이었다. 1912년 4월 10일에 요코하마에서
미국으로 가는 배를 타고 감리교총회가 열리는 미니애폴리스로 갔다.

1912년 5월 말에 총회가 끝났을 때 그에게는 아무런 확정된 일자리도 없었다. 그 후 6개월 동안 직장을 알아보기 위해 동분서주 했으나 일자리를 찾지 못했다. 그러던 중 1913년 박용만으로부터 하와이로 와서 한인교육을 맡아 달라는 청을 받고 2월 3일 호놀룰루에 도착했다. 이승만의 하와이 정착은 이로부터 시작되어 1945년 8월 15일 대한민국이 해방될 때까지 계속되었으며, 〈태평양잡지〉와 〈태평양주보〉 등의 발간도 하와이 정착으로부터 시작된 일이었다.

일단 하와이로 건너간 이승만은 하와이 군도를 방문하여 교포들의 생활상을 살펴보고 그에 따른 대책을 수립하였으며, 하와이 교민들의 계몽과 한국 독립을 위한 자주독립 정신의 고취를 위하여 잡지의 창간을 서둘렀다. 그리하여 2월에 하와이에 도착한 그는 그해 9월부터 〈태평양잡지〉를 창간하였다.

그러나 아래 표에서 보는 바와 같이 〈태평양잡지〉는 1913년 9월부터 1930년 10월까지 18년 동안 출판되었으나 1915년부터 1922년까지, 그리고 1926년부터 1929년까지의 기간에는 잡지의 복사본이 남아있지 않으므로 발행 여부를 확인할 수 없다.

그러나 1913년부터 1914년까지의 잡지는 거의 모두 이승만이 사장과 주필을 겸하여 개인 잡지마냥 혼자서 원고 작성과 편집을 하였던 것으로 보이고, 1920년대에는 다른 주필들이 주로 집필하였던 것으로 짐작된다. 1930년 3월호로 속간된 이후 5월호부터는 집필자를 밝히는 편집체제로 바뀌었다. 따라서 본서에서는 주로 이승만이 직접 집필하였던 1913년과 1914년의 글들이 취합되었다.

현존 태평양잡지(호수)

	1월	2월	3월	4월	5월	6월	7월	8월	9월	10월	11월	12월
1913											1-3	
1914	1-5	1-6	1-7	1-8		1-10						
1923			5-1				5-5	5-6	5-7			
1924			6-4				6-7			6-10		
1925							7-4	7-5	7-6	7-7		
1930			1-1	1-2	1-3		1-5		1-7	1-8		

창간호인 1913년 9월호가 없어서 잡지의 창간 목적과 취지 등을 볼 수 없으나, 11월호부터 보건데, 잡지의 주요 내용들은 주로 국내, 국외의 사항들과 국내의 정치, 사회, 문화 등으로 당시 하와이 한인들의 독립 자주 의식과 계몽에 필요한 사항들을 다루었다. 당시에 개통된 파나마 운하와 뉴욕의 지상세계, 필리핀과 중국의 내정과 독립 자주, 발칸 반도와 청국 북경의 소문 등은 모두 당시의 조선과 관련된 제3세계 문제를 다룬 글들이다.

특히 하멜의 일기는 당시까지 조선에서는 전혀 미지의 글이었던 것을 이승만이 처음으로 번역한 것으로, 이 책이 후에 국내에서 발간되게 된 것은 이승만이 번역하여 태평양잡지에 연재한 것을 국내의 다른 필자들이 보고서 재번역한 것으로 추정된다.

1914년 6월호에 실린 하와이군도 및 하와이 섬 여행기는 당시의 하와이 섬의 실제와 종교, 노동, 재정 등의 여러 관점에서 종합적으로 소개한 글이며, 1923년 3월호에 실린 〈공산당의 당부당〉이란 글은 세계에서 최초로 평가받는 공산주의 이론의 평가로서 이는 그 후 1924년 7월호의 〈사회공산주의에 대하여〉와 1925년 7월호의 〈공산주의〉의 논설과 함께 이승만의 공산주의에 대한 이해를 엿볼 수 있는 글들이다.

〈태평양잡지〉는 1930년대에 들어와서 동지회를 대신하는 〈태평양주보〉로 바뀌고, 그 경영도 완전히 동지회 대표들에게로 넘어갔다. 그 대신 이승만은 이제 잡지의 발간이란 일상의 업무로부터 해방되어 〈일본의 가면을 벗기다(Japan Inside Out)〉라는 책의 집필과 대한 독립운동을 위한 직접적인 일에 관여할 수 있게 되었다. 태평양주보에 게재된 이승만의 논설은 그런 가운데 이승만이 직접 쓴 일부 논설문을 전부 엮은 것이다.

〈태평양잡지〉 논설의 예:

〈공산당의 당부당〉

　　공산당 주의가 이 20세기에 나라마다 사회마다 아니 전파된 곳이 없어 혹은 공산당이라, 사회당이라, 무정부당이라 하는 명목으로 극렬하게 활동하기도 하며, 혹은 자유권(自由權), 평등권(平等權)의 명의로 부지중 전염하기도 하여, 전제 압박하는 나라에나 공화(共和) 자유(自由)하는 백성이나 그 풍조의 촉감을 받지 않은 자 없도다.

　　공산당 중에도 여러 부분이 있어 그 의사가 다소간 서로 같지 아니하나, 보통 공산당을 합하여 의론하건대, 그 주의가 오늘 인류 사회에 합당한 것도 있고 합당치 않은 것도 있으므로 이 두 가지를 비교하여 이 글의 제목을 당부당(當不當)이라 하였나니, 그 합당한 것 몇 가지를 먼저 들어 말하건대,

　　인민의 평등주의(平等主義)라. 옛적에는 사람을 반상(班常)으로 구별하여 반(班)은 귀하고 상(常)은 천함으로, 반은 의례히 귀하고 부하며 상은 의례히 천(賤)하며 빈(貧)하여 서로 변동치 못하게 등분으로 방한

(防閑)을 정하여 놓고, 영영 이와 같이 만들어서 양반의 피를 타고난 자는 병신 천치라도 윗사람으로 모든 상놈을 다 부리게 마련이고, 피를 잘못 타고난 자는 영웅준걸의 재질을 타고났을지라도 하천한 대우를 면치 못하였으며, 또한 노예를 마련하여 한 번 남에게 종으로 팔린 자는 대대로 남의 종으로 팔려 다니며 우마(牛馬)와 같은 대우를 벗어나지 못하게 마련이라.…

그러나 근대에 이르러 보건대, 반상의 구별 대신에 빈부의 구별이 스스로 생겨서, 재산 가진 자는 이전 양반 노릇을 여전히 하며, 재물 없는 자는 이전 상놈 노릇을 감심(甘心)하게 된지라. 그런즉 반상의 명칭은 없이 하였으나 반상의 등분은 여전히 있어 고금에 다를 것이 별로 없도다.…

공산당 주의 중에 시세에 부당한 것을 말할진대,

一. 재산을 나눠 가지자 함이라.

모든 사람의 재산을 토지 건축 등 모든 부동산까지 다 합하여 골고루 나눠 차지하게 하자 함이니, 이것을 가난한 사람은 물론 환영하겠지만, 토지를 골고루 나눠 맡긴 후에 게으른 사람들이 농사를 아니 하든지 일을 아니 하든지 하여 토지를 다 버리게 되면 어찌하겠느뇨. 부지런한 사람들이 부지런히 일하여 게으른 가난장이를 먹여야 될 것이고, 이 가난장이는 차차 수효가 늘어서 장차는 저마다 일 아니하고 얻어먹으려는 자가 나라 안에 가득할 것이며,

二. 자본가를 없이 하자 함이라.

모든 부자의 돈을 합하여 공동으로 나눠가지고 살게 하면 부자의

양반 노릇하는 폐단은 막히려니와, 재정가들의 경쟁이 없어지면 상업과 공업이 발달되기 어려우리니, 사람의 지혜가 막히고 모든 기기(器機) 미묘한 기계가 인장(印藏)이 다 스스로 폐기되어, 지금에 이용후생(利用厚生)하는 모든 물건이 다 진보되지 못하며 물질적 개명이 중지될지라. 자본을 이해하기는 어려우리니 새 법률로 제정하여 노동과 평등 세력을 가지게 하는 것이 나을 터이며,

三. 지식계급을 없이 하자 함이라.

모든 인민의 보통상식 정도를 높여서 지금의 학식으로 양반 노릇하는 사람들과 비등하게 되자 하는 것은 가하거니와, 지식 계급을 없이 하자 함은 불가하며,

四. 종교단체를 혁파하자 함이라.

자고로 종교단체가 공고히 조직되어 그 안에 인류 계급도 있고 토지 소유권도 많으며, 이 속에서 인민압제와 학대를 많이 하였나니, 모든 구교 숭배하던 나라에서는 이 폐해를 다 알지라. 그러나 지금 새 교회의 제도는 이런 폐단도 없고 겸하여 평등자유의 사상이 본래 열교(裂敎: 기독교) 확장이 되는 중에서 발전된 것이라. 교회 조직을 없이하는 날은 인류 덕의상(德義上) 손해가 대대할 것이며,

五. 정부도 없고 군사도 없으며 국가사상도 다 없이한다 함이라.

이에 대하여는 공산당 속에서도 이론이 많을뿐더러, 지금 공산당을 주장한다는 아라사로만 보아도 정부와 인도자와 군사가 없이는 부지할 수 없는 사정을 자기들도 다 아는 바이어서 더 설명을 요구치 않거니와, 설령 세상이 다 공산당이 되며, 동서양 각국이 다 국가를 없이하여

세계적 백성을 이루며, 군사를 없이하고 총과 창을 녹여서 해머와 보습을 만들지라도, 우리 한인은 일심단결로 국가를 먼저 회복하여 세계에 당당한 자유국을 만들어 놓고, 군사를 길러서, 우리 적국의 군함이 부산 항구에 그림자도 보이지 못하게 만든 후에야 국가주의를 없이 할 문제라도 생각하지, 그 전에는 설령 국가주의를 버려서 우리 이천만이 모두 다 백만장자가 된다 할지라도 우리는 원치 아니할지라.

우리 한족에게 제일 급하고 제일 긴하고 제일 큰 것은 광복 사업이라. 공산주의가 이 일을 도울 수 있으면 우리는 다 공산당 되기를 지체치 않으려니와, 만일 이 일이 방해될 것 같으면 우리는 결코 찬성할 수 없노라.

(태평양잡지 1923년 3월호)

차 례

제 1 부

태평양잡지

국문은 조선의 대복
(1913년 11월호)

태평양 잡지가 발행되는 소문이 각처에 전파되자 사방에서 환영하는 뜻을 표하여 좋은 글로 축사하는 이와 좋은 방책으로 권고하는 이가 많은지라. 우리는 이 여러 친구들에게 다 감사한 말을 회사(回謝)하고자 하노라.

그 중 동양 각처에서 오는 편지를 보건대, 만구일담(萬口一談)이 다 이 잡지를 국한문(國漢文)으로 섞어서 내는 것이 필요할 줄로 의논이고, 심지어 국문(國文)으로만 발행하면 낙망이라고 하는 친구도 있는지라. 이는 다 우리 잡지를 사랑함으로 그 형편에 적당하도록 권면함이니, 그 후의를 깊이 치하(致賀)하거니와, 국한문으로 쓰는 것이 필요하고 아니한 이유를 대강 설명하고자 하노라.

나는 본래 한문으로 교육을 받은 자이니 한문을 내 성명같이 사랑하였고, 국문은 배우면 못쓰는 것으로만 알아서, 당초에 누가 가르쳐 주지도 않거니와 배울 생각도 두지 않은지라. 선비가 어찌 암글을 배우리오 하는 말이 곧 어른의 가르치심이고, 나의 깊이 믿던 바라.

그러나 지금은 나의 순전히 믿는 바가, 한인(韓人) 되고는 저마다 국문(國文)을 배워야 할 것이고, 또한 계제 닿는 대로 국문을 써야 하리라 하나니, 이는 국문이 내 나라 글인 고로 도리 상으로 배우라는 말도 아니고, 또한 가 갸 거 겨를 몰라서 새로 배우라는 말이 아니다. 다만 이 글을 배울 필요와 이 글을 배움으로 이익 얻을 것을 확실히 보는 연고라.

서양 사람들이 이 글을 배워 깊이 연구한 후에 하는 말이, 조선 국문은 세계 각국 글 중에 가장 신기하고 아름다운 글이라 하여, 글을 지어 각국에 전파하며, 자전(字典)과 문전(文典)을 만들어 가르치며, 지금 청국에 수입하여 청인(淸人)들이 이 국문을 이용하도록 만들려 하는 중이니, 국문의 정묘함이 이러한지라.

우리나라 사람들이 이 좋은 글을 버려두어서 문법(文法)도 모르고 바로 쓸 줄도 모르며, 다만 음(音)만 따다가 근사하게 말만 만들어 놓으면 국문을 다 깨쳤다 하여 더 배울 것이 없는 줄로 알아 그러하되, 이 글을 배우기 시작하면 점점 재미롭고 배울수록 더 배울 것이 있는 줄을 깨달을지라.

가령 산에 꽃이 피었다 하려면, 혹은 사넷 고치 피어따 하나니, 이는 국문에 무식함으로 바로 쓰지 못함이다. 가령 아무가 집에 가더라 하려면, 혹은 암옥아 지베 갓얼아 하리니, 이는 고저(高低) 자도 틀리고 문법에 토도 바로 달지 못한 것이라.

국문이 아직도 발달되지 못하여 일정한 규모와 문전(文典)이 서지 못함으로 지금 새로 연구하여 법을 만드는 이가 내외국인 간에 여럿이라. 본사에서는 깊이 연구한 이도 없고 또한 주자(鑄字)가 부족함으로 문법과 고저를 따라 한다고 자처하지 못하나, 지금에 대강 발명된 것만 가지고 바로 배우려 하여도 배울 것이 적지 아니하거늘, 알지도 못하고 너무 쉽게 여기는 것은 실로 모르는 연고로다.

대저 이 글이 신기한 것은 이렇듯 무식한 사람도 이 글만 깨쳐 가지면 능히 속에 있는 말을 써놓아 남이 그 뜻을 알게 할 수 있으며,

남의 글을 보아 능히 쉬운 뜻은 다 알아들을 수 있는지라. 아무리 둔한 사람이라도 배우려면 곧 깨칠 수 있으며, 정신 좋은 이는 한 시 안에 다 배울 수 있는지라. 이 어찌 신기한 글이 아니리요.

지금에 서양 문명을 동양으로 수입하는 시대에 글이 아니면 백년 세월을 허비하여도 서양 개명(開明)을 동양에 온전히 수입할 수 없는지라. 하물며 서양 사람들도 각각 문명을 다투어 서로 남보다 더 앞으로 나아가기를 비교하는 중, 전국 백성 중 글 볼 줄 아는 백성을 비교하여 가며 매 백 명에 글 읽는 사람 수효를 들어서 아무 나라는 백성이 더 개명하고 아무 나라는 백성이 덜 개명하였다 하는 법이라.

각국 글에 두 가지 대부분이 있나니

(1) 글자 형용으로 뜻을 가르치는 것이라. 가령 한문에 멧 산(山) 자와 달 월(月) 자 등이 이와 같아서, 당초에 글자 만들 때에 산 모양으로 그리고 달 모양으로 그려서 써놓으면 그 모양을 보고 무엇인지 알게 만든 것이라. 옛적 애급국 글과 청국 글이 다 이 종류이니, 글자의 음 따로 뜻 따로 되는 것이며,

(2) 지금 태서 각국에 보통 쓰는 글이라. 다수가 라틴(LATIN)으로 된 것이니 곧 로마국 옛글이라. 이 글은 음을 취하여다가 말에 맞춰서 글을 쓰는 고로, 무슨 자와 무슨 자를 합하면 의례히 무슨 소리를 주는 것이니, 우리 국문과 같아서 'ㄱ'과 'ㅏ'를 합하면 '가'가 되는 것과 '케(K)'와 '아(A)'를 합하면 '카(KA)'가 되는 것이 다 한 법이라.

이 두 가지의 구별을 대강 말할진대, 형상으로 뜻을 가르치는 글은 매양 글자 획이 번다하여 기억하기 어렵고, 또한 음이 헷갈리는 고로 분간하기 어려우며, 연설 토론에 한문책을 들고 낭독하면 따로 새겨 들리기 전에는 남이 무슨 뜻인지 알 수 없나니, 이는 여러 글자가 음이

같은 고로 어떤 글자를 쓴지 모르는 연고라.

구음(口音)을 취하여 쓰는 글은 그 글만 깨쳐 가지면 말을 듣는 대로 곧 무슨 글인지 알 수 있는 고로 배우기가 쉽고 기억하기가 편리하며 남의 연설을 알아듣기 쉬운지라. 이는 국한문을 비교하여 보면 소상히 알 것이며,

더욱이 한문(漢文)이라 하는 글은 배우기가 대단히 어려워서 적어도 2~3년 세월을 허비하여야 여간 쉬운 책자나 신문 장을 볼 것이다. 우리 국문으로 말할진대, 넉넉히 잡고 2~3일 동안에 배워서 글을 보고 쓰기에 무난할지니, 2~3일에 배울 국문과 2~3년에 배우기 어려운 한문과 비교하면 그 지속(遲速)과 이해(利害)가 어떠하뇨.

이 두 글로 서양 학문을 번역 해다가 동양 사람을 교육하자면 청인은 2~3년을 잃고 앉은 자이고, 우리는 2~3년을 얻고 앉은 사람이며, 청인은 10년을 두고 주야로 교육한대도 청국 보통 인민이 다 글을 보고 쓰게 하기는 결단코 희망할 수 없으되, 우리는 국문만 전국이 숭상하면 얼마 안에 전국 인민의 남녀 노유를 물론하고 다 능히 글을 보며 글 쓰는 백성이 될지라. 그 관계가 또한 어떠하뇨.

청인이 이것을 깨달음으로 인연하여 일청 전쟁 후 광서(光緒)황제가 서양 제도를 모본(模本)하기로 힘쓸 때에, 청국에 고명한 인도자들이 새로 국문을 만들어 반절(反切)로 취음(取音)하여 발간하고 원본(原本)을 청국 정부에 바치며 이대로 채용하자 하였더니, 사실 완고한 정부에서 물리치고 공맹(孔孟)의 옛글을 숭상하여야 쓴다 함으로 그 반절이 폐지되었더니, 근자에 이르러 새 글을 지으려고 수차 공회(公會: 公聽會)를 열고 의론할 새, 우리나라 선교사들은 우리 국문을 박아다가 보이고 이대로 쓰기를 권하였나니, 그 효험이 장차 적지 않을 것이며,

일본은 저희 가나가 있으나 십분 완전치 못하여 이것만 가지고는 뜻을 소상히 알 수 없는 고로, 한문을 옆에 섞어 쓰던지, 한문에 가나로 주를 달던지 함께 섞어놓은 후에야 알게 만든지라. 일본에서도 한문의 폐단을 생각하고 공문과 서책에 한문을 적게 쓸 수 있는 대로 줄이기를 힘써서 주의한 지 오래되, 아직도 다 없이하지 못하고, 지금은 한문과 가나를 섞어서 저의 글을 만든지라.

우리 국문은 이렇듯 완전하여 사람이 아는 말은 이 글로 못 쓸 것이 없으며, 말을 아는 자는 이 글을 읽고 몰라들을 사람이 없으니, 이 어찌 한인의 장래에 대한 복이 아니리오. 우리 선왕들이 이런 지혜와 이런 재주로 우리에게 이런 보배를 예비하여 주심이라.

미국 어떤 회사에서는 우리 국문으로 타이프라이터(Typewriter)를 만들었나니, 이는 우리 한인 중에 모모 유지한 이들이 발명하여 낸 것이라. 아름다운 기계 하나를 앞에 놓고 손만 누르면 글자가 박이나니 이 어찌 신기치 않으리오. 이 기계 값이 금화 백 원이라. 한문으로 쓰는 기계는 여러 해를 두고 만들려 하되 아직도 완전히 쓰게 되지 못하였나니, 이는 그 글이 단순치 못한 연고라.

우리도 이런 좋은 글을 가졌음으로 동양에 제일 문명한 나라가 되기를 기필할지라. 당장에 있는 글만 가지고도 세 가지로 쓸 수 있으니 一은 순국문(純國文)이오. 一은 순한문(純漢文)이오. 一은 국한문(國漢文) 섞어 쓰는 것이라. 저마다 각각 동양 학문의 정도를 따라 전국 백성의 하나도 글 못 볼 사람이 없을지라. 우리나라에 문풍(文風)이 성행할 것을 이로써 미리 알겠도다.

우리 태평양 잡지를 아직은 순전히 국문으로만 발간하는 것이 몇 가지 연고가 있으니

(一) 이렇듯 보배로운 글을 많이 쓰는 중에서 장차 국문 문장들이 차차 생겨나서 이 글을 더욱 발달하여 우리의 장래 회복을 도모하고자 함이오.

(二) 지금 당장에 재정이 부족하여 국한문(國漢文) 주자를 장만할 수 없은즉 우선 있는 주자(鑄字)나 가지고 시작하여 차차 확장되면 국한문과 순국문과 다 합하여 낼 수도 있을지니, 우선 사력(死力)에 자라는 대로 착수하고자 함이오.

(三) 한문이라는 글이 볼 줄 아는 사람에게는 대단히 환영을 받는 글이니 그 속에 무슨 뜻이 있던지 글만 잘 되었으면 들고 앉아서 세월 가는 줄 모르고 보는 것이라. 그런즉 이 글을 짓는 이나 보는 이나 다 깊은 뜻을 생각하지 않고 다만 허화(虛華)와 문체(文體)만 보아서 심장적귀(尋章摘句: 옛 사람의 글귀를 여기저기서 뽑아 시문을 짓는 일)하는 폐단에 빠지나니, 이는 실상을 연구하는 이 시대에 한 병통이라. 국문이 한문과는 달라서 글 속에 뜻이 볼 것 없으면 만재 장서(滿載藏書)를 적어놓은 글이 다 보잘 것이 도무지 없은즉, 이 글은 쓰는 자나 보는 자나 사실을 구할 밖에 다른 폐단이 없은즉, 이것이 모든 허문외식(虛文外飾)에 병든 우리 한인들에게 한 가지 큰 도움이 될 것이며,

(四) 보통 평민을 개명시키는 것이 우리의 제일 힘쓰는 바이니, 이것이 국문 숭상하는 큰 본의라. 국한문 섞어 쓴 글을 볼 사람은 수효가 적으며, 순한문만 볼 사람은 더욱 적은 중, 한문자라도 볼 줄 아는 사람은 청인의 서책이나 일어(日語) 섞은 책이라도 얻어 볼 수 있지만은, 보통 평민은 국문 아니면 볼 글이 도무지 없은즉 무슨 글로 학문을 얻어 보리오.

혹은 말하기를, 중등 이상 학문 가진 사람이 수효는 적으나 실로 그 사람들이 학문을 받는 것이 유력하다 하니, 이는 지금 세상에 공화

주의(共和主義)와 아주 틀리는 사상이라. 우리는 저 보통 평민 중 가장 다수한 인민을 가르쳐서 저 사람들이 다 보통학문을 가져서 개명 정도에 이른 후에야 고등 학식 가진 인도자들이 실로 쓸 곳이 있을 것이고, 또한 나라가 실로 개명한 대우를 받으리라 하나니,

우리는 이상 몇 가지 연고를 인연하여 이렇듯 보배로운 국문을 보배롭게 이용함으로써 우리 국민의 사상을 발전시키며, 우리 민족의 행복을 도모하는 큰 기관으로 믿노라.

추풍객회
(1913년 11월호)

누아누(Nu'uanu) 소실풍(消失風)에 북창을 반개하고, 만권서(萬卷書) 쌓인 중에 적막히 누었으니, 태평양 밝은 달은 뜰 앞에 가득한데, 가을 풀 찬이슬에 무한한 실송성(蟋誦聲)은 공연히 원객의 회포를 자아내는 도다.

고침(高枕)을 의지하고 무심히 누웠다가, 문득 놀라 정신 차려 손을 꼽아 헤어보니, 무정세월 약뉴파(若紐頗)라 팔구월이 다 지났네.

홍진에 쌓인 몸이 일출(日出) 사환생(死還生)하여 날마다 분주하매, 춘화추월(春花秋月) 등한하여 꿈같이 지냈으나, 무심한 저 버러지 제철을 잊지 않고, 무단히 나의 객회를 동하여 고향을 생각하게 하는 도다.

단정히 일어나 앉아 고국을 생각하니, 이때는 과연 좋은 시절이라. 춥지도 않고 덥지도 않으리니, 병자(病者)는 소생하며 원객(遠客)은 집에 갈 때라. 1년에 가장 좋은 구추가절(九秋佳節)이로다.

양춘(陽春) 삼월에 만화방창(萬化方暢)하여 화간접무 분분설(花間蝶舞紛紛雪)이오, 유상앵비 편편금(流觴鶯飛翩翩翩禽) 할 때에 삼천리 반도가 금수강산을 이루나니, 조선 전국이 도처에 절승지(絕勝地)라. 삼춘가절(三春佳節)이 진실로 좋은 때라 하겠으나,

지루한 여름 동안에 뜨거운 해와 괴로운 장마가 게으른 사람을 곤하게 하나니, 경향에 노는 사람들은 산속에 탁족(濯足)하러 가거나 바

위틈에 물 먹으러 가서 석양을 기다려 내려오며, 농부는 김매기와 물대기에 땀을 무한히 흘리고, 학동(學童)들은 글 짓고 당음(唐音) 읽노라고 옷깃을 풀어 놓고 허덕허덕 하나니, 여름은 참 괴로운 절기라. 몸이 무겁고 사지가 아래로 처질 때로다.

급기 가을이 이르러 공기가 맑아지며 바람이 서늘한데, 오동잎이 떨어지며 매미가 우는도다. 아침 비와 저녁 그늘에 매음매음 하는 소리, 서늘한 바람을 띄어다가, 주렴화각(珠簾畵閣)에 무수히 들리니, 이때는 여름이 다 지나고 추풍이 이르러서 생량(生凉)이 완연히 된 때라.

어언 간에 서리가 내려서 밤사이에 서늘한 바람이 옷깃을 떨치니, 새벽달에 부르짖는 기러기 떼는 남을 향하여 돌아가며, 섬돌 앞에 누른 국화 황금빛을 띄운지라. 건너 산 단풍잎은 꽃같이 붉은데, 동산에 누른 밤은 스스로 떨어지니, 이때는 오곡(五穀)이 여물고 백과(百果)가 익을 때라. 죽장망혜(竹杖芒鞋)로 산천경개를 구경 다니는 유람객이 이때에 가장 많으니, 이것이 이른바 구추가절(九秋佳節)이라. 일 년에 가장 청신(淸新)한 때로다.

이때가 조금 지나면 벌써 솜바지 저고리를 찾을지라. 북풍이 살 쏘듯 하며 백설이 만천산(滿千山)하니, 부자는 방에 불을 덥게 때고 주단등속(紬緞等屬)을 두터이 입었으므로 추운 줄을 별로 알지 못하지만은, 가난한 사람은 이때에 참 살기 어려운지라. 저 무수한 우리 빈곤한 동포들이 이 겨울을 장차 어찌 지낼는지, 이 열대지방에 있는 이들은 한번 생각하여 볼 일이로다.

이것이 대강 우리나라에 사시(四時) 변천하는 절서(節序)라. 외로이 외양(外洋)에 나와서 여러 해를 객중(客中)에 지내는 동포들은 이때에 응당 회포가 없지 않을 터이니, 나의 잠시 회포를 기록하여 나와 같은 여러 동포의 회포를 펴고자 함이로다.

내치자주(內治自主)
(1913년 11월호)

영어로 홈 룰(home Rule)이라 하는 말은 내 집안일을 내가 자유로 다스려서 남의 간섭을 받지 아니 한다란 뜻이니, 번역하면 내치자유권 (內治自由權)이라.

그러나 이 명사를 보통 자치 권리에도 쓰는 바지만, 특별히 영국에 속방으로 있는 아일랜드(Ireland)에 한 정치상 운동을 지목함이니, 이는 그 정치 당파의 목적하는 바가 곧 영국에 주권을 한제(限制)하여, 아일랜드 백성들이 저의 내치를 자주(自主)하게 하자는 주의로, 여러 백년 동안을 두고 강경한 운동을 많이 일으킨 연고라.

일본이 년 전에 조선을 합병할 때에 세상에 광포(廣布)한 말이, 우리가 조선을 합병하는 것은 미국이 필리핀을 관할함과, 영국이 아일랜드를 관할함과 같이 한다 하였나니, 이는 잠시 남의 역사를 빌어다가 자기들에게 유익하도록 인증하고자 함이라. 우리는 다 소상히 보아서 알아야 이 중에서 스스로 배난 것이 생겨서, 우리도 어찌하는 것이 좋을는지 앞길을 예비할지라.

필리핀과 미국이 관계되는 것은 우리가 앞으로 기회를 얻어 설명하려니와, 아일랜드와 영국의 관계는 근자에 대단히 충돌이 생겨서 심지어 전쟁준비가 다 되는지라. 그 역사를 간단히 설명하리니, 이런 글을 깊이 공부하여 사실을 기억하는 것이 가하도다.

대개 영국은 세계에 제일 큰 나라 중 하나인 고로, 영국 국기 위에는 해질 때가 없다 하나니, 이는 영국의 땅이 넓어서 온 지구상에 덮인 것이 아니고, 영국에 속한 토지가 사방에 흩어 있어서 영국 국기가 사방에 박힘이니, 이 모든 땅을 다 주어 모으면 토지가 심히 크지만은 실상 영국은 본방은 얼마 되지 않는 한 섬나라이라.

이 조그마한 섬 중에서도 다 한 백성과 한 나라가 아니고, 나라 구별도 있고 백성의 종류도 다르니, 우선 지명으로 쳐도 잉글랜드(England), 스코틀랜드(Scotland) 웨일스(Wales)와 아일랜드(Ireland)가 다 각각 구별이 있는 바, 아일랜드는 딴 섬에 있어서 영국 사람과 말도 같지 아니하고 인종도 대단히 구별이 있는지라. 이 네 지방을 합하여 대브리튼(Britain) 제국이라 하며, 혹 영국이라고도 하는데, 이는 다 잉글랜드 사람이 통합하여 다스리는 연고라. 청인이 잉글랜드를 번역하여 영길리(英吉利)라 하는 것을 우리는 영자 하나만 따다가 영국(英國)이라 부르는 것이라.

이런 조그마한 나라가 세계에 이렇듯 부강을 이룬 것은 그 백성이 가장 문명함으로 능히 저렇듯 큰 나라를 만든 것이니, 우리도 백성만 다 문명에 나아가면 금수강산 팔만여 방리(方里)와 총준 인민 일천오백만 명을 가지고 족히 아시아의 잉글랜드를 만들기 어렵지 않으리로다.

서력 1155년에 영국 왕 헨리 제2세(Henry)가 재위하였을 때에 로마성에 있던 천주교황 핸드라이앤(Handrian)이 영국 왕과 약조하기를, 이 땅에서 세를 받아서 얼마를 교황에게로 부치라 하고 아일랜드를 영국에 붙여 주었나니, 이때는 교황의 지위가 각국 제왕의 위에 거한다 하여 구라파 각국이 교황의 권리를 숭배할 때라

이후로 영국이 아일랜드를 통합하여 왔는데, 옛적에 중국과 조선
사이에 관계된 것 같아서 혹 속방(屬邦)이라 하기도 하고 혹 빈주지의(貧
主之義: 주객 간에 지켜야 할 의)가 있다고도 하며 지내왔으나, 아일랜드는
원래 빛나는 역사가 있는 나라라, 백성이 다 자치하는 사상이 있어서
죽어도 영국에 속국 되기를 감심(甘心)치 아니함으로 무수한 전쟁이 일어
나서 피를 한없이 흘린 후에, 영국이 파송한 군사와 총독을 걷어가고
아일랜드 사람들이 따로 국회를 세워 내치를 자주하여 지낸지 오래더니,

　1801년에 이르러 합병운동이 생겼으니, 이는 곧 조선에 송병준
(宋秉畯)과 일진회(一進會)의 운동과 같은 것이라. 이 운동의 결과로 아일
랜드의 국회를 혁파하고 아일랜드 각 지방 대표자들이 영국 서울 공회
(公會)에 참여하게 하였는데, 이것이 곧 아일랜드 사람들이 가장 통분히
여기며, 아일랜드 역사에 제일 욕되는 것으로 아는 바더라.

　1834년에 오코넬(O'Connel)이라 하는 이가 일어나서 아일랜드 백
성의 애국심을 고동하여 가지고 천주교의 속박을 벗어 내친 후에 영국
국회 하의원에서 동의하여 합병 정체를 물시(勿施)하자고 반론하였나
니, 이것이 곧 홈 룰 정책의 처음 운동이라.

　그 후에 아이작 버트(Issac Butt)라 하는 연설가가 생겨서 1871년
에 위원으로 피선되어 홈 룰 정당을 조직하였나니, 이것이 곧 내치운동
의 당파 시작이라. 버트의 유력한 연설로 영국에 민심이 많이 돌아서
이 내치자주 정당의 세력이 국중에 전파되므로 영국 백성과 미국 백성
과 또한 구라파 각국에 동정을 표하는 자가 많이 생긴지라.

　대저 이 공포(公布)한 목적인즉, 무슨 물건에 세내는 것을 감하여
영국 백성과 같이 하자 함이고, 또한 토지를 주장한 사람이 제 것으로
보호하기를 영인이 저의 것 보호하듯 하여 법률 아래 구별이 없게 하자

는 뜻이라. 이것이 다 이렇듯 공정하여 사람마다 동정을 표할 만한고로
그 세력이 점점 이렇듯 자라는 바라. 만일 내치자주 당파에서 갑자기
독립을 하자든지 전쟁을 일으키자 하면 속으로는 혹 찬성할 자 적지 않
을지언정 이렇듯 드러나게 도울 수는 없을지라.

　이 홈 룰 당파의 운동이 점점 자라서 1885년에는 세계에 유명하
던 영국 총상 글래드 스톤이 열심으로 찬성하여 국회에서 연설하였는
데, 그 대지(大旨)인즉, 영국과 합병(合倂)을 물시(勿施)하고 자주를 허락
하여 아일랜드 서울에 국회를 따로 세우고 영국 여왕으로 머리를 삼아
서 영국 같이 한 임금 아래서 한 나라같이 지내되, 내치하는 권리는 자
주하게 하자 하였나니, 이 연설이 글래드 스톤의 평생에 유명한 연설
중 하나이더라.

　지금 세상에서 약한 나라가 강한 나라와 권리를 다툴 때에 전쟁
과 주먹의 힘도 길러야 하려니와, 학문으로 사람의 지식을 발달시켜 세
상 사람에게 대하여 저의 원굴함과 남의 무리함을 설명할 줄 알아서,
세상에 공론을 얻어 가지고 기회를 타서 일하는 것이 더욱 긴급한지라.
지금 한인의 학식이 자치 권리를 주장할 만치 되어 가지고 자치 운동을
행하여 세상에 공론을 돌려놓을진대, 일본 주권자들이 병력으로 세상
이목을 영영 가릴 수 없을지라. 이렇게 만들어 놓으면 일본 주권자들이
저희 이해를 비교하여 우리 한인의 자치 운동을 도와서 일하기를 영국
총상이 아일랜드의 자치당파를 위하여 일한 것 같이 하지 말라는 데가
없을지라.
　그러나 영국 백성의 다수가 합병을 유지하고자 하여 자치 당파를
반대함으로 글래드 스톤도 그 뜻을 이루지 못하고 오늘날까지 이 두 편

당이 다투는 중인데, 합병을 유지하는 정당은 지금 있는 대로 아일랜드
대표자들이 영국 국회에 앉아서 다스리자 하며, 자치 당파에서는 아일
랜드 서울에 저희 국회를 따로 세우자 하나니, 이와 같이 아니하면 영
인(英人)의 손에서 공평한 대접과 공평한 보호를 받을 수 없는 연고라.

내치당파 사람들이 각국에 퍼져서 정치운동으로 공회를 자주 여
는데, 미국에 그 운동이 가장 유력하여 이 나라 안에서 재정과 공담(公
擔)으로 돕는 사람이 심히 많은지라. 이렇듯 세력 있는 정당이 저희 내
지에서 영국 정부 공박하기를 일삼아서, 지금은 곧 군사를 준비하여 내
란을 일으키고자 하는 경우에 이르렀은즉, 이 일이 조만간 성취되기를
기약하겠으나, 여러 백 년을 두고 이렇게 강경한 운동을 행하여 외국에
까지 널리 동정을 얻어 놓고도 아직까지 완전히 성공치 못함은 다름 아
니라 그 나라 안에 백성들이 합동하지 못한 연고이로다.

아일랜드 섬 남방에서는 운동을 하다 못하여 필경은 영국과 각립
(各立)하자는 운동이 다 생기되, 북방에 사는 아일랜드 사람들은 이것을
도리어 반대하여 영국 황제에게 속하는 것이 무방하며, 영국과 각립하
는 것은 우리가 원치 않는다고 하여 합병정체(合倂政體)를 유지하기 위
하여 군사를 동하여 가지고 내치자주(內治自主) 운동을 타파하려 하는지
라. 아일랜드 남방 사람들은 심히 민망하게 되었더라.

이것이 이 글을 쓰는 동안에 되는 형편이니 장차 어찌 될는지는
모르겠으나, 우리는 바라건대, 자유를 위하여 목숨을 내놓고 나가는
충의지사에게 항상 능력이 생겨서 굴하지 말고 여일히 전진함으로, 필
경 만국 만민이 일체로 하나님께서 풍족히 주신 복락을 다 같이 누리
게 될지어다.

뉴욕과 땅속 세계
(1913년 11월호)

세계 각국의 큰 도성을 말할진대, 화려하기로는 법국 경성 파리가 제일이고, 굉장하기로는 미국 뉴욕이 제일이고, 크기로는 영국 서울 런던이 제일이라.

먼저 인구 수효로 볼진대 런던이 725만 3천 명이고, 뉴욕이 476만 6천8백 명이고, 일본 동경이 218만 6천 명이고, 미국 시카고가 218만 5천2백 명이니, 우리 서울 인구의 24갑절을 가져야 런던과 비등할지라. 그 큰 것을 가히 짐작하겠도다.

화려한 것으로 말할진대, 파리가 뉴욕만치 웅장 굉대한 것은 없어서 집이 평균 2, 3층 3, 4층으로 모두 균일하게 지었으나, 길이 넓고 청결하며, 간간히 층계를 쌓아 공원을 만들고 수목을 심어 도처에 선명 화려하게 만들었고, 누각과 궁궐이 심히 아름다워 구석구석이 경치가 새롭고 아담하며, 사람은 가장 사치하여 의복 범절을 다 모양 있게 하기로 유명한고로, 지금도 파리 모본(Paris Style)이라 하면 모양내는 이들은 심히 좋아하는 바더라.

그러나 뉴욕과 시카고 두 도성은 세계에 웅장하기로 제일가는 곳이라, 인구로 말하여도 몇 해 아니면 뉴욕이 런던보다 더 많아질 것이요, 화려하기로 말하여도 파리보다 오히려 지난다 할지니, 얼마 후면 파리 모본이라는 말이 뒤로 서고 뉴욕 모본이라는 말이 앞설러라.

다만 누각과 건축의 굉대함을 볼진대, 런던과 파리에 제일 유명하다는 건축을 다 합하여도 능히 뉴욕과 비교하기 어려울지라. 67년 전에도 20여 층 되는 집이 대단히 높은 집이라 하여 유람객들이 의례히 그 집을 구경하러 가던 바이니, 이는 플랫 아연(Flat Iron)이라 하는 집이라. 이 집은 다만 높을 뿐만 아니라 건축을 유명하게 하여서 삼거리 모퉁이에 마름모로 20여 층이 아래 위가 똑 같게 세운고로, 멀리 서서 그 모퉁이를 대하고 보면 집의 전체는 보이지 아니하고 모퉁이만 보이나니, 비컨대 검을 세우고 칼날을 대하여 보면 칼은 보이지 않고 칼날만 보임과 같은지라. 칼날 같이 된 모퉁이에 바람이 쳐서 좌우로 내려오는 고로, 그 앞에 가는 이는 항상 갓을 단단히 붙잡고 지나더라.

지금도 이 집은 유명한 건축물이지만은, 지나간 몇 해 이래로 뉴욕 도성에 건축이 어떻게 늘었던지, 메트로폴리탄이라 하는 집 위에 올라가서 내려다보면 어린아이같이 보이는 바, 메트로폴리탄은 40여 층 되는 건축이라. 싱거와 워즈워드라 하는 두 집과 높기가 서로 비등하니 2, 30층 되는 집은 오히려 심상히 보이더라.

어떤 집은 한 채에 2만 명 사람이 살게 만들었는데, 이런 집일수록 방세가 많은 고로 공기가 유통하고 집안이 명랑하게 지어져 위생에 극히 적당하게 만들었나니, 그 집의 광활함은 가히 짐작하려니와, 이런 집이 항상 넓게 퍼지지 못하고 높이 올라가나니, 사람을 층층이 쌓아놓고 사는 모양이라.

대개 뉴욕에 누각을 널리 짓지 않고 높게 짓는 것은 세 가지 연고가 있으니,

일(一)은 뉴욕 도성의 지형이 다른 곳과 다른 연고라. 삼면으로 대강(大江)과 바다가 둘러 있어 반도형으로 생긴 고로 지방이 한정이 있은

즉, 좁은 땅에 사람이 많이 모여 들므로 전후좌우로 퍼지지 못하고 위로 올라갈 수밖에 없는 형세라. 그 도성 안에 땅이 어떻게 귀하든지 여간 집 한 채 지을 터를 사려면 백만 원을 쥐야 사나니, 집 위에 집을 또 짓는 것은 땅을 따로 사지 않아도 집을 지을 수 있으니 높이 올라갈 수 있는 대로 올라가는 것이다.

이(二)는 상업이 발달되어 부상대고(富商大賈)들이 여러 백만 원씩 되는 자본을 가지고 세계에 상권을 잡고 앉아서 모든 물건을 제조하여 각국으로 수출하고 그 대신에 금은 재산을 많이 수입하여 밀리언에어(milliannaire)가 많이 생긴즉, 돈 가진 사람들이 저의 도성을 잘 만들어 놓아 남의 도성보다 더욱 장하게 만들기도 하며, 저희 이름도 내고자 하여 다투어 더 높게도 지으며 더 값지고 화려하게 만들고자 함이니, 재산의 세력을 자랑하는 성질로 되는 것이며,

삼(三)은 공업과 건축술이 발달되어 세월을 많이 허비하지 않고 이런 집을 지을 수 있는 연고라. 옛적에는 큰 집을 지으려면 무한한 세월을 가져야 성공하였나니, 덕국(德國)에 콜론(Cologne)이라 하는 예배당은 역사(役事)를 시작한 지 7백여 년 만에 필역한지라. 이것으로 보면 뉴욕에 큰 집은 천여 년을 허비한 후에야 필역하겠거늘, 지금은 공업이 어떻게 발달되었던지 시작한 지 몇 달 동안이면 준공이 되는지라. 대개 그 짓는 법은 강철로 틀을 다 만들어 가지고 터를 닦은 후에 층층이 맞춰 놓으며, 돌과 벽돌을 기계로 달아 올려다가 쌓아 놓을 따름인데, 화재를 극히 염려하는 고로 나무는 도무지 들지 아니하고, 마루와 문 등속만 나무로 하며, 벽돌도 불타지 아니하는 것을 쓰나니, 이것이 다 공업의 능력이며,

사(四)는 거처와 출입이 편리한 연고라. 큰 집에 2, 3층으로 있는 방은 세가 대단히 비싼 중 어떤 곳은 공기도 좋지 못하고 태양도 보지

못하며, 전차, 기차와 인마의 소리로 인연하여 조용하지 못한지라. 만일 더 높이 올라가면 세도 좀 싸고 공기가 맑은 고로 높이 올라가기를 과히 혐의치 아니할 뿐더러 승강기(elevator)가 있어서 여러 십층을 오르내리기에 힘들 것이 없나니, 이것이 다 사람의 지혜와 학식으로 천연한 형세를 변하여 사람에게 편리하도록 만들어 놓고 사는 물질상 개명이라.

길에 나서면 거의 한 길 건너서 전차가 놓여서 연속해서 통행하며, 그 많은 사람을 전차로 다 용납할 수 없는 고로 반공(半空)에 솟게 시렁을 매어 그 위로 철로를 두 줄로 놓아 보통 기차만큼 한 전차가 한 끈에 5, 6채씩 달려서 양편으로 가고오고 하기를 쉬지 아니하나니, 이는 엘리베이터(elevator)라 하는 차이다.

아직도 사람이 많아서 내왕이 편리하지 못함으로 땅속에 길을 내어 철로를 서너 줄로 깔고 보통 기차 같은 차가 한 끈에 6, 7채씩 달려서 양편으로 내왕하기를 끝이지 아니하며, 가운데로는 속행 차가 그와 같이 연속하여 양편으로 내왕하나니, 이것을 곧 서브웨이(subway)라 하는지라. 이런 서브웨이가 여러 갈래로 났으나 요새 새로 낸 길 하나만 칠진대 상거(相距)가 70여 리라.

길에 사람이 원체 많은 고로 전차는 심히 빠르지 못하므로 사람이 많이 엘리베이터가 아니면 서브웨이 차를 타는지라. 제5 아비뉴(5th Avenue)라 하는 길은 제일 좋은 길이니, 이곳은 부자들이 많이 사는 고로, 이 길에 전차나 엘리베이터 놓기를 허락지 아니하는 고로, 이 길에 다니는 행인을 위하여 자동차를 2층으로 만들어서 여러 채가 연락부절하여 이 길로만 오르고 나리며 행인을 태우나니, 한 사람당 10전씩만 내면 어디까지든지 그 길에서는 마음대로 태워주는 것이라. 유람객들이 흔히 이것을 타고 도성 중심을 구경하더라.

　이 도성에서 대강을 건너 다리를 놓은 것이 넷이니, 전부 돌과 강철로 놓은 것이라. 하나는 장(長)이 6,855척이고, 광(廣)이 120척이고, 조수 들어 왔을 때에 물 위에서 고(高)가 320척이었다. 또 하나는 장이 7,279척이고, 광이 114척이고, 고가 335척이며, 가장 큰 다리는 장이 8,600척이라. 내가 하루 저녁에 어떤 친구와 걸어서 건너가 보니 대략 15분 동안에 건너갔는데, 그 아래를 내려다본즉 정신이 아득하더라.

　이 다리 위에 만들어 놓은 것은, 중간으로 큰 길을 내어 보행인이 내왕하며, 그 양편으로는 기차 같은 큰 전차가 5, 6채씩 달려서 좌우로 오고 가며, 그 양편으로는 자동차 등속이 다니며, 또 그 양편으로는 우마와 마차와 좌우로 전차가 다니나니, 이런 다리를 넷이나 만들어 놓고도 행인 내왕에 오히려 부족한지라.

　이 대강 밑으로 서브웨이를 놓아 주야로 사람을 싣고 다니나니, 부룩클린(Brooklyn) 도성과 저시(Jersey) 도성과 맨하탄(Manhattan) 섬을 다 이렇게 통하더라.

　먼 데서 기차를 타고 오다가 저시 도성에 이르러 대강(大江)이 당두하는지라. 차를 내려서 승강기를 타면 가슴이 선뜻하며 땅 속으로 내려가는지라. 얼마쯤 가다가 정지하고 문을 열면 문 밖에 나서리니, 곧 전등을 켜서 백주 같이 만들어 놓은지라. 기차를 그 문 앞에서 올라타면 강 밑으로 행하여 얼마 후에 내리라 하거늘, 나려서 또 승강기를 타면 다시 가슴이 선뜻하며 위로 나와서, 문을 열고나서면 곧 뉴욕 도성이니, 여기서 또 다른 데를 가려면 마음대로 찾아 땅속으로 내려가서 어디든지 다닐지니, 이렇듯 땅속으로 다니는 사람이 매일 평균 150만 명가량이라.

　근일에 자세히 조사한 표를 보건대, 매일 일하는 시간을 땅 속에서 보내는 사람이 2만 명가량이라. 이 사람들은 다수가 길 닦고 철로 놓으며 모든 차 부리는 사람들을 통계한 것이며, 이 수효가 불구(不久)에 갑절이 되리라 하는지라.

이런 서브웨이로 인연하여 땅 속에 전방 낸 것과, 기계간과 곡간 등 집이 많이 있어서 벌레집 같이 땅 속을 만들었으며, 큰 여관과 디아터와 전방을 태반이나 이렇게 통하여 다니는 고로, 어떤 사람은 별로 육지 위에서 호흡할 시간이 많지 못한지라.

겸하여 가난한 사람과 청인(淸人)은 큰 집 밑에 땅속을 세내 가지고 그 속에서 사나니, 이는 세도 적고 또한 그 속에 모든 노름과 아편깡과 계집질 하며 살인하는 궁흉극악(窮凶極惡)한 일을 다 행하기 쉬움이라. 이것을 지하세계(地下世界)라 하나니, 곧 인간 지옥이더라.

그 위에 큰 호텔들은 모든 밀레아네어의 못된 짓하는 굴혈이니, 죄악이 쌓인 곳은 지상지하를 물론하고, 재물이 있으나 없으나, 다 같은 지옥이라. 물질상 개명이 강을 변하여 평지를 만들지라도 사람의 죄악을 막아서 착하게 만드는 능력은 없나니, 진실로 하나님의 도를 숭상하여 덕의를 배양할진대 악한 인간을 변화시켜 천국을 만들리로다.

파나마운하
(1913년 11월호)

거의 사백년 전에 사람들이 꿈꾸던 일을 거월(去月) 십일에 완전히 성취하여 태평양과 대서양 두 물이 합하여 함께 유통하게 되었나니, 사람이 이 시대에 처하여 무슨 일이든지 할 수 없다고 버려두고 사람된 능력을 쓰지 아니하는 것은 과연 어리석은 인생이라 하겠도다.

1581년에 서반아 해군장관 페리이라(Pereira)가 그 임금 필립(Plilip)의 명령을 의지하여 파나마 지형을 측량하여 보고 운하를 파서 두 대양이 서로 접하게 만들자 하였으나, 일이 허황된 데 가까워 사람들이 다 반신반의 하는 고로 여러 번 의론만 하다가 그만 두었더니, 1879년에 이르러 각국 대사가 파리 경성에 모여서 법인 드 레셉(De Lesseps)으로 역사를 주장하게 할 새, 1억 2천만 원 경비를 가지고 시작하여 10년 만에 필역(畢役)하기로 예정하였더라.

이렇게 시작한 일이 얼마 성공도 못하고 재정은 더 얻을 수 없으므로 3천만 원 가치 되는 기계는 썩어 없어지며 레셉의 아들과 그 동사(同事)가 재정을 남용하고 잡혀 갇혀서 몇 해씩 징역에 처하고 역사를 파의(罷意)하였더라.

1894년에 법국 공업가 하나가 장담하고 나서서 1억 1천만 원만 더 주면 4년 만에 필역하겠노라 하고 시작하였다가, 스트라이크를 당하여 정역(停役)하게 되자, 그 일에 관계된 사람들이 다 미국을 향하여 착수하기를 권하는지라. 미국인들이 이 운하를 착수하고자 하나 별로 깊이 주의하지 아니하다가, 1898년에 서반아 전쟁이 벌어지자 미국 해군함대가 다 태평양에서 여송(呂宋)과 필리핀에 가까이 있을 때에 홀연히 서반아가 대서양으로 미국을 침범하리라는 소문이 발한지라. 만일 태평양에 있는 함대를 남미주 끝 희망각(希望閣: Cape Horn)으로 돌아서 대서양으로 오게 하려면 허다한 세월을 요구할지니, 미국이 대단히 위태할지라. 이러므로 파나마를 파서 남북 미주 중간으로 통하여 내왕하게 하면 심히 편리하겠다는 의론이 생긴지라.

미국 정부에서 회사를 새로 조직하고 삼천만 원 경비를 예산하여 주식회사로 만들고, 만일 경비가 부족하면 1억 2천5백만 원까지 들여서 준공하기로 계획하였는데, 파나마 땅이 컬럼비아(Columbia) 정부에 속한고로 그 정부에 인허를 얻었나니, 컬럼비아는 중앙 미주에 한 독립국이라. 그 운하 회사에서 그 나라 정부에 세를 물기로 약조하였더라.

1903년에 컬럼비아와 다시 약조하고 미국 정부에서 운하 기지를 사기로 결정한 후, 영국과 다른 나라들과 약조하기를, 이 운하는 영영 중립자격으로 인증하여 각국 상선이나 군함을 물론하고 일체로 동등대우를 받게 한다 하였나니, 이는 만일 이 약조가 아니면 미국이 혼자 차지하고 각국이 평균한 이익을 얻지 못할까 하여 미국이 착수하는 것을 허락지 않을 염려가 있는 고로, 이 약조를 정하여 각국 권리를 보호하기로 담보함이라.

그러나 그 해에 컬럼비아 정부에서 운하 기지 방매하기를 배척하여 약조를 파의하는지라. 미국이 다시 어찌 할 수 없어 가장 민망히 지낼 즈음에, 파나마에서 내란이 일어나서 컬럼비아 정부를 배반하고 파나마 공화국을 반포하는지라. 이때에 루스벨트 씨가 미국 대통령으로 이 기회를 타서 혁명 정부와 속으로 약조하고 파나마 정부의 독립을 인증하니, 이는 1903년 12월 약조라. 이 약조 사연인즉 미국이 파나마 공화국의 독립을 인증하며 보호할 것이오, 파나마 정부에서는 이 운하를 파서 관할하는 권리와 운하 좌우로 각 삼천 리가량 되는 지방 안에 경찰재판권을 다 미국에 허락하며, 미국은 그 대신에 돈으로 배상할 것이 제1차에는 일천만 원이오, 그 후는 매년에 1천오만 원씩 9년 동안을 배증하기로 약조한지라.

이 운하의 길이가 일백오십 리니 우리 서울에서 인천항에 가는 갑절이라. 그 중 산도 있고 험한 석벽도 많을 것이거늘, 이것을 다 파서 하수를 만들어 두 바다가 통하게 하고, 그 물로 세계에 큰 군함 상선들이 서로 엇먹어 오고가기에 거침없게 열어 놓으니, 기계의 정밀함과 학식의 능력이 아니면 꿈엔들 어찌 뜻하리오.

이 운하에 역사를 시작한 후로 두 가지 의견이 있었나니, 하나는 땅을 깊이 파서 물이 스스로 평균히 흐르게 하자 함이고, 하나는 물문을 만들어 물을 가두었다 텄다 하자는 것이니, 그 연고를 잠시 설명할진대, 대서양과 태평양 중간에 지형이 높은 고로 물이 동서 양편으로 갈려 내려오다가 낭떠러지를 만나면 폭포수 같이 떨어져 내리게 될지니, 이런 곳에서는 배가 내려가기도 위태하거니와 올라가기는 더욱 할수 없는 처지라. 그러므로 땅을 깊이 파면 폭포수같이 떨어질 물이 마침내 스스로 순히 흐르리니 평탄한 물을 만들 수 있다 함이오.

물을 가두자 하는 의견인즉, 그 높은 땅을 다 파서 운하가 평탄하게 만들려면 졸연히 성공할 수 없을지니, 폭포 같이 랑(浪)이 되는 곳에서 얼마 내려가서 하수를 건너질러 물문을 만들어 열었다 닫혔다 하게 마련하였다가, 만일 배가 폭포 위에까지만 와서 정지하면 물문을 곧 닫히리니, 폭포 위에서 내려오는 물이 갇혀서 더 내려가지 못한즉 차차 물이 괴여서 폭포 위에까지 이르러 그 위에 물과 평균히 되는지라. 그

때는 배를 띄워서 내려오면 평탄한 물로 폭포를 지낼지라. 그제는 물문을 열어 놓으면 물과 배가 함께 내려갈지니 위태함이 조금도 없을 것이다.

만일 배가 아래서 올라올진대 폭포 아래 와서는 더 올라갈 수 없을 터이라. 그런즉 배를 물문 안에 세우고 물문을 닫으면 물이 괴여서 나중은 폭포 위에 물과 평균하여질 터인즉, 그 때는 배질을 다시 하여 더 올라가면 폭포를 거슬러 올라가기에 조금도 어려울 것이 없을지라. 다 올라간 후에 물문을 열면 폭포는 여전히 다시 생기고 배는 폭포 위에 떠 있으니 그 위에서 다시 배질 할지라. 이것이 곧 배를 높은 데 올라가게 하는 좋은 법이로다.

이상 두 가지 의론이 서로 충돌이 되어 무수히 평론하다가, 1906년에 미국 국회에서 완정하여 물문을 내기로 반포하고, 역사를 부지런히 하되, 혹은 아직도 믿지 못하여 이것이 다 헛되이 재정과 인력만 허비하고 중도에 폐하리라 하더니, 지금은 대서양 편과 태평양 편으로 문을 다 내어 대서양 해면에서 58척 위에 배를 올려 넘기게 만들었으니, 고금 역사에 과연 광대한 사적이로다.

운하 중간에 갬보아(Gamboa)라 하는 곳은 석벽이 가린 곳이니 양편에서 파오다가 이곳에 이르러서는 특별히 폭발약을 묻어서 전기 기운만 들어가면 약이 일시에 터지며 석벽이 불려 달아나고 양편에서 물이 몰려들어 대서양과 태평양 물이 함께 합하게 만든지라.

이것이 파나마운하 역사에 마지막 필(畢)하는 일이니, 삼백여 년 전에 시작하여 목숨이 무수히 상하고, 여러 억 만 원 재정을 허비한 후 지난달 십일에 와서 이 일을 완전히 성취하니, 이 어찌 기념 경축할만한 날이 아니리오.

그러므로 특별히 마련하여 폭발약에 댄 전선줄 한 끝을 워싱턴으로 연하여 화이트 하우스(White House)에서 대통령 윌슨이 단추를 누르면 여러 천 리 밖에서 그 약이 터져 두 물을 통하게 마련하고, 지난 달 십일 하오 2시 2분에 폭발약을 터치고 각처로 전보하여 통기(通奇: 통지)하였는데, 이 소식이 2분 동안에 호놀룰루에 이른지라.

태평양 연해 각처에서는 이 소식이 오기를 오래 기다리던 터인데, 이 전보를 받은 시간에 각 윤선과 기계창에서는 화통을 불어 서로 화답하며, 각 상회와 관사에는 각국 기를 달아 이 전보를 환영하는 뜻을 표하였으며, 캘리포니아 각 해변 도성에서도 다 이와 같이 경축하였더라.

지금은 갬보아 지방에 석벽 흩어진 것과 바닥을 파내서 더욱 깊게 만들면 배가 임의로 다녀서 뉴욕과 샌프란시스코 사이에 육지로 가지 아니하고 수로로 직행하게 된지라. 통상 무역과 전시 군용에 그 관계가 대단히 큰지라. 이 운하 연로 각 지방에 상업발달이 장차 굉대(宏大)하리니, 이러므로 하와이 군도에서 특별히 환영하는 바라.

1915년에 상항(桑港) 박람회에서 이 일을 기념 낙성할 때에 각국 군함이 대서양에서 떠나 일(一)자로 늘어서고 미국 군함이 앞을 인도하여 이 하수(河水)를 지나서 태평양으로 와서 박람회에 참여할 터인데, 아직까지는 영, 덕, 아, 일 등 여러 나라가 감정을 두고 이 회에 참여하지 않겠다 하는 중이나, 필경은 다 참여할지라. 큰 시비가 생기기 전에는 어느 나라든지 이 일에 빠지기를 원치 아니 할러라.

우리도 이 일을 더욱 환영하나니, 이는 다름 아니라 우리가 이런 좋은 지형을 얻어서 운하 근처에 있으므로 동서양 통섭에 더욱 왕래가 잦을 터이니, 이후에 일 있을 때에 여기서 용수(用水)하기도 더욱 편리하거니와, 우선 멕시코에 거주하는 우리 동포들과 거래가 더욱 가까워진지라.

　　우리는 파나마 운하의 개통된 소식을 더욱 환영하며, 유지한 동포들은 미리 준비하여 파나마 박람회에 한국 물품으로 한번 참여하기를 주선함이 가하다 하나니, 이는 세계 각국이 대표되는 자리에 우리도 한번 참여하고자 함이라. 우리가 국가 대표로는 파송할 수 없을지라도 우리 인민이 사사로이 본국 물품이나 벌려 놓고 참여하는 것은 마땅히 할 만한 일이니, 이것도 몇몇 사람이 합동하여 가지면 심히 용이하리로다.

파나마에 대한 추후 소문
(1913년 11월호)

이 위에 논설을 기록한 후에 가신처(家信處)로 전보가 왔는데, 미국 상선은 운하에 다닐 적에 수세를 물지 아니하고 통행하게 마련한 법을 윌슨 대통령이 아직 물시(勿施)하기로 작정이라 하는데, 워싱턴 정부에서 반포하는바 까닭인즉, 이 운하를 미국 정부에서 간수하기와, 시시로 수리하기에 경비가 얼마나 들 것인지 먼저 알아야 세를 얼마씩 받을는지, 미국 상선에게는 받지 아니하고도 경비를 저당할 수 있을는지 알 터인즉, 그 동안은 미국 상선도 각국 상선들과 일체로 받는다 하는지라.

그러나 밖에 공론을 들을진대, 이는 다름 아니고 영국 정부에서 반대하여 운하를 미국 정부에서 소유물로 만드는 것은 영미 조약에 위반되는 것이니, 이 일을 만국 중재재판에 제출하여 공동으로 판결하는 것이 가하다 하는 고로, 윌슨 대통령은 이굴(理屈)한 줄을 생각하고 이 법을 고침이라 하는지라.

대저 그 사실을 조사할진대, 영미 양국 간 조약이 있어서 파나마 운하를 영구히 중립지를 만들자 하였나니, 이는 어느 나라든지 사유물을 만들어 홀로 천편(擅便)하지 못한다 함이라.

이 약조를 체결할 때에는 미국 정부에서 운하 파는 것만 중히 여겼고 장래 이해는 비교하지 않은 것이라. 하물며 그때 형편으로 보면

미국이 이 운하를 각국과 공동으로 쓰는 것이 널리 이로울 것이고 군용
상 관계에 필요할 형편은 없었더니,

지금에 와서는 아시아와 교섭이 달라서 태평양과 대서양 두 바다
에 군함이 무시로 통행하는 것이 필요하게 된지라. 하물며 이런 다수한
재정을 들여서 거역(巨役)을 준공한 후에 미국인도 타국인과 같이 대우
하면 미국 상선이 타국 상선과 경쟁할 수 없을 터인즉, 미국인에게 특
별한 이익이 없을지라.

이러므로 수세(水稅) 무는 것을 구별하여 미국인에게는 받지 않기
로 작정하였나니, 이것을 인연하여 영국이 들고 일어나서 무수히 시비
하며, 파나마 박람회에 참여치 않겠다 하며, 만국 중재재판에 제출하여
공결(公決)하자고 누차 재촉하는지라.

전 대통령 태프트 씨가 대통령 임기가 차게 되었을 때에 의견을
설명하였는데, 그 말에, 만일 영국이 중재재판에 제의하려 하면 미국은
덕의상(德義上) 책임으로 그 뜻을 따라 공결하는 것이 옳다 하였나니, 이
는 그 결과에 이해를 불계하고 다만 사실에 곡직(曲直)만 들어서 공평히
귀정되기를 기다리자 함이라.

미국 재정가들이 이 말을 듣고 환영치 아니하여 태프트 대통령의
의견을 대단히 반대하고 무수히 시비한지라. 하물며 이 나라의 공론을
재정가에서 많이 돌리나니, 이는 모든 재정가에서 자기들의 의견을 세
상에 발포하기 쉬운 연고라. 각국에서는 태프트 대통령의 설명을 심히
공평하다 하였지만은, 미국의 공동한 민심은 다수가 시비하였더라.

윌슨 대통령이 새로 들어서서 외교상 일을 대단히 비밀하게 하므
로 이 일을 어찌 조처하려는지 몰라서 의론이 은근히 있었으며, 다만
바라기는, 이 일을 잘 조처하여 처음에 말한 대로 각국 상선은 다 수세
를 일제히 물되, 미국 상선은 수세를 물지 아니하게 마련하고, 영국이

만일 중재재판소에 재판하자 하면 허락하지 아니하기를 기다리더니, 전보에 오는 말을 빙거하건대, 워싱턴 정부에서 이 법을 정지하고 미국인이나 외국인을 물론하고 다 일체로 세를 받기로 작정이라 하니, 이는 미국인의 공동한 소원과 반대되는 일이라. 재정가에서 심히 불평한 태도를 보이리로다.

그 중 하와이 군도에 관계가 긴절하니, 이는 하와이 사탕농사가 타국의 사탕과 비교할 수 없는 연고로다. 대저 하와이는 사탕 농사로 발달된 곳이니, 만일 이것만 아니면 여러 백만 원씩 되는 자본이 이곳에 들어올 수 없으며, 여러 만 명 노동자들이 올 수 없을지라. 이러므로 하와이 사람들은 사탕 농사를 하와이의 명맥으로 아는 바라.

이번에 윌슨 대통령의 정책으로 사탕세를 물시하는 바람에 하와이가 재정상 큰 손해를 받아서 대단히 곤란을 당하는 중이라. 하와이에서 여러 가지로 운동하여 이 법이 성립되지 못하도록 무수히 반대하였으나, 대통령의 정책이 기어이 실시되어 하와이에 재정이 대단히 줄어들므로 각국 노동인이 또한 손해를 많이 받는 중이로다.

그러나 하와이 사람들이 한 가지 바라기는, 파나마 운하가 열리면 이곳 사탕을 미국 배로 실어서 필라델피아와 뉴욕과 보스톤 각처에 직접으로 수출하게 되면 타국 배는 세를 물고 미국 배는 세를 아니 물지니 이것이 한 가지 큰 보호라 하여 가장 믿는 터이러니, 지금에 듣는 소식을 가지고 볼진대, 하와이에서 심히 낙심될지라. 큰 자본주들은 돈을 더 가져오지 않을 것이고, 농장에서는 노동 이익을 많이 감할 터이라. 이 영향이 불쌍한 우리 한인에게 미치나니, 우리도 환영할 수 없는 소문이지만은, 윌슨 대통령의 정책으로 말하면 또한 불가하다 할 수 없는지라. 이 연유는 장차 이 아래 논설에 말하려니와, 운하의 수세 내는 관만 볼진대, 만일 미국 배는 세를 물지 아니하면 하와이 사탕을 여기서 실어서 뉴욕이나 필라델피아에 가는 매 뱃짐에 오천 원가량을 얻을 것이고, 만일 다른 나라 배들과 같이 세를 내면 오천 원가량씩을 내어야 할 터인즉, 이는 사탕 주인들이 물 것이라. 사탕 세를 무는 외에 운송비를 이렇듯 중히 내고 보면 사탕농사에 무슨 이익이 많이 있으리오.

공화당을 반대하는 사람들은 이것으로 인연하여 무수히 시비하며 미국의 상업을 모두 결단낸다고 공론을 일으키는 바이나, 월슨 정당에서는 말하기를, 모든 세를 공평히 무는 것이 모든 상업을 일체로 흥왕시키는 근본이니, 이 법을 재정한 지 얼마 후에는 다 도로 잘 되리라 하나니, 두 가지 의론이 다 그러할 듯하나, 우리는 바라건대, 미국 사람들이 다만 사사 이해만 돌아보지 말고 공평 정대한 일을 행하여 모든 사람이 다 같이 이(利)를 보게 하며, 또한 공평한 일을 행하는 사람이 그 마지막 결과에는 큰 이를 볼 줄로 믿노라.

하멜의 일기
(1914년 1월호)

〈하멜의 파선 사적〉

헨리 하멜(Henry Hamel)이라 하는 이는 하란국 사람으로 한국에서 잡혀서 13년을 갇혔다가 요행히 살아서 도망하여 저의 본국에 돌아간 사람인데, 그때 갇혔을 적에 일기(日記) 하여둔 글이 있어서 전후 경력을 기록하였는데, 그 글이 지금 들어난지라. 그 글에 우스운 구절도 있고 가긍(可矜)한 정상도 있으니, 우리가 다 이 글을 재미로 읽고 그 정경을 한번 생각하여 볼 만하도다.

그 사연을 대강 말하건대, 우리나라에서 외국과 상통(商通)을 허락지 아니하여, 우리는 남의 나라에 가기도 싫고 남이 우리에게 오는 것도 원이 아니라 하고 지내었나니, 이는 타국인이 우리에게 올 때에 혹 토지를 노략하려 하거나 저희들의 요사한 도를 전하려 함이라. 우리는 산중처사국(山中處士國)으로 숨어 살아서, 남이 도무지 우리 있는 줄을 모르게 하는 것이 우리의 선왕 고토(故土)와 예의 법도를 보전하는 방책이라 하여 지경 통하기를 엄검(嚴檢)할 때라.

1653년에 하란국 상선 스패로(Sparrow)라 하는 배 한 척이 그때 청국 대만으로 향하다가 제주도 앞에서 파선하여 조선 땅에 내린지라. 이때에 하란 사람들이 동서양에 상권을 잡고 도처에 상업회사를 설시하여 동양에까지 많이 가 있었나니, 일본에 이등박문과 및 모모 유신당 인도자 된 이들이 처음에 하란국 선교사의 인도함으로 서양 학문을 배우기 시작한 것이 이 연고더라.

조선에서 처음으로 백색 인종을 대한즉 언어 문자도 통하지 못하며 모양이 희귀하여 이상한 물건이라. 파선하여 밀려들어온 것을 다 죽이지는 차마 못할 일이고, 그저 놓아 보내면 우리의 좋은 나라를 보고 가서 다시 침범하기를 꾀할까 염려가 되는지라.

그 사람들을 다 잡아 두어 나라 돈으로 간호하여 다만 편지질이나 다른 통섭(通涉)을 막아 그 안에서 늙어 죽게 만들었으므로, 13년 세월을 고초 겪다가 필경 도망하여 8인은 살아서 돌아가고, 8인은 종시 한국에 있어서 생사(生死)를 부지(不知)라 하였으니, 그 여덟 사람은 한국 땅에 묻힌바 되어 가련한 고혼(孤魂)이 되었도다.

〈한국에서 파선함〉

우리가 1653년 정월 10일 저녁에 하란국 해변에서 배를 떠날 새, 바람이 차차 생기더니 점점 풍랑이 일어나서 대양에서 파도를 많이 겪고, 오스트레일리아 대양주에 임하여 6월 1일에 배타비아(Batava: 이는 자바섬(Java)의 도성)에 도착하여 수일을 쉰 후 동인도상회(東印度商會) 총독의 명령을 받은즉, 그곳서 떠나서 청국 대만으로 향하라 하는지라.

동월 14일에 스패로를 타고 떠나서 코넬리어스 레센(Cornelius Lessen)을 데리고 가니, 이는 대만을 점령하려는 경영이라. 7월 16일에 다행히 대만에 하륙하여 짐을 풀어 놓고 동월 30일에 다시 떠나서 일본을 향할 새, 그날 저녁에 바람이 잔잔하고 물결이 고요하더니 대만 어구를 나서자 대풍이 일기 시작하여 밤새도록 심하게 불어서 정신을 차릴 수 없더라.

8월 1일 아침에 일찍이 바라보니 섬 하나가 멀리 보이는지라. 이곳에 바다가 깊어서 닻을 줄 곳이 없음으로 배를 세울 수도 없어서 방황할 즈음에, 이 섬을 본즉 심히 반가워서 그 옆에 세우려 하여 힘을 다하여 그 섬으로 향할 새, 함장이 살펴본즉 그 근방에 불이 일어나서 나무가 타는지라. 만일 가까이 갔다가 화재를 당할까 염려하여 다시 돌려서 멀찍이 세우고 바라본즉 청국 지방이 지척에 있는데, 청인들이 우리의 어려운 정형을 보고 모든 군기(軍器)를 다 가지고 기다리니, 이는 곧 우리가 파선하면 살육하고 물건을 빼앗고자 하는 뜻이라. 그날 종일을 피차 서로 바라보며 지내고, 그 이튿날 밤을 또 그곳에서 지내었으나, 풍세는 조금도 감하지 않더니,

그 이튿날에 이르러 풍세가 조금 가라앉으므로 적이 정신을 수습하고 본즉 육지에 있는 청인의 수효가 점점 느는지라. 우리가 그 형편을 본즉 대단히 불길하여 곧 그곳을 떠나고자 하였으나 풍세로 인연하여 또한 밤을 지내었더라.

제3일에 본즉 바람에 불려서 대만 지방을 다시 온지라. 이 중에 가만히 헤아린즉, 매 8월 11일은 그곳에 풍랑이 유명한 바인데, 이 바람에 잡히들면 동편으로 불려갈 염려가 많은지라. 날이 점점 추워지며 바람이 더욱 심하게 부니 진퇴양난(進退兩難)이라. 돛을 달았다 떼었다 하여 좀 낫기를 바라나 비가 연속 쏟아져서 앞뒤를 볼 수 없고 배는 그 심한 풍파에 심히 약하게 되지라. 필경은 하는 수 없이 돛을 떼고 다만 물결치는 대로 물러가기로 작정하였더라.

15일에 이르러는 바람이 어찌 심하게 불던지 말소리가 피차에 들리지 아니하고, 돛은 당초에 달 생각도 못하며, 배에 물이 잠뿍 들어놓았으니 아주 어찌할 수 없기에 이른지라. 나중에는 물결이 길길이 일어나서 훌훌 넘어들어 오므로 우리는 위태함이 시각에 달렸거늘 집채 같은 물결은 쉬지 않고 줄달아 반공에 솟으니, 배에 닻도 없고 돛대도

다 부러져서 체만 남은 배를 가지고 하나님만 부르며 명을 기다리더라.

마침내 살아날 도리가 없을 줄 알고 배와 물건을 다 버릴지라도 목숨이나 건져 보기를 도모하여, 배 위에 붙은 돛 조각을 마저 떼어버리려 하여 죽기를 기약하고 힘쓸 때, 큰 물결이 배 위로 덮여 지나가므로 모든 사람이 다 쓸려 넘어갈 번한지라. 함장이 소리를 지르며 하는 말이, 여보 동무들, 그 돛 조각 남은 것을 마저 떼버리시오. 이런 물결이 한둘만 더 오면 우리의 힘과 재주가 다 쓸 데 없고 다 여기서 죽는 사람이니, 차라리 바람에 걸릴 것은 다 없이 하고 하나님 은혜나 믿는 것이 옳소 하더라.

이런 중에 모진 바람과 사나운 비가 천지를 번복하는 듯하므로 지척을 볼 수 없을 차에, 큰 물결 셋이 연거푸 밀려와서 배를 눌러 놓으니 기관소에 있던 사람들은 미처 수족을 놀리지 못하고 즉사하였으며, 위에 있던 이들은 뱃전에서 뛰어나려 물결에 끌려 정처 없이 뜬지라.

15인이 물결에 밀려서 한 곳에 가 내리니, 옷이 얼마쯤은 붙어 있는 것도 있고 얼마는 전부 다 벗어진지라. 수족이 뻣뻣하고 상처가 많은 중, 가만히 들은즉 어디서 사람 소리는 나는데 밤이 칠암(漆暗) 같아서 지척은 불변이니, 사람 건질 생각은 간절하나 어찌할 수 없더라.

16일에 간신히 몸을 끌고 일어나서 그 중 행보(行步)를 할 수 있는 이들이 사방으로 돌아다니며 돌아본즉, 시신이 물결에 밀려서 육지에 쓰러진 자 더러 있는지라. 혹은 중상하였으나 목숨이 아직 붙어 있는 고로 다 주워 모은즉 36인이 된지라. 파선한 배 조각을 둘러본즉 한 사람은 두 널판 사이에 끼워서 물결에 밀려다니는 고로 간신히 빼어 놓은즉 세 시 동안에 곧 죽더라.

우리의 사랑하던 배가 족족이 갈라져서 물에 뜬 것을 보니 슬픔이 측량없을 뿐더러 64인 중 36인만 남았으니 그 슬픔을 더욱 어찌 형언하리오. 불행한 친구들의 시신이나 찾고자 하여 사면으로 살피되 하나도 찾을 수 없고, 다만 우리 함장 엑버츠(Egbertz)의 시신이 물가 십여보 밖에 밀려와서 팔을 머리에 얹고 죽어 모래에 반쯤 덮인 고로 우리가 다시 장사지내어 주었으며,

그 후에는 배고픈 생각이 나는지라. 2, 3일 동안 아무것도 먹지 못하였은즉 배에서 혹 밀려나온 식물이 있을까 하여 두루 돌아보되 다만 곡식 한 부대와 고기 절인 것과 제두장인 것뿐이라. 식물은 이만치 있었으나 불을 만들 수 없거늘, 하는 수 없어 음식 먹을 생각은 정지하고 파선한 나무 조각을 주어다가 버티어 의지할 집을 만드니, 이제야 바람과 비가 적이 정돈되는지라. 돛 떨어진 조각을 주어다가 덮어서 풍우를 가리니 적이 의지가 되더라.

(미완)

송구영신
(1914년 1월호)

　무심중 1913년이 훌훌히 지나가서 영영 다시 돌아오지 못하게 되었고, 한편으로 1914년이 당두하여 사람의 회포를 새롭게 하는지라. 묵은해가 간 것은 섭섭하거니와 새해 맞는 것은 또한 기쁘도다.

　지난달 그믐날에 서산에 떨어져 함지(咸池)에 들어가는 낙조(落照)를 볼 때에 저희가 한 번 가면 다시 오지 못하리라 하였으나, 정월 초일에 금계제파일윤홍(金鷄啼罷一輪紅)이 부상(扶桑)에 둥실 높이 뜨니 의연한 저 태양은 반가운 옛 친구라.

　어제 해가 오늘 뜨고 작년 해가 금년에 뜨니, 작년이나 금년이나 조금도 구별이 없거늘, 묵은해라 새해라 지목하는 것이 이치에 합당치 못하다 하겠는가.

　왈(日); 그렇지 않다. 일부일 년부년(日復日 年復年)에 같은 태양은 여전히 올지라도 날마다 가는 것이 세월이오, 시(時)마다 가는 것이 세월이라. 사람이 이 가운데 처하여 이 가운데서 늙는 고로 스스로 깨닫지 못하나 세월이 가기는 일반이라.

　가령 먼 길을 가는 사람이 천산만수(千山萬水)에 가고 갈수록 끝이 없은즉, 사람이 얼마 가는 것 같이 아니하고 항상 한 자리에서 허덕허덕 하는 듯하나, 간간 십리(十里) 장승 오리(五里) 장승을 보면 몇 리 온 것과 어느 지경에 달한 것을 알 것이오.

대양(大洋)에 배를 타고 날마다 행할진대 아무것도 보이는 것은 없고 다만 하늘과 물뿐이라. 주야로 빨리 가되 배 위에 앉은 사람들은 배가 가는 것을 깨닫기 어려운 법이니, 이는 다름이 아니라, 같은 것만 주야로 보이는 고로 그 자리에 늘 서 있는 것 같으나, 그 이수(里數)의 거리를 상기하여 보면 어디까지 온 것과 어느 지방에 있는 것은 가히 깨달을지라.

사람이 세상에 처한 것이 이와 같아서 분주한 인간에 일출사환생(日出死還生)하여 이 모양으로 지내는 중에서 세월 가는 것을 깨닫지 못하고 지내는 것이라.

그러나 이런 새해 명절을 당하면 먼 길에 십리(十里) 오리(五里) 장승 세운 것도 같고, 배에서 이수(里數)를 기록하여 놓은 것도 같아서, 이 때에 이르러서는 한번 정신을 가다듬고 뒷길을 얼마나 온 것과 앞길이 얼마나 남은 것을 한번 상고하여 보며, 전에 작정하고 떠났던 목적지에 달(達)하였는가 못 하였는가, 달할 수 있는가 달할 수 없는가 한번 비교하여 볼지라.

사람마다 어렸을 때에는 한 가지씩 바라고 원하는 것이 있어 혹은 몇 살 되면 입신양명하여 문호를 빛내리라 한다든지, 혹은 장래에 운수를 만나 성군을 뫼시고 출장입상(出將入相)하여 보국안민(輔國安民)하리라든지, 혹은 재물을 모아 부자가 되어 가지고 전국에 유조한 재정가로 자선사업을 많이 하여 보리라든지, 혹은 학문을 닦아서 재주를 배양하여 가지고 전국 인민을 개명시켜 문명 부강에 나아가게 하여 보리라 한다든지, 이런 인간 천만사(千萬事)에 사람마다 각각 원하고 욕심내는 것이 있을지라.

만일 이런 욕심이나 희망이 없으면 세상에 사는 재미도 없고 분주 골몰히 일하고 싶은 마음도 없을지라. 혹 이런 목적을 가지고 여일히 쉬지 않고 이 목적을 향하여 나가는 사람도 있고, 혹 이 마음이 있기는 있으나 그다지 긴절치 아니하여 이것도 하려 하고 저것도 하려 하는 중에서 세월을 낭비하고 기운을 다하기도 하며, 혹 이 목적을 향하여 부지런히 나아가다가 중간에서 딴 길을 찾아들어 오입(誤入)에 들어 신세를 망치거나, 혹 그 목적을 속히 이루려고 첩경을 찾다가 영영 평생을 그릇 들이는 남자도 없지 않을지니, 사람사람이 다 그 목적은 한 가지씩 있는지라. 이때에 이르러 송구영신(送舊迎新) 하는 즈음에 앉은 모든 우리 동포는 다 한 번씩 생각하여 봅시다.

지금은 만국 만인이 다투어 전진하는 시대라. 뒤로 물러가지 아니하고 앞으로 나아가기를 날로 새로 힘써서 문명부강에 이르나니, 일본은 40여 년 전에 동양에서도 성명이 없던 나라로 서양 문명을 수입하여 주야로 전진하는 중에서 세계에 한 강국을 이루었으며, 청국은 사천여 년 잠자던 완고국(頑固國)으로 외국과 통상한 후 여일히 구습을 지키다가 무한한 설움을 당하는 중에서 스스로 깨어나서 앞으로 나가기를 시작하고, 혁명을 실행하여 민주국을 이루기에 이르렀고,

필리핀 군도는 오래 완고한 서반아 정부 아래서 앞으로 나아가기를 경영하지 못하다가, 미국의 관할을 받은 후에 개명 정도를 배워 개명에 나아가기를 힘쓴 지 십여 년에 벌써 독립국이 되기를 경영하여 공론이 자주 일어나므로 미국 정부에서도 이 뜻을 찬성하는 이가 많기에 이르렀고,

인도국은 옛 법을 지켜 새 세상과 통하기를 즐겨 아니하며 구습만 고집하여 서로 잔멸하다가, 급기 영국에 속한 바 된 후로 대학교를 세우고 서양 학식을 숭상하여 학문 지식이 서양과 비등하게 되는 인도자가 많이 생기므로, 스스로 독립운동을 일으켜서 얼마 아니면 영국 관할을 벗어 버리고 자주국을 이루게 되었으며,

　발칸 반도에 여러 나라는 토이기에 속하여 회회교(回回敎)의 관할을 받음으로 예수교 믿는 여러 나라들은 항상 반대운동을 선동하였으나 토이기의 세력을 벗어나지 못하여 곤욕을 당하다가, 점점 개명에 진보함이 속(速)하여 국민의 세력이 확장되므로, 여러 적은 나라들이 합동하여 가지고 토이기를 쳐서 목적을 이루고 자주하는 나라를 이룬지라.

　이는 다 국민 전체가 앞으로 나가서 지나간 십 년 혹 몇 십 년 안으로 진보하여 일심으로 나아가는 중에서 그 목적을 달한 표적이라. 이렇듯 앞으로 나가는 자는 저렇듯 잘 되었고, 이렇게 나가지 못하는 자는 또한 뒤로 점점 물러가서 마침내 다만 가진 물건을 잃어버릴 뿐 아니라 저의 육신과 목숨을 보전하지 못하기에 이르나니, 이런 사회가 이 세상에 한둘이 아니나, 다만 우리의 당한 형편으로만 보아도 가히 알 것이며,

　또한 개인으로 말할지라도, 남들은 저의 나라가 통상 유신할 시대를 당하여 학문을 배워 가지고, 공업을 세워서 나라가 부강문명에 이르고 국민이 상등 대우를 누리게 만들었으며, 혹은 군인이 되어 해륙 대전에 공효를 드러내어 국기(國旗)를 빛나게 하며, 혹은 유명한 외교관이나 유력한 재정가나 교육가 저술가 경제가 법률가나 혹 공업 상업 등 모든 사업에 인도자들이 되며, 심지어 외양(外洋)에 이민으로 나간 자라도 혹 토지를 차지하거나, 상업에 주권이 되거나, 모든 일에 기초를 잡아서 남의 추앙을 받으며, 제 백성의 명예와 권리를 드러낼 만치 된 자가 많은지라.

　이것이 다 세월을 허송하지 아니하고 목적을 여일히 지켜 날마다 시마다 다투어 앞으로 나가는 중에서 된 것이라. 남들의 국가가 저렇듯 진보하여 나가는 것을 볼진대 사람마다 부러운 마음도 날것이고, 추앙하는 생각도 없지 않을 터이로되, 급기야 그 성취하는 근본을 보면 나

라가 진취되는 것이 곧 개인이 진취하는 중에서 된 것이라. 개인이 날로 진보하여 점점 앞으로 나가기를 힘쓰지 아니하면 나라가 스스로 문명부강에 이를 수 없나니, 개인이 저의 형편을 변하려 하며, 개인이 저의 정도를 낮게 하여 어서 방비 전진하기를 전력하는 것이, 우리 국민 전체를 개량하는 근본이라.

우리 동포는 내지에 있으나 외양(外洋)에 거접(居接)하거나 각각 앞으로 나가기를 일삼아서, 금년부터는 세월을 잠시라도 허송하지 말고, 오늘이 어제보다 나으며, 금년이 작년보다 낫게 만들기로 결심하고, 이 1914년에는 우리의 목적지에 더 가까이 나아가서 부강 문명에 한 걸음 두 걸음씩 전진전진 나아갑시다.

이 새해에 우리 한인의 공동 전진을 위하여 한 가지 축사를 주고자 하나니, 이것을 가지고 금년 일 년 동안을 다투어 나아가면 1915년에 이르러는 오늘 형편에 비교하면 장차 천양지판(天壤之判)이 될지라.

이 축사는 곧 전진가(前進歌)라 하는 노래 한 곡조이니, 이 노래를 누가 지은 지는 알 수 없으나, 해삼위(海蔘威: 블라디보스토크) 지방에서 어떤 동포가 지은 것이라는데, 여러 학생이 이 노래를 부를 때에는 곧 천병만마(千兵萬馬)의 행진하는 기상이 있어서 태산을 무찌르고 대강을 뛰어 건널 듯하다가, 급기 후렴을 자주 몰아쳐 지를 때에는 좁은 골짜기에 급한 폭포가 내려질리듯 하여, 사람의 용맹심과 담대한 기운을 스스로 돕는지라. 이러므로 이런 노래를 본국에서 금하나니 우리는 이 노래로써 새해 축사로 우리 동포에게 주노라.

전진가

(一)
뒤에 일은 생각 말고 앞만 향하여
전진 전진 나아갈 때에 활발스럽다
청년들은 용감력을 더욱 분발해
전진 전진 나아가세 문명 부강케

(二)
오고가는 바람 형세 맹렬한 것은
무형무색 공기들이 화합함이고
우리의 전진하는 문명 기상은
노심초사 힘써 함이 이것 아닌가

(三)
태평양과 대서양에 무한한 물은
산곡 간에 적은 물이 화합함이고
우리들의 모든 사업 성취되기는
천신만고 불고함이 이것 아닌가

후렴
청년의 가는 앞길이 태산과 같이 험하다
고생함을 생각 말고 나아갈 때에
청년들은 용감력을 더욱 분발해
전진 전진 나아가세 문명 부강케

새해 지키는 풍속
(1914년 1월호)

우리나라에서는 지금 두 가지 책력을 지키나니, 하나는 양력이고 하나는 음력이라. 이 두 가지 책력을 다 시행한즉 한 나라에 정월초하루가 일 년에 두 번이 되는지라. 우리가 속속히 교정할 일이 여러 가지가 되는 중, 이것이 한 가지 대단히 긴절한 것이로다.

음력을 지금까지 준행하고자 하는 이들은 몇 가지 까닭이 있으니

첫째는, 구습에 젖어서 옛적부터 지키던 것을 변치 않고자 하는 성질이고,

둘째는, 무식하여 지금 세계 각국이 다수히 양력을 지키는 줄은 모르고 다만 일본 사람들이 지키는 책력인 줄만 알아서 하는 말이, 우리 책력을 버리고 일인의 책력을 준행할 까닭이 없다 함이고,

셋째는, 편협한 생각으로 우리 것을 없이 하고 남의 것을 따르기 싫다 하는 마음이라. 만일 우리 것이 어떠한 것이냐 물을진대 지금에 지켜오는 음력을 우리 것이라 하여, 태초로 조선 사람들이 항상 써 내려온 것으로 알고, 양력은 남의 것이라 하여 남들은 자초로 항상 이 책력만 지켜온 줄로 아는지라. 지금에 그렇지 아니한 사실을 설명하기 위하여 동서양 각국이 자초로 새해 명절을 지켜 온 역사를 대강 참고 하리니 심히 재미로운 역사라.

대저 동서양을 물론하고 나라마다 새해 명일을 지키는 풍속은 저

마다 다 있었으나, 다만 그 지키는 날짜가 같지 아니하여 대단히 충절(層折)이 있는지라.

상고적 애급국 사람들과 파사국 사람들은 매년 추분(秋分) 때에 새해가 시작하였으므로 양력 9월 21일에 새해 명일이 되며,

희랍 사람들은 기원전 5백년까지 동지(冬至)가 될 때로 새해를 정하였으므로 매년 12월 21일에 새해 명일이 되었다가, 그 후 기원전 432년에 와서는 책력을 고쳐서 매년 양력 6월 21일(夏至)로 새해 명일을 정하였으며,

그 후 희랍교를 받드는 나라에서들은 양력 정월(正月) 13일로 새해 명일을 삼아 경축하는 고로, 아라사에서는 지금도 다른 나라에서 통행하는 새해 명절로부터 12일을 지낸 후에야 명일이 되나니, 각국이 이것으로 인연하여 아라사를 완고하다, 혹 미개하다 하는 비평으로 종종 시비하더라.

유대국 사람들은 추분(秋分)으로 세수(歲首)를 삼고, 예수교가 구라파에 들어가서 전파된 후로 혹 어떤 나라는 구약(舊約)에 정한 유월절로 새해를 삼으니, 이는 히브리 사람들이 애급국에 속박을 면한 날이며, 혹은 성탄일로 세수를 삼았나니, 이는 예수 강생하신 날이라.

태양력의 효험이 차차 드러나므로 서반아왕(西班牙王) 필립 제1세가 1575년에 비로소 양력 정월 1일로 세수를 삼은 후 구라파 남방 각국이 차차 준행하다가, 1700년간에 이르러는 구라파 북방에 덕국 하란 서던 등 국이 다 이 책력을 준행하였으되, 영국은 1751년부터 비로소 양력 정월 1일로 새해를 시작하였다.

동양 역사로 말할진대, 지금부터 거의 5천1백여 년 전에 실롱 씨가 역서를 지은 후에 요(堯) 임금은 인월(寅月)로 세수를 삼으니 곧 음력 정월이고, 순(舜) 임금은 축월(丑月)로 세수를 삼으니 곧 음력 12월이고,

하우(夏禹)씨는 자월(子月)로 세수를 삼으니 곧 음력 11월이며, 그 후 진시황(秦始皇)은 해월(亥月)로 세수를 삼으니 이는 곧 음력 10월이라. 한(漢) 태조가 진나라 법을 썼으나 그 후에는 여러 가지로 변하여 혹 인월(寅月)로도 정월을 삼고, 혹 자월(子月)로도 정월을 삼았더라.

우리나라는 자초로 인월로 정월을 삼더니, 신라 시대에 효소왕이 자월로 고쳤다가 5년 후에 다시 인월로 정하였나니, 그 후 1천2백년 동안에 몇 번 변혁하였으나 인월로 다시 준행하여 왔으며, 1895년에 이르러서 대한 건양(建陽) 원년을 반포하고 양력을 준행하였더라.

이로써 볼진대, 각국에 책력 쓰는 본의가 그때에 편리할 대로 변천하여 적당하도록 쓸 따름이고, 창조 이후로 일정한 법을 세워 이 나라 저 나라에 네 것 내 것을 구별할 것이 도무지 아니라, 하물며 지금은 서양 각국도 교섭 통행에 편리하기를 위하여 차차 옛적 쓰던 것을 버리고 각각 다 연호를 없이 하며, 구주 강생하신 날짜로 기원하고, 양력 정월 1일로 새해 명절을 삼는 바라.

우리는 이 시대에 처하여 새 문명을 흡수하며 날로 전진하기를 힘쓸지니, 완고한 사상과 편벽된 뜻을 다 벽파(劈破)하고, 양력으로 일제히 준행하는 것이 가하도다.

이상은 새해 지키는 날짜가 같지 아니함이거니와, 경축하는 절차가 또한 다소간 같지 아니하니, 대강만 보아도 심히 재미로운지라.

이날에 무슨 예물을 바꾸어 가지는 것은 만국 사람이 다 일반인데, 서양에 상고적 사람들이 혹은 계란을 서로 바꾸어 가지기도 하고, 혹은 겨우살이(*겨울 동안 먹고 입고 지낼 생활 용품)를 서로 주고 바꾸기도 하며, 로마 시대에는 이것이 큰 재물 생기는 길이 되며 황제의 받는 것이 심히 많은 고로 백성이 폐단을 면치 못하였으며, 영국에서는 각 왕국이나 권귀(權貴)한 집에서 세찬(歲饌)을 토색하여 억지로 얼마씩 바치

게 하다가, 중간에 와서 이 풍속이 스스로 없어지고 자의로 세찬을 주
는 풍속이 성행하더라.

한국에서는 소위 세도(勢道)라는 것을 시작한 후로 세찬 봉물(封物)
이 번성하여 이것을 권력 있는 계제(階梯)를 삼으므로, 백성의 고혈을
긁어다가 벼슬을 도모하기를 위주 하는 고로 큰 폐단이 되어 전국에 손
해가 적지 않은지라. 점점 토색이 심하여 백성의 재정과 재물을 세찬
명목으로 억탈(抑奪)하기에 이른지라.

지금에 와서 이것이 다 없어졌으니 평등 백성을 위하여 실로 다
행하다 하겠으나, 아직도 시골 어두운 인민들은 종시 구습을 버리지 못
하여 옛 풍속을 의연히 행하는 고로, 음력 연종(年終)이 되면 종로상에
각각 생채와 해의(海衣: 김)와 건시(乾枾) 등 봉물짐이 왕래하더라.

이 날을 경축하는 절차는 각국이 대동소이(大同小異)하나, 나라마
다 종교 사상으로 이날을 지키는 것은 동서양이 거의 다 같은지라. 일
본은 집마다 청송(靑松)으로 단장하고, 사가(私家)와 절간에서 제(祭)와
재(齋)를 올리며, 법국과 구라파 몇 나라에서 이 날을 성탄일보다 중히
여겨서 교당에서 예식을 행하며 명첩을 서로 바꾸나니, 이는 세배 다니
는 대신으로 쓰는 풍속이다.

미국에서도 다소간 종교 절차가 있어서 각 예배당에서 새해 축복
하는 예식이 있으나 천주교회에 더욱 많으며, 해마다 이날 아침에 대통
령이 외국 공사들의 심방을 받은 후는 평민들을 받는 풍속이 있어서,
상오 열(十) 시 가량이면 백실(White House)을 열어 놓고 대통령과 혹 그
집안 식구들이 누구든지 다 들어오는 대로 받아 손을 흔드는데, 이 기
회를 구하는 사람들이 어느 나라 사람이든지 아침에 가서 그 문 앞에
일자(一字)로 늘어서서 시간을 기다리다가 문을 열 때에 하나씩 뒤를 따
라 한편으로 들어가서 손을 흔들고 그 옆문으로 나오더라. 이 풍속은

1790년에 워싱턴 대통령이 처음으로 시작하고 말하기를, 절차는 어떻게 고치던지 이 날을 이렇게 경축하는 법은 폐하지 말기를 바란다고 하였더라.

지금은 미국에서도 세배 다니는 풍속이 점점 없어져 아침에는 서로 찾지 아니하고, 저녁에 어떤 집에서는 음식을 장만하여 친구를 청하여 가지고 즐거이 노는 풍속이 생기니, 이것을 사람들이 매우 좋아하는지라.

그 전 풍속은 동양과 흡사하여 새해 인사하러 다니는 것을 예로 알므로, 부인들은 집에 있어서 혹 엿이나 무슨 음식을 가지고 손님을 맞고, 남자는 집집이 찾아다니며 인사하는 고로, 이것이 한 폐단이 된다 하여 차차 없이 함이니, 우리도 이런 폐단을 없이 함이 무방하겠도다.

북미주 토인 인디언(Indian)도 이 날을 경축하는 절차가 있는데, 이는 전부 신을 위하는 것이라. 크게 잔치를 차리고 해 맡은 귀신을 대표하여 춤을 추며, 큰 뱀의 형상과 제용(祭用)을 만들어 올리고 제를 올려서 신을 섬기며, 청국과 한국에서는 자초로 이 날을 일 년에 제일 큰 명일로 알아서 예식절차가 심히 호번(浩繁)한데, 재석을 지켜서 묵은해에 모든 악귀를 쫓는다고 대통을 불로 터트려 소리를 내었다가 그 후에 지총(紙銃)을 만들어 대용하나니, 지금 청인들이 명일 때에 지총 쓰는 것이 곧 이 뜻이며, 사당(祠堂)과 신당(神堂)에 제를 올리고 절과 신상에 해성(海星: 불가사리)을 바쳐 새해를 축복하며, 용과 사자를 만들어 각색 물건으로 춤추며 노는 것이 다 귀신을 위하는 본의라.

우리나라 사람들이 처음은 이런 사상을 청인에게 많이 배워 왔으나 한국에서 천연히 생긴 풍속도 많아서, 어리석고 요사한 일을 다 말하기 어려운지라.

섣달 그믐날 저녁이면 잠자지 아니하는 사람이 많고, 새벽부터 의복을 새로 입고 사당에 차례로 제를 들인 후 신청주(新淸酒)를 먼저 마시며 귀밝이(*귀밝이술)라 하나니, 이는 옛적 중국 사람들이 도소주(屠蘇酒)라는 술을 마시던 풍속이라.

그 후에는 어른아이가 울긋불긋 하게 입고 나서서 새벽부터 세배 다니느라고 남의 집에 찾아다니니, 이것이 사람의 도리요, 또한 사람의 재미라. 삼삼오오 돌아다니며 어른을 찾아가서 절하고 꿇어 앉아 환세(換歲) 인사를 하면 떡국, 식혜, 강정, 전유(煎油) 등속을 주기도 하며 혹 돈도 주며, 어른에게는 귀밝이술도 주나니, 이것이 다 절값이라 하는 것이라. 어떤 아이들은 절값 받는 맛에 더욱 부지런히 찾아다니는데, 어떤 아이들은 서로 저희끼리 모여서 절값 받은 돈을 비교하며 하는 말이, 너는 오늘 많이 남겼구나, 아 나는 새해에 재수가 담뿍 글렀네, 절값 번 것이 겨우 요고뿐이야 하더라.

육개 책보기와 직성 찾기와 노구메기도 들이기와 윷놀기와 널뛰기와 연날리기와 돈치기로 분주히 지내다가, 어언 간에 대보름이 되면 달마중하기와 답교(踏橋)하기와 부럼 까기와 용왕에게 밥 주기와 제롱이나 조롱 주기에 여러 가지 재미로운 일이 있는지라. 이것이 다 일 년 성사라. 그 중에 재미로운 일도 여러 가지거니와 가장 요사한 일을 생각하면 또한 어리석은 일이 태반이로다.

지금까지도 구력을 준행하는 사람들은 이 어리석은 일을 지켜 행하는 것이 많으니, 서울 종로상에 제웅이나 조롱 달라는 아이들이 무수히 왕래하여 들리는 소리가 밤들도록 요란하니, 이것은 다 사람이 어두워서 개명에 나가지 못하는 연고라.

우리 모든 동포들은 이런 일에 다 이유를 생각하며 뜻을 연구하여 옛 풍속이라도 어리석은 것은 버리고 새 풍속에 좋은 것은 준행하여 날로 문명 발달에 전진하기를 일심일심(一心一心) 합세다.

거듭나는 사람
(1914년 1월호)

사람마다 나라가 잘 되면 백성이 잘 살 수 있는 줄은 알지만은, 사람이 잘 되어야 나라가 잘 될 수 있는 줄은 생각지 못하며, 사람마다 의로운 백성이 되어야 나라가 잘 될 줄은 알지만은, 자기 먼저 의롭게 되어야 백성이 의롭게 될 줄은 깨닫기 어려운지라.

그러므로 사람마다 남의 나라가 잘 되는 것을 보든지 남의 백성이 보호와 대접을 잘 받는 것을 볼 때에 의례히 내 나라 잘못되는 것과 우리 백성의 잘못하는 것만 한탄하고 원망하였지, 각각 자기가 잘못하였다든지 자기가 의롭지 못하여서 전체가 잘못되는 줄은 헤아리지 못하나니, 이렇듯 서로 칭원하며 서로 나무라는 중에서 잘하려는 사람은 없고 원망만 점점 심한즉, 억만년을 두고 원망한들 나라가 어찌 잘 되어 볼 날이 있으리오.

통히 말할진대, 우리나라가 지금에 아주 새나라가 되지 못하고는 영웅준걸이라도 어찌할 수 없으며, 정치 법률이 도울 수 없는지라. 새 나라가 되려면 다시 나는 나라가 되어야 할지니, 썩은 물건이 중생하기 전에는 새것이 될 수 없는 연고라.

지금에 우리나라는 다 죽은 물건이니, 다행히 명맥은 붙었으나 몸은 다 썩어 들어오는 시신이라. 이때에 중생하는 이치로써 다시 나는 나라를 만들기 전에는 화타(華佗) 편작(扁鵲)의 수단으로도 회춘시킬 도리가 망연하다 하노라.

다행히 나라를 중생시키는 한 가지 방문(方文)이 있으니, 이는 곧 그 나라 안에 있는 백성을 하나씩 중생시키는 중에서 되는 방법이라. 가령 밭이 잘 되기를 경영할진대, 그 밭 안에 있는 곡식이 잘 자라서 새싹이 잘 나게 하기에 있나니, 이는 곡식이 잘 자라지 못하면 밭이 잘 될 수 없는 연고라.

그런즉 나라가 새 나라 되기를 바라는 이들은 먼저 그 백성이 새 백성 되기를 힘쓸 것이오, 백성이 새 백성 되기를 힘쓰고자 할진대 자기가 먼저 새 사람 되기를 힘쓸 것이며, 자기가 새 사람 되기를 원할진대 자기의 마음이 먼저 새롭게 되기를 도모할지니, 이는 곧 중생지도(重生之道)로 그 마음을 변화하는 데 있는지라.

이 중생하는 이치는 예수교에 있으니, 이는 예수교가 능히 사람의 마음을 개량하여 새 마음이 생기게 할 수 있는 연고라.

학문 지식과 권모술수를 아무리 발달시킬지라도 만사의 근원되는 마음을 다스리지 못하면 중생한 사람은 되지 못하나니, 다만 목욕하고 새 옷 입힌 것 같아서, 외양은 선명하나 그 속에 썩은 것은 여전히 들어 있음이라.

니고데모라 하는 이가 밤에 조용히 예수를 심방하러 갔나니, 그 사람은 벼슬하는 양반이라. 점잖은 이가 예수를 찾아보려 가는 것이 남 보기에 좀 창피한 고로, 밤을 타서 아무도 보지 아니할 때에 몰래 들어가고자 함이더라.

이 소년인즉 사상이 다른 소년들과 달라서, 예수가 이상한 행적을 많이 행하신다니 그 이적(異蹟)을 한번 보고자 하여 간 것도 아니고, 혹 예수가 이후에 유대에 왕이 되시리라 하니, 왕이 되면 이후에 벼슬 자리나 하나 얻고자 하여 간 것도 아니고, 다만 한 가지 묻고자 하는 바가 있어서 갔으니, 그 묻고자 하는 바인즉, 자기에게도 과연 긴절한 문제요 우리 모든 사람들에게도 일체로 긴절한 문제라.

옛날에 시골 사람들이 서울 손님을 만나면 흔히 묻는 말이, 여보시오, 어찌하면 서울을 한번 가볼까요 하며, 혹 서울 사람들은 대궐에서 나온 사람을 보면 흔히 묻는 말이, 아, 어떻게 하면 대궐을 한번 들어 가볼까요 하며, 서양 유람객이 동양에 가면 동양 청년들의 흔히 묻는 말이, 아, 어떻게 하면 미국을 한번 가볼까요 하나니, 이것이 다 사람의 당한 처지를 인연하여 더 좋은 곳에 가고 싶은 마음을 발표함이라.

예수는 서울보다도 낫고, 대궐보다도 낫고, 미국보다도 몇 백 갑절 천 갑절 나은 천국으로부터 오신 손님이니, 이것을 니고데모가 깨달은 고로, 아무것도 다 묻지 아니하고 천국에 갈 도리를 물은지라. 우리도 이와 같이 인간 모든 사사 원(願)을 잊어버리고 천국 일을 생각하며 천국 길을 찾을진대, 이후에도 천당에 영원한 복을 받으려니와, 지금 당장 이 세상에서도 우리 사는 곳을 천당같이 만들어 놓고 지낼 수 있으리로다.

예수의 대답이 가장 이상하여 얼른 알아듣기 어려운지라. 사람이 다시 나지 아니하고는 하늘나라에 들어가지 못하리라 하셨으니, 니고데모의 다시 물은바 어찌 어미 배속에 다시 들어갔다가 나오리까 한 말이 괴이치 않은 말이라. 예수의 대답이, 물과 성신으로 다시 나지 아니하면 하나님 나라에 가지 못하리라 하셨더라.

물로 난다는 뜻은 곧 모든 죄악을 씻어 버리며 깨끗하게 되기를 지목하심이니, 이것이 제일 긴절한 일이라. 사람의 마음속에 모든 죄악을 일제히 씻어버리기 전에는 깨끗한 사람이 될 수 없은즉, 부정한 마음속에 아무리 좋은 사상과 도덕을 더하여도 마침내 조촐한 그릇이 되지 못하리니, 비컨대 더러운 그릇에 맑은 물을 두고자 할진대 그 그릇을 정하게 씻어낸 후에 새물을 부어야지, 그 더러운 것은 그저 두고 물만 자꾸 부으면 추한 것은 늘 붙어 있어서 맑은 물을 흐리게 만드는 법이라. 그런고로 새 마음을 가지고자 하는 자는 먼저 마음속에 죄악을 다 씻어버려야 할 것이오.

성신으로 다시 난다 하심은 육신으로 난다 하심이 아니고 신으로 난다 하심이라. 처음에 부모의 혈육으로 날 때에는 육신으로 난 자이니, 육신으로 난 자는 항상 육신으로 관계한 것만 생각하며, 육신만 위하여 사역하나니, 이러므로 온 세상 사람이 다 장래 영원한 것은 생각지 못하고 잠시 육신상 정욕에 붙은 것만 위하여, 욕심과 시비와 쟁투와 전쟁으로 서로 속이며 미워하며 잔해하는 중에서 죄를 짓고 사망을 당하는 바라. 이것은 한 번만 난 사람이니, 모태로 육신이 생겨나서 육신 대로 그저 자란 자이며,

두 번째 난 사람은 이와 달라서, 육신을 둘째로 치고 영혼을 먼저 치는 고로 기인취물(欺人取物)하며, 탐도불법(貪道不法)하며, 살인탈재(殺人奪財)하던 자라도 한번 다시 난 후에는 양순하고 공경하며, 남을 도와 주기로 직책을 삼아서, 온유 겸손하며, 선심선사(善心善事)로 직책을 삼아서 전에 완패(頑悖) 악독(惡毒)하던 것이 다 없어지고 스스로 얼굴빛이 화하며, 음성이 유순하여지고, 행실이 착하여, 자기의 보는 바와 생각하는 바가 이전과 천양지판이니, 이는 그 마음이 다시 나서 속에 새 사람이 들어앉은 연고라.

남들이 서로 흉보며 싸우며 비방하며 잔해하는 것을 보면 다 신산(辛酸)하고 가소로운지라. 전에는 자기도 다 이것을 큰 일로 알고 성사(成事)하던 바이지만, 지금은 도무지 사람의 일 같이 보이지 아니하며, 노름하고 술 먹고 사람 치는 것을 보면, 전에는 자기도 이것을 하였고 이런 것을 다 성사(成事)를 삼고 다녔지만은, 지금은 아주 다른 모양

으로 보여서, 이것이 다 하나님께 득죄(得罪)요, 자기 영혼에 멸망하는 근본인 줄 소상히 아는지라. 그 사람의 전후를 비교하여 보면 통히 같지 아니하여 아주 새 사람과 같으니, 이는 다시 난 연고라.

이것이 곧 예수가 이 세상에 와서 모든 사람에게 전파하신 모든 참 이치의 근본이니, 이 이치 본받아 마음이 화하여 다시는 육신을 섬기고자 하지 않는 사람은 천국에 들어가는 자요, 이 이치를 본받지 아니하고 처음에 난 대로 육신을 섬기고자 하는 자는 영영 멸망에서 벗어나지 못할 따름이라.

이 도를 본받아 마음이 다시 나는 자가 많은 사회에는 그 사회가 차차 변하여 스스로 다시 난 사회가 되며, 이런 새 사회가 많이 날진대 그 나라가 장차 다시 난 새나라가 되어 천국같이 즐겁고 자유하리니, 이것이 이른바 이 세상 천당이라.

미국 영국이 저렇듯 자유 복락을 누리는 것은 정치 법률 학문 등 모든 개명에 딸려 그런 것이 아니고, 그 안에 다시 난 사람이 많아서 나라가 곧 성신으로 난 새 나라가 된 것이오.

저 모모 불행한 나라들은 그 안에 새로 난 사람이 적어서 모든 육신 정욕을 부리기로 일삼는 고로, 군신 상하가 다 제 육신 계책을 채우노라고 잔멸하는 중에서 사람이 다 수화도탄(水火塗炭)을 면치 못함이라. 이 어찌 인간 지옥이 아니리요.

이때에 우리나라 사람들이 예수의 참 도로 중생하는 사람들이 되어야 차차 새 풍기를 열어서 우리 백성이 새 백성이 되어 가지고, 우리 나라를 새 나라로 만들어 우리들의 후생이 다 천국 복 같은 자유 복락을 누리게 만들지라. 사람마다 어서 바삐 천국에 들어가는 이치를 배워서 다 각각 다시 나기를 힘씁시다.

황새가 논가에서 우렁이를 잡아먹느라고 분주한지라. 학 한 마리가 우연히 지나다가 와서 옆에 앉으며 고개를 늘여서 인사한 후, 그 더러운 데서 애쓰지 말고 나와 함께 선경에 가서 잘 놀자고 한즉, 황새의 대답이, 선경이 어디 있는지 처음 듣는 이름이라 하며 그곳 형편을 말하라 하는지라. 학의 대답이, 그곳은 과히 멀지도 아니하고 자기만 따라가면 길을 알리라 하며, 선경에 좋은 물과 방초(芳草)와 계수나무 그늘에 선녀 옥동(玉童)이 쌍쌍이 왕래하며, 기화요초(琪花瑤草)에 향기 진동하는데, 맑은 바람에 청아한 옥저(玉箸) 소리에 신선이 배회하는지라. 이런 좋은 데를 가서 잘 살 수 있으니, 나와 같이 가자 하는지라.

황새가 귀를 기울이고 대단히 재미롭게 들으며, 그런 좋은 데를 가고 싶은 마음이 있어서 따라 나서려고 기웃거리다가, 다시 묻는 말이, 거기도 우렁이가 있느냐 하는지라. 학의 대답이, 아, 그 좋은 곳에 더러운 우렁이가 있을 수 있느냐 하며, 그보다 더 좋은 것이 많다고 하는지라. 황새의 답이, 그러면 당신이나 선경으로 가시오, 나는 여기서 우렁이나 잡아먹겠노라 하고, 고개를 기웃기웃 하며 논두렁으로 들어가더라.

이 세상 사람들이 거의 다 이와 같아서 천국에 좋은 복락이 있다는 말을 듣고도 황새의 성질을 바꾸지 못하여 더러운 우렁이를 잊지 못하는 고로 죄악을 버리지 못하고 좋은 복을 구하지 아니 하는도다.

마땅히 육신의 성질을 버려서 영혼으로 다시 나면 더러운 것을 버리고 신령하며 복스러운 것을 스스로 구하리니, 인간 복락이나 천국 복락을 구하는 사람들아, 어서어서 거듭날지어다.

경시총감 명석과 교인 악형
(1914년 1월호)

한국교회 핍박 사건에 일본 경찰 관리들이 악형으로 공초 받은 사실은 일본의 명예상 대단히 손상되는 일이라, 아무리 종적을 가리려고 힘쓸지라도, 비컨대 그물에 걸린 새와 같아서, 요동할수록 더욱 걸리나니 이 일을 변명할수록 점점 더 망신만 되는도다.

한성에 있는 모든 군사와 순검과 헌병의 세력으로 악형의 흔적을 가리지 못하여 마침내 99명 교인을 백방(白放)하기에 이르렀으니, 이는 곧 일본 국가에 큰 수모 되는 바라. 한국에 있는 일본 관리들이 만일 지각이 있어 앞을 멀리 보아 백여 명 교인을 다 방송하고 경시총감을 파면하여 중벌(重罰) 하였더라면 얼마쯤 엄적(掩迹)이 되었을 것이거늘,

이것을 생각지 못하고 도리어 물고 먹은 범의 독한 심장으로 협착한 마음에 아주 놓기는 싫어서 윤치호 씨 등 6인을 종시 중벌에 처하였나니, 이는 저희가 한인이나 서양인들에게 아주 굴하지 아니하는 태도를 보이고자 함이라. 비컨대 남의 물건을 몰래 가져갔다가 발각이 되므로 다 내어놓고 종시 섭섭하여 몇 개를 붙들고 앉아서 말로 방색(防塞: 남의 청을 받아들이지 아니하고 막음)하려 함과 같으니, 심히 구차한 일이로다.

지나간 이태 동안을 두고 세계 각국이 한국 교인 악형한 것을 가지고 떠들어 주었으되, 일본 사람들은 종시도 엄적하기를 도모하여, 일

본에 가 있는 외국 선교사를 각국에 보내어 글도 짓고 말도 하여 변명하며, 일인들도 외국에 파송하여 언론을 돌리며 윤치호 씨 등 6인은 실로 죄가 있는 듯하게 만들고자 하나, 세상에서 누가 곧이들으리오.

근자에 일본에 있는 서양 신문에서 이 일을 들고 일어나 비평이 분운한지라. 일본신호에서 발간하는 재판 크로니클(Japan Chronicle)은 본래부터 일본정부를 탄핵하는 신문으로 유명한 바라. 이 신문이 한국 교인을 도와서 글을 발간한 것이 여럿이니, 이 글 몇 가지는 우리가 번역하여 놓고도 아직 발행치 못하였거니와, 지금에 재판 보고 후편을 발행하였는데, 매우 널리 전파되는 글이며,

재판 애드버타이저(Japan Advertizer)라 하는 신문은 크로니클과 같지 아니하여 일본 정부를 은근히 돕는 신문으로 유명한 주보인데, 지금은 이 신문에서도 교회핍박 사건에 대하여 논설을 자주 내며 사실을 전파하더라.

이상 두 가지 신문에 나는 말이 대단히 장황하여 다 번등(翻謄)할 수 없고, 다만 애드버타이저에 던랍(J.C. Dunlop)이라 하는 이가 기서(寄書)한 것이 대단히 소상하기로 간략히 번등하노라.

거월(去月: 11월) 22일 애드버타이저에 기재한 글을 경시총감 아가쉬(明石)가 보고 대로하여 모든 불공한 말로 기서한 사람을 욕하며, 애드버타이저 탐보원을 대하여 하는 말이, 괴악한 사람들이 무근지설(無根之說)을 지어내어 세상에 전파한다 하며, 또 하는 말이, 선교사들은 어찌하여 불쌍한 경찰 관리와 헌병장관과 통감을 좀 그냥두지 아니하느냐 하더라 하니, 이 말을 듣건대, 명석 총감의 생각에는 선교사 한둘이 천지를 흔드는 능력을 가진 줄로 아는 모양이라.

명석 총감의 변명이 통히 몇 푼어치나 되느뇨. 천언만설(千言萬說)이 다 헛소리뿐이라. 세상에서 누가 곧이들으리오. 한국 교인과 선교사

들을 제일 미워하는 사람도 이것은 한 마디를 믿지 못할지라.

무죄한 사람을 모든 악형으로 헛 공초를 꾸며서 모해하려고 백 가지로 꾀하다가 늑초(勒招) 받은 증거가 드러나서 변명할 말이 없으므로 서울서 발간하는 일본 신문들은 나중에는 아무 말 못하기에 이르렀고, 심지어 99인을 백방하였거늘, 지금에 와서 악형한 적이 없다고 변명하는 것은 비컨대 여름 아침 열 시에 나서서 해가 아직 돋지 아니하였다 함과 같은지라. 누가 곧이들으리오. 어떤 사람들은 염치를 무릅쓰고 이런 말을 가지고 돌아다니며 변명하려 할 터이지만은, 이것은 춘풍에 어름 한 조각을 태산 같이 믿음과 같은지라.

명석 총감의 말이, 내 말을 곧이듣지 않으면 더 할 말 없는지라, 점잖은 관인이 진정으로 하는 말을 아니 믿는단 말이뇨 하였다 하니, 여보시오, 명석 총감이시여, 우리는 믿을 수 없습니다. 한국에 있는 일본 관리들의 말씀을 믿었던 사람들은 의례히 믿을는지 모르지만은, 우리 같은 평민은 제 눈으로 친히 보고 친히 들은 것이 있으니까 믿을 수 없노라. 관리의 말을 믿지 못하는 사람들은 다 누구인지 알고자 하느뇨. 이 사람이 다 눈 뜨고 살아있는 사람이라.

명석 씨가 과연 이 악형한 사실을 몰랐느뇨. 이 일이 아주 애매한가. 지금에 그 변명서를 보건대, 우리의 보는 바와는 다소간 다름이 있도다. 고등재판소에서 판결을 필한 후에 일본 오야마 지방에 있는 목사 윌슨(W.A. Willson) 씨와 내가 동행하여 조선 서북 도에 가서 백방(白放)된 사람 여럿을 만나 지낸 경력을 소상히 사실(査實)하였는데, 명석 씨의 말이 더러는 이 말과 맞는지라. 재판하던 방의 형편을 말한 것은 과히 틀리지 아니한지라. 그 방에 불을 피워서 더운 데서 심문하였다 하니, 이는 그 갇혔던 사람의 몸에 불로 지진 자리를 보건데 더운 방에서 심문하였단 말이 서로 맞는 증거이며,

명석 씨가 비웃으며 하는 말이, 교인을 천장에 매어 달았다는 것이 다 꿈꾸는 헛소리라 하는지라. 달려서 죽었다 살아난 사람들이 지금 생각하면 과연 꿈꾼 것 같을지라. 마귀 사탄의 생각에는 이런 것이 다 꿈꾸는 헛소리 같을는지 모르지만은, 정대하고 진실한 교인들은 이것을 꿈보다 더 중대한 일로 아노라.

사탄이 행한 일을 보건대, 한 사람은 12월 추운 밤에 끌려 나가서 순검청 뒷산으로 올라가더니 옷을 발가벗겨 소나무에 달아매고, 얼음 냉수를 전신에 끼얹어서 사지가 뻣뻣하도록 하고, 눈을 굴려서 두 덩어리를 만들어다가 줄에 매어 양편 어깨 아래 하나씩 달고, 또 하나는 가슴에 달아서, 몸에 대여서 다 녹도록 하며, 두 손에는 벽돌을 들려서 매달아 두었더라.

이렇게 매달아 놓은 중에서 만일 손이나 발을 까딱하면 양편에서 힘껏 구타하며, 입에다가 혹 석탄 조각도 넣어서 소리를 지르지 못하게 하며, 혹 더러운 버선도 처넣어서 숨이 막히게 하며, 20여분 동안을 생사람이 죽어 기진한지라. 그 후에는 찬물을 차관에 부어 콧구멍과 입에 부어 넣은즉 살아나는지라. 한번 심문에 2,3차를 이 모양으로 하였으며,

또 한 사람은 수염이 모두 빠졌는데, 턱의 살이 다 묻어서 떨어진지라. 이것은 수염에 줄을 매어서 양편으로 잡아당김으로 이렇게 된 것이며, 수족에는 진간장을 붓고 쇠를 벌겋게 다려서 그 위를 문지르므로 간장이 살 위에서 끓는지라. 이것이 또한 한 가지 악형인데, 다른 악형 같이 많이 쓰지는 아니하였으나 이것 당한 사람도 여럿이며,

장로교회 장로 한 사람은 희귀한 형벌을 당하였는데, 이것은 부르기를 시렁법이라 하는지라. 땅에서 4척 반쯤 올라가서 벽에 시렁을

매어놓고 이 사람을 그 사이에 들여세운즉 서지도 못하고 앉지도 못하고 엉거주춤한지라. 양편으로 침 끝 같은 것을 벌려서 좌우로 비슷하면 벌거벗은 살을 찌르게 만들었으며,

어떤 사람은 신경에 대한 형벌을 당하였는데, 전고에 듣지 못한 바라. 영어로 기록하지 못할 말이니 (이는 사람의 음경에 관계된 것은 글에 적지 못하는 연고라) 어떤 선생 하나는 교의에 올려 세우고 두 팔에 줄을 걸어 천장에 매단 후에 교의를 빼어내고 이리저리 밀어 그네 뛰듯 하게 하였더라.

이 말은 누가 전하였는고. 교회에서 믿을만한 고용인들이 한 말이라. 여러 점잖은 한국 교인이 모여 앉은 좌석에서 지내던 옥중 경력을 설명하며 하는 말이라.

그러면 증거가 무엇이뇨 물을지라. 몸에 흠집이 완연하니 이에서 더한 증거를 물을 것이 없을지라. 어떤 형벌은 표적이 없을지니, 가령 얼음냉수와 입에 석탄 넣는 것과 또한 줄로 매다는 것은 미리 줄 맬 자리를 싸매고 달았은즉 표적이 다 없으려니와, 그 중에도 몸에 줄 자리가 완연히 나서 지금도 없어지지 아니한지라.

사람들이 이것을 보고 어떻게 겁이 났던지, 한국 서북 도에서는 백성들이 사사로이 담화할 때에도 그 사람들의 이름을 감히 부르지 못하는지라. 우리가 여기 말하는바 증거의 성명은 말하지 않았지만은, 그 사람들이 다 그저 살아있고 그 흔적이 다 여전히 있은즉, 재판을 하고자 하면 우리가 다 불러다가 보여줄지라.

위에 말한바 냉수로 형벌하였다는 사람은 한번 형벌한 것이 여섯 시 가량인데, 매일 한두 번씩 당하여 61일을 연속한지라. 본인이 이 사람을 특별히 조사하였는데, 상처가 네 군데는 무릎 아래로 있으며, 아주 먹장 부은 것같이 된 상처 한 군데는 장(長)이 한 치 반이오, 광(廣)이

한 치 사분지 삼은 되는데, 이는 불에 탄 자리를 발로 찬 것이라.

이상에 말한 사람이 다 상처가 있어서 눈은 감고 손으로 만져만 보아도 다 알겠고, 강길찬이라 하는 사람은 흔적만 살에 있을 뿐 아니라 갈비 둘이 부러졌는데, 이는 방바닥에 누이고 굴리며 타고 누를 때에 상한 것이라. 선천병원에 있는 의사 샤락스(Dr. Sharrocks)가 그 상처의 형편을 소상히 설명하더라.

길진형은 70일 동안 형벌을 당하였는데, 매일 두 번씩 당하였으며, 왼편 옆구리와 팔꿈치에 뼈가 퉁겼나니, 이는 20일 동안을 매일 공중에 매달릴 적에 된 것이라. 그 후부터는 상처를 싸매고 팔에 줄을 걸어서 매었는데, 그 후에 40일 동안을 의원의 치료를 받은지라. 이 악형을 당한 지 1년 후에 방송되었으나, 그때까지도 왼편 팔은 쓰지 못하더라.

사람들이 흔히 묻기를, 이것을 누가 행하였느뇨 하는지라. 이 대답은 명석 총감이 친히 행한 바 신문기자가 말할 때에 아마 하등 순검들이 질문하느라고 이렇게 행하였나 보다 한즉, 명석의 대답이, 아니라 다 높은 관리들이 심사한 것이라 하나니, 이 말은 참말이라.

일본에 가면 흔히 말하기를, 아마 조선 못된 순검들이 악하게 하였나보다 하나, 이 일에는 조선 순검이 하나도 가까이 하지 못하였고, 이 악형 할 때에 한인 순검 하나가 있었는데 이 자는 날마다 울었다 하며, 그 외에는 모두 일인끼리 하였는데, 구니토모와 아이우지와 가노가 가장과 수요아사이와 와타나베와 다나까도 다 발로 차기와 형구 쓰기에 게으르지 아니한지라. 이 야만스러운 행동을 일본 고등관들이 다 행한 것이 분명하도다.

명석은 이것을 다 허무한 말이라 하며 관리의 말을 곧이듣지 아니 하느냐 하는지라. 우리는 곧이듣고 아니 듣는 것을 말하고자 함이

아니오, 다만 이 증거들을 한번 공개재판 마당에 내세워 달라 할 따름
이라. 전에 재판관들이 행하지 아니한 일을 한번 허락하여 악형 당한
자들을 불러 세우고, 지진 자리와 불탄 가죽과 부러진 뼈를 훨쩍 들어
내 보이고, 옥중 의원을 불러다가 대면 시켜 달라 함이니, 천언만설(千
言萬說)을 다하여 무엇 하리오. 사람들아, 살았을 적에 참말 하고 마귀
를 부끄럽게 하라.

99인이 방송될 때에 총감이 그 사람들과 그 사람들의 친척들을
불러 이르는 말이, 너희가 이 일에 대하여 아무 말도 말고 혹 무슨 시비
가 있거든 도무지 상관하지 말아야지, 그렇지 않으면 큰일이 나리라 하
였으니, 이 어찌 연문(衍文)의 말이 아니리오. 지금 이 정부 압박 밑에서
사는 한인들이 이 말 아니 기로 어찌 감히 원통함을 남에게 설파하리
요.

한편으로 한인의 입을 이렇게 막아놓고 하는 말이, 누구든지 악
형당한 사람이 있거든 증거를 가지고 재판정에 호소하라 하니, 어찌하
여 한국에 있는 일본 재판소에 가는 것만 재판으로 알고 세계 만국에
대하여 호소하는 것은 대답지 아니 하느뇨. 작년 이래로 이 신문과 각
처 신문에 이 사건으로 세상에 대하여 성명한 글이 부지기수이거늘, 어
찌하여 이것은 하나도 대답지 아니하고 일본 재판정에만 청원하라 하
느뇨. 세계에 대하여 일본 관인들이 악형을 행하는 자라 하는 것이 일
본에 영광스러운 말인가.

명석의 말이, 한국에 있는 선교사들이 공연히 이 사건에 간섭한
다 하는지라. 선교사들이 공연히 여기에 참여하는가. 이 사실은 명석이
보다 더 잘 알 사람이 없을지라. 선교사들의 친구와 동사(同事)하는 자
들과 학생들을 명석이 다 잡아 가두고, 하는 일을 다 저희(沮戲)하며,
선교사들의 명예를 손상할 뿐만 아니라, 잡아 가두리라고 위협이 급박

한즉, 선교사들이 이 일에 든 것이 명석이가 억지로 끌어넣은 것이라.

명석이가 만일 각국 신문에 이 사실 나는 것과 인심선동 하는 것을 싫어할진대 어느 때든지 정지할 수가 있으니, 이것을 정지하는 계책인즉, 군기와 형구와 불법함과 겁박으로 될 수 없는 것이오, 다만 양심을 가지고 진실한 사람이 나서서 일을 바로 조처하기에 있는지라. 지금이라도 불법한 관리들을 징벌하고, 순검에 악형하는 폐단을 막기로 힘쓰며, 야만의 악형으로 자복 받았다고 처벌하였다가 99인은 내어놓고 6인은 그저 처벌하는 불공평한 일을 바로잡아야 하리로다 하였더라.

재판 크로니클

이 사건을 가지고 재판 크로니클은 거월(去月) 4일호 논설 제1폭에 재삼 반복하여 설명하였으며, 그 전에 양기택 씨와 여러 사람을 악형하였다는 사실이며, 미국 정부에 대하여 일본 공사가 변명하였다는 말이 다 허언이라는 말과, 대만에서 일인이 악형한다는 사실을 소소히 말하였으며,

뉴욕 장로교회 기관보 컨티넨트에는 말하였으되, 이 사건을 조사하기 위하여 장로교회 총회에서만 허비한 돈이 금화로 4천8백2십3원 2십9전이라 하였더라. 우리는 이런 글을 볼 때에 뼈가 저리고 피가 끓는도다. 그러나 우리는 여일히 참으며 의(義)를 행하여 선(善)으로써 악(惡)을 이길지니, 이것이 천국을 세우는 기초라 하노라.

일본 전 총리대신 계태랑
(1914년 1월호)

일본 전 총리대신 계태랑(桂太郎: 가쓰라 다로) 씨는 병을 인연하여 일본 동경에서 오래 앓다가 거(去) 10월 1일에 졸서(卒逝)하였는데, 다만 일인뿐만 아니라 각국이 다 섭섭히 여기며, 그 평생 행적을 들어 신문과 잡지에 기재하더라.

지나간 몇 해 동안에 일본에 유신 선각자들이 많이 세상을 떠난 것은 일본에 불행이라. 이등박문과 목인(木人) 천황폐하와 내목(內木)과 대외 중신 등 제씨가 차례로 죽고, 계태랑이 죽은 것이 일본의 제일 위대한 인물 한 시대를 마치는 것이라. 모든 원로대신 중 지금 살아 있는 이들이 다 70세 이상이고, 다만 대산암(大山巖)이 아직도 강장한 사람이나 오로지 군사상에 주의하더라.

계태랑 총리는 1847년에 났으니, 이때는 서양과 통상하기 전이라. 그 후 여섯 살 되었을 적에 미국 해군장관 페리(Commodore Perry)가 일본에 하륙하여 억지로 통상약조를 정하니, 이는 곧 1853년 일이더라.

이때에 일본이 봉건시대에 있어서 봉작(封爵)들이 각각 자기의 맡은 토지에 웅거하여 자유로 다스리며 서로 쟁투하므로, 황제는 주권(主權)이 없고 명색만 있는지라. 유신당(維新黨) 영수들이 서양 제도를 모본하여 내정을 바로 잡고 외환을 막으려 하나, 봉작들을 여전히 두고는 서로 분쟁하는 중에서 국세만 약하여질 따름이요 서양의 침로 함을 막을 수 없는지라. 이러므로 분봉(分封)을 없이하고 주권을 회복하며 황제를 높일 때 자연히 반대가 생겨 충돌이 심한지라.

이때에 계태랑의 나이 21세니, 표일(飄逸)한 일개 소년이라. 황권을 위하여 싸워서 공로가 있었으며, 이때 경력으로 인연하여 군인의 사상이 고동된지라. 장래에 큰 그릇을 이루기로 결심하고 덕국(德國) 서울 베를린에 가서 자기의 경비로 무관을 공부하니, 덕국에 무관학교가 가장 유명한 연고라. 공부를 필하고 돌아오니 장관 직책을 맡았더라.

1873년에 덕국에 있는 일본 공사관에 육군 참위로 피임(被任)하여, 다시 덕국에 가서 3년을 지낸 후에 동경으로 다시 와서 육군 참장이 되었다가, 1884년에 대산암이 구라파 각국에 국사 시찰차로 갔었다가, 이듬해 다시 군부 협판으로 있다가, 1900년 중국 의화단 난리에 공로가 많음으로 자작(子爵)으로 봉하였더라.

계태랑의 군사상 행적만 이렇듯 빛날 뿐 아니라 정치상 성취함이 또한 이러하여, 1901년부터 5년까지 처음 총리대신이 되어서 세 번을 총리대신 지위에 처하였으니, 이는 이등박문을 계속함이더라. 1896년부터 98년까지 대만 총독으로 있어서 그 어려운 지위를 가지고 지혜롭게 다스린 고로 공로가 많은지라. 그 후에 처음으로 총리대신이 될 때에 아라사와 전쟁을 시작하였나니, 이는 일본 근대역사에서 제일 간우한 때라.

1911년 11월에 셋째 번으로 총리대신이 되었으며, 두 달 후에 사면하였는데, 당초에 제2차 총리대신 지위를 사면할 때에 궁중에 긴요한 지위를 차지하여 천황과 친근히 교통할 길을 열며 하는 말이, 자기는 벼슬자리에 다시 들어가지 않겠노라 하였는데, 자유당 영수 서원사의 내각을 전복하고 제3차 총리대신이 된지라. 이 사실은 소상히 드러나지 아니하였으나 계태랑의 수단으로 번복함이라 하더라.

씨가 자초(自初)로 군인 세력을 높이기로 힘쓰는 고로 그 정적들이 항상 이것으로 탄핵하던 바라. 이번에 군부대신으로 의견을 정부에 제출하되 육군 두 사단을 늘이자 하니, 이는 한국에 육군을 더 늘이자는 의견이라. 본래 일본의 군비가 많아서 국채가 일천 밀레니엄 원에 달하므로 백성에게 짐이 무거운지라. 이런 중에 군사를 더 늘리자는 문제를 누가 환영하리요. 이러므로 서원사 총리와 그 정당이 극히 반대하다가 필경 사면(辭免)하기에 이른지라.

계태랑의 내각이 그 뒤를 계속하여 들어섰으나 처음부터 환영을 받지 못하다가, 무수한 곤란을 겪고 두 달 동안에 사면(辭免)하므로 지금 총리대신 산본(山本)이 자유당파의 동정을 얻어가지고 내각을 조직하였더라.

일본 헌법에, 내각 대신들이 국회에 관할을 받지 않고 황제에게 관할을 받는 고로, 백성이 차차 이것을 공평하지 않게 여겨서 민권을 더욱 높이자는 의론이 생기니, 이것을 외국인들은 말하기를 황권을 감삭(減削)하여 민권을 늘리자는 뜻이라 하며, 일인들은 그런 뜻이 아니라고 변명하나 대저 민권을 늘이자는 뜻은 다 한 가지더라.

계태랑도 다른 원로 대신들과 같이 완고한 사상을 얼마쯤 가진 자이로되, 이등박문의 사상과는 달라서 황실만 높이자는 의견을 찬성치 아니 하는 고로, 제3차 총리대신 지위를 사면한 후에 즉시 새 정당을 조직하였나니, 이는 백성이 정부 일에 간섭하는 권리를 확장하자는 운동이니, 일본 정치가 차차 영국 제도와 같아서 정당은 아래 있고 임금은 위에 처한 중간에서 백성의 권리가 완전하게 함이라.

일본의 민심이 차차 이렇게 변하여 황실을 천신(天神)같이 숭봉(崇奉)하는 구습이 점점 감삭되며 공화 사상이 스스로 뿌리박히게 됨은 자연한 형세라. 이것은 인력으로 막을 수 없으며, 한국에 육군 2사단 늘리는 사연은 아직도 완성이 되지 못한 모양인데, 어떤 사람들은 말하기를, 산본 내각이 또 불구에 갈릴 터인데 이 사건으로 인연하여 물러나가게 됨이라 하며, 또 한편에서 말하기는, 한국통감 사내(寺內)가 불구에 갈릴 터인데, 산본이 계속하여 내각을 조직하고 총리대신이 되리라 하는지라. 이 중에 소문이 같지 아니하여, 혹은 사내가 군인 정책을 변하고 문관으로 한국통감을 파송하리라고도 하며, 혹은 사내가 내각에 들어가서 2사단 확장하는 일을 성취하리라 하여 일정한 소식을 들을 수 없으나, 사내 통감이 갈리는 것은 적실히 내정이 있는 모양이라. 일본서 발행하는 서양 신문은 말하기를, 한국에서 무력을 잘 써서 일본의 할 일을 다 하였으니까 더 있을 필요가 없을지라. 그러나 한인을 위하여 이 소문을 환영한다 하였더라.

손일선 편지
(1914년 1월호)

(청국에서 망명하여 일본에 가 있는 전 중화민국 제1 임시대통령
손일선(孫逸仙) 씨가 편지를 각 신문에 주어 자기가 피신하여 망
명하던 경력과 민국 내정을 설명한 글을 번등함)

여러 친구들이 나를 권하여 나의 망명하던 경력을 기록하여 달라
하기로 그 권고함을 의지하여 대강 기록하노라.

이 글 쓰는 것은 나의 육신상 고초와 마음에 아픈 것을 세상에
광포하고자 함이 아니고, 다만 내가 어찌하여 본국을 버리고 외국에 와
서 귀양살이 하고 있는 것과, 전제주의(專制主義)가 어떻게 중화민국을
해하는 것과, 중국에 소위 공화라는 것은 사실이 군주정체 중에도 가장
심한 것인 줄을 알리고자 함이라.

지나간 오월 초생에 처음으로 소문을 들은즉, 북경 정부에서 나
와 오정방과 박사 리 모와 그 외 모모인을 해(害)하고자 한다 하는지라.
이는 이 모모인이 당초부터 남경에 민주정부를 세워서 만주 세력과 전
제 사상에 손해를 받지 않도록 하기를 힘쓴 자이라.

5월 10일 저녁에 상해에서 박사 리(모)의 집을 심방한즉, 그날에
북경에서 있던 친구 하나가 와서 앉았는데, 적은 듯하여 상해에 사는
친구 하나가 들어와서 앉았으나, 그 두 사람은 서로 알지 못하는 고로

피차에 의심을 두고 말을 아니 하다가 급기 인사한 후로 소문을 내어
놓는데, 둘이 다 한 소문을 가지고 온지라.

이들이 전하는 소문인즉, 북경에서 원세개가 비밀히 심복을 모으
고 명령을 내렸으되, 황흥과 오정방과 리(李)와 주(朱)와 나를 역적으로
몰아 잡아가두라 한 것이라.

이 소문을 들은즉 곧 놀라워서 망지소조(罔知所措) 하였나니, 이는
이 역적 이름 듣는 사람들이 황흥 이외에는 다 평화를 주장하는 자들이
고, 또한 남경과 광동에서 군사상 회의에 참여하였으나 아무쪼록 전쟁
을 없이하고 평화를 주장하자는 사람들인데 역적으로 잡는다 함이 어
찌 놀랍지 않으리오.

심지어 포박(捕縛) 일사(一事)에는 조금도 염려하지 않은 것은, 정
부에서 실로 잡으라고 할 이치가 없을 줄로 여김이라. 나와 리는 의심
없을 줄로 알았고, 오와 주는 다 외국 조계에 있어 염려 없었으며, 황흥
은 광동에서 관군과 싸워서 승첩을 얻은지라.

아직도 신지무의(信之無疑)하고 담활(膽闊)할 즈음에, 밖에서 사람
이 들어와서 하는 말이, 관병 한 대가 이리로 향하여 오는 것을 보니
모양이 수상하다 하는지라. 언미필(言未畢)에 앞문에서 크게 두드리는
소리가 들리므로 주인이 말하기를, 가서 문 열어주라 할 즈음에 본즉,
그 사람들이 뒷담을 넘어서 집으로 돌입하는지라.

내가 한 사람의 음성을 들은즉 경무관 리 호라 하는 자의 음성이
라. 아주 악한 패류자로 유명한 자이니, 북경에서 우리를 잡으라고 파
송한 것이 분명한지라. 그제는 생각한즉, 들은 소문이 다 허언이 아니
고, 만일 한번 잡으면 무슨 죄명이든지 지어 내어 비밀히 재판한다고
할지니, 그 결과가 어찌될 것은 물론이라.

그 세 사람은 당석에 잡혀가서 하나는 아직도 차꼬 차고 앉아 소

위 재판을 기다린다 하며, 하나는 중로에서 죽었고, 또 하나는 동경대
학교에서 졸업한 청년 애국지사인데 북경 감옥서에서 죽었더라.

이 무리들이 앞문을 깨치고 들어올 때 그 주인이 나를 밀어내어
뒤로 피하라 하기로 나는 무사히 피화(避禍)하였으나, 그 주인과 다른
사람들은 붙잡혀서 무수한 구타를 받았더라.

나는 밤을 도와 남경으로 향하여, 그 이튿날 새벽에 집에 이르렀
으나 생각에 필경 무사히 두지 않았을 듯하기로 집으로 들어가지 않고
친구의 집에 가서 쉴 때, 들은즉, 집을 에워싸고 내 아내에게 무수히
힐문하며 13세 된 딸아이가 병중에 있는 것을 수차 데리고 나가며 질문
하였더라.

집을 지척에 두고 이 소문을 들을 때에 마음이 과연 불편한지라.
내가 세상에 두루 다닐 때에 고생도 당하였고, 심지어 영국 서울에서
청국 공사관에 비밀히 갇혀 있어 명재경각(命在頃刻) 하였으되, 이때 같
이 상심한 적은 다시없었더라.

몇 달 전에 내 손으로 도와서 세우고 내가 머리가 되었던 정부가
지금은 나를 잡으려고 하는데, 새해 바닥을 낱낱이 뒤지는지라. 영인과
법인의 지방순경 두령이 나서서 비밀히 보호하는 말이, 여기 있으면 목
숨이 위태할 터이니 깊이 생각하여서 행하라 하더라.

미국 영사관에 보호를 청구하고자 하였으나, 내가 미국 백성이
아닌즉 법률상으로 보호권도 없고 겸하여 내가 미국 세력을 의뢰한다
고 소문을 전파하는 자들이 무수한즉, 만일 미국 보호를 받고자 하다가
나의 좋은 친구들에게 영구히 손해를 끼칠까 두려워하여 보호를 청구
치 아니한지라.

이때에 황흥은 남방에서 혁명운동으로 전쟁에 승리를 얻는지라.
이리로 비밀히 통섭하고자 하였으나 통치 못하고, 상해에서 친구의 집

으로 이리저리 피하여 다니며 화를 면하다가 하룻밤에 몰래 집에 들어
간즉, 나의 아내가 말하되, 내가 집을 떠난 후에 관리들이 돌입하여 부
인들에게 무리한 말을 하고, 병들어 누운 녀석을 끌어낸 후 침상과 방
에 세간을 다 파상(破傷)하였다 하며, 그 완악한 무리들이 공겁(恐怯)하
는 말이, 만일 내가 있는 곳을 알려주지 아니하면 잡아서 북경으로 보
내어 역적으로 다스리겠다 하나, 여인들은 실로 나 있는 곳을 모르는
고로 무수히 애걸하여 욕을 면하였다더라.

지나간 6월 16, 7일간에 집안 식구를 마지막 보고 작별하였는데
씨아는 병이 좀 낫고, 나의 아내는 담대한 모양을 보이나 무수히 근심
하며 부탁하는 말이, 이곳에 다시 오지 말고 황흥 씨에게로 가라하며,
이곳에 있다가 붙들려 북경에 가서 죽을까 두려워하노라 하더라.

광동에 간 것은 다 말할 수 없고, 다만 말할 바는 상해에서 향항
(香港: 홍콩)으로 가서, 향항에서 본토 사람의 기선을 타고 광동으로 오
니 거의 일주일 동안을 가지고 행하였고, 선가는 155방이 들었더라.

그 함장인즉 나와 숙친한 사람이니, 이는 그 전에 내가 향항과 마
카오 지방에서 몇 주일 동안을 수차 접촉한 자라. 그 전에 내게 돈 한
푼 받은 적이 없었지만은, 향항에서 만났다가 가는 길에 선가를 오백
원을 받더라.

그러나 이 사람은 믿을 만한 사람인 고로 비록 원세개와 동정을
표하는 사이로되, 의심 없이 사정을 설명한즉, 무양히 건네주고 심복인
을 얻어서 길을 지시하여 주더라.

이때에 배에서 나를 아는 사람은 그 함장뿐 아니라 여러 사람이
다 짐작은 있으나 아무 말도 아니하였으며, 그 중에 한 자는 악독한 마
음을 먹고 나를 따라와서 담대히 황흥의 막에 들어와 손을 흔들고 가더
라. 그 후에 그 자가 관병에 쌓여 행패를 무수히 하다가 사로잡힌바 된

지라. 내가 그 자의 정탐하는 정적을 발각한즉 황흥의 군령으로 곧 참형에 처하더라.

여기서 종적을 비밀히 숨기고 추한 의복으로 하등인을 따라서 종적을 숨김으로 남들이 나의 음성을 듣고 적이 북경 말인 줄로 의심하나 다행히 피신하였고, 수차는 사공들이 서로 의론하는 것을 들은즉 나를 잡는 자에게 황금 중상을 주마고 방이 붙었다 하므로 화색(禍色)이 심히 박두한 듯하더라.

그 후에 황흥과 신기하게 만나서 비밀히 계책을 정하고, 배를 얻어서 간신히 피화(避禍)하여 수로로 12일을 행할 때 풍랑을 만나 적이 고생하고, 일본 모지 지방에 이르니 황흥은 벌써 계획을 다 마치고 와서 장기(長崎: 나가사끼)에서 나를 기다리는 고로, 여기 와서 무사히 망명객으로 은신하고 있노라.

필리핀 독립
(1914년 1월호)

1912년 여름에 서반아 서울 마드리드에서 서반아와 미국 재정가들이 모여 만찬연회를 열고, 피차에 즐거운 뜻과 친목한 정의를 나타내고자 하여 미국 대통령과 서반아 대 군주께 만세를 부르고, 여러 가지 유명한 연설로 화기를 돋으며, 서반아와 미국이 전쟁한 것을 다 잊어버리고 여일히 친목하자 하며 박수갈채(拍手喝采) 하여 화기(和氣)가 가장 융융한지라.

그 중에 어떤 서반아 청년신사 하나가 스스로 일어나서 좌석을 대하여 고성으로 설명하는 말이, 암만 해도 서반아와 미국이 전쟁을 한 번 더 하고야 말리이다 하는지라. 이런 지각없고 몰풍치한 말이 어디 있으리오. 남들은 아무쪼록 화기를 내려고 하는 자리에서 이런 말로 화기를 손상한즉 누가 즐겨 하리오. 만좌(滿座)가 대경소괴(大驚小怪)하여 묻는 말이, 아 어찌하여 싸움이 또 있단 말이요, 한즉, 그 청년이 조용히 물러앉으며 하는 말이, 전에는 미국이 필리핀을 빼앗아 가려고 우리와 싸웠지만은, 이번에는 필리핀을 도로 가져가라고 우리와 싸움 하리다 하는지라. 만좌 빈객이 일제히 박장대소 하였다더라.

당초에 미국이 필리핀을 차지할 때에는 진실로 다른 나라와 같이 필리핀 토지를 욕심냄이 아니고, 다만 서반아의 압제정치 밑에서 문명을 받을 수 없는 것을 통분히 여겨 그 백성들을 자유 시켜 주고자 하는 본의에서 나온 것이라.

만일 토지를 겁내는 나라 같으면, 각국이 아시아에 가서 좋은 대륙을 쪽쪽이 떼어갈 때에 미국은 홀로 그 중에 참여하지 아니하고 심지어 만주를 유지한 것도 미국의 힘으로 된 것이라. 필리핀 섬을 탐내어 어찌 전쟁하기에 이르렀으리요. 미국 남북 방이 전쟁하여 흑노(黑奴)를 자유 시킨 본의로 필리핀 사람들을 차차 발달시켜 자유 독립을 주고자 하는 뜻에 지나지 아니하거늘,

세상에서들은 이런 뜻을 잘 믿을 수 없는 고로 미국이 남의 토지를 빼앗는다고도 하고, 미국 백성 중에서도 반대하여 하는 말이, 미국 독립 시조들의 본의가 아무쪼록 모든 백성이 일체로 자유를 누리게 하고자 하였거늘, 이 뜻을 반대하고 남의 나라를 병탄하는 것이 불가하다 하여 시비가 무수한지라.

이 시비에 대답하기 위하여 신문 잡지에 그림 한 장이 전파되었는데, 그 그림인즉 미국을 대표한 엉클 샘(Uncle Sam)이라. (이것은 아저씨 같다 하는 말이니, 유나이티드 스테이트스(United States)라 하는 두 글자에 첫머리를 따다가 변하여 엉클 샘이라 하는 것이라.) 엉클 샘이 어린아이를 품에 안고 들어오는 모양이라.

그 뜻을 설명하건대, 필리핀을 서반아가 가져다가 심하게 구박함으로 필리핀이 살 수 없어서 항상 울고 부르짖으며 죽을 지경에 이른지라. 이 아이가 곧 엉클 샘의 문 앞에서 우니까 인정소재(人情所在)에 차마 그저 둘 수 없어 나가서 빼앗아 가지고 들어오며, 길러서 장성하거든 성립시켜 주고자 한다는 뜻이라.

미국의 본의가 실상 이것인 줄을 의심 없이 믿을 것은 증거가 소상하니, 이는 쿠바를 차지하여 그 동안에 독립시킨 것을 보면 가히 짐작할지라. 그러므로 미국이 필리핀 군도에 학교를 설시하고, 선생을 파

송하며, 정부 관리를 할 수 있는 대로 토인(土人)으로 시키며, 모든 정치상 긴절한 방법을 가르친지라.

이때에 필리핀 토인들은 전에 자유(自由)라는 명색을 들어보지도 못하다가 급기 미국 정부에서 형편을 변하고 천주교의 압제를 적이 벗어나므로 난민들이 일어나서 지방을 소동하며, 펀딩을 지어 가지고 안녕과 질서를 문란히 하는 중, 일본이 지척에 있어 다수한 인민으로 은근히 민심을 소동하여 미국 관할을 배척하는지라.

하물며 미국에 다수한 재정가들은 공의와 천직의 공동한 관계를 둘째로 여기며 경제상 이해만 앞세우고자 하는 성질이 많은지라. 이러므로 56년 전에는 혹 어떤 신문과 혹 어떤 잡지에서 의론을 내어 혹은 필리핀을 일본에 맡기자고 하며, 혹은 일본에 돈을 받고 팔자고도 하였나니, 이는 필리핀 토인들도 미국의 감화를 잘 받지 아니하며, 일인들이 주목하는 고로 미국은 다수한 재정을 허비하여 해륙군을 주차시키니 헛되이 손해를 당함이라. 차라리 담책(擔責)을 벗어서 남에게 맡기는 것이 낫다 함이라.

그러나 이 의론하는 자는 수효가 많지 아니하니, 다만 재정만 주장하는 자들이라. 각국과 외교하는 것이 전혀 금전 얻기를 제일 큰 목적으로 여기나니, 이것을 소위 금전외교(金錢外交: Dollar Diplomacy)라 하는 것이라. 미국 사람의 전체가 이것을 반대하는 바이다.

그 중 정치와 외교상 대가들은 내의상(內意上) 책임을 생각하여 말하되, 재정은 얼마를 허비하든지 미국이 이왕에 필리핀을 잘 되게 하기로 착수하였은즉 세계에 대하여 덕의상(德義上) 책임이 있는지라. 시종(始終)이 여일(如一)하게 성취하는 날에는 세상이 다 신기하게 여길 터이니, 약한 나라로 하여금 영원히 독립할 기회를 주는 것도 좋거니와, 남의 약한 나라를 억지로 빼앗아 영영 속지 속민을 만들어 자유를 얻지 못하게 하는 자들로 하여금 스스로 부끄러움을 깨닫고 속국을 독립시키는 표준을 우리가 드러내는 것이 가하다 하여, 지금 미국 안에 전체 의론이 이것을 찬성하며, 해륙군을 점점 확장하는 것 또한 이 사상으로 다수가 되는 바라.

미국에 두 정당 중 민주당(Republican Party)에서도 다 이 주의는 가졌으나 다만 다수한 세월을 가지고 필리핀 사람들을 개명시켜 넉넉히 자치할 만치 된 후에 독립을 주자함이고, 공화당(Democratic Party)은 속히 필리핀을 독립시키는 것이 가하다 하여 이 주의를 자주 설명하는지라. 필리핀 사람들과 남의 압제를 받는 사람들은 의례히 다 이 주의를 찬성하며, 공화당이 아무쪼록 권세잡기를 바라는지라.

재작년에 대통령 선거하기를 준비할 때에 지금 대통령 윌슨이 공화당 후보자로 연설에 반포한 바와 공화당 정책으로 포고한 것이 다 필리핀 독립을 찬성하는 것이라. 이 뜻을 좋게 여기는 이들은 드러나게 찬성하되, 민주당과 그 외에 다른 사람들은 혹 이 뜻을 불가하게 여기더라도 이 말을 드러나게 반대하기 어려운지라.

급기 윌슨이 대통령이 되고 공화당이 득승하므로 필리핀 사람들이 큰 기회를 맞는 줄로 알고 속히 독립을 허락하라고 독촉하며 운동이 자못 번삭한지라. 각국 신문과 잡지에 의론이 분운하였더라.

작년 동안에 각국이 필리핀 독립 문제를 가지고 말한 대지(大旨)가 특히 한두 가지에 지나지 아니하는지라. 혹은 말하기를, 필리핀 사람들이 그 동안에 미국의 도움으로 매주 개명하여 능히 독립을 할 만하게 되었다 하며, 혹은 말하기를, 아직도 개명 정도가 진보되지 못하여 독립을 능히 부지하지 못하리라, 일본이나 혹 다른 나라가 차지하게 되고 말지라, 마땅히 더 보호하여 자치할 만치 기르는 것이 옳다 하는 뜻이라.

대저 필리핀 백성들이 많이 개명하여 자주 권리를 능히 누릴 만
치 되었는지, 아직까지도 그만치 못되어 서로 편당 싸움이나 하며 사사
이익을 도모하노라고 자상잔명(自傷殘命)하기에 이를는지 우리는 좌단
하고 말하기를 원치 아니하거니와, 세상 사람들의 소견으로 말하면, 다
수히 생각하되 아직 좀 어리다 하는지라.

이 불가(不可)라 하는 뜻을 한 그림으로 볼 수 있을지니, 이 그림
은 각국에 많이 전파될 것이라. 그 그림 경치를 말할진대, 넓은 바다를
그리고 바다 위에 큰 손이 나와서 새 새끼 하나를 받치고 있는데, 그
새는 아직 부등깃이 나지 않았으되 몸을 솟쳐서 날고자 하는 모양이고,
그 새의 이름은 필리핀이라 하였으니, 이는 그 손을 벗어나가면 날개
나지 않은 새가 부득이 너른 바다에 빠질 수밖에 없다 함이더라.

작년에 미국 국회 폐회할 때에 버지니아 대표로 온 하의원 의원
존스(W.A. Jones)라 하는 이가 국회에서 동의하고 즉시 가결되기를 청
하였는데, 그 사연인즉,

1913년 7월 4일부터 시작하여 1921년 7월 4일까지 전후 8년
동안을 한하고, 필리핀 백성에게 임시 자치정부를 세워주어 시험하여
보게 하며, 만일 무사히 자주할 만하거든 아주 자주독립을 허락하자
하며, 또한 필리핀의 헌정과 필리핀 상의원을 임시로 세워주어 시험
하게 하되, 미국인과 및 타국 사람의 권리를 보호하게 하며, 미국 대
통령으로 하여금 영·덕·법·아·일·서 각국으로 더불어 약조를 정하여
필리핀을 영세 중립국으로 만들고자 한지라.

대통령 태프트 씨와 및 다른 민주당 사람들은 드러나게 반대하
며, 전 필리핀 총독 포브스(Cameron Forbes) 씨는 이 문제에 대하여 존

스 씨와 시비를 많이 하였다는데, 민주당에서는 필리핀 독립시키자는
동의를 대통령이 지킨 것이라 하며 비평하는 자도 있더라.

포브스 씨가 갈린 뒤에 뉴욕에 사는 해리슨 씨가 새로 필리핀 총
독이 되어 작년 10월 6일에 마닐라에 도착하였는데, 그가 낭독한 윌슨
대통령의 글에 하였으되,

> 우리는 필리핀 군도를 맡은 것이 우리에게 이로울 것을 바람이
> 아니라, 필리핀 사람들을 위하여 잠시 맡아 가지고 있는 것이니, 장
> 래의 결과인즉 완전히 독립국을 만드는 데 있는지라. 그러므로 우리
> 가 한두 가지씩 하여 가는 것이 다 이 결과로 향하여 나가는 것이니,
> 이것을 성취할 만치 된 후에는 한두 번 시험하여 보아 결정할지라.
> 높은 데를 한 번에 뛰어 올라갈 수 없는 것과 같으니, 마땅히 한두
> 걸음씩 밟아 올라갈지라.

이 뜻을 필리핀 사람들은 대단히 환영하고 감사한 뜻을 표하는
모양인데, 미국인들은 섭섭히 여기는 자도 많고 민주당에서는 드러나
게 반대하여 하는 말이, 필리핀 일을 대통령이 어찌 혼자 사사로이 작
정하리요 하고, 혹은 말하기를, 이런 글이 공연히 필리핀 백성들의 마
음을 길러서 미국을 거절하는 마음만 일으키게 함이라 하더라.

지난간 12월 11일에 뉴욕에서 해륙군이 연합하여 만찬회를 열었
는데, 이 만찬회는 카라바오(Carabao)라 하는 회에서 회원끼리 행한 것
이라. 대통령 윌슨 씨가 참석하였나니, 이는 대통령도 그 회에 회원인
고로 참석함일러라.

본래 만찬회에서 연설을 하든지 노래를 하든지 다 즐거운 마음을 돕기로 주장하는 고로, 흔히 실없는 말과 실없는 노래로 웃게 하는 풍속이 있는데, 대학교에서는 학생들이 간혹 이런 회를 열고 교사와 점잖은 이들을 청하여 참석한 후에, 우스운 노래로 혹 교사를 흉내 내거나 비평하는 습관이 있어서, 혹 어떤 이들은 이것을 호의로 받고 그만둘 따름이고, 혹 어떤 교사는 대단히 노하여 별도 주며 학생을 퇴학시키기도 하더라.

카라바오 만찬회는 해륙군 대학교 학생들의 회인고로, 그 날에 의례히 이런 일이 없지 않을 터인데, 그 중에 노래 하나는 필리핀을 욕하는 말이라. 독립할 수 없는 뜻으로 필리핀을 '댐 댐 댐' 하는 말이 들었으니, 대저 '댐'이라 하는 말은 영어에 극한 욕설이라. 아주 무지막지한 상놈의 구습으로 알아서 점잖은 좌석에서는 당초에 말하지 못하는 바이거늘, 노래에 이것을 쓴 것은 비록 파격적으로 특별히 쓰는 것이지만은, 실로 합당치 못한 것이라.

대통령은 본시 점잖은 체통을 많이 돌아보는 성품인 고로 이것을 아주 불가하게 여길뿐더러, 한 번 생각하면 대통령이 필리핀 독립으로 시비를 듣는 터에 이런 노래를 그 앞에서 부르는 것은 다만 체통만 손상할 뿐 아니라 곧 실례하는 뜻이 된 고로, 대단히 진로하여 곧 그 회에서 이름을 빼어 출회하고, 군부대신으로 이 일을 사실하라 하며, 그 좌석에서 해륙군 장관으로 이 노래를 듣고 박수한 이들을 다 견책하며, 미국 해륙군의 존중한 체통을 잃은 자들이라 하여 글로 반포하여 중계하였더라.

이것을 가지고 대통령을 시비하는 이들은 말하기를, 이런 노래는 해마다 하는 것이라. 특별히 대통령을 기롱한 것이 아니고, 아무 뜻 없는 것이거늘 자격지심(自激之心)으로 이렇게 한 것이라 하나니, 우리는 과연 대통령의 정책을 시비함이 있는지 없는지는 알지 못하되, 필리핀 독립을 차차 시험하여 차차 길러주고자 하는 대통령의 정책은 우리가 찬성하는 바이라.

어느 나라든지 강함을 믿고 약한 백성을 억지로 압박하는 자는 지금 세상에 차차 용납을 얻기 어려운 시대가 된 것이고, 어느 백성이든지 독립을 차지할 만치 되면 미국 같은 나라로도 능히 영구히 속국속민(屬國屬民)을 만들기 어려울 줄 믿노라.

하멜의 일기 제3차
- 전호 속 영문 번역
(1914년 1월호)

헨리 하멜(Henry Hamel)은 하란국 사람이니, 1653년에 조선 해변에서 파선하여 한국에 13년을 갇혔다가 간신히 도망하여 8인이 귀국한 사적(事跡)을 일기에 적은지라.

이것은 그 일기에 제3장이니, 제1장에 사연은 풍랑을 만나 무한히 고생하다가, 제주도 앞에서 파선하여 여러 사람은 다 죽고 몇 사람이 살아서 기한(飢寒)을 견디지 못하여 애쓰다가 본토 사람들이 잡아가던 사적을 말하였고,

제2장은 관후한 지방관을 만나서 고생 중에 적이 위로가 되었던 것이며, 일본에 보내어 달라 하여도 듣지 아니하고 상부 명령을 기다리라 하며, 서울 기별을 기다리던 것이라. 그 사정이 진실로 가련하더라.

제주도에서 지내던 경력 제3장

제주도에서 우리가 3년을 지내며 고맙게 하던 지방관의 부임한 기한이 차서 갈려 가고, 12월 초생이 되니 새 목사가 서울서 내려오는지라. 우리가 마음에 대단히 걱정하였나니, 이는 새로 오는 관원이 어떤 사람인지 모르며, 정다운 구관이 갈려 가는 것을 섭섭히 여김이라.

구관이 우리에게 어떻게 고맙게 하던지, 우리가 겨울에 의복이 박한 것을 보고 떠나기 전에 매 인을 위하여 가죽으로 만든 버선 한 켤레씩과 신 두 켤레와 두루마기 한 벌씩 만들어 주며 우리를 융숭히 대접하고 하는 말이, 자기의 힘으로 우리를 서양이나 일본으로 보내어 줄 수 없는 것을 한하노라 하며, 또 말하기를, 자기가 서울에 가서 여러 가지로 주선하여 놓아 주던지 서울로 올라오게 하던지 할 터이니 염려 말라 하며, 우리가 가졌던 책과 무슨 물품을 다 도로주고, 또한 기름 한 병을 주며 긴히 쓰라 하더라.

신관이 내려와서 먼저 하는 일이 우리의 양식을 감하여 쌀과 소금과 물만 주게 하는데 xxxxx xxxxx xxxx xxxxxxx xxxxx xxxxx xxx xx xxx xxxxx xxxxxx xxx xxx xxxxxx. 그 후부터는 구관이 있을 동안은 식물을 좀 낮게 주므로 다시 호소는 나지 않게 하더라.

1654년 정월 초생에 구관이 떠나자 그 후부터는 음식이 더욱 심하여 쌀 대신에 보리를 주며, 밀가루 대신에 보리 가루를 주더라.

그제는 견디다 못하여 우리 일행을 여섯씩 나누어 도망하여 벗어나기를 꾀하고, 4월 그믐쯤 되어 이 계책을 실시하려 할 때, 우리 중 하나가 가만히 담에 올라서서 우리가 몰래 타고 달아나려 하는 배가 어디 있는지 살펴보려 하다가 사나운 개가 보고 짖는 고로, 수직(守直) 군이 더욱 엄히 지키는 고로, 그 기회를 잃어버리고 말았다.

5월 초생에 우리 중 하나가 다시 밖에 나갔다가 조그마한 배 한 척이 걸린 것을 보았는데, 배는 온전하고 지키는 사람은 없는지라. 동행한 사람들을 다 시켜서 물을 마음껏 먹으라 하고, 물을 먹은 후에는 다 배에 올라 싣고 떠나려 하니, 이는 바다에 먹을 물이 없는 연고라.

배를 겨우 떼어 가지고 나갔다가 얕은 바닥에 배가 걸려서 가지 못하고 애를 쓸 때, 지키던 사람들이 보고 따라 나서서 뒤를 따르며,

그중 한 사람은 총을 가지고 따라와서 그 도망꾼들을 공박하여 도로 들어오게 하나, 한 사람만 겁이 나서 뛰어 육지로 내려가고, 그 나머지 사람들은 기어이 죽기로 힘을 다하여 배를 떼어 가지고 바다로 향하려 하여 돛을 달려 한즉, 돛대가 부러져서 돛과 돛대가 다 물로 들어가는지라. 다시 기를 쓰고 돛을 건져서 올려 매려 하다가, 돛대 남은 것이 마저 부러진지라. 다시 어찌 할 수 없어 고개를 숙이고 순종하였더라.

붙들려서 관리 앞에 온즉, 목사가 저들을 다 쇠사슬로 나무토막에 비끄러매게 하여 수족을 잘 결박한 후에 땅에 벌려 앉히고, 그 후에는 웨터리라는 통사(通士)를 불러서 우리에게 질문하니, 그는 기왕에 말한바 한국에서 여러 해 있던 사람이라. 저 사람들의 하고자 하는 뜻이 무엇이며, 우리도 그 사람들과 동모(同謀)하였느냐 하는지라. 우리는 이것을 아주 모르노라 하고, 그 사람들의 하고자 하는 것은 다만 일본으로 가고자 하는 것뿐이라 한즉,

목사가 이 말을 듣더니 묻는 말이, 물과 양식이 없이 일본을 어찌 가려고 하였느냐. 그들이 대답하되, 우리가 날마다 고생하기에 차라리 죽는 것만 못하여 죽으려고 하였다 한즉, 곧 결박을 끄르라 하더니, 관장(官杖)을 내어다가 볼기를 25도를 때리는지라. 이 형벌을 당한 사람은 한 달 동안을 드러누웠다가 일어났으며, 그 동안에는 자유를 허락지 아니하고 주야로 가두어 수직(守直)하더라.

5월 그믐께 훈칙이 서울서 내려와서 우리를 서울로 발송하라 하는지라. 우리는 이 소문을 좋은 소문으로 들을는지 슬픈 소문으로 들을는지 몰라 할 즈음에, 어언간 6, 7일이 지나므로, 우리를 결박 지어서 배 네 척에 우리를 나누어 넣고 결박을 단단히 지어 놓은 고로, 우리가 물에 뛰어들어 빠지지 못하고 기다리더니, 표풍(飄風)을 인연하여 이틀을 배질하느라고 애쓰다가, 도로 제주로 밀려가서 전에 있던 옥중에 다

시 갇혔더라.

이 섬 북편에 항구가 있는데, 이 항구에 배 수삼 척이 있어서 내지로 행하는데, 이 길이 대단히 험하여 물속에 바위가 있는 고로 길 모르는 사람이 이리로 가려면 대단히 위태하고 간혹 바람에 몰려서 일본 편으로 가는지라.

이 섬에 사면으로 돌이 있어서 내왕은 심히 위태하나 말과 짐승이 많아서 세를 많이 바치는 고로 서울서 중히 여기고, 백성은 다 가난하며, 서울서는 이 사람들을 대단히 업신여기더라.

이 섬에 심히 높은 산이 있어 수목이 번성하며, 사면으로 언덕이 토옥(土沃)하여 곡식이 잘 되더라. 여기서 다시 떠나서 4, 5일 만에 내지에 이르므로, 이곳에서는 모든 결박을 다 풀고 호위하는 추종(追從) 꾼을 많이 늘리더라.

(미완)

미국의 공화사상

(1914년 2월호)

서양 문명의 풍기가 날로 동양에 퍼지자 동양 사람들의 언어와 문자상에 자유(自由)라 공화(共和)라 하는 것이 자주 전파되나니, 이는 자연한 형세이자 또한 심히 긴절한 것이다. 지금에 처하여 사람마다 마땅히 알아야 하겠고, 아는 대로 행하여야 하겠도다.

그러나 자유(自由)라 하는 것은 동양에 앉아서 배울 수도 있고 혹 다소간 행하여 볼 수도 있으되, 공화(共和)라 하는 것은 심히 알기 어려우니, 이는 전제(專制)와 공화(共和) 두 가지가 수화(水火)와 같이 상극이 되는 고로, 전제정치 아래서 공화의 사상을 한만히 설명하기 어려운 연고이라.

지나(支那)에는 혁명 이후에야 비로소 공화라, 민주라 하는 명목을 아무나 자유로 쓰게 되었지, 그 전에는 아무든지 이런 사상을 알지라도 감히 설명치 못하였나니, 이는 다만 국법(國法)의 벌이 돌아올 것만 두려워할 뿐 아니라, 백성들도 이런 것을 곧 역적이라 혹 난민(亂民)이라 하여 용납하지 아니한즉, 이런 사상을 소상히 배울 수도 없거니와 배운들 어찌 감히 개구(開口)하여 설명하리오.

한국이 또한 이와 같아서, 공화(共和)라 민주(民主)라 하는 글자를 감히 입에 올리지 못하다가 마침내 나라가 남의 손에 들어가고 말았은즉, 지금에 이르러 한국을 얻어 가진 사람들은 제일 염려할 것이, 한국

안에 혁명사상이 들어갈까 주의할 것이라, 어찌 공화사상을 자유로 전하게 하리오.

다만 일본은 서양정치 제도를 많이 모본하여 왔은즉, 동양 3국 중에 공화 사상이 가장 많이 발전되었을 듯하나, 실상은 일본에 소위 헌정(憲政)이라 하는 것이 완전한 공화사상을 발전한 것이 아니라, 다만 개량한 전제제도라. 이 제도로 조직된 정부 아래서 사는 백성이 자유로 공화정치와 혁명사상을 배양할 수 없은즉, 순전한 미국 공화정체의 사상을 얻어 배우기 실로 용이하지 않은지라.

우리는 미국에 있어서 구미 각국의 혁명역사와 공화사상의 발전된 내력을 다만 서책으로만 깊이 연구할 뿐 아니라, 정치상 큰 기계의 운동하는 것을 대강 목도하여 깨달은 것이 얼마간 있은즉, 이것을 일조 일석에 역력히 다 설명할 수는 없으나, 간간히 여러 방면으로 해석하여 우리 동포의 사상에 조금씩 들어가기를 바라노니, 깊이 잠심하면 다소간 깨달을 것이 있을 줄 믿노라.

대저 공화라 하는 것은, 기왕에도 말한 바이거니와, 영어로 데모크래시(democracy)라 하나니, 본래 희랍 글에 백성이 다스림이라 하는 뜻이라. 모든 백성이 공동하여 다스리는 것을 지목함이니, 지금 미국 사람들이 항상 일컫는바 백성이, 백성으로, 백성을 위하여 세운 정부 (government of the people, by the people, for the people)라 하는 것이 곧 이것이라.

그런즉 공화정체는 군주정체(君主政體: monarchy)와 반대이니, 이는 한 사람이 다스리는 것이고, 사부정체(士夫政體: aristocracy)와도 반대이니, 이는 일본 사람들의 소위 귀족정체(貴族政體)라 하는 것이라. 위에 있는 양반끼리 다스리는 것이고, 소수정체(少數政體: oligarchy)와도 반대이니, 이는 수효 적은 몇몇 사람이 짜고 앉아 다스리는 것이라. 다만 모든 백성이 평등한 권리를 가지고 공동히 합하여 다스리는 것을 곧 공화라 하는지라.

이 공화사상이 상고적 동양 각국에도 얼마 있어서 요순(堯舜)이 백성의 뜻으로써 임금의 위(位)를 전하고, 사람의 벌을 정하였으며, 희랍 로마 등 문명에도 공화조직이 완전하였으나 실상은 다 지금 미국 공화제도와는 같지 아니하여, 백성이 국회를 설시하고 대표를 보내어 나라 일을 조처하는 법도 없었고, 또한 사람의 등분을 구별하여 교육과 권리에 등급이 있으며, 노예가 있어서 자유 하는 백성과 동등이 되지 못하였나니, 지금에 이르는 바 공화사상이라는 것과는 대상부동(大相不同)이라. 지금 공화는 지나간 백년 내외간에 발달된 사상이로다.

동서양을 물론하고 옛적 사람들의 보통 정치사상인즉 공화주의와 아주 반대되는 것이니, 평등 백성이 나라 일을 다스리기는 고사하고 의논하는 것도 불가(不可)타 하여 심지어 '부재기위(不在其位: 그 지위에 있지 아니함) 하야는 불모기정(不謀其政: 그 정치를 논하지 아니함)이라' 하며, 임금은 하늘이 명하여 내어서 만민을 다스리게 하셨나니, 천신(天神)같이 숭봉하는 것이 충(忠)이라 의(義)라 하며,

임금은 부모요 백성은 자식이니, 임금은 아무리 잘못하여도 백성이 순종치 아니하면 난신적자(亂臣賊子)라 하며, 성군이 나서 세상을 잘 다스리면 백성의 복이고 국가에 다행이며, 악한 임금이 황음무도(荒淫無道)할진데 이는 곧 국운이고 천수(天數)라 하여 어찌할 수 없는 줄로 여겼나니, 이것이 곧 옛적 사람들의 국가 사회를 보전하고 세세상전(世世相傳)하여 내려온 방법이라. 옛적 개명하다는 사람들이 다 이 법으로써 천지에 떳떳한 도리로 알았으며,

더욱 미개한 야만의 사회를 볼진대, 모든 사람의 평등 자유를 빼앗아다가 한두 사람의 무한제한 자유를 만드는 고로, 개인상 원수의 목

을 많이 베어 어깨에 메고 다니는 자가 주장이 되며, 일정한 법과 양식
이 없이 추장의 말이 곧 법이 되는 고로, 사람의 시비를 물론하고 다스
리는 자의 말 한 마디면 재판도 없이 징벌도 하고 목숨도 끊기를 초개
같이 하나니, 이는 압제의 극한(極限) 자이라.

오직 동양에 반개화(半開化) 이상 정도에 이른 나라들은 다수가 성
군을 만나서 백성의 부모 되는 본의를 대강이라도 드러내었으므로, 백
성들이 스스로 그 은덕에 감화하여 임금을 의탁하기를 어린아이가 부
모 의탁하듯 하였으며, 종종 악한 임금이 생길 때에는 백성이 비록 수
화도탄(水火塗炭)에 있으나 제어할 방책이 없이 요순문무(堯舜文武) 같은
성군양상(聖君良相)이 오시기를 가뭄에 비오기 바라듯 할 따름이라. 속
박을 면하고 자유를 얻을 생각은 꿈에도 뜻하지 못하였더라.

그러다가 일부 못된 지배자들이 백성을 우마(牛馬) 같이 대접하면
서, 법을 어기며 백성의 권리를 멸시하다가, 심지어 백성이 일어나서
난리를 지어 가지고 영국 임금 찰스 1세(Charles I)와 법국왕 루이 제16
세(Louis XVI)는 목숨을 잃어버리기에 이르렀으니, 이는 과연 고금에
참혹한 혁명역사라. 세계의 제왕 된 자로 하여금 깊이 거울삼을 일이로
다.

이때에 구라파 각국에 다만 정치상 제도만 이러할 뿐 아니라 교
회에 제도가 또한 이와 같아서, 교황이 하느님을 대표한 자라 하여 돈
을 받고 사람의 죄를 용서한다, 백성이 하나님께 자유로 기도할 권리가
없으니 신부 주교 등 명목의 입을 빌어 기도하라 하며, 모든 세상 사람
들이 육신으로는 이 나라 저 나라에 각각 속하였으나 영혼으로는 다 교
황의 신민이라 하여, 인간 만사에 거의 못 행할 일이 없게 된지라.

이 중에서 백성들이 경력을 얻어 차차 공화사상이 발달될 새, 마
틴 루터 같은 종교 혁명가가 먼저 생겨 교화의 진리로써 인심을 변화하

여 놓으니 차차 풍기가 열리며, 정치 철학가들이 처처에 일어나 옛적부
터 믿어 내려오던 사상을 다 변하여 새로 혁명주의를 전파하자 공화사
상이 이에서 발전된지라. 서력 1500년 시대가 근대문명이 시작되는 때
더라.

그러나 구라파에서는 이 공화사상이 속히 자랄 수 없었나니, 이
는 구라파 사람들이 종시도 옛적 사상에 매여서 풍속과 정치와 종교상
속박을 졸연히 벗어나기 어려운 연고라. 만일 구라파 사람들이 각각 자
기 나라 풍속들만 지키고 앉았다면 지금 사람들의 누리는 바 공화사상
이 이렇듯 속히 발전되었을는지 기약하기 어려울지로다.

다행히 새 세계가 열려서 대서양 건너 북미주가 개척되자 영, 법,
서(英法瑞) 등 모든 나라에서 종교와 정치상 압제 핍박을 견디기 어려운
사람들이 다수가 피난하여 와서 그 본국에서 받던 것을 벗어버리고, 옛
적 풍속의 어리석은 것을 깨치며, 새 세상에 자유로 따로 나서 임의로
공화사상을 발전하게 된지라. 이것이 곧 미국 공화주의의 기초 잡힘이
로다.

광막무인(廣漠無人)한 북미주에 가서 자기네끼리 모여 살고 본즉,
구라파 각국의 여러 백년을 두고 사람의 자유를 속박하던 정치 교화의
압제를 다 벗어버리고 임의로 잘 다스려 갈 수 있는지라. 이러므로 옛
적의 모든 악한 풍습을 벗어버리기와 자유사상을 발달시키기 작정하
여, 전고에 없던 생각을 발표하며, 옛 세상에서 감히 행치 못하던 법도
를 마련하기에 이르렀나니, 이로 보건대, 동양 성군들의 어진 정사는
백성의 속박을 굳게 하였고, 서양 악한 임금들의 심한 전제는 백성의
자유사상을 발달시켰다 하겠도다.

그런즉 미국의 공화사상은 구라파 전제 구습을 반대하여 생긴 것
이니, 독립 선고서에 모든 사람이 다 동등으로 났다는 말(All Men are

Born Equal)이 이 뜻의 발표라. 이 뜻대로 말하면, 하나님이 모든 사람을 내실 적에 지혜 총명과 이목구비의 대강 등분은 있으나 동등 사람으로 생겨나기는 다 일반이라. 반상대소(班常大小)의 구별이 없고, 임금이나 백성이나 다 같은 인류라. 임금을 위하여 백성을 낸 것이 아니고, 백성을 위하여 임금을 낸 것이라 하였나니, 이것이 곧 고금에 인류 사회 질서가 아주 바뀐 것이라.

옛적에는 나라에 주권이 임금에게 있다 하던 것이, 지금은 주권이 백성에게 있다 하여, 미국 정당의 항상 다투는 것이 우리 정당이 들어서야 백성이 참으로 주권을 더욱 많이 차지하리라 하며, 옛적에는 임금이 자기의 뜻대로 사람을 택하였지만은, 지금은 백성이 저의 뜻대로 임금을 택하여 저의 대표자가 질정한 법대로 시행하게 하며, 이름을 대통령이라 하고, 옛적에는 임금을 백성의 부모라 하더니, 지금은 백성의 종이라 하며, 옛적에는 엔 담(口) 안에 임금 왕자(王)를 써서 나라국 자(国)라 하더니, 지금은 엔 담 안에 백성 민자(民)를 써서 나라국 자(圓)를 만들며,

옛적에는 임금에게 불충한 자를 역적이라 하더니, 지금은 국민에게 불충한 자를 역적이라 하여 국회를 멸시하고 공의를 저버리는 자는 대통령이라도 법원에 심판을 당하며, 옛적에는 나라가 임금의 것이라 하더니 지금은 나라가 국민의 것이라 하며, 옛적에는 임금을 하나님이 택하셨으니 백성이 어찌하지 못한다 하던 것을, 지금은 말하기를, 임금과 백성 사이에 무형적의 약조가 있어서 백성이 맡긴 나라 일을 직책대로 바로 행하지 못하는 경우에는 임금이 스스로 파약(破約)함이니, 백성은 그 지위를 빼앗아다가 다른 이에게 맡기고 정부를 번복하는 것이 가하다 하나니, 이것이 다 옛적 사상과 천양지판(天壤之判)이 되는 증거라.

당초에 이 사상을 발달시킬 때에 혁명 주창자들이 옛적 정치상 폐단을 제(除)하기 위하여 구라파 제도를 모두 번복할 때, 우선 집정한

이들의 벼슬 이름부터 고쳐서 행정관의 두령을 임금이라, 왕이라, 군주라, 황제라, 천자라 하는 모든 존경할 만한 명칭을 쓰지 아니하고, 다만 프레지던트(president)라 하니, 이는 근본 법어(法語)와 서반아 글자에 "앞에 앉다"는 뜻이라. 모든 사람 모인 앞에 앉아서 규칙대로 시행하는 자이니, 여기는 높다는 뜻도 없고 영솔(領率)한다든지 다스린다는 뜻이 도무지 없거늘, 대통령이라 번역하여 부르니, 비록 동양 사람들의 임금 숭봉하는 습관에는 합당하나, 미국 혁명 시조들이 이름 짓던 본의와는 상반이 되는 것이며,

내각 대신들은 영의정, 총리대신, 각부대신, 협판판서, 참판승지 등 명목으로 부르지 아니하고 다만 새크리터리(secretary)라 하여 등분 없이 각부 새크리터리로 부를 따름이니, 이는 본래 "비밀한 것을 맡는다"는 뜻이라. 혹 어떤 회사나 개인의 사무소에 서기로 고용하여 서사, 왕복이며, 일기 등 사무를 맡기면, 그 사람이 곧 새크리터리라. 이것을 동양글로 번역하여 혹 국무대신이라, 혹 군무경이라 하나니, 이것도 또한 본의와 같지 아니한 것이며,

존귀한 벼슬이름을 다 없이하여 공, 후, 백, 자, 남(公侯伯子男)이라. 혹 귀족 황족(皇族) 사족(士族) 등 명목을 없이하여 사람의 헛 영광을 드러내며, 직품(職品)을 가지고 양반이니 중인이니 하는 폐단을 막았으며, 등급을 구별하여 층층이 높고 얕은 차서를 없이하고 다 법률 밑에 한결같은 백성으로 인증하며, 사람마다 공평한 대우를 받아 특별한 권리나 특별한 세력을 얻는 자가 없게 하였나니, 이는 다름 아니라 이 여러 가지 벼슬 명목으로 인연하여 혹은 지위가 높다고 하고, 혹은 아무 자손 아무 혈속이라 하여 폐단이 많이 생긴 연고라.

영국에서는 국회 상하의원을 나누어 상의원은 로드의 집(House of Lords)이라 하며, 하의원은 컴먼의 집(House of Commons)이라 하나

니, 로드라 하는 것은 영국의 벼슬 이름이라. 이 벼슬 가진 사람들로 재직한 단체라 함이라. 그러나 이 글의 뜻을 생각하면 '주(主)'라 하는 말이니, 미국에서는 이 글을 하나님께밖에 쓰는 곳이 없으며, '컴몬'이라 하는 것은 우리나라 말로 번역하면 '상사람(常人)'이라 하는 뜻이니, 범상한 평민이고, 평민으로 조직된 집이라 함이니, 곧 하의원이라. 이것은 영국 국회에서 부르는 이름이다.

미국에서는 주(主)라, 상(上)이라, 분간을 아니 하고 상의원은 '원로원(senate)'이라 하나니, 나이 많은 사람으로 조직함을 가르침이오. 하의원은 'House of Representatives', 대표원(代表院)이라 하나니, 백성을 대표한 자들로 조직함을 가르침이라.

회(會)에 주석(主席)하는 사람을 체어맨(Chairman)이라 하나니, 이는 곧 '교의(交椅) 사람'이라 하는 뜻이라. 어떤 회석에든지 의례히 교의 하나는 내어 놓아서 주석하여 규칙을 의지하여 고숙정돈(枯熟整頓)시키며, 언권을 허락하고 아니하는 모든 직책을 동양 글로 회장(會長)이라 번역하였으나, 실상은 회의 장이나 어른이라는 것이 아니라 다만 회석(會席)에 교의(交椅) 맡은 사람이라 함이라.

미국이 독립하여 대통령을 뽑은 후에 대통령이 거처할 처소를 건축할 때 대궐이라, 궁(宮)이라, 여러 가지로 이름 지을 글자도 많고, 이름을 무엇이라고 하던지 시비할 사람이 도무지 없었거늘, 다만 백실(White House)이라 하여 외층 집으로 넓게 짓고, 흰 칠로 안과 밖을 단순하게 색 내었나니, 이는 다름이 아니라 대궐을 광활히 하며 지위를 높이는 중에 모든 폐단이 많이 생긴 연고라. 그러므로 워싱턴에 가보면 백성의 집이나 관사들은 다 굉장 찬란하되, 백실은 외층으로 단순한 옛집이라.

옛적에 한(漢) 고조가 천하를 얻은 후 크게 대궐을 지을 때에는 궁궐이 장려하지 못하면 왕자의 위의가 없다고 하였으며, 그 전후로 임금에게 속한 것은 모두 웅장하게 만들기로 작정이러니, 지금 와서는 이 뜻이 다 번복되어 위에 사람이 차차 나려오며 아랫사람이 차차 올라가게 만든 것이 정치상 종지(宗旨)라. 동양에서는 아직도 이 사상을 모르는 고로 로마국 대통령의 처소를 백실이라 하지 않고 백궁(白宮)이라 번역하였나니, 또한 본의와는 반대되는 것이로다.

통히 말할진대, 이상 몇 가지는 다만 형식상에 드러난 것이라. 그 외에 모든 사상과 제도가 다 이와 같이 변하여 옛적에 생각하던 바와는 아주 거꾸로 된 고로 모든 일이 다 백성을 높이며, 백성의 권세를 많게 만들기로 주장하여, 다수한 백성이 공동히 원하는 일은 시행하고야 말 줄로 아나니, 이것이 과연 미국의 공화주의라. 공화주의가 세상에 널리 전파되며 많이 실시될수록 인류사회에 행복이 되리로다.

그러나 이 공화주의를 배우는 자가 한 가지 제일 방비할 것이 있으니, 이는 무정부사상(無政府思想)이라. 공화를 잘못 알면 무정부사상을 기르기 쉬우니, 무정부사상은 공화에 비상(砒霜)이고, 자유의 상극(相剋)이라. 이 두 가지를 소상히 구별하여 완전히 분석하는 것이 필요하도다.

대개 무정부사상은 이후에 다시 설명하려니와, 우선 간단히 말하자면, 정부도 없고 주권도 없고, 다만 개인끼리 제 생각대로 행하는 것이 자유라 함이니, 이는 실로 자유가 아니라 자유의 반대라. 마땅히 질서와 법령이 있어서 혼돈(混沌) 난잡(亂雜)한 폐단을 방어하며, 백성의 뜻을 규모대로 설명하여 좋게 하는 것이 실로 백성의 자유를 보호하는 사회라 하는 바라.

이와 같은 공화를 시행하고자 하는 사회는 제일 먼저 힘쓰는 것이 백성의 보통 학식이라. 그러므로 지금 공화정치를 행하는 나라마다

국고금을 다수히 예산하여 대·중·소 각 학교를 많이 설시하는 것이 이
연고라. 대개 교육이 아니면 개인의 사상을 발달치 못하는 고로, 시비
와 이해를 밝히 분석하지 못하여 항상 학식 있다는 자의 뜻을 따라가고
자 하나니, 이는 어떤 사회를 물론하고 자연한 형세라.

이는 일개인의 관계로 말함이거니와, 국가 사회의 정도가 또한
이와 같이 되면 다만 개인에게만 위태할 뿐 아니라 국가 전체에 공동으
로 위태하리니, 공화가 자유를 따라 변한다 함이라. 그런즉 우리는 정
치상 자유와 공화를 의론하고자 하거든 먼저 학식을 배양하기로 큰 목
적을 삼을 지어다.

미국 헌법의 발전
(1914년 2월호)

연전에 본국에서 어떤 선생 한 분이 신문을 보다가 말하기를, 지금 외국 사람들은 모든 일에 다 '새 것'을 좋아한다면서 법은 도리어 '헌법(憲法)'을 좋아하니 어떤 까닭인지 모르겠다고 하였더라.

지금에도 헌법인지 새 법인지 분간을 못하는 이가 없지 않을 터이지만은, 지금 세상에 전제정치 쓰는 나라와 무정부 사회와 야만단체 외에는 헌법(憲法)이 아니면 인민의 생명 재산과 자유 행복을 보전하고 살 수 없는 줄로 아는 바라. 서양 각국에 헌법주의와 그 주의의 대개를 아는 것이 긴요하도다.

대개 지금 세상에 헌법 정체는 영·미국으로 조종을 삼나니, 이는 앵글로색슨 인종들이 여러 백 년을 두고 인민을 자유 보호할 기관을 마련하기 위하여 피를 많이 흘려가며 싸워서 헌법의 기초를 세워놓은 연고라. 지금 청국 헌법은 미국 헌법을 많이 모본한 것이고, 일본 헌법은 영국 헌법을 많이 모본한 것인데, 각각 그 형편을 따라서 모본한 것이고, 미국 헌법인즉 또한 영국 헌법을 모본하려 하다가 특별히 새 헌장을 만들어 놓은 것이라.

당초에 미주를 발견한 후로 구라파 각국 사람이 많이 이민으로 왔으나, 영국 백성들이 가장 다수를 차지하며, 각국의 난류무뢰지배(亂類無賴之輩)도 많이 왔지만은, 영국에 종교와 정치상 인도자 될 만한 이들이 권리를 잡고 모든 것을 인도한 고로 영국의 좋은 사상을 가장 많이 이용한지라. 이러므로 미국 식민시대에는 영국 정치제도를 많이 의방(依倣)하여 썼으며, 급기 식민지가 독립하여 새 정부를 조직한 후로 구라파 헌법주의에 익숙한 이들이 모여서 헌법을 마련할 새, 행정부와 입법부와 사법부를 나누어 세웠나니, 이 세 가지가 솥발 같이 서로 괴여 서서 하나라도 부실하면 다 기울어지게 마련한지라.

대개 입법부는 법을 만들어 내는 곳이니 곧 국회(國會)라. 백성이 택하여 저의 대표로 상하의원에 모여서 가부로 다수를 좇아 법을 마련하나니, 이는 일국에 율법을 한두 사람이 마음대로 정하지 못하고 전국 백성이 의론하여 정하자는 본의라. 그러므로 국회에서 정하지 않는 것은 법이 되지 못하며, 국회 상하의원에서 가결하여 임금의 재가를 얻은 후에야 법률로 반포하나니, 국회의 권력이 가장 크다 하겠도다.

그러나 입법부에서 법률 마련하기만 하였지 다른 권리는 도무지 없는지라. 특별히 행정부(行政府)가 있어서 국회에서 마련하여 세우는 법을 맡아가지고 시행하여 가나니, 이는 임금과 정부에 집권한 모든 대관(大官)들이라. 이 행정부에서는 새 법을 마련하거나 있는 법을 물시(勿施)하지 못하고, 다만 입법부에서 작정하는 대로 준행할 따름이니, 일국에 재정출납과 해륙군 행동과 모든 중대한 사건을 위에 앉은 한두 사람이 임의 천편(擅便)하던 폐단을 영구히 막은 것이라. 설령 어두운 임금과 용렬한 대신들이 있을지라도 능히 국민에게 큰 해를 끼치지 못하게 함이니, 이것이 곧 임금의 전제권리를 한정하여 민권을 높이는 본의더라.

그러나 이 두 가지만 두어 가지고는 정치기관을 완전히 쓸 수 없나니, 이는 만일 입법부와 행정부에서 다 잘하여 가면 좋지만은, 만일 법대로 행치 아니하는 경우에는 헌법이 다 무효한 대로 돌아갈지라. 진실로 중대한 사건이 있으면 백성들이 다시 모여 처판할 수도 있을 터이지만은, 이것은 심히 어려운즉, 정치 기관에 한 부분을 세워 다스리게 하는 것이 가할지라. 이러므로 사법부(司法府)에서는 법률을 범하여 헌법을 방해롭게 하는 자를 다스리는 권리를 맡은지라.

이 세 부분이 서로 한제(限制)하는 속에서 백성의 권리와 자유를 보호하여 가나니, 영국 헌법을 형식상으로 말하면 황제가 행정부 두령이라 하나, 실상은 황제가 아무 권리도 없고 총리대신이 행정부 두령이라. 황제가 총리대신을 자벽(自辟: 장관이 자기 마음대로 사람을 천거하여 벼슬을 시킴)으로 내나니, 이러므로 황제가 권리가 많다 하나, 실상은 이것이 다만 외양으로 황제를 높이는 것이고, 사실인즉 황제가 내는 것이 아니라 하의원에서 내고 들이는 것이라.

그 연고를 상고하건대, 가령 영국 황제가 박 아무로 총리대신을 시키면, 박 아무가 정부에 들어가 내각을 조직하고 행정부 사무를 주장하며, 국회에서 무슨 사건이든지 제출하여 토론 걸쳐하게 할 것이고, 가결된 일은 황제의 재가를 물어 집행하리니, 박 아무가 행정부 두령이고 또한 입법부에도 권리가 많은지라.

그러나 총리대신의 권리가 황제에게서 나오는 것이 아니고 하의원에서 나오나니, 설령 황제가 박 씨를 총리대신으로 낼지라도 하의원에서 반수 이상 수효가 박 총리의 뒤를 받들어 주면 총리대신으로 있어서 시무하고, 만일 반수 표를 얻지 못하면 박 총리가 사직하고 물러가든지 혹 국회를 해산시키든지 하리니, 국회를 해산시키는 것이 대단 중란(重亂)한 일이라. 여간 사건에는 이 권리를 쓰지 아니하며, 급기 이 권리를 써서 국회를 해산시키면 백성들이 하의원 의원을 다시 선정하여 조직할지라. 이 새 국회에서 만일 총리대신을 도와서 반수 이상 표를 주면 그때는 전국 백성들이 가합(可合)하다는 뜻인즉, 총리대신이 권리를 가지고 시무하려니와, 만일 반수 이상 표를 얻지 못하면 부득이 사직하고 물러가며 황제가 다시 택임할지라. 그 법대로 하면 언제든지, 누구든지, 하의원에서 반수 이상 표를 얻으면 3년이나 30년이나 여일히 총리대신으로 있으되, 반수 표만 얻지 못하면 물러갈 수밖에 없은즉, 황제가 내는 것이 아니라 하의원에서 내는 것이라.

그런즉 임금은 행정부 두령 되는 이름만 가진 것이고 실권은 백성에게 있으며, 백성의 마음에 합당치 않은 자는 총리대신이 될 수 없은즉, 총리대신이 하의원을 저버리고 권리를 얻을 수 없으며, 하의원은 총리대신이 제출하는 의안을 경홀히 여길 수 없나니, 이는 총리대신이 국회를 해산시키고 백성으로 하여금 하의원 대표를 다시 선정하여 조직하게 할지라. 그러므로 영국 헌법은 백성이 필경 가부를 질정하는 것이고 행정부에서는 어찌할 수 없는 것이라. 그런즉 영국 황제의 권리가 미국 대통령의 권리만 못하다는 것이 이 연고로다.

미국헌법 기초자들이 영국헌법의 대개를 모본하기 위하여 세 부분으로 만들 때, 행정부에는 대통령과 각부 대신이 주장하게 하니, 영국 황제와 총리대신이 조직한 행정부와 같은 것이고, 입법부는 원로원과 대의원으로 조직한 국회를 세우니, 이는 영국 상하의원과 같이 마련한 것이고, 사법부는 대심원을 두어 대법원장이 주장하게 하니, 이 세 가지 부분이 서로 제한하여 천편하는 폐단이 없게 함이더라.

미국 헌법 세 부분의 권리를 분간하여 구별하건대

一. 행정부 권한

대통령과 부통령은 4년 1차씩 전국 백성이 투표 공선하며, 국회에서 결정한 일과 헌법방한 안에 있는 권리를 담임 집행하며, 각부 관

리 합 5천여 명을 상의원의 합동을 얻어 임명하며, 해륙군 대소 장관들
도 다 임명하되, 평시에는 군사상 사무에 대통령의 권한이 방한(防閑)이
있으나 난시에는 대통령의 직접 지휘를 받으며,

또한 대통령이 국회에 제의할 일이 있으면 직접 글을 보내어 경
의(敬意)하기를 청구하나니, 국회에서는 대통령의 제의를 알려면 알고
말려면 말 것이로되, 대통령은 항상 어떤 정당의 영수로 피선되나니,
미 국회에 그 같은 당파의원들은 자연히 대통령의 제의를 주의하여 자
기네 당파세력을 보호하려 할 것인즉, 대통령이 제의하는 안건을 십분
주의할 것이며,

또한 상하 회 원에게 가결하여 들이는 안건이라도 대통령이 불가
하게 여기면 부인 비토(veto)하는 권리가 있나니, 만일 대통령이 부인하
면 물시되는 법이나, 비록 대통령이 부인할지라도 상하 위원에서 합석
하여 3분의 2 이상이 가결하면 대통령이 부인할지라도 법으로 성립하
는 수가 있지만은, 과연 중대한 일이 있기 전에는 합석경의(合席敬意)하
는 일이 드믄즉, 부인하는 권한은 대통령에게 있으며,

사법부로 말할지라도, 사법부에서 판결하여 내는 것을 행정부가
아니면 집행할 수 없은즉, 대통령의 권한에 다수가 매였으며, 사법 관
원들은 대통령이 내나니, 중앙 대심원장은 한 번 내면 무슨 중죄를 범
하기 전에는 평생을 갈지 못하며, 국적으로 범죄한 사건이나 국회에 탄
핵을 당한 사건 외에는, 사법부에서 정한 벌을 대통령이 혹 감등(減等)
이나 탕척(蕩滌: 죄명을 씻어 줌)하는 권리가 없으며,

1871년부터는 대통령의 연봉이 오만 원이고 백궁 수리비로 매년
얼마씩 따로 받으며, 처음 대통령들은 신임 예식을 행할 때에 위의(威
儀)와 예식(禮式)을 장히 차렸으나, 그 후부터 다 물시(勿施)하고 단순한
절차를 숭상하며, 당초에 내각 대신들을 조직할 때에는 대통령의 은밀

한 행정사위를 살펴서 지키라 하였던 것인데, 그 후에 차차 상의원에서
대통령의 행하는 일을 심히 주의하는 고로, 내각대신이 살피게 한다는
본의는 스스로 없어졌더라.

一. 입법부 권한

입법부는 상하 의원으로 조직한 국회이니, 하의원 의원은 각 지
방대표로 매2년 1차씩 백성이 25세 이상 된 자로 투표 공선하여 중앙
국회에 참여하게 하며, 국가에 재정 법률 등 모든 중대 사건은 이 회에
서 가부 취결한 후에야 대통령의 재가를 얻어 법이 되는 것이며, 입법
부에서 행정사법 관리들을 탄핵하는 권리가 있나니, 이런 경우에는 따
로 위원을 임시 조직하여 상의원에 공소하면, 상의원에서 대심원 장이
주석(主席)하여 심판 선고하는 법이다.

하의원에서 회장을 대의원 중으로 투표 선정하여 일년 국회 한
번 할 동안만 주석하게 하고, 그 다음 회에는 새로 투표 공선하는 풍속
이나 일정한 규칙은 마련함이 없으며, 이 회장은 스피커(Speaker)라 하
나니, 말하는 사람이라는 뜻이다. 회장은 의원 중으로 투표된 자인고
로, 투표권은 다른 의원과 같이 있으며, 언제든지 유고한 때에는 다른
의원을 택하여 임시 주석하게 하는 권리도 있다.

상의원은 매 6년 1차씩 각 지방 입법부에서 30세 이상 된 자로
투표 선정하여 국회에 참석하게 하는 자이다. 상의원 의원 통합 수에
3분지 1이 매 2년 1차씩 교체하여 노상 진중한 태도를 가지게 하나니,
미국에 벼슬 지위로 말하면 대통령 다음에는 이것이 가장 존중한 지위
며, 지금 각 지방 입법부에서 투표 선거하던 것을 고쳐서 수년 내로 각
지방에서 대의원 선정하는 것과 같이 직접 투표로 결정하나니, 이는 직
접 백성의 권리를 더욱 많이 세우고자 함이더라.

상의원 회장은 미국 부통령이 예겸(禮兼)하나니, 모든 투표권은 없고, 다만 가부편 수효가 상적(相敵)하여 결정하지 못할 때에만 특별히 투표권을 얻어, 이 투표 하나로 가부를 결정하나니, 이것을 캐스팅 보트(casting vote)라 하는 것이라.

하의원 같이 모든 법안을 임의로 제출하여 경의(敬議)하되, 재정과 세납 등 문제에 관계한 안건은 하의원에서만 제출하여 상의원에서 의론하되 상의원에서 먼저 제출하지는 못하며, 행정관이나 사법관을 하의원에서 탄핵하여 재판이 되는 경우에는 상의원에 각 의원이 투표하여 작정하며, 행정부에서 각 대신이나 외교관을 택임하던지 혹 국제상 관계되는 일에는 상의원에서 고문 자격으로 인준한 후에야 행하는지라.

이상 두 의회가 합하여 한 국회를 이루나니, 이것이 입법부(立法府)라. 헌법에 중대한 부분이 이것이니, 이 부분이 전국 백성을 직접으로 대표하여 전국 백성이 뒤에서 받치는 연고라. 대통령도 실상은 백성이 직접 투표로 선거하였지만은, 한번 선거하여 위에 앉히고 임의로 행하라고 맡겨 두면 전제사상(專制思想)이 차차 다시 생길 염려가 없지 아니한 고로, 국회를 세워서 주권을 나누어 맡게 마련한 것이니, 서로 권리가 저촉되는 중에서 백성의 공심을 세우고자 함이로다.

一. 사법부 권한

사법부는 각 지방 재판소와 위에 특별히 중앙 대심원이 있으니 슈프림 코트(Supreme Court)라 하며, 대심원장은 대통령이 상의원의 합동을 얻어 임명하며, 죄를 범하기 전에는 평생을 갈지 못하나니, 미국 안에 제일 권리 많은 사람이다. 이 사람의 하는 일은 아무 다른 것 없이 가만히 앉아서 입법부나 행정부 일을 도무지 간섭하지 아니하다가, 그 권한 범위에 관한 일이 들어오면 곧 결처하며, 한 번 결처하는 것은 행정부나 사법부나 다 준행하는 법이라.

중앙 대심원장이 처판하는 법안은 몇 가지 구별이 있으니, 일(一)은 각국에 파송하는 공사와 및 중앙정부에 속한 대관들에게 관련한 법안이고, 일(一)은 각 지방재판소나 중앙재판소에서 처판한 사건을 다시 공소하는 경우에는 받아서 마지막 판단함이라. 그런즉 전국에 범법하는 안건은 이 법관의 처판하는 것이 마지막이니, 이 법관이 한번 처결하여 놓은 후에는 다시 높이 올라갈 곳이 없는지라.

이 외에 특별한 권리가 또 있으니, 이는 합중국 헌법을 보호하는 책임이라. 가령 뉴욕과 팬실베니어 두 도성에서 한 가지 사건을 가지고 피차에 자기의 의견이 옳다 하여 다투는 경우에는, 다른 도에서나 혹 다른 단체에서 상관할 권리가 도무지 없고, 다만 중앙정부에서 헌법대로 결처하기를 힘쓸 터이지만은, 필경 중앙정부의 힘으로 결처하지 못하는 경우에는 마지막 가는 곳이 대심원장이라. 대심원장이 이 안건을 받아 가지고 양 도를 다 불러다가 판결하나니, 이 판결하는 것은 한편이 아무리 원굴하더라도 순종할 따름이고 달리 고소할 곳이 없으며,

또한 입법부와 행정부에서 피차 의문이 생겨서 각각 자기의 의견이 헌법에 타당하다고 고집하여 결정하지 못하는 경우에는 필경 중앙 대심원장에게 공소할지니, 대심원이 이 시비를 분석하여 가부를 판단하여 누가 옳고 누가 그르다 하리니, 이는 다만 헌법의 종지(宗旨)를 가지고 어떤 의견이 헌법의 본의와 합(合)하고 어떤 의견은 헌법 본의와 합하지 않는다 하는 것이니, 그러므로 이 권리가 아니면 혹 입법부 권리만 높이자던지, 행정부 권리만 높이자던지, 혹 전제주의를 세우자던지, 모든 이런 의사로 헌법의 본의를 멸시하여 백성의 권리를 소멸할 염려가 있을 터인 고로, 대심원장을 백성의 자유권 보호자라 하더라.

영국 헌법을 말하면 사법부에 이런 권리가 없어서, 무슨 법안이든지 상하 의원에서 경의하여 임금의 재가를 물으면 곧 국법이 되어, 그 후 국회에서 다시 물시하기 전에는 아무도 어찌할 수 없지만은, 미국 헌법은 사법장의 권리가 특별히 많아서, 설령 국회에서 경의하고 대통령이 재가하여 일변 시행하는 일이라도, 한번 대심원장에게 공소되어 대심원장이 헌법과 합당치 못하다고 판단하면 곧 무효가 되는 법이라. 이것이 미국 헌법에 특별한 조건이고, 미국 인민이 가장 존중하는 주의더라.

지금에 일본 사람들이 캘리포니아에서 토지 소유권과 입적 시민권을 인연하여 외교상으로 조처하지 못하면 미국 중앙 대심원에 공소하겠다 하는 것이 곧 미국 헌법을 바로 번역하여 달라 하는 뜻이라. 토지 소유권으로 말하면, 본래 일미통상조약(日美通商條約)에 양국 백성의 권리를 피차 보호하며 동등으로 대우한다 하였거늘, 미국 사람들은 일본에 가서 토지를 임의로 매매할 권리가 있는데, 일본 백성은 캘리포니아에서 토지를 사지 못한다 하니, 이것이 중앙 헌법에 합당하냐 하는 뜻이고, 또한 일인 시민 권리로 말할진대, 당초 미국 헌법에 미국이나 미국 영토 안에서 난 자는 미국 백성으로 인증한다 하였은즉, 어느 나라 사람을 물론하고 미국 국기 아래서 난 자는 미국 시민 될 권리가 있거늘, 일인의 아이는 입적하기를 허락지 아니하니, 이것이 헌법에 위반이라 하는 뜻이라. 이런 사건을 가지고 아직 공소하지 않는 것은 대심원에서 일인을 이겨 줄는지 알 수 없어서 아직 중지함이더라.

그런즉 미국 헌법에서 먼저 생기는 권리는 입법부에 달렸고, 마지막 보호하는 권리는 사법부에 달렸으며, 행정부는 다만 좇아 시행할 따름이니, 백성의 자유를 보호하는 자는 헌법이고, 헌법의 실시를 보호하는 자는 중앙 대심원장이라. 그 지위가 심히 높고 책임이 가장 중하도다.

그러나 미국 헌법 기초자들이 당초에 사법부 권리를 영국 제도와 흡사하게 마련하였으나 그 후에 차차 헌법을 실시할 힘이 없는 것을 깨달은지라. 각도 대표자들은 1년 1차씩 국회에 모여서 일을 결처만 하여 놓고 각각 헤어져 버린즉, 중앙정부 행정관들이 맡아 가지고 혹 시행하는 것도 있고 혹 시행치 않는 것도 있은즉, 국회에서 가결하는 것이 실로 무력한지라. 대심원장으로 여러 해 있던 저쥐 스토리(Judge Story)라 하는 이가 설명하였으되, 소위 미국연방이라는 것은 한 그림자뿐이고, 국회는 작정하는 법령을 실시할 권리가 없으니 다만 허명뿐이라 하였더라.

이런 의론이 많이 생겨 사법부 권리가 확장될 것이 필요하다고 여기는 자가 많아질 즈음에 각도 지방권리(State Right)를 중히 여기는 뜻이 자라서 각각 하는 말이, 우리 지방정부에서 자유 하는 권리를 중앙정부에서 억지로 손상하지 못한다 하니, 합중국 연합을 유지하기 어렵게 되다가 필경 남북방 흑노(黑奴) 문제가 일어났는지라.

남방 사람들이 말하기를, 우리가 우리의 돈을 주고 흑노를 사다가 부리는 것을 중앙정부에서 억지로 속량하여 주라 하면 헌법의 본의가 아니라. 만일 중앙정부에서 우리 지방 자유권을 반대하여 억지로 흑노를 없이하라 할진대, 우리는 대심원의 판결도 불복하고 헌법을 물시할지라. 당초에 우리가 합하여 세운 헌법이니, 우리가 원치 아니하면 물시하는 권리가 있다 하여 각립(各立)하기를 주의하는지라.

북방 사람들이 중앙정부를 도와서 전쟁을 하여 남방을 이겨 헌법을 보호하고 합중국을 여전히 보전하였나니, 이것이 미국 헌법의 제일 위대한 시기라. 이후부터 대심원장의 권리가 더욱 높아서 각도 사이에 헌법상 문제가 생기는 것을 대심원장이 결처하는 것에 복종할 것이고,

헌법을 물시한다든지 따로 떨어져 나간다는 폐단이 다시는 없고 사법부 처결을 드디어 준행하더라.

이상 몇 가지는 미국 헌장(憲章)의 대개라. 이외에 긴절하고 재미로운 것이 많으나, 한 번에 다 설명할 수 없으며, 어느 사회든지 항상 인민의 정도와 시국(時局)의 형편을 따라 질정할 것이고, 일정한 규모를 모본하여 다 한결같이 시행하기는 불능(不能)하니, 대강 종지만 알면 지혜로운 사람이 있어 지혜롭게 인도하기에 있도다.

하멜의 일기 제4차
- 전호 속 영문번역
(1914년 2월호)

헨리 하멜(Henry Hamel)은 하란국 사람이니, 1653년에 조선 해(海)에서 파선하여 한국에 13년을 갇혔다가 간신히 도망하여 8인이 귀국한 사적을 일기에 적은지라.

이것은 그 일기의 제4장이니, 제1장의 사연은 풍랑을 만나 무한히 고생하다가 제주도 앞에서 파선하여 여러 사람은 다 죽고 몇 사람이 살아서 기한을 견디지 못하여 애쓰다가, 본토 사람들이 잡아가던 사적을 말하였고,

제2장은 관후한 지방관을 만나서 고생 중에 적이 위로되던 것이며, 일본에 보내어 달라 하여도 듣지 아니하고 상부 명령을 기다리라 하며 서울 기별을 기다리던 것이라. 그 사정이 진실로 가련하며,

제3장은 제주도에서 3년 동안을 갇혀서 배고픈 때와 춥고 어려움을 당하다가, 새 지방관이 와서 전에 은혜롭게 하던 원이 갈려 가고 새로 각박한 원의 압제를 견디기 어려워서 풍범선(風帆船)을 몰래 잡아타고 일본으로 도망하려다가 다시 잡혀서, 사슬로 목을 매고, 곤장(棍杖)을 맞아 여러 달을 장독(杖毒)에 고생하다가 살아난 정경이라. 이 사연을 보면 어떤 것은 혹 허무한 소설도 같고, 혹 어떤 것은 조선 풍속을 소상히 말한 것이라, 역사상에 한 상고할 만한 글이리로다.

제주서 서울로 회(回)함 제4장

우리가 말을 타고 해남에 이르니, 혹은 육지로 가고 혹은 배로 와 이곳에서 한 번 다시 함께 만나서 심히 반가운지라. 그 이튿날 아침에 일찍이 일어나서 대강 요기하고 다시 떠나 제함(Jeham)에 이르러, 우리 일행 중 폴 존 쿨스(Paul John Cools)라 하는 이가 병세가 우심(尤甚)하여 죽는지라. 지방관이 영을 내려 장사하라 하고, 다시 떠나서 밤에 나주 (Na Dio)에 도박하여 산성에서 밤을 지내고, 동압(Tong Ap)에 와서 높은 산을 넘으니, 이 산 위에 일밤(Il Bam) 산성이라는 큰 포대가 있더라.

거기서 태인(Teyn) 골에 이르러 쉬고, 금제(Kum Ge) 와서 요기하고, 밤에 진주(Chin Ju) 성에 이르니, 이곳은 옛 서울이고 전라감사가 있는 곳이라. 바다에서 하루 길쯤 되는데, 상업도 장하고 또한 남도에 유명한 골이더라.

진주서 떠나서 제산(Je San)에 이르니, 이는 전라도에서 서울로 가는 마지막 고을이라. 제산을 지나 공주(Con Sio)에 이르니 이는 충청 도의 도성이라. 그 이튿날에 큰 강을 건너서 샌가도 (Sen-Ga-Do)(경기도) 에 들어서니, 이는 서울 있는 도라. 여러 곳을 지나서 큰 강을 또 건너 니, 이 강은 도두랙트에 있는 마에사(Maese) 강만한지라. 이 강에서 십 리 가량을 가면 서울이 있더라. 하류한 곳에서 서울까지 쳐보니 670여 리 가량이라. 거의 정북으로 향하여 가다가 조금 서편으로 돌았더라.

(이 지방은 다 본문에 적은대로 번등(翻謄)하였으니 혹 알 것도 있고 알 수 없는 것도 있으나, 내왕상거(來往相距)를 말한 것은 본래 우리나 라 이수로 890여 리가 된다 하나, 이 사람들이 친 것을 보건대 거의 7백리 가량이 되니, 꼭 합한다 할 수는 없으나 자기네 생각으로 적은 것이 근사하게 친 것이라 하겠도다.)

지금은 서울에 온지라. 처음은 우리를 다 한 집에 두어 2, 3일을 지내더니, 그 후에 다시 옮겨서 조그마한 초가로 몰아다가 셋씩 넷씩 청인(淸人)들과 함께 있게 하였다가, 다함께 불러서 대궐로 들여다가 임금 앞에 세우고 조사하여, 통변으로 있는 웨터리(통사)로 질문하는지라. 우리가 공손히 대답한 후 임금께 애걸하기를, 우리가 배를 파한 후 어찌할 수 없으니 일본으로만 보내어 주시면 그곳 친구들의 힘으로 살아서 본국에 돌아가서 우리 처자와 친척을 대면하겠나이다 한즉,

임금의 말씀이, 외국인이 들어오면 도로 나가게 하는 것은 조선 풍속이 아니니 평생을 여기서 지낼 줄로 작정하고 있으면 일용범절(日用凡節)을 다 넉넉히 공급해주마 하시고, 그 후에는 사신들을 명하여 우리들로 하여금 각각 재주대로 노래를 하든지 춤을 추던지 경정경정 뛰든지 하라 하시며, 조선 풍속대로 익힌 고기와 조선 모양으로 만든 의복을 주라 하시더라.

그 이튿날에 우리가 있던 관인에게 보내므로 그 통변(通辯)의 말이, 임금께서 우리를 그 관인에게 맡겨 평생을 보호하라 하셨은즉, 그 이가 매삭에 우리에게 쌀 70근씩 주리라 하며, 매 명에 종이 한 장씩 주어 각각 이름과 나라며 지명이며, 전에 하던 직업과 사업을 다 적어서 조선 글로 쓰라 하더니, 그 종이 위에 어보(御寶)와 또한 그 대장의 인(印)을 치는데, 인인즉 아무것도 없고 큰 쇠 조각으로 치는 것이더라.

그 후에는 매 명에게 총 한 자루와 화약을 주며, 매삭 초하루와 초나흘마다 함께 모여 총을 놓으며, 혹 임금이 거동을 하시던지 혹 다른 큰일이 있을 때마다 그와 같이 하라 하더라. 춘추 양절로는 매삭에 군사가 세 번씩 모여서 대 조련을 하며, 다른 때에는 따로 각 지방에 모여 저의끼리 조련하는지라. 청인 하나를 장관으로 정하여 우리를 조련시키게 하며, 웨터리(통사)로 하여금 우리의 동정도 살피고 조선 사람

들의 풍속과 예절을 가르치게 하더라.

서울에 모든 양반집에서들은 우리의 하는 것을 보고자 하여 자주 청해다가 조석도 대접하며, 춤도 추고 총도 놓고 하기를 우리의 풍속대로 하라 하는지라. 그 중에 여인들과 어린아이들이 우리를 보려고 애를 많이 쓰니, 이는 다름이 아니라, 당초에 제주에서 못된 사람들이 거짓말을 내어놓아, 우리가 아주 희귀한 물건인데 코가 어떻게 길던지 물 마실 적에는 귀 뒤로 제치고 물을 마신다고 소문을 내어 놓은 고로 다 한번 보고자 함이라.

서울서 점잖은 사람들이 우리를 보고 도리어 탄식하며 하는 말이, 모두 듣던 말과는 도무지 같지 않고, 우리가 도리어 자기들보다 낫게 생겼다 하며, 특별히 우리의 살빛을 좋다 하며, 사람들이 모여서 구경하느라고 어떤 때에는 길에서 사람 때문에 갈 수가 없는지라. 그제는 대장이 영을 내려 하는 말이, 누구든지 허락을 받기 전에는 가까이 오지 말라 하니, 그 후부터는 양반들의 하인들이 심심하면 모여서 우리를 불러내다가 세우고 웃고 놀리며 장난하는 폐단이 막히더라.

서울에 갇힘 제5장

8월에 타타(Tartar: 청국 만주 사람을 간혹 타타라 명칭함) 사신이 와서 조공을 보내라 하는지라. 조선 임금께서 우리를 포대로 보내어 가두니, 이는 서울서 6, 70리 나가서 누마산성(Numma San Siang: 남한산성)이라는 포대라. 세 시 가량 걸려서 산으로 올라가는 곳인데, 전쟁 때에는 임금이 그리로 가시며 대관들도 그 속에 살게 마련한지라. 항상 3개월 동안 먹고 살 양식을 준비하여 두는 법인데, 불외지변(不外之變)이 있으면 여러 사람이 그리로 피난하여 지내게 만든 지라. 청국 사신이 와서 있다가 떠난 후에 서울로 돌아오니, 이때는 9월 초생이더라.

11월 그믐께 일기가 어떻게 춥던지 10여리 밖에 있는 강이 얼어서 우마 백여 필이 무거운 짐을 싣고 얼음 위로 건너다니더라. 우리가 추위에 좀 어려운 모양이 있던지, 대장이 측은히 여겨 임금께 품하고 가죽 몇 조각씩 내어주라 하니, 이는 우리가 파선할 때에 건졌던 것을 모아둔 것이라. 얼마쯤은 그 동안에 다 삭았으나 이것을 팔아서 의복을 두터이 하여 입혀라 하더라.

우리 중 몇은 차라리 추위를 견딜지언정 집 주인들이 우리를 시켜서 산에 올라가 나무를 긁어 오라 하는 것은 견디기 어렵다 하여, 가죽과 돈으로 나무를 사서 대신 주는지라. 대개 나무하러 가는 것이 심히 어려운 것은 첫째 추위도 어렵고, 또한 길이 험하여 나무하러 다니기가 불편한지라. 나무 살 돈을 주고 본즉 남는 돈이 많지 않은 것을 가지고 의복을 좀 장만하여 적이 어한(禦寒)하더라.

1655년 3월에 타타 사신이 다시 서울에 오니 여전히 영이 나리기를, 우리가 만일 집밖에 나가면 큰 벌을 당하리라 하는지라. 급기 그 사신이 돌아가는 날에 우리 일행 중 두 사람이 그 사신을 만나보기를 내심으로 작정하고, 나무 얻으러 간다는 핑계로 길에 나가서 마병과 보병이 지나갈 때에 그 중에 싸여 가는 사신의 말고삐를 한 손으로 붙들고, 한손으로는 조선 옷을 헤쳐서 속에 파랑 복색을 내어 보인즉, 처음에는 큰 소동이 되어 어찌할 줄을 모르다가, 그 사신이 사실을 물은즉 말을 할 수 없어 애쓰는지라. 사신이 자기가 쉬는 사처로 오라 하는지라. 밤에 그 사처로 간즉, 사신이 사방에 문의하여 통사를 구하다가 급기 웨터리가 있다는 말을 듣고 곧 성화같이 독촉하여 불러오라 하더라.

특별히 이 리허(裏許)를 알고 조선 임금께 권하여 사신에게 예물을 주고, 어떻게 묵주머니를 만들었던지 이 사실을 청국 황제에게 고하지 않기로 작정하고, 그 두 사람을 잡아가다 옥에다가 가두었다더니, 얼마 후에 죽은지라. 우리가 다시 그 사람들을 부지(扶持) 못하였은즉, 형벌을 당하여 죽었는지 스스로 병이 들어 죽었는지 아지 못할러라.

이 사람들이 옥에 들어간 후에 우리를 다 대장 앞으로 불러다가 저 두 사람들이 몰래 나간 것을 왜 고하지 아니하였느냐고 묻는지라. 우리가 과연 그 리허를 알지 못한 고로 몰랐노라 하되 믿지 아니하고 태 50도에 처하는 것을 임금의 은덕으로 용서하라 하시며 말씀하시기를, 이 사람들이 풍파에 몰려온 자들이지 괴악한 목적을 가지고 온 자들이 아니라 하여, 그전에 있던 처소로 도로 보내라 하시므로 우리가 다행히 볼기 50도를 면하였더라.

6월에 타타가 다시 온다 하므로 영접할 준비를 차린다더니, 그 후에 들은즉, 타고 오던 배가 제주도 앞에서 걸려서 오지 못하고 통변할 사람을 보내라고 기별이 왔다는데, 대장이 우리에게 말하기를, 웨터리가 늙어서 갈 수 없으니 우리 중에 조선말 가장 많이 아는 사람들로 하여금 대신하라 하는지라. 우리 중에 두 사람이 택함을 받아서 발정하여 그 파선한 연유를 상고하러 갔더라.

그해 8월에 타타가 다시 오게 되므로 영을 내려서, 이 사신이 떠난 지 사흘 후까지는 각각 갇혀서 문 밖에 나가지 못하게 하라 하더라. 사신이 들어오기 전에 다른 곳에 있는 우리 일행들이 사람을 전인(傳人)하여 편지하였으되, 이 사신이 오는 까닭으로 저희들도 다른 곳에 갇혀서 내왕을 불통한다 하였더라.

두 사람이 타타를 보려다가 낭패당한 후로 사신이 여러 번 내왕하였으되 아무 시비가 없었거늘, 조선 대관들은 우리를 아주 없이 하는 것이 후환을 없이하는 제일 편리한 방법이라 하여 3일을 두고 이 일로 모여 의논하였으나, 임금과 그 계씨와 또한 그 대장은 이것을 옳지 않다고 하여 시비가 많은지라. 혹은 말하기를, 조선 무사들을 내어세워서 우리와 함께 같은 연장을 가지고 싸움하게 하자 하니, 이는 이렇게 싸움을 붙여서 우리가 죽으면 이후에라도 무죄한 사람을 임금이 죽이게 하였다는 누명을 면하자는 뜻이며, 혹은 우리를 불쌍히 여겨서 은근히 이 소문을 전하여 주며 웨터리는 말하기를, 우리가 3일만 위경(危境)을 넘기면 그 후에는 천명이 잘 알 때까지 무사하리라 하더라.

임금의 아우 되시는 이가 대궐에 가시는 길에 우리 문 앞을 지나시는지라. 우리가 이 기회를 얻어 길에 나가서 땅에 엎디어 지성으로 애걸하니, 이것을 보고 마음이 감동되어 어전에 애원이 품달하므로 우리가 아주 목숨을 보전하게 되었나니, 우리의 생명이 임금과 그 아우 되시는 이의 은공으로 살아났더라.

그러나 다른 대관들은 아직도 마음이 쾌치 못하여 은근히 주선하고 우리를 전라도로 귀양 보내어 서울에 있지 못하게 하니, 이는 우리가 혹 타타에게 호소도 하고, 임금의 계씨에게도 호소하는 모든 일을 다 중계하기 위하여 아주 멀리 물리쳐 보냄이라. 그러나 임금의 은혜로 매삭 백미 오십 근씩 차하(借下)하여 주라 하시더라.

(미완)

본 잡지의 주의
(1914년 2월호)

본 잡지가 이미 제6호에 달하였은즉, 전호 4,5권을 계속하여 보신 이들은 응당 본 잡지가 주의하는 바가 무엇인지 짐작이 대강 있을지라. 특별히 설명할 바는 없으되, 근자에 각처에서 기서(寄書) 들어오는 것을 보건대, 혹 아직도 오해하신 이가 없지 아니한 듯하여 이에 대강 설명하고자 하노라.

종종 들어오는 기서가 다소간에 모두 애국 사상으로 인연하여 일인을 욕하며 일인을 치는 말이라. 다 충분 격절하여 사람으로 하여금 피가 끓게 하는지라. 실로 우리의 정형을 생각하면 누가 이 마음이 없으며 누가 이것을 불가하다 하리오. 우리 내지에서 못하는 것을 외양에 나와서 미국 국기의 보호를 받은즉 할 수 있는 대로 시비나 하여 보자는 것이 또한 일시 쾌사라 하겠으나, 이것도 우리의 주의가 아니오.

혹 어떤 글은 보면 애원비창(哀怨悲愴)한 말로 망국한 한과 노예된 설움을 무한히 설원(雪冤)하는 말이라. 이것도 말하면 실로 한인 된 남자의 창자 속에 가득히 든 것이 이것이라, 어찌 면할 수 있으며, 아무쪼록 자주 격동시켜 잊지 말고 고동시키는 것이 또한 긴요한 일이라 하겠지만은, 이것도 본 잡지의 주의는 아니로다.

그러나 이 말을 처음 듣는 이는 혹은 말하기를, 일본 사람의 세력이 두려워서 이런 말을 한다고 할 터이오, 혹 일본 사람에게 부치고자 하여 이런 말을 한다고도 할 터이나, 우리의 뜻하는 바는 이것이 아니고, 다만 실상 있는 일을 성취하고자 함이로다.

대개 우리의 주의는 전쟁에 있지 않고 평화에 있나니, 이는 우리가 담약한 마음으로 전쟁을 두려워해서 이러함이 아니고, 다만 우리가 전쟁 준비를 못하였은즉 남에게 질 줄을 알고서 남과 싸우려 하는 것은 심히 어리석은 일이라. 우리가 준비 차릴 동안에 아무쪼록 평화를 유지하는 것이 우리의 주의하는 바이며, 전쟁을 아니 가지고는 종시 내 것을 찾을 수 없는 줄도 우리가 깨닫지 못함은 아니라. 그러나 우리는 피 흘리지 않고 될 전쟁을 준비하고자 하나니, 이것은 사람들이 처음 듣는 말이라. 응당 괴이히 여길 터이나, 이것을 이루는 방법이 두 가지가 있으니, 하나는 우리의 용맹을 기름이오, 또 하나는 의리를 배양함이라.

이 두 가지를 간략히 설명할지니,

(一) 우리의 용맹을 기른다 함은 우리의 힘을 배양하자 함이니, 은근히 준비를 힘써 하여 급할 때에 방비할 밑천이 있게 만들면 남이 그 사람의 속 힘을 스스로 짐작하고 감히 우리에게 무리한 일을 행치 못할 터인즉, 전쟁이 스스로 막히고 우리의 고유한 것을 순히 회복할 것이니, 이것이 곧 지금 세상에 모든 나라들이 해륙군을 늘림으로 국제상 평화를 누리는 근본이며,

(二) 의리를 배양함이니, 이는 심령상 능력을 발달함이라. 사람이 만일 의리를 숭상하여 천창만검지중(千蒼萬劍之中)에 들지라도 의를 굴치 않기를 목숨보다 중히 여길진대, 덕국의 군함 대포가 능히 그 사람의 육신 하나는 없이 할지언정 그 사람의 의는 일월과 같이 드러나서 가리지도 못하고 아사(餓死)하지도 못할지라. 이는 교회를 핍박함과 충신열사를 학살한 옛적 사기를 보면 소상한지라. 지금은 공의로 행세하

는 시대인즉 세상 물론(物論: 물의)을 배반하고 공의를 대적하면 문명 상
등국의 대우를 받을 수 없는 터인즉, 우리가 공의를 세상에 드러낼수록
우리의 친구는 많이 생기고, 우리를 해하려는 자는 외로워서 스스로 서
기 어려울 지경에 이를지니, 이는 이번 한국에 교회핍박 일절로만 보아
도 가히 깨달을지라.

오늘날 한인이 당한 처지에서 군사 십만 명을 허비하고라도 능히
세상 공론을 일으켜 일본으로 하여금 고개를 숙이게 만들지 못하였을
것이거늘, 몇 십 명 교인이 의를 잡고 핍박을 당함으로 인연하여 각국
의 공론을 일으켜 일본이 능히 씻지 못할 수욕을 당한지라. 이것이 곧
의리로써 세상을 이기는 능력의 증거이니, 우리가 이 능력만 많이 배양
하면 전쟁을 아니 하고라도 능히 우리의 물건을 회복할 수 있을지라.
이것을 우리의 이른바 피 아니 흘리는 전쟁이라 함이로다.

이것이 우리의 하고자 하는 바인즉, 우리의 지금 할 일은 오늘 당
장에 효험 보는 데 있지 않고 이후에 성공되기를 바람이고, 당장에 남
을 욕하여 남이 분한 마음으로 애쓰는 것을 보고자 함도 우리의 원이
아니고, 또한 허장성세하여 힘이나 지혜가 자라는 것을 드러내어 남에
게 보이려 함도 우리의 원이 아니며, 또한 우리는 격절통분한 말로 충
의(忠義) 남자의 혈기를 격동하고자 함도 별로 원하는 바가 아니니, 이
는 다름 아니라, 우리 충애 인민의 혈기가 태평양 한없는 바람에 파도
움직이듯 하는지라, 공연히 무익한 말로 격동하여 무엇 하리오. 우리는
도리어 이 마음을 차차 정돈되게 하여 이런 좋은 기운이 일시 헛기운이
되지 않고, 실상 오래도록 뻗쳐나서 옳은 자리에 바로 쓰게 하기를 주
의할지니, 우리는 공연히 통분 원억(冤抑)한 말을 내지 않고자 하며,

우리는 우리가 남과 싸우는 자가 되고자 함이 아니라 싸울 사람
을 많이 마련하여 내세우려 함이니, 이는 우리가 싸우려 나가기를 두려

워서 그러함이 아니라, 한두 사람의 싸우는 힘이 여러 사람이 합동하여 싸우는 힘만 못한 것을 보는 연고라. 우리가 지금에 외교상으로도 싸워야 하겠고, 경제상 농상공 등 각종 사업상으로도 싸워야 하겠고, 종교 도덕 문명 상으로도 다 싸워야 할 터인데, 우리의 이 고독 미약한 처지에 홀로 서서 남과 싸워도 실로 유익함을 얻지 못할 것이 분명한즉, 아무쪼록 이런 여러 가지 싸움을 담당할 만한 인재를 만들어 내어 여러 방면으로 세상에 나서서 일제히 싸운 후에야 차차 우리의 기세가 늘어서 능히 남이 자연히 우리를 꺼릴 만치 될지라. 그런즉 이 잡지 보시는 이들은 무엇이던지 각각 한 가지씩 맡아 가지고 준비를 잘 차려서 남이 능히 대적하기 어려울 만치 되도록 만들지라.

대개 이 세상은 각국이 상통하여 국제상 예모와 체통을 돌아보는 때인즉, 남의 나라 사람을 대하여 무단히 욕하는 것은 곧 미개한 인류로 돌리는 법이라. 수차 기서에 들어오는 것을 보면, 혹 오랑캐라, 왜놈이라, 깍쟁이라 하는 이런 말이 있으니, 이런 것은 결단코 개명한 사회 사람들이 쓰지 않는 바라. 남들이 도리어 유치하게 볼 뿐이고, 사실상에는 아무 유익이 없는 것이며, 설령 남과 시비를 할진대 사리에 옳고 그른 것을 들어서 공담 공의로 치는 것은 당연하거니와, 남을 욕하는 것은 내가 먼저 실수하는 것이니, 내가 먼저 경위에 빠져 놓고 어찌 내 의론이 서기를 바라리오.

국제 공법조례에 말한 바와 같이, 사람이나 나라나 한 가지 실수를 범하면 한 가지 권리를 잃어버리는 법이라. 그러므로 남과 시비를 다투는 자는 자기의 말을 더욱 삼가서 실수를 하지 말아야 자기의 경위를 드러낼 수 있을지니, 우리 잡지 보시는 이들은 이것을 주의하여 남을 욕하는 습관을 버리는 것이 우리의 힘을 더하는 근본이로다.

미국은 세력이 우리 한인에게 비교할 바가 아니로되, 정부나 백
성이 항상 조심하는 태도를 나타내어, 외교상이나 신문 논설에 평화주
의를 잃지 않고, 일인과 심히 충돌되는 때라도 일인의 단처(短處)를 말
할 때에 심히 조심하여 격분시킬 말을 쓰지 아니하며, 국회에서라도 외
교에 손상할 말은 피차에 전쟁을 차리기 전에는 아니 하며, 옐로우 저
널이라 하는 것을 특히 막고자 하나니, 이는 누른 신문이라 하는 말이
라, 어떤 신문이든지 사실을 드러내지 않고 허탄한 말을 지어다가 남을
격동하며 충동을 붙이려 하는 신문을 지목함이라. 신문에 이런 것이 있
으면 곧 논박하여 이런 폐단이 다시없도록 하나니, 이는 일본을 특별히
두려워서 그러한 것도 아니고, 또한 사랑하여 그러한 것도 아니며, 실
로 이런 것이 도리어 사실을 방해하는 연고라.

만일 미국 안에 일인(日人)을 미워하는 사람들이 다 들고 일어나
서 일인을 욕하려고 할진대, 미국 신문 잡지에 동양인을 욕하지 않을
날이 없을 것이거늘, 이것을 아니하는 것은, 첫째 미인(美人)의 문명정
도가 높은 까닭이고, 둘째는 미인의 지식이 넓은 까닭이라. 사람의 정
도가 높을수록 남을 격동시키지 않는 법이고, 지혜가 넓을수록 남을 격
분(激忿)시키지 않나니, 이것은 남을 격분시키는 것이 일에 해만 끼치고
방침에 유조할 것이 없는 연고라.

그런즉 미국의 세력과 미국의 지위로 행치 아니하는 것을 오늘날
우리 한인이 이 처지에 있어 앞뒤를 생각지 않고 다만 일시에 남을 격
분(激忿) 격노(激怒) 하는 것만 재주로 여길진대, 잠시 마음에는 혹 쾌할
듯하나 무슨 장원한 유익이 있으리오. 도리어 그 해만 끼칠 따름이로
다.

본 잡지의 주의가 아무쪼록 우리 인민을 육체와 지혜와 신령상으
로 주로 발달시켜 모든 일이 날로 자라서 전진하게 하고자 하나니, 대

한 사람들이 장래에 아무것도 없고 말려면 이거니와, 만일 우리의 원하고 바라는 것이 성취하는 날이 있고자 할진대, 오늘 일만 생각하여 가지고는 될 수 없으며, 지금 당한 것만 제일로 치고는 도무지 어찌 할 수 없으리니, 이것을 깊이 깨달아 길게 준비하는 것이 가하다 하노라.

한일교회 합동 문제
(1914년 2월호)

일본이 한국을 합병하기에 여러 가지로 다 성취하여 십분(十分)여로 하였으되, 한 가지 여의치 못한 것은 종교상 문제라. 이것이 일본 사람들의 가장 애쓰는 바이고, 한국의 유지한 인도자들의 주의하는 바로다.

대개 물질은 사람의 신체 밖에 속한 자이고, 심령은 사람의 내심에 속한 자인즉, 심령은 만물의 주인이고 상전이며, 신체와 모든 외물은 심령의 종이고 심부름꾼이라. 심령이 작정하기를, 내가 하와이에 가서 사탕농사를 위업(爲業)하겠다 하면, 수족이 곧 복종하여 배를 타고 하와이 농장을 마음이 지도하는 대로 찾아가서 사탕을 심고 베고 하기를 마음이 시키는 대로 하며,

심령이 만일 작정하기를, 내가 의를 붙들고 굳세게 서서 부월(斧鉞)이 당전(當前)할지라도 굴치 아니하리라 하면 주뢰(周牢: 주리)로 뼈를 꺾으며 단근으로 살을 태울지라도 마음이 작정하는 대로 순종하여 나가서 목숨이 끊어지기까지라도 여일히 버티고 설지니, 이는 고금동서 역사상에 충신열사를 상고하면 역력히 증거 할지라.

이외에 인간 천만 사위가 다 이러하여, 마음이 안에서 명령하면 지체와 물질이 다 복종하여, 심지어 오늘날에 호랑과 사자 등류를 길들여서 사람의 명령을 순종하게 하는 것과 바람과 공기와 전기 등 모든

물질을 다잡아서 인생 사회에 이용하는 것이 다 심령의 자유 하는 능력
으로 형태 가진 물질을 잘 어거하여 부리는 증거라.

나라로 보더라도 이와 같아서, 물질만 중히 여기고 심령을 경하
게 여길진대, 고루거각(高樓巨閣)이 층층이 섰으며 금은동청(金銀銅靑)이
태산 대해같이 쌓였더라도 능히 이용하는 것이 되지 못하고, 마침내 부
패 퇴락한 경우를 면치 못하여 부강 번화하던 궁궐과 도성이 필경은 황
량 쇠패한 고적(古蹟)을 이룰 따름이니, 이는 또한 동서고금에 모모 열
국을 보면 의심 없이 소상한지라. 나라의 영구한 복을 구하는 자 어찌
목전에 물질적 발전만 생각하고 심령의 근원을 경홀히 하리요.

지금 일본은 과연 심령의 전진을 많이 주의하는 나라라 할 수 없
고 물질적 발달에 전력하는 자이라. 형체의 개량을 힘쓰며 외면의 광색
을 탐하여 공교함과 영민함으로 남의 것을 모본하여 잠시 이목을 빛내
며, 광채를 돋운즉, 그 공효가 속하고 형적이 들어나는지라. 과연 세상
사람이 보기에 영롱 민첩한 백성이라 하겠도다.

그러나 이것이 다 외양뿐이고, 심령상 부패한 것은 의구한 백년
전 사람이며, 모든 변화 개량한 것이 불과 물질적 변화요 외면적 개량
이며, 혹 정신적 진취함도 없지 않다 하겠으나, 실로 그 심령과 성질상
형편을 상고하면 다 요사(妖邪) 허탄(虛誕) 사특(邪慝)한 옛적 일인의 정
도를 면치 못한 자들이라. 이러므로 그 공효가 장구하지 못하고 그 성
적이 깊이 백이지 못하여 모래 위에 집 지은 것과 같으므로, 풍랑이 일
어나며 비가 치면 능히 지탱하기 어려울지라.

지금 한국에 들어가서 모든 착수한 것이 정치 외교 강토 재산 상
공 교육 등의 모든 권력을 붙잡고 앉아서 저의 마음대로 할 수 있은즉
영구히 저의 물건이라 하나니, 진실로 세상 이목으로 말하면 한국이 영
구히 일본의 장악에 들었다 하겠으나, 실상은 이것이 불과 물질적 형체

뿐이고 정신은 아직도 차지하지 못하였으며, 사지백체는 다 결박하여 놓았으나 심령의 자유는 아직도 방해하지 못하였으며, 한인의 고개는 숙일 수 있지만은 한인의 대의는 굴할 수 없는지라. 그 세력이 비록 천지를 번복하듯 하나 물질적 세력이 마침내 심령 세력의 복종하는바 되리로다.

대개 예수교는 세상 사람의 심령을 기르는 양식이라. 이 양식을 많이 저축한 나라는 그 전정(前程)이 한량없이 장원하여 모든 물질적 진화가 이로조차 일어났나니, 영, 미, 법, 덕 등 모든 나라의 왕고 역사와 현시 형편을 보면 가히 깨달을지라. 성경에 말한 바와 같이, 하나님 나라와 그 의를 먼저 구하고 다른 것을 구하는 자는 모든 것을 다 얻을 수 있을지니, 심령의 양식을 구하는 자는 참 복이 있는 자요, 심령의 양식을 구하는 나라는 참 복이 있는 나라로다.

자초로 일본은 물질상 진화를 구할 동안에 조선은 신령의 양식을 먼저 구하여 서양 문명부강의 요소 되는 예수교를 받은 고로, 지금 세상 사람들이 말하기를, 조선은 동양에 처음 생기는 예수교 나라가 되리라 하며, 미국에서 발행하는 세계 선교월보(The Missionary Review Of The World) 작년 12월호에 말한 바에 의거하건데,

세계의 모든 예수교회 중에 한국 교회가 실로 옛적 사도들의 전도하던 때와 같은지라. 한국 교회가 사도들과 같이 독한 핍박을 당하였으며, 한국 교인들이 사도들과 같이 기도로서 성신의 능력을 얻은 자들이며, 모든 사람에게 전도하기를 일삼아서, 저의 몸과 생명과 물건과 시간을 전부 주의 일에 바쳐서 각처에 전도하기를 사도들같이 힘 있게 하는지라. 지금 각국에 선교하기를 시작하여 각처에 선교 사무를 진력하는데, 장로교회에서 청국으로 박 목사를 파송하여 선교하게 한지라. 년

전에 미국에서 외국으로 선교사를 파송할 때에 반대하는 사람들이 말하기를, 미국에도 믿지 않는 사람들이 많은 것을 그저 두고 외국으로 선교하러 보내는 것이 합당치 않다 하더니, 지금은 이런 말을 곧이듣는 자 없으며, 한국 교인들이 자기 나라에 믿지 않는 사람들이 많지만은 다 불계하고 외국으로 주의 말씀을 전하려 선교사를 파송하며, 재정이 곤란하여 월급이 대단히 적음으로 이 돈을 가지고 어떻게 사는지 알 수 없다 하는 바이거늘, 이 재정으로 연조를 내여 선교사의 월급을 후하게 주어 천국 일을 힘쓰게 하니, 심히 감사한 일이라. 선교사들이 많이 믿기를, 한국이 동양 각국을 전도하는 나라가 되리라 하였더라.

일본 사람들이 이런 소문나는 것을 시기하며, 한국에 교회 자라는 것을 염려하여 이것을 기어이 탄압하려 하므로, 모든 악형과 흉계로 핍박을 시작하여 백방으로 저희(沮戱)하므로, 지금에 세상 지혜로 보면 한국에 교회가 점점 쇠잔하여 가는 듯하며 교회에 들어오는 자 날로 주는 듯한지라. 외양으로 보면 여기서도 일본이 또한 성취하는 듯하나, 그 이치를 연구하여 보면, 한국에 교회가 점점 공고하여지는 것이고 약하여지는 것이 아니로다.

대저 천국 일을 세상에 펴는 것은 군대를 전쟁에 내어 세우는 것과 같아서, 군사의 수효 많은 것을 중히 여기지 않고 군사의 단련 받고 아니 받은 것을 묻는 바라. 오합지졸(烏合之卒)은 아무리 많아도 소용이 없고, 조련한 병정은 수효가 적어도 능히 적병을 대적하나니, 예수교회에 사람 수효 많은 것을 중히 여기지 않고 교회 안에 신앙심이 공고하게 되기를 원하는 바라. 이 신앙심을 공고하게 하자면 교회 핍박보다 더 좋은 방법이 없는지라. 하나님이 한국교회를 더욱 공고케 하시기 위하여 일본 사람의 손을 빌어 이런 핍박이 생기게 하심이라. 우리는 이

핍박을 위하여 도리어 감사히 여기는 바로다.

　일본이 한편으로 한국 교회를 핍박하며 아주 형식상으로 병탄하고자 하여, 연래로 은근히 한일교회에 연합운동을 행하는데, 아무쪼록 한국 교회 주상(住相)하는 이들을 선동하여 서양 선교사들과 독립하는 운동을 도와서, 독립이 된 후에는 일본 교회와 연합하기를 운동할지니, 이 소위 연합은 곧 한국 교회를 일본 교회와 합병하는 것이라. 이것을 합병하여 놓으면 한인의 심령상 자유를 마저 속박하여 관할하자는 뜻이로다.

　일인의 운동으로 일본감독 미인(美人) 해리 씨를 한국에 보내어 한일 양국에 감독이 되었나니, 이는 1908년의 일이라. 해리 감독은 40년을 일본에서 지내었으므로 일본 사랑하기를 곧 자기 나라만치 사랑하는 바인즉, 일본을 이렇게 사랑하며 명망이 각국에 장한 종교가를 한국에 보내어 한국에 미이미 교회 일을 주장하게 하는 것이 자기들의 정책에 긴요한 일이라.

　이러므로 해리 감독이 한국에 가 있을 동안에 은근히 경영한 바가 한국 교회와 일본 교회 사이에 교제가 친밀하기를 주선한지라. 한국에 있는 미국 선교사들과 한국 전도사들과 목사들은 그 기미를 알고 속으로 근심하여, 일본의 계책이 성취되는 날은 한국 교회가 장차 일인의 수중에 들어갈 것을 걱정하였더라.

　그러나 한인들이 이런 기미를 살피고 속으로 근심하여 문의하면 일인이나 서양인이나 의례히 대답하는 말이, 당초에 이런 생각은 일인이 두지 아니한다 하였나니, 이는 다름 아니라 일인은 성사하기 전에 미리 발설하기를 원하지 아니함이고, 선교사 중에 혹은 과연 이런 형편을 알지 못하고 대답한 자도 있으려니와, 설령 알았을지라도 이것을 알게 하면 한국 교인 간에 무슨 충절이 생길까 하여 짐짓 가려 주느라고 모르는 체하는 자도 없지 아니할지라.

1912년에 미국에서 미이미 교회 4년 총회가 될 때 한국에서도 대표를 뽑아 보냈는데, 감독 해리 씨도 그 중에 들었더라. 한국에서 대표로 간 사람들이 은근히 운동하여 한국 교회를 일본 감독 밑에 합하여 두지 말고 청국 감독 배쉬포드 씨의 관할에 두자고 비밀회석에서 그대로 하기를 작정하였더니, 일본 교회 편에서 이 사정을 전보로 듣고 샹항(桑港)에서 밤을 도와 서양인을 파송하여 총회에 참여하여 이 작정한 일을 번안시킬 때, 그 사람들의 말이, 만일 한국을 일본 감독에게서 떼어 내다가 청국 감독에게 붙이면, 일본에서 더욱 분노하여 시비가 크게 생길지니 한국 교회에 도리어 손해가 될지라. 본래 미국 안에는 각종 단체 중에 일본의 세력이 없는 곳이 드문 고로, 이 말을 추신하고 여전히 마련하다가, 다시 의론이 되어 한국 교회를 해리 씨와 배쉬포드 두 감독의 관할 밑에 두기로 완정되었더라.

이때까지도 일인이나 서양 선교사들이나 다 한인들을 대하여 하는 말이, 일인은 조금도 한국 교회를 연합하려는 의향이 없은즉 이 일로 인연하여서는 걱정하지 말라 하는지라. 이 말을 한인들은 혹 곧이듣는 사람도 있고 곧이듣지 않는 사람도 있더니, 작년에 서울서 연환회(年歡會)를 열 때 감독 배쉬포드와 감독 해리 씨와 일청 약국 선교사들이며 한국 목사와 전도사들이 다 쉽게 모인 중에 일인 감독이 또한 참석한지라. 급기 일인 감독이 나서서 연설을 하다가 하는 말이, 한국 교회는 일본 교회와 합하여야 마땅하다고 한지라. 다른 사람들은 이 뜻을 종시도 숨겨두려 하는데, 이 일인 감독이 아주 별안간에 이렇게 드러낸즉, 청천백일(靑天白日)에 뇌정벽력(雷霆霹靂)이라. 기왕부터 이 뜻을 알던 사람은 어이가 없어 어찌할 줄을 모르며, 기왕에 모르던 이들은 처음 들으니 다소간 놀라며, 한국 교인들은 기왕부터 반신반의하다가 이 소리를 들으니 어찌 놀랍지 않으리오. 이것으로 인연하여 말이 많았으나 몇몇 서양인들이 말을 잘 돌려서 한인들이 다시 침정(沈靜)된 모양이로되, 아직도 이것이 무슨 말인지도 모르고 어찌해야 좋을는지도 모르고 앉은 이가 한국 교인 좌중에 태반이더라.

서울 기독청년회에서는 작년에 풍파를 겪고, 총무 질네트 씨가 잠시 한국을 떠나서 지금 청국에서 사무를 보는 터이고, 청년회 일은 대강 기관상 연락을 맺어 놓았으며, 소위 유신당이라 하는 단체 명색이 일본의 주촉(嗾囑)을 받아 돈을 얻어먹으며 청년회 타파하는 수단을 부린 후로 지금은 모모 목사들과 연락하여 교회 독립운동을 한다는데, 혹은 이것을 시비하는 이도 있고, 혹은 이리로 들어가려 하는 자도 있다 하더라.

지금 우리나라 사람들은 도무지 방향을 몰라서 남의 인도를 받으려고만 하며, 어떤 인도자가 참 바로 인도하는 사람인지 구별하지 못하여 바람 부는 대로 물결치는 대로 몰려다닐 따름이니, 이것이 심히 답답한 일이라. 만일 학식이 있고 형편을 알진대 지금 일인과 서양 선교사들이 서로 한국교회 주권을 다투는 중간에서 좌우간에 한편으로 치우치지 아니하고 온전히 우리 일을 할 수 있을 것이거늘, 이것을 모르고 삼삼오오(三三五五)로 갈려서 남을 따라 다니다가 말려 할 따름이니, 이와 같이 하면 장차 우리 일을 우리가 하여 우리 교회와 우리나라를 우리끼리 주장하여 다스려 가자는 목적을 어느 때에 이루어 보리오. 심히 애석 통탄한 일이로다.

온 세상을 물론하고 배우지 아니하여 가지고 일하려는 사람은 한인밖에 없으며, 남의 인도 잘 받으려는 사람도 지금 조선 사람밖에 없을지라. 항상 남의 꽁무니만 따라다니며 남의 정신으로 살려고만 힘쓴

즉 밤낮 하여도 남의 힘이 아니면 도무지 어찌할 수 없을지라. 여보, 우리 동포들이여, 좀 남의 아는 것을 우리도 알아 가지고 내 정신을 차려 내 일을 좀 하여 봅시다.

우리끼리 합동하여 단체가 되어 가지고 전수이 서양 선교사에게도 의뢰하지 말며, 전수이 일인에게도 의뢰하는 독립운동도 말고, 조금씩 세력을 얻어서 한두 발걸음씩 옮겨 스스로 전진하여 보기를 도모함이 어찌 우리의 직책이 아니며, 하나님이 우리에게 지혜 총명을 주신 본의가 아니리오.

지금 하와이에 한인교회가 장차 확장될 희망이 많으니, 이는 하와이에서 교회와 학교 일을 자유로 다스려갈 수 있는 연고라. 진실로 외양에 있는 모든 동포들과 합동 연락하여 본국에서 하고자 하여도 못하며 본국에서 알지 못하여 행치 못하는 모든 일을 우리끼리 행할진대, 우리 내지에서 핍박을 당하여 가며 일심으로 하여가는 일을 도울 수 있으며, 세계 사람들이 우리에게 바라고 찬성하는 큰 기초를 잡을지라. 안으로는 우리의 장래 행복을 구하는 실상이며, 밖으로는 우리 민족을 빛내며 세계에 동정을 얻는 큰일이라, 이 어찌 일거양득(一擧兩得)이 아니리요.

지금에 일본 동경에서 오는 소문을 듣건대, 우리의 뼈가 저리고 살이 아픈 소식이라. 재판 크로니클에 기록하였으되, 윤치호 씨가 옥중에서 병이 들어 정월 16일에 죽었다는 소문이 있는데, 아직 적확(的確)할지는 모르겠으나, 그 고초와 형벌과 악독한 대접을 받는 중에서 어찌 살기를 바라리요 하였는지라. 우리는 이 소문이 아직 적부(適否)한 말이 아니 되기를 바라거니와, 과연 적부할진대 그 영혼이 즐거운 곳에서 영광을 받을지라. 윤 씨는 가위 자초지종(自初至終)을 나라와 하나님을 위하여 평생을 온전히 바쳤다 하겠노라.

낙관적 주의
(1914년 3월호)

한 사람은 항상 즐거워 웃는 빛을 띠고 다니며, 또 한 사람은 항상 울고 쥐어짜는 상을 가지고 다닐진대, 우리는 어떤 사람을 더욱 만나고자 하겠으며, 우리는 어떤 사람이 더 많기를 원하겠느뇨. 응당 웃는 사람을 더 자주 만나고자 하며 웃는 사람이 많기를 원하리로다.

가령 한 방에는 여러 백 명 사람이 저마다 즐겨 웃는 빛이요, 또 한방에는 여러 백 명 사람이 항상 울고 슬퍼하는 모양을 보일진대, 우리는 어느 방에 들어가기를 즐겨하며, 어느 방에 있는 사람이 가장 복스럽다 하겠느뇨. 응당 즐거워하는 곳에 가고 싶고 즐거운 데 있는 사람이 복스러운 자라 하리로다.

대한 전국은 우는 사람들만 모인 방과 같은지라. 그 안에 사는 자는 얼굴마다 슬픈 빛이요, 노래마다 우는 소리라. 천지에 가득한 것이 애워 강개함과 처량 비창한 것이라. 우리가 이 중에서 생장하여 이 중에서 지내는 고로 스스로 깨닫지 못하지만은, 외국인들은 항상 보고 말하는 바요.

서양 세계에는 모두 즐겁고 화평하여 도처에 항상 화락(和樂) 흥성한 기운을 띠었으므로 춘풍화기에 만물이 발생 자양하는 기상이라. 동양인이 처음으로 이런 천지에 들어서면 곧 슬프고 괴로운 홍진(紅塵) 세상을 벗어나서 무슨 선경이나 극락국(極樂國)에 노는 것 같은지라.

동서 두 세계가 이 일에 대하여 이렇듯 같지 아니한 것은 사람의 천연 성질이 달라서 그러함이 아니고, 풍토와 산천이 달라서 그러함이 아니라, 다만 종교의 등분을 인연하여 자연히 이런 구별이 생김이라.

동양에 불교는 말하기를, 이 세상은 죄악과 욕심 중에서 날로 사망에 들어가는 터이니, 육신을 버리고 인간행락(人間行樂)을 면하여 이 세상을 벗어나야 비로소 극히 즐거운 세계로 들어간다 하나니, 이 세상에서 즐거이 사는 이치와는 등지고 앉은 자들이라. 모두 한심하고 슬픈 빛만 보일 따름이다.

유교로 말하면 이 세상이 다 우수사려(憂愁思慮)로 된 것이라. 어린 아이가 거적자리에 떨어지면서 곧 우는 것이 장래에 당할 걱정 근심을 생각하고 우는 것이라는 글도 있은즉, 이런 세상에서 나서 인생의 도리를 행하며 직책을 이룰 따름이고, 인간행락이라든지 부귀영화가 다 잠시뿐이라. 인생 칠십이 고래희(人生七十古來稀) 하여 얼른 죽어지면 그만이라. 사람의 목숨이 이렇듯 허무하여 잠시 살다가 없어지고 말 터인즉, 어찌 슬프고 원통치 않으리오. 이러므로 고금 문장달사(文章達士)들의 글을 보면, 태반이나 이것으로 애원비창(哀怨悲愴)한 뜻을 포함한 것이라.

예수교는 본의가 천당에 영복(永福)을 도모함이니, 이 세상에서 어떤 처지를 당하였든지 이것으로 과히 상심할 것이 아니라. 만일 장래에 희망이 없는 사람 같으면 목전에 당한 것만 가지고 낙심도 하고 상심도 할 터이지만은, 육신이 죽어 없어진 후에도 희망이 있을진대 이 세상에 무엇이 능히 그 사람을 낙심시키며 낙망시키리오. 이것으로 인연하여 우리 중에 위로를 얻으며 즐거움이 생기는 것이다.

이뿐 아니라 예수교인이 천국에 가고자 하면 불교에 연화당(蓮花堂) 가고자 하는 자와 같지 아니하여, 육신을 버려가지고 영혼이 좋은 데를 가자는 생각이 없고, 도리어 육신으로 인연하여 영혼이 천국에 가려 하는지라. 하나님이 이 좋은 세상을 만드시고 만물을 창조하신 중에 인생을 내신 것은, 사람으로 하여금 각각 품부한 복을 받아서 인간의 모든 자유 행복을 누리고 잘 살게 마련하심인즉, 육신이 우선 죄악을 벗어나서 사망의 길을 버리고, 깨끗하며 의로운 생명을 살아서 영생 길을 벌어야 예수의 은공으로 천국 복을 받으리라 하나니, 육신을 잘 보호하며 이 세상을 잘 도와야 장래 복을 얻을 수 있을 것이며,

겸하여 예수를 믿고 천국 복을 구하는 자는 제 육신만 잘 지내다가 제 영혼 하나만 좋은 데를 가자는 것이 아니라, 마땅히 남을 위하여 일을 하며, 남을 사랑하여 목숨을 버리기까지라도 이르기를, 예수가 행하신 것 같이 하여 직분을 행한 자인즉, 제 몸 하나 즐겁고 복 받는 것만 생각지 말고 남들이 또한 저와 같이 복 받기를 힘쓸 터이라. 이러므로 이 세상에 처하였을 동안에 자기 마음속에 슬프고 아픈 것으로 인연하여 남이 또한 슬프고 아프게 하지 말고, 제 슬픈 것은 감추며 제 아픈 것은 숨기고, 겉에 좋은 빛과 즐거운 형상을 나타내어, 나 하나로 인연하여 남이 도움을 받고 위로를 얻고 즐거움을 취하게 하려 하는지라. 이것이 예수교인의 큰 직책이고, 이 직책을 행하려고 하는 것이 예수교인이 항상 즐거움을 얻는 근본이라.

대저 제 몸을 섬기려 하는 자는 세상에 제일 심한 상전(上典)이니, 이는 온 세상을 다 합해다가 제 몸을 섬기려 하여도 마침내 풍족하지 못할 것이며, 세상에 제일 기쁘게 하기 어려운 사람은 제 마음을 기쁘게 하고자 하는 자이니, 이는 온 세상 사람을 다 합해다가 한 몸을 기쁘게 하여도 응당 부족함이 있을지라. 다만 남을 편케 하려 하며 남을 기쁘게 하려 하는 자라야 비로소 참 복을 받는 자이니, 이는 그 사람의 마음에 남을 기쁘게 하는 것으로 제 직책을 삼은즉 남을 위하는 것이 제일 즐거운 일이라. 이러므로 몸이 사망에 들지라도 도리어 남에게 도

움이 되기를 바라고 은근히 즐거움을 얻는지라.

이 주의를 가지고 문명을 발달한 나라에서는 부모가 어린아이를 가르칠 적에 제일 먼저 시키는 것이 스마일(smile)이라. 이것은 조금 웃는 모양이니, 동양에는 이와 같은 글자가 없어서 서양인들이 종종 비소(鼻笑)하는 바라. 대저 스마일이라 하는 것은 반쯤 웃는 것인데, 미국인 사회에서는 고용할 사람을 택하여도 스마일 잘하는 것을 먼저 보며, 사무소에 글자를 새겨서 붙이되 항상 스마일 하라 하나니, 이는 이렇게 하는 중에서 화기가 생기며 마음이 즐거워서 만사가 다 스스로 부지중 성취되는 연고라.

이 주의를 가지고 인간 천만사에 주장을 삼아 혹 한담설화(閑談屑話)하는 좌석이나 토론담판(討論談判)하는 공회나, 할 수 있는 대로 웃음을 띠고 화기를 도와서 남을 즐겁게 하기로 주장을 삼아서, 사람을 만나면 우선 한두 마디 농담으로 사람을 웃게 하기와, 여럿이 모인 좌석에서 한두 가지 이야기로 여럿이 웃게 하여 걱정근심을 잊어버리고 일시 화락케 만드는 것을 사람의 큰 재주로 여기며, 제 속에 근심을 잘 감추고 제 슬픈 것을 잘 잊어버려서 자기로 하여금 남이 흥치를 내며 담략을 발하여 희망이 생기게 할지언정, 자기로 인연하여 옆에 사람이 스스로 없던 심화가 나며 기운이 꺾어지지 않기를 도모하는 바이라.

대저 이 세상은 근심과 걱정과 슬프고 외로운 것이 많은 천지라. 자고급금(自古及今)토록, 인간에 부귀빈천을 물론하고 모두 우환질고(憂患疾苦)와 환란사망(患亂死亡)의 근심을 면할 자 없나니, 이 세상이 이렇듯 괴롭고 외로운 인간이라. 구중궁궐이나 힐문봉호(詰問蓬蒿)에나 한숨소리와 눈물 흔적이 없는 곳이 없은즉, 이것을 아무쪼록 감삭하여 잠시 한구석이라도 즐거운 것이 되기를 힘쓸지언정, 어찌 나의 사사 심화로 이 세상을 더욱 처량하고 더욱 귀찮은 세상을 만들리오.

이러므로 서양인들은 강산풍월이나 가사풍류나, 고문 기담(古文奇談)이나 소설 단가(小說短歌)나, 다 흥치 나게 하기와 희망을 보이기와 슬픔을 위로하기와 병든 자가 소생하기와 우는 자가 웃게 하기를 주장하여, 이것이 신교인의 낙관적 주의(Christian Optimism)라. 이 뜻인즉, 모든 것을 항상 즐거운 편으로 본다 함이니, 비관적 주의(Pessimism)와 반대되는 자이니, 세상 모든 물건이나 사위가 항상 두 가지 형편이 달라서 한편에 해가 비치면 한편에 그늘이 있고, 쓴 것이 있으면 단 것이 또한 있는 법인즉, 음지에 앉아서도 장차 햇빛이 올 날이 있을 줄을 믿고 즐거운 마음으로 기다리는 자는 낙관적 주의로 보는 자이고, 양지에 처하여 해가 지면 어두울 것을 생각하고 우는 사람은 비관적으로 보는 자이라. 이 두 가지가 판이하도다.

사람마다 웃고 즐기기를 힘쓰자 하면 혹은 말하기를, 무장공자(無腸 公子) 되기 전에야 어찌 늘 웃고 즐겨 하리요 하며, 혹은 말하기를, 억지로 웃는 것은 교언영색(巧言令色)이라, 동양 덕의(德義) 상에 옳지 않게 여기는 일이라 하는지라. 이 두 가지 의견이 또한 그럴 듯하나, 우리는 즐거워하기를 힘쓰자는 것이, 우리의 당한 서러운 처지를 잊어버리고 창자 없는 사람과 같이 웃고만 지내자 함이 아니라, 실로 우리의 처지를 생각하여 서로 즐거움으로 위로와 권면하기를 힘쓰자는 뜻이라. 고진감래(苦盡甘來)가, 좋은 날이 있을지니, 이것으로 희망을 두며 서로 권장하여 나가는 것이 가할지라. 어찌 낙심 낙망하여 슬프고 애통하는 소리만 숭상하리요. 마음속에 과연 장래를 바라고 기쁜 뜻을 두어 죽을 자리를 당할지라도 굴하지 않을진대 스스로 외양에 나타나서 춘풍 화기가 사시(四時)에 충만할지니 어찌 교언영색(巧言令色)으로 거짓되기를 염려하리요.

그런즉 우리는 지금부터 인간 천만사에 낙관적 주의로 풍기를 인

도하여, 노래를 할지라도 슬프도다, 우리 민족아…… 이 지경이 웬일
인가…… 운운하는 말은 폐지하며, 글을 지을 때라도 궁하고 죽어가는
소리는 내어 버리며, 논설을 쓸지라도 우리는 남의 노예가 되어 영영
친구도 없고 희망도 없어 천지간에 죽도 살도 못하게 된 자로 여기고
기막히고 절통한 이야기를 다 없이 하며, 차차 좋은 뜻과 흥왕 발달될
장래를 내어다 보며 문명 부강에 나갈 기회를 만들어서, 백절불굴(百折
不屈)할 기개와 궁차익견(窮且益堅)할 결심으로 담대한 용맹과 영웅스러
운 기상을 가져 항상 즐겁고 기쁜 뜻을 발포할진대 한인의 장래가 대양
대해같이 광활 장원할지라.

　　하물며 하나님이 한인들을 돌아보시어 모든 일이 스스로 엉기어
들어, 외양 형편으로만 보아도 부지중 되어 가는 일이 다 우리의 바라
기 어려운 것이라. 우리 모든 동포들은 고개를 숙여서 땅을 보지 말고
머리를 들어 하늘을 쳐다보라. 답답하던 흉금(胸襟)이 스스로 쾌활하여
지며, 어두운 앞길이 스스로 명랑하여지는지라. 이것이 낙관적 주의로
만사가 흥왕하는 본의이니, 전에 모든 생각하던 바를 다 변하여 항상
즐겁고 좋은 편을 보기로 힘쓸지어다.

발칸반도
(1914년 3월호)

발칸 반도(Balkan peninsula)는 구라파 동남 끝에 있는 지방이니 불가리아(Bulgaria)와 세르비아(Servia)와 몬테니그로(Montenegro)와 루마니아(Rumania)와 동 루메리아(East Rumelia)와 구라파 터키(토이기)(European Turkey)와 희랍(Greece) 등 국이 있어, 지방이 면적은 통히 이천만 영방리이니, 대한 전체의 갑절이 좀 넘으며, 인구는 합이 1천7백만이니 거의 대한 인구와 상적한지라. 이 조그마한 지방에 이 적은 인구로 여러 나라가 성립되어 각각 자유를 보전할 뿐 아니라, 여러 가지 인종이 나뉘어 서로 시기와 다투는 중에서 구라파 전국을 왕왕 소동(騷動)하니, 이는 심히 긴요한 공과라. 한국 사람들이 특별히 주의하여 공부할 문제기에 간략히 그 대개를 알기 쉽도록 기록하노라.

이 반도에 가장 중대한 것 두 가지가 있으니 하나는 희랍 인종이고, 또 하나는 터키 주권이라. 희랍은 구라파의 상고(上古) 문명국이니 서양 근대 문명은 로마에서 발전된 것이고, 로마 문명은 희랍에서 발전된 것이라. 그러므로 지금에 희랍이 비록 쇠미한 지경에 있으나 세계 사람들이 희랍 인종을 존경하는 마음이 있고, 희랍인들은 저의 옛적 역사를 생각하여 저의 영광을 회복하고자 하는 바라.

터키는 본래 동양에서 돌궐(突厥), 달단(韃靼: Tatar) 등 오랑캐 종류로 몽고 만주 지방과 인도 파사 등 국으로 널리 퍼져서 오래 번성하던 인종이라. 1453년에 구라파를 침범하여 옛적 동 로마 서울로 유명하던 콘스탄티노플(Constantinople)을 웅거하고, 동 로마 전 지방을 점령하여 토이기국을 설립한 후, 여러 나라 토지를 강탈하고 완고 간악한 풍기를 고치지 못하여 회회교(回回敎)를 주장으로 삼고, 예수교 문명의 자유 공화 등 사상을 배척하므로, 구라파 각국 간에 큰 폐단이 되어 종종 풍파를 일으키므로 그 나라를 구라파의 병인(病人: The Sick Man of Europe)이라 하여 구라파에서 몰아내자는 문제가 많이 생겼으나, 마침내 그저 두고 지내온 것은 구라파 열강국 간에 합동이 되지 못한 연고이라.

이중에서 종종 생겨나는 풍파에 지난 역사는 종차 다시 기록하려니와, 지금은 근자에 시비된 형편만 대강 사실(査實)할지니, 이는 1912년 10월 망간(望間)에 불가리아와 몬테니그로와 세르비아 3국이 연맹하고 터키를 치는 전쟁을 시작한지라. 그때에 미주에 있는 희랍 백성들이 저의 나라 독립을 위하여 전쟁하러 가는 자 부지기수라. 미국인들이 모두 동정을 표하여 아무쪼록 터키를 쳐서 아시아로 몰아내라 하더라.

적은 나라 셋이 합하여 큰 나라를 치니 터키가 사면에 봉패(逢敗)하여 동년 12월 3일에 평화를 청구하며 소개(疏開)를 얻고자 하는지라. 본래 열강국은 이 전쟁을 찬성치 아니하였나니, 이는 조그마한 나라들이 전쟁을 시작하면 필경은 큰 나라들이 한둘 씩 끼어들어 종차 구라파 일판이 다 끌려들어갈까 염려함이라. 급기 적은 나라들이 연합하여 터키를 욕 뵈기에 이르자, 각국이 터키의 청구함을 인연하여 평화의 소개(疏開)를 부친지라.

당초에 터키 전쟁을 시작할 때에는 비밀 약조가 있어서, 터키를 이기거든 토지를 평균하게 나누어 가지자는 마련이 있었는데, 급기 전쟁을 이기고 평화를 의론하는 자리에는 피차간에 시기가 생겨서 서로 흔단을 만드는지라. 열강국이 이 기회를 타서 희랍과 불가리아가 차지할 토지를 합하여 가지고 독립국 하나를 새로 세우니, 이는 올바니아 (Olbania)라 하는 나라이라. 독립국이 된 올바니아는 가장 환영하지만은 불가리아국은 절대적으로 반대하여 기어이 전쟁이라도 하려 하므로 연맹 3국간에 충돌이 생겼더라.

그럴 즈음에 불가리아 군사들이 세르비아와 희랍과 터키 백성들을 학살하는 일이 생겨서, 남녀노유를 물론하고 도처에 참살하여 야만의 행실을 범한지라. 각국이 진노하여 불가리아를 강포 무도한 자로 시비하였나니, 이런 것은 어느 나라든지 애국지사와 소년군인 된 자들에게 가장 경계할 바로다.

이때에 희랍국이 루메리아(Rumelia)와 비밀히 연맹하니, 루메리아는 본래 이 전쟁에 상관 아니 한 자이라. 그러나 오래 불가리아와 토지사건으로 인연하여 시비하던 터이라, 지금에 만일 불가리아가 이 많은 토지를 차지하고 한 강국이 되면 루메리아에 후환이 될 터인 고로, 이 기회를 타서 일어나 희랍과 연맹하고 양편으로 불가리아를 쳐서 내지를 침범할 때, 불가리아 서울 소피아(Sofia)에서 삼천 영리 되는 지방에 미친지라. 그제는 불가리아도 부득이하여 화친을 청구하는데, 터키는 삼국 연맹군에게 패하여 토지를 거의 다 빼앗기고 고개를 숙이고 들지 못하다가, 급기 연맹 제국의 분쟁이 일어나고 불가리아의 위급함이 조석에 달리자 다시 군사를 이끌고 일어나 전쟁을 차리고 전자에 잃었던 토지를 다시 점령하는지라.

작년 7월 21일에 터키 군사가 아드리아노풀(Adrianople)에 다시 들어가니 이는 구라파 터키의 셋째 되는 큰 도성이라. 서울서 북편으로 상거(相距)가 거의 이천 영리 되는데, 기왕에 불가리아에 점령함이 되었다가 부득이하여 평화를 청구하는 고로, 7월 30일에 루마니아 서울 부카레스트(Bukharest)에서 각국 사신이 모여 약조를 의론하고, 8월 10일

에 평화조약을 정하니, 이것이 발칸혁명의 제2차 평화조약이라. 제1차
전쟁은 희랍과 세르비아와 불가리아가 합동하여 터키를 이긴 것이고,
제2차 전쟁은 루마니아와 세르비아와 희랍이 합하여 불가리아를 이긴
것이라. 그런즉 처음에 전쟁을 시작할 때에 경영하던 바와는 같지 않게
변하였고, 피차에 소망은 성실치 못하며, 터키는 구라파에서 쫓아내지
못할 뿐 아니라 그 잃었던 토지도 다수히 회복하였나니, 이는 연맹 각
국 간에 욕심이 생김과 구주 열강국 간에 시기를 인연함이라.

불가리아 지방을 점령하였던 루마니아와 세르비아와 희랍 군사
들은 다 물러갈 것이며, 불가리아 군대는 해산시켜서 평화주의를 보증
할 것이며, 만일 토지를 나누기에 대하여 의견이 합일치 못한 경우에
는 벨기에와 할랜드와 슈이슬랜드 3국을 청하여 중재 재판으로 판결
할 것이라.

불가리아가 가장 큰 토지를 차지하였나니, 처음에 탐내던 바와는
같이 되지 못하였으나 그 중에 큰 땅을 얻었으며, 희랍은 해변 땅을 제
일 많이 차지하였나니 이 땅에 긴요한 항구가 많은지라. 지금 시대에
상업과 해군을 힘쓰는 터인 고로 각국이 해변 토지를 심히 귀히 여기는
지라. 불가리아가 이것을 가장 탐내어 전쟁한 것인데, 각국이 불가리아
의 욕심을 막고 희랍에게 준 것이며, 루마니아는 불가리아 등 북편 해
변으로 땅 한 조각을 차지하였으니 이는 흑해로 통하는 긴요한 항구라.
이것을 얻고자 한 것이 본래 루마니아의 목적한 바요, 세르비아도 본래
해변 땅을 얻기로 주장을 삼았으나 열강 국이 허락지 않는 고로 부득이
하여 지중해로는 나오지 못하고 에진 해(Egean Sea)에 통상 항구를 얻
었으며, 몬테니그로는 올배니아 북편으로 땅 한 조각을 얻은지라. 이상
은 다 이 전쟁의 결과로 각국이 얻은 것이며,

발칸 혁명 후 지도

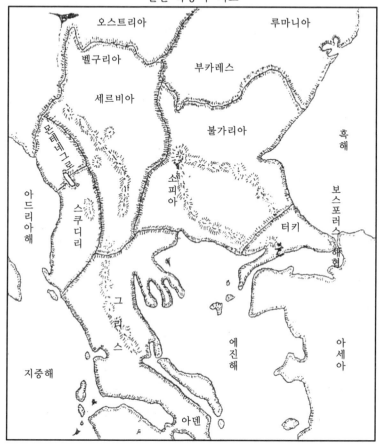

심지어 전쟁으로 인연하여 손해당한 것은 인명 상해한 것과 재정 허비한 것이 가위 부지기수라. 그 조사 보고한 것을 보건대, 인명의 손해가 35만8천 명이고, 재정이 금전으로 두 번 전쟁에 통히 1천1백 밀년 (12억만) 원에 달하였는지라. 혹은 각국이 따로 보고한 것을 빙거하여 구별하였으되, 불가리아에서 손해당한 인명은 8만이고, 금전은 3백 밀년(3억만) 원이며, 세르비아가 손해당한 것은 인명이 3만이고, 금전이

160밀년(1억6천만) 원이며, 희랍국이 손해당한 것은 인명은 1만이고, 금전은 70밀년(7천만) 원이며, 몬테니그로가 당한 손해가 인명은 8천이고, 금전은 4밀년(4백만) 원이며, 터키가 당한 손해는 인명이 10만이고, 금전이 4백밀년(4억만) 원이며, 불가리아 손해는 인명이 6만이고, 금전은 180밀년(1억8천만) 원이라. 이는 제1차 전쟁의 결과요.

제2차 전쟁의 결과인즉 불가리아가 당한 손해가 인명은 6만이고, 금전은 180밀년(1억8천만) 원이며, 세르비아가 당한 손해는 인명이 4만이고, 금전이 1백 밀년(1억만) 원이며, 희랍이 당한 손해는 인명이 3만이고, 금전이 50밀년(5천만) 원이라. 우리나라 서울 장안 장외에 사는 모든 사람을 다 모아 놓아도 이 두 번 전쟁에 죽은 사람 수효가 다 못 될 터이고, 재정으로 말하면 우리나라 전국 인민이 매명에 84원씩 내어 합하여야 이 두 번 전쟁에 허비한 재정을 충수할지라. 이 어찌 참혹치 않으리오.

하물며 이외에 손상한 재산과 물품을 계산하면 인민의 사사로이 당한 손해가 또한 부지기수하게 될 터이며, 목숨은 끊어지지 않았으나 상처 난 사람을 다 통합하면 또한 부지기수할지라. 이 전쟁에 참예한 어떤 나라는 평화한 후에 광고하였으되, 나무로 만든 사람의 다리 3천 쌍을 가져야 쓰겠다고 한지라. 한 나라에서 청구하는 것이 이러한즉 다른 나라들을 통계하면 여러 갑절이라. 근래 전쟁의 참혹한 것이 이렇게 혹독하나, 지금 세상에서 나라의 독립을 찾고 인민의 권리를 회복하려면 무수한 피와 황금을 많이 준비하여 가지고야 되는 법이더라.

걱정 자루

(1914년 3월호)

행인 하나가 먼 길을 가는데 등에 무거운 자루를 지고 수고로이 애쓰며 근심하는 소리로 중절중절하나 도와주는 자도 없고 위로하는 자도 없는지라.

어떤 지혜로운 노인 하나가 길가에서 보다가 가까이 와서 정다이 묻는 말이, 여보, 당신은 무엇을 지고 가며 그렇게 애를 쓰시오, 하는지라. 행인이 역정스럽게 대답하되, 내 걱정덩어리가 이렇게 무거워서 애를 쓴다오, 하거늘, 그 노인이 측은히 여겨서 정다이 웃으며, 여보 그러면 그 자루를 열고 당신의 걱정덩어리를 좀 구경이나 합세다. 어떻게 되어서 그렇게 무겁단 말이오?

그제는 행인이 짐을 벗어놓고 길가에 둘이 마주 앉아서 자루를 열고 들여다본즉 속에 아무것도 없는지라. 행인이 반신반의하여 어찌 할 줄을 모르고 머리를 긁적이며, 속에 들어서 어떻게 무거운지 담당할 수가 없더니 별안간에 다 어디로 갔을까, 하며 두런두런 하다가 다시 정신을 차리며 하는 말이, 아, 옳지 옳지, 참 이제야 생각이 나는구려. 그 걱정 한 덩어리는 어제 걱정이에요. 그런즉 다 없어졌으니까 자루 속에 없는 것입니다.

노인이 문왈(問曰): 그러면 걱정 한 덩어리는 없어졌거니와, 두 덩어리에서 또 한 덩어리는 어디로 갔소? 행인이 답왈(答曰): 아, 참. 그,

저, 그것도 여기 없는 것입니다. 그 덩어리는 내일 걱정이니까 아직 아니 왔은즉 이 자루에 없는 것입니다, 하거늘,

　노인이 그제는 더욱 애석히 여겨 일러 왈(曰): 여보, 이 친구여, 내 말 한 마디 들으시오. 사람이 공연히 어제 걱정과 내일 걱정을 뭉쳐서 짊어지고 애를 쓰려고 하면 자루를 아무리 크게 만들어도 걱정을 다 담을 수 없을 것이오. 사람이 걱정 속에 묻혀서 지레 죽을 터이니, 이전에 지나간 것은 다 내어버려 잊어버리고, 장래에 올 걱정은 생각지 말며, 다만 오늘 당한 걱정만 지고 가기로 힘쓰면 모든 걱정근심이 스스로 풀리며, 앞길이 차차 열려서 인간 천만사가 다 취서(就緒)될지라. 아무쪼록 이 모든 헛 근심을 다 제하고 담략(膽略)과 힘을 내어 즐거운 마음으로 당한 짐만 잘 담임하기를 주의하시오, 하고 누누이 부탁하며 길을 가더라.

　행인이 그 말을 깊이 곧이듣고 자루를 내어버리고 다시 일어나서 길가기를 시작하는데, 그제는 몸이 가볍고 수족을 마음대로 놀려서 죽장망혜(竹杖芒鞋)로 훨훨 가도 괴로운 줄을 모를지라. 그제는 제 몸이 편하니까 길에서 혹 곤란한 사람이나 약한 자가 있으면 힘대로 도와주며, 마음이 즐겁고 흥치가 생겨서 간간 실과도 따며 꽃도 꺾더라.

　이렇듯 즐거이 놀며 먼 길을 가다가, 길을 다 가서 목적지에 당할 때, 해는 다하여 서산에 넘어 가는지라. 뒤에 즐거운 길을 생각하고 기쁘게 노래하더라.

몽고와 일아(日俄) 양국
(1914년 3월호)

재판 크로니클(Japan Chronicle)에 몽고 정형을 기록하였는데, 그 글에 하였으되, 몽고 사람들이 한국 사람들의 지난 일을 본받아서 속으로 아라사를 싫어하며, 남만주 지방을 일본에 부속하려고 원하는 뜻을 발포하는지라.

아라사 서울에 가 있는 일본 매일신문사 탐보원이 피득보(Peters -burg)에 주차한 몽고 특사를 방문하고 그 언론을 들어서 전하였는데, 몽고 특사의 말이, 정부에서 아라사 사람의 교활한 외교수단을 싫어하여 차차 돌아서는지라.

외몽고는 아라사의 도움을 힘입어 소위 자치정부를 세웠으므로, 내몽고는 이것을 모본하여 일본의 도움을 힘입어 자치정부를 세워 보고자 하는지라. 이 뜻을 성취하기 위하여 생불(몽고 주권자를 가르침)이 아라사 외부로 인연하여 글을 일본 황제에게 전하고자 함이니, 만일 일본이 내몽고 정치상 운동에 대하여 아라사가 외몽고 도와준 것과 같은 힘을 보일진대, 일본은 내몽고에서 얻을 권리가 아라사가 외몽고에서 얻은 권리와 같으리라 하였다 하며,

몽고에서 아라사 국채를 청구하여 약조를 의론하는데, 아라사는 아직도 몽고에 대하여 확실한 회답을 보내지 아니하였고, 또한 몽고에

서 아라사를 향하여 군기 수입하기를 청구하였는데 그것도 아직 완정
한 회답이 없는지라. 몽고의 사신은 심히 근심하는 모양이며,

아라사와 청국 간에 관계한 몽고지방 계한(界限)에 대하여도 아청
(俄淸) 양국은 이 문제를 속속히 조처하고자 하는 터이지만은, 몽고에서
는 아직도 지체하기를 원하나니, 이는 일본이 조만간에 간섭하기를 바
라는 연고라 하더라.

한국 선교사들에게 경계
(1914년 3월호)

지나간 성탄일에 서울 프레스 사장이 피터스(Rev. A. Pieters)와 던랍(Rev. J. C. Dunlop) 양씨에게 크리스마스 카드를 보내었는데, 이 카드가 가장 이상한지라. 일본 어떤 서양신문에서 소상히 논란하였으니, 심히 재미로운 고로 번등(翻謄)하노라.

이상 양씨는 본래 일본에 있는 선교사들인데, 이번 한국교회 핍박 사건에 대한 재판이 생긴 후에 한국 서울에 가서 실정을 탐지하고 일본 관리들의 불공평함과 악형으로 무죄한 사람을 핍박한 야만의 행실을 성토하여 각국에 전보와 신문으로 공포한 친구들이라.

이 두 사람에게 서울프레스 신문 사장이 성탄기념 카드를 보내는 것도 신기하거니와, 그런 카드에는 본래 성탄 축사를 붓으로 쓰던지 판에 박던지 하는 풍속인데, 이 카드에는 성탄 축사 대신에 글을 몇 마디 박아서 보낸 것이며, 그 글인즉 또한 이상한 글이라. 글 하나는 기왕에 포스터(Arnold Foster)라 하는 이가 청국에 있는 선교사들에게 편지하여 아무쪼록 청국 정치에 상관 말라 한 말이고, 또 한 가지는 1909년에 에딘버러(Edinburgh)에서 만국선교 공회를 개하고(윤치호 씨도 이 회에 참석하여 연설하였더라) 모든 정책을 정할 때, 정치상 일에는 간섭하지 말자는 뜻으로 반포한 글이라.

첫째, 포스터 씨의 편지 사연인즉, 하였으되

지금은 모든 선교회에서 작정하기를 청국 백성과 청국 정부 사이에 관계되는 일은 선교사들이 다시 상관치 말기를 힘쓰자 하였으니, 이 대로 행하라 함이오.

둘째, 에딘버러에서 반포한 글에 하였으되

선교사와 청국 신고자 사이에 관계는 다만 종교상 사업이고 다른 일에는 간섭이 없으며, 심지어 정부에서 하는 일에 대하여는 아무 관계도 하지 말 것이며, 이런 일에는 아무쪼록 조심하여 좌우간에 아무 상관을 아니 하는 것이 옳은지라. 어느 나라든지 외국인이 이런 일에 간섭하는 것은 다 즐겨하지 않는 바이라 하였더라.

이상 두 가지 글을 카드에 박아 보낸 것은, 이것을 보고 한국 교회 핍박 일절에도 도무지 참섭(參涉)지 말라 하는 뜻이라. 그 크리스마스카드는 참 희귀한 카드라 하겠도다.

일본에 있는 어떤 서양 잡지에서는 이것을 가지고 장황히 설명하며 논란하였는데, 그 말이 또한 자재미로운고로 간단히 번역하노라. 그 잡지에 하였으되

우리는 이 두 가지 글에 설명한 말을 다 옳게 여기는 바라. 이 말에 들어서는 우리가 조금도 의론을 일으키지 아니 하거니와, 이 처음 글을 지은바 포스터라 하는 이는 청국에 오래 있은 선교사로, 청국 치외법권에 대하여 의견이 다른 선교사들과 같지 아니한 자이라.

씨가 말하기를, 청국에서 야만스러운 악형을 행하며, 법관들이 공평치 못하며 법률이 밝지 못한즉, 청국에 치외법권을 폐지할 수 없다 하여 외국인의 특별 권리를 보호하자 하는 주의를 가진지라. 다른 선교사들은 이와 달라서 말하기를, 신교(信敎)하는 청인들을 특별히 보호한즉, 교인 아닌 청년들도 교를 빙자하고 작폐할 염려가 있고, 교인들은 자연히

선교사들을 끼고 들어가서 특별 보호를 얻을 터인즉, 정치상 문제를 면할 수 없다 하는 바라. 그런즉 이 일에 대하여 선교사 중에도 의견이 합동치 아니하도다.

대저 세계 대체를 가지고 말하면, 종교에 종사하는 자 정치상 일에 간섭할 권리가 없다 하는 것이 정당한 공론이로되, 심지어 사람의 신분에 대한 명예와 권리상에 손해당할 일이 있을 경우에는 선교사들도 다른 사람과 같이 제 몸과 자유를 보호할 권리가 있을지라.

일본 신문기자가 포스터 씨의 글을 보낸 뜻인즉 다른 것이 아니고, 선교사들이 한국교회 핍박 사건에 간섭하는 것을 막고자 함이라. 그러나 포스터 씨가 이 말을 할 때에는 선교사들이 치외법권을 누려서 청국 법률을 받지 않는 것이 옳다는 주의를 세운 것인데, 일본 신문기자가 선교사는 정치에 간섭하지 말라는 말만 세우고 치외법권을 보호하자는 말은 아니 하였으니 심히 아혹한지라.

한국에 교회핍박 사건을 말할진대, 당초에 선교사들이 정치상 일에 간섭하고자 하는 것이 아니고 부득이하여 끌려들어간 것이라. 사람을 억지로 몰아서 넣고 그 속에 들어간 것을 시비하면 어찌 공평하리오. 음모 사건에 들었다고 갇혔던 김현식이 제5차 재판에 대답한 말을 대강 번등하건대, 하였으되,

우리가 이 일(음모 사건)을 의론할 때에 여러 학생과 교사가 피착된지라. 매큔(선천학교 교장)이 말하기를, 이번에는 이 일을 성사치 못하였으니 아직은 다시 생각지도 말고 말도 내지 마는 것이 옳다 하는지라.……

우리가 다시 돌아와서 학교 제8방에서 모였을 적에 매큔도 참석한지라. 그가 말하기를, 이번에 성사하지 못한 것은 심부름꾼이 바로 통기를 아니 하고 횡설수설한 까닭이라. 통감의 거동을 소상히 통기하지 아니한즉, 우리가 어떻게 이 일을 성사할 수 있느뇨 하였으며,

······ 매큔이 이 음모사건을 의론하는 좌석에 매양 참석하여 수차 말하기를, 이번에는 소식이 바로 왔을 터이니 통감을 죽이기가 무려(無慮)하다고 하는지라. 그제는 우리가 정거장에 나갔더니 또 헛소문인고로 헛되이 돌아왔으며,

다시 팔(八)방으로 돌아와 의론하되, 이 모양으로 헛되이 왔다 갔다 하다가는 필경 실정이 탄로되기 쉬운지라. 이다음에는 확실히 알아서 허행을 말아야 하리라 하였는데, 매큔이 참석하였다가 말하기를, 지나간 번에도 이 모양을 하다가 낭패를 당하고, 이번에 또 이 모양을 하였으니, 이 모양으로 일을 하려면 될 수 없는지라. 한인들은 다 이런 대사에 쓸데없는 사람이라 하고 더욱 단속하였다고 하였으며,

법관이 묻되, 그 때에 매큔이 교사와 학생들을 대하여 설명한 말이 없었느뇨.

답왈(答曰): 매큔이 특별한 말은 무엇을 하였던지 생각나지 아니하며, 통감 살해할 일로 지재지삼(之再之三) 말한 것만 들었소.

문 : 매큔이 통감 올 때에 필경 학생과 교사를 모아 가지고 어떻게 하라고 설명한 말이 있었을 터인데 생각할 수 없느뇨.

답 : 그 전날에 양미응(?)과 및 학교 모든 교사들이며 그 외에 최덕윤 여용혁 등 여러 사람이 교장실에 가서 교장과 무슨 의론을 하였는데, 수삼일 전부터 통감이 온다 하며 암살소문이 있었은즉 그 일을 의론한 줄로 알았소. 또 그 이튿날에 매큔이 모든 교사와 학생을 모아놓고 말하되, 길진 형이 온 후로 통감 암살할 일을 결정하였으니, 이 일을 굳센 마음으로 조심하여 행하라 하기로 우리가 다 응낙하되, 우리가 일심으로 작정한 것이니 염려 말라 하고 헤어졌소.

문 : 매큔은 무엇을 한다고 하더뇨.

답 : 매큔의 말이, 자기는 정거장에서 기차에 먼저 올라가 통감
의 손을 잡고 인사할 터이니, 그것을 보고 거사하라고 하였
소.

문 : 매큔이 어떻게 차에 올라가서 인사하려 하였느뇨.

답 : 그때 정거장에 사람이 많을 터인즉, 우리는 누가 통감인
지 모르는 고로 매큔이 가서 손을 잡으면 손잡은 것으로
표를 알고 불질하기로 약속하였소.

문 : 매큔이 11월 사건에는 아무 일도 한 것이 없었느뇨.

답 : 말 듣기에는 매큔이 그 사건에도 참여한 듯하나 드러나게
참여하기는 이번이 처음이라… 육혈포를 나눠줄 적에 매큔
이 서서 보았고, 자기도 총 몇 병을 내어준 듯하며, 그이
보는데서 우리도 총을 다 받았소…

이상에 조등한 것은 다만 한 사람의 말한 것만 추려낸 것이고, 여
러 사람의 공초가 거의 다 이러하며, 또한 이는 다만 매큔의 사건만 말한
것이니, 매큔 외에 이와 같이 공초에 난 선교사가 여럿이라. 이런 것을
가지고 볼진대, 선교사들이 이런 일에 참여하고 싶어서 참여한 것이 아
니고 억지로 얽어서 이런 허무한 공안을 만들어 가지고 몰아넣은즉, 선
교사들이 부득이하여 제 몸을 보호하기로 이 일에 간섭하는 것이라.

일본 통감이 영국의 어떤 관인을 대하여 말하기를, 이 음모 사건
에 공초 받은 것이 선교사에 대한 것만 제하고 다 진적한 말이라 하였
으니, 같은 공초에 어떤 말은 진적하고 어떤 말은 진적하지 않은 것인
지 모호한 일이고, 선교사들이 무죄한 증거를 볼진대, 이것을 공포하여
발명할 것인데 공포한 것도 없으며,

당초 123인 중에 116인은 증거가 분명치 못하다고 방송하고, 대구재판소에서는 이것이 아직 빙거가 된다 하여 얼마는 처벌하니, 이런 일에 선교사들의 신분을 위태케 하는 자리에 어찌 선교사들이 제 몸을 보호치 아니 하리요. 선교사들은 모든 힘을 다하여 무죄한 발명도 하고, 불법한 일을 반대할 권리가 있는지라.

테라우지 통감의 말한바 선교사는 무죄하다 하는 것을 흡족히 생각할진대, 이 무죄한 사람이 발명하려고 하는 것을 결단코 시비할 수 없으며, 선교사들이 반대한 것은 붓 가지고 글 쓰는 것과 말로 변백한 것 밖에는 아무 일한 것이 없고, 외교상 논란이 있었다 함은 선교사들의 한 일이 아닌즉 시비할 바 아니며,

성경에 악한 것을 반대하지 말라 하셨다는 말을 볼지라도, 서울 신문 사장이 성경을 많이 알 것 같으면 사도바울 선생의 행한 사적을 기억할지라. 바울을 무죄이나 얽어서 옥에 가두었을 적에 로마국 백성인줄을 알고 그저 방송하려 하자 바울이 죄명을 씻고 백방(白放) 되기를 원치 아니하며, 재판으로 공결하라 하여 필경 가이사에게 공소하기까지 이른지라. 다만 한국에는 가이사에게 공소하는 권한이 없는 모양이라 하였더라.

한국과 청국 모핀 악습
(1914년 3월호)

모핀(morphine)이라 하는 것은 아편 종류이니, 아편을 가지고 여러 가지 약으로 쓰는 중에 모핀이 가장 요긴하고 독한 부분이라. 이것을 여러 가지 긴요한 약재료로 쓰는 바나, 혹 어떤 사람들은 불매증(不寐症)이 있을 때든지 혹 다른 아픈 증이 있을 때에 침통(針筒) 같은 기계 속에 넣어서 바늘 끝 같은 촉을 살에 지르고 누르면, 그 속으로 약기운이 살에 들어가서 전신에 퍼져서 술에 취한 것 같이 아픈 것을 잊고 잠을 자는 고로, 한두 번 쓰기 시작하면 아편과 같이 인이 배겨서 그 때마다 또 넣지 않고는 견디기 어려운 법이라.

모핀 인이 한 번 배기면 아편 인과 같아서 사람의 피가 마르며, 얼굴빛이 누르고, 구미(口味)를 잃으며, 식물이 소화되지 아니하여 아주 버린 사람 같이 되어 종신토록 자진(自盡)하여 마르나니, 이것이 큰 독해라. 미국 안에 아편 먹는 사람은 청인 외에 없거니와, 간혹 어떤 사람은 남녀 간에 모핀을 쓰는 고로 이것을 크게 꺼리는 바이거늘, 일본 사람들이 아편을 엄검(嚴檢)하는 고로 각국 사람들이 다 잘한다고 칭찬도 하거니와, 과연 우리도 이 일을 극히 찬성하여 아편 검(檢)하는 것을 일인의 공뢰로 치하하는 바이라. 청국에 어리석은 사람들이 무수히 해(害) 당하는 것과는 실로 같지 아니하도다.

그러나 모핀을 수입하는 일에 대하여는 한국과 청국에 가서 은밀히 이것을 전파한다고 4, 5년 내로 시비가 종종 나던 바라. 연전에 우리나라에 선교사로 가서 오래 있다가 일아전쟁 이후로 일인의 혐의를 받아 미국으로 돌아와서, 한국에 합병내력을 들어 〈한국의 없어진 사적〉(The Passing of Korea)이라는 책을 저술하여 낸 친구 헐버트 씨가 미국에서 이 문제로 연설도 많이 하였고 글도 지어 전파하였거니와, 헐버트 씨의 언론인즉, 한국 인종을 멸망시키려 하여 일인이 짐짓 모핀을 수입해다가 전국에 산매(散賣)하니, 무식한 한인들은 무엇인지 모르고 일시 환상만 취하여 다수가 사서 악습에 빠지는 고로 인종이 날로 잔패하여지는지라. 일본 정부에서 이런 것을 검하지 않고 짐짓 도와주는 도다, 하였더라.

일본 헤랄드(Japan Herald)에 보고한 바를 보건대,

청국 북경에서 금년 정월 1일에 스코틀랜드(Scotland)에 있는 아편 반대회 총회 서기의 편지를 받은즉, 하였으되, 스코틀랜드 서울 에딘버러(Edinburch)에서 작년 동안에 모핀 일곱 톤을 출구시켰는데, 절반은 일인(日人)이 산 것이라 하였는데, 그 신문에 말하기를, 모핀은 아편의 진액인 고로 조그마한 덩어리를 가지고도 사람을 더욱 많이 상할 수 있는지라. 일인들이 이것을 은밀히 실어다가 만주와 천진과 북경 등지에서 무수히 전파하며, 저희들이 약 넣는 바늘과 약 간수하는 병들을 만들어서 함께 파는 고로, 향자(向自)에 청인들이 아편을 많이 적몰(籍沒)해다가 불사를 때에 일인이 만든 모핀 바늘과 병을 많이 사출 해다가 불살랐으나, 이 약이 사방에 전파되어 청국이 크게 위태하며 세계가 장차 크게 위태하게 되는지라.

수일 전에 북경에 있는 만국 개량회 총부에서 한국 신사 3인을

청하여 묻기를, 그 회에서 어떻게 하면 이 독약의 해를 막고 한국을 이 위태한 데서 구원하겠느냐 물은즉, 대답하되, 한국 부산과 서울과 평양 등지에서 일인들이 모핀을 무난히 산매하되 일본 관리들은 검하기를 생각지 아니한다 하며,

어리석은 백성들은 이 해를 입어 전국에 편만(遍滿)한지라. 작년 1년 동안에 수입 산매한 모핀이 대략 2천5백 근 가량이고, 바늘이 4만여 개라. 그런즉 한 톤이 되나니, 매년에 일본에 수입하는 모핀이 세 톤 가량이라. 그 나머지는 어디로 가는지 몰랐더니 지금에 깨달은즉 한국으로 가는 것이라. 세 톤 가량은 일본에서 대강 약재료로 쓰고, 청국으로 잠상(潛商)하며, 불쌍한 대만 인종에게 갔다가 먹이는지라.

근자에 인도 남방과 인도차이나(Indo-China)지방으로 유람할 때에 살펴본즉, 일인들이 안남 사람들에게 모핀을 전파하여 법국 군사에게도 해를 끼치는지라. 법인들도 이것을 인연하여 걱정을 하는 중이라 하니, 이로 생각하건대, 헤이그 평화회에서 약조하고 서른아홉 나라가 열명(列名)하여 정한 바 약조를 실시하여 이 악한 독약을 검하는 것이 가한지라.

일본 상업 보고를 보건대, 일본 정부에서 매년에 모핀을 인연하여 거대한 이익을 얻는지라. 이러므로 한국에서 이것을 많이 산매하는 것을 검치 아니 하는지라. 모핀이 심히 적고 독한 고로 감추어 들여오기 쉽고, 조금만 가지면 많이 쓸 수 있는 고로 사방에 전파하기 심히 용이하여, 간혹 선교사들이 길에 가다 보면 모핀하는 자가 기계를 감추어가지고 다니며 팔다가, 다만 몇 푼만 주는 사람이라도 만나면 바늘로 넣어주는지라. 어떤 사람은 전신에 약 넣노라고 살을 헤쳐서 헌데가 편만하였는지라.

청국 정부에서 이 일을 급히 주의하여 아편의 제일 독한 기운을

영히 막고 앉아야 할지라. 헤이그 평화조약의 가장 긴한 조건을 실행하는 것이 청국을 구원하는 급한 일이라 하였더라.

이상에 번등한 것은 저팬 헤럴드에 기재된 말이라. 청국은 법을 엄하게 만들어 실시하면 헤이그 조약의 힘을 얻을 수 있으려니와, 한국은 장차 누가 이것을 겸하겠느뇨. 심히 애통한 일이며, 더욱 통곡할 일은 한국에서 일인이 권장하는 중에서 스스로 빠져 들어가는 백성은 남의 계책에 빠져서 모핀이나 다른 독약을 쓴다 하려니와, 이 좋은 미국 기 밑에 속한 하와이에 온 한인들은 일본 사람의 해를 받을 필요가 없거늘 어찌하여 아편의 해를 날로 당하며, 스스로 빠져서 몸을 망하고 인종을 해하며, 영혼이 영히 죽기를 자취하는지.

청국 북경소문
(1914년 3월호)

(정월 22일에 청국 북경에서 보낸 통신을 보건대, 중화민국의
정치상 형편이 별로 개량되지 못하는 모양이라. 우리는 그 대
개를 들어 기재하노라.)

북경 정치상 형편이 날로 변천하여 이대로 지내가다가는 장차 불
구에 무슨 경우에 이를는지 정신을 차릴 수 없는지라. 국민당 대표자들
을 국회에서 내어 쫓아 국회를 해산시키듯 하고, 다만 명색만 붙여두어
그 남은 대의원들이 일을 하고자 하나 아무것도 될 수 없으며, 대통령
이 국회 대신에 정부 평의회와 같은 것을 설시하여 이 회에서 무슨 일
이든지 의논하여 드리라 하였으나, 이것도 다만 명칭뿐이라.

통히 말할진대, 국회는 그 해산시킨 의원을 대신 선정하여 채우
지 아니하며, 평의원은 그동안 되어 가는 거동을 보건대 그 목적이 무
엇인지 가히 짐작할지라.

소위 평의원이라는 것인즉 당초에 대통령이 회원 다수를 택정하
고 소수는 각 지방에서 관찰사의 천거로 선정하였나니, 이것은 성질이
어떤 것인지 국회도 아니고 정부 내각도 아니라 무엇인지를 알지 못하
더니, 급기 대통령의 훈칙이라고 누차 광포하는 것을 보건대, 국회에

국민당 대표로 해산한 의원의 대신을 어떻게 선거할는지 질정하여 올리라 하는지라. 이것으로 보면 입법부의 자격을 평의원에게 허락하는 모양이로다.

부통령 여원홍은 처음에 대통령의 심복으로 극력 찬성하더니, 근래에 와서는 어떻게 관계가 속으로 되었는지 부통령이 대통령에게 은근히 속은 일이 있다고 자못 불평하는 태도가 보인다는 의론이 파다한지라. 여 씨의 명예와 세력을 정부에서 은근히 이용하여 자기들이 예정하여 놓은 정책을 행하기에 도움이 되기를 경영하는 내용인데, 여 씨는 이것을 모르고 정부에 한 기계가 되어 속은 고로 차차 깨닫고 스스로 흔단(釁端)이 자라는 모양이더라.

소위 정당이라 하는 것은 당초에 서양 정당의 제조를 따라 조직하고 이 정당 속으로 국회 대표를 세우게 마련한 것인데, 국민당과 진보당이 서로 다투다가 국민당을 국회에서 몰아내친 후 그 해산당한 의원의 대표를 다시 국민당에서 택하여 담임하기를 바랐으나, 지금에 되어가는 것을 보건대, 대통령은 이 정당과 상관이 없이 알아서 정치상 일에 도무지 참예하지 못하게 하고 저희끼리 서로 다투는 당파가 되고 말 따름이라. 이는 저희끼리 사사혐의를 가지고 다투며 정부를 공박하는 고로, 이것을 핑계로 삼아 정당을 다 밀어낸 것이며,

부통령은 본래 진보당 영수인데, 그 당파의 영수 책임을 사면하며 사직하는 글에 말하였으되, 내가 우리 정당을 하직하게 된 것을 심히 원통히 여기는 바라. 그러나 상부 명령이 있어 이 정당을 물리치라 하니, 나는 군인이라 명령을 순종하는 것이 직책이기로 부득이 사면한다 하였으니, 대통령이 진보당을 혁파하려는 의향은 아직 발포하지 않았으나, 부통령의 사직하는 글을 보건대, 부통령을 그 정당에 그저 두고는 정부에서 임의로 착수하기 어려운 고로 사면하게 한지라. 이러므

로 모든 정당에서 장차 무슨 분란이 생길는지 몰라서 전전긍긍하는 모양이며, 정부에서는 세력을 잘 확장한지라.

　　모든 정당이 어떻게 하든지, 지방에서는 무슨 방해를 하든지, 중앙정부에 손해가 과히 미치지 않을 것이라. 곤란한 것은 재정 한 가지인데, 지방에서 세납이 아니 오는 고로 심히 민망하여 세납 받는 위원을 각 지방으로 파송하여 독세(督稅: 납세를 독촉함. 督納)하게 마련하였으나, 지방관들이 합동 찬성하는 힘이 적은고로 정부에서 연차 엄절히 훈칙하여 세납을 바치지 아니하면 엄중하리라 하였으나, 이것도 또 무슨 효력이 있을는지 예언하기 어려우며,

　　아라사는 특별히 청국 정부를 향하여 우의를 표하는데, 일전에 아라사에서 각국에 통첩하기를, 청국 직예성(直隸省)에 난리가 다 정돈되었으니 중화민국의 주권을 회복하기 위하여 아라사 군사를 물러갈 터인즉, 각국이 다 이와 같이 군사를 걷어가라 한지라. 청인들은 이것을 가지고 아라사의 특별한 친분을 감사히 여기는 모양이나, 각국은 아라사가 년 전에 만주에서 지낸 역사를 생각함으로 아인의 야심을 믿을 수 없어 하나도 철병하기를 종(從)하지 아니하며,

　　북경에 모든 신문계에서는 의향이 다 일치하여 말하기를, 일본 동경에 있는 영국 루터 전보국 대표를 바꾸어 전에 있던 풀리는 돌려보내고 미국 신문연합회 대표 케네디로 대신한다는 일에 대하여 하는 말이, 케네디는 세상에 보내는 신문통신을 바로 전하지 않고 일본이 원하는 대로 전하다가 한국교회 핍박 사건에 소문을 바로 전하지 아니함으로 인연하여 파면을 당하였은즉, 지금에 이 사람으로 루터 전보의 대표를 시키면 소문은 다 채색한 소문이 될 터이라. 듣기에 재미로울 터이지만은 루터 전보국에서는 공평한 소문을 전한다는 명예는 불구에 잃어버리리라 하더라.

　　동청 철로 한 일에 대하여는, 당초에 영국 회사에서 놓는다 하여 다른 사람들은 자못 관계를 긴절히 여기지 않더니, 이번에 그 철도회사에서 공회를 열고 의논한 보고를 듣건대, 청국과 영국이 합동하여 설시한 일이라. 영국 공사가 이 철도 사무에 홀로 힘을 많이 썼으나, 영국의 권리와 이익은 반 분수에 지나지 아니하니, 영국 공사가 만일 이런 이허(裏許: 속내 평)를 알았다면 이렇게 힘을 쓰지 않았을 것인데, 당초에 의론된 바와 같이, 영국 재정가에서만 주장할 줄로 알았다가 지금 사실을 알고 본즉 영국 사람들은 대단히 놀라는 모양이고, 청인들은 대단히 좋아하여 이 철도 사무가 장차 잘 확장되리라 하며,

　　지금에 새로 과거를 보인다 하여 모든 유생과 학도와 옛적 벼슬 다니던 이들이 북경에 모여들어 과거 보이기를 기다리는데, 중학교와 대학교에 졸업장 맡은 자와 정부 사무에 3년 동안 경력 있는 자는 다 과장에 참여한다 하니, 이는 옛적 과거법을 복설하여 완고구습을 다시 시행하며, 새 법을 가입하고자 하여 이런 장정을 만들었으나 마침내 이것을 실시할는지 알 수 없고, 다만 옛적 과문육체(科文六體)로만 보일듯 하다는 말이 많으며, 옛적 청국 정부에서 벼슬하던 완고배(頑固輩)들이 많이 장안에 모여서 그 전에 다니던 벼슬자리를 도로 회복하라는 령이 내리기를 고대하는지라.

　　바람이 어디로 불는지, 물결이 어디로 칠는지 몰라서 사람마다 하회(下回)를 기다릴 따름인데, 옛적 모든 법을 새 법으로 탈을 씌워서 행하고자 하는 것이 심히 우스운 일이라. 이 모양으로 모든 일이 잘 되어갈 지경이면 이런 양반들이 다 들어설 터인즉, 불구에 공화제도(共和制度)는 다 없어져서 등분과 지위를 물론하고 평등시민으로 치는 것은 다 스스로 폐지될 것이고, 영감 대감 전하 폐하 등 모든 명칭이 다시 생기리라 하더라.

하멜의 일기 제5차
- 전호 속 영문 번역
(1914년 3월호)

헨리 하멜(Henry Hamel)은 하란국 사람이니, 1653년에 조선 해변에서 파선하여 한국에 13년을 갇혔다가 간신히 도망하여 8인이 귀국한 사적을 일기에 적은지라.

이것은 그 일기의 제6장이니, 제1장에 사연은 풍랑을 만나 무한히 고생하다가 제주도 앞에서 파선하여 여러 사람은 다 죽고 몇 사람이 살아서 기한(飢寒)을 견디지 못하여 애쓰다가, 본토 사람들이 잡아가던 사적을 말하였고,

제2장은 관후한 지방관을 만나서 고생 중에 적이 위로하던 것이며, 일본에 보내 달라 하여도 듣지 아니하고 상부명령을 기다리라 하며, 서울 기별을 기다리던 그 사정이 진실로 가련하며,

제3장은 제주도에서 3년 동안을 갇혀서 배고픈 때와 춥고 어려움을 당하다가 새 지방관이 와서, 전에 은혜롭게 하던 원이 갈려 가고 새로 각박한 원의 압제를 견디기 어려워서 풍범선(風帆船)을 몰래 잡아타고 일본으로 도망하려다가, 다시 잡혀서 사슬로 목을 매고 곤장(棍杖)을 맞아 여러 달을 장독(杖毒)에 고생하다가 살아난 정경이라. 이 사연을 보면, 어떤 것은 혹 허무한 소설도 같고, 혹 어떤 것은 조선 풍속을 소상히 말한 것이라, 역사상에 한 상고할 만한 글이라 하리로다.

제4장은 제주도에서 성루로 올라가던 여러 가지 정형을 말함이오.

제5장은 서울에 갇혔을 때에 모든 어려운 정경을 지내던 사정이라.

남도에 가서 고생하던 사정 제6장

1657년 3월에 서울서 떠나서 말을 타고 남도를 향하니, 친구들은
10리 밖 강에까지 와서 전송하더라. 여기서 웨터리를 마지막 만났나니,
이후로는 그 사람을 다시 보지도 못하고 소문도 듣지 못할러라.

이 길은 그 전에 제주서 서울로 올라올 때에 지나던 길이라. 연로
각처에 모든 도성과 장거리를 다시 지나서 제암(Jeam) 땅에 이르러 밤
을 지내고, 그 이튿날에 다시 떠나서 낮쯤 하여 큰 도성에 이르니, 이곳
은 주성(Diusiong)이라 하는 곳이라. 감사가 없을 때에는 무관이 대신하
여 다스리는 곳이더라.

우리를 영솔하여 가는 관원이 그 지방 관원에게 우리를 전장(傳掌)
하고 어서(御書)를 전하니, 그 지방관이 즉시 사람을 파송하여 그 지난
해에 이곳으로 귀양 보낸 우리 동류를 데려오라 하는지라. 그 근처 공
청에서 다 함께 거처하고, 사흘 후에 다른 곳에 흩어져 있던 우리 동포
들을 다 모집하니, 파선한 나머지로 33인이 한 번 다시 모였더라.

이곳에서 제주도가 대략 이백 리가량이 되는지라. 4월간에 관인
들이 제주에서 가죽 몇 장을 가져다주니, 이는 우리가 그곳에 있을 때
에 파선한 터에서 건진 것이라. 이때까지 간수하여 두었다가 삭아서 거
의 상하게 되므로, 서울로 보내지 못하고 우리에게 도로 내어주는 것이
더라.

우리는 이곳에서 할 수 있는 대로 거처 범절을 대강 차리고, 처소

를 정돈하였는데, 우리의 하는 직책은 아무 것도 없고 다만 한 달에 두 번씩 나가서 공청 앞에 풀 깎기와 모든 것을 다 정제히 간수할 따름이라.

이해(1657년)에 우리 감사가 무슨 탄핵에 걸려들어 서울에 가서 재판 마당에서 변백(辨白)하는 것이 필요하게 된지라. 그 후에 들은즉, 일이 거칠게 되어 목숨이 위태하다 하더니, 다시 들은즉, 대궐 안에 세력이 좋고 또한 백성들이 사랑하여 벌만 면할 뿐 아니라 도리어 직품(職品)을 돋우었다 하니, 우리와 본토 백성들이 다 이 소문을 듣고 대단히 기뻐한 것은, 그 감사가 모든 사람에게 가장 은혜를 많이 베푼 연고더라.

그 해 2월에 새 감사가 내려오니, 이는 전 동네와 같지 아니한지라. 우리에게 어려운 일을 많이 주며, 구관은 사람을 시켜서 나무를 산에 가서 갖다 주더니, 신관은 우리를 시켜서 30리가량 되는 산에 가서 나무를 등에 져오라 하니, 우리의 사정이 더욱 절박하더니, 하나님이 고마워서, 새 사또가 우연히 병들어 그 해 9월에 세상을 떠나므로 그 학정을 면한지라. 내외국인 간에 슬퍼하는 자 없으니, 그 감사의 덕이 심히 적은 연고더라.

11월에 이르러 또 새 감사가 내려오니, 이 사람은 또한 전관만 못하지 아니한 양반이라. 우리가 혹 의복이 없다고 걱정하면 매양 대답하기를, 나라에서 주는 백미는 요식(要式) 대로 차하(借下)하려니와, 심지어 의복 등절은 특별한 명령이 없은즉 자기의 알 바 아니니, 우리가 자담(自擔)하라 하는지라.

우리의 의복은 나무 나르기에 거의 다 남루하게 되었고, 날은 차차 추워서 견디기 어렵게 된지라. 그제는 부득이하여 수모를 생각지 않고 구걸하기를 작정하고 나서니, 도처에 백성들이 우리를 보고 이상히 여겨 와서 구경하며, 백 가지 천 가지로 말을 묻는지라.

이런 기회를 이용하기 위하여 감사에게 애걸하되, 날마다 나무 져오기와 일하는 것이 무슨 생애가 되지 못하는지라. 몸은 벗었고 날은 추운데 다만 버는 것은 밥과 소금뿐이니 과연 견딜 수 없은즉, 청컨대 우리를 허락하여 번차례로 나가서 구걸하게 하여 주옵소서 한즉, 다행히 허락하거늘, 기회를 이용하여 어떻게 벌이를 잘하였던지 얼마동안에 온 겨울 살 것을 준비하게 마련하였더라.

1658년 정월 간에 감사가 갈리고 새 감사가 도임하여 우리에게 더욱 어렵게 하여, 밖에 나가 다니는 것을 일정 엄금하며 하는 말이, 우리가 자기를 위하여 일을 하면 포목 세 필씩 주마하는지라. 우리가 깊이 생각하여 본즉, 이것 가지고는 그해 흉년에 더욱 지내기가 어렵겠고, 겸하여 그 감사의 일을 하다가는 우리의 옷을 해트리는 것이 옷값 벌이 하는 것보다 도리어 많을지라. 그러므로 우리가 정성껏 애걸하여 이 일을 시키지 말고 자유로 두어 달라고 하자, 처음에는 허락지 않다가 마침 무슨 어려운 사건이 생겨서 필경은 우리가 청구하는 것을 허락하더라.

그때 열병이 성행하는데, 이 사람들이 열병을 어떻게 무서워하든지 열병이란 말만 들어도 반쯤 죽는 형용을 하는지라. 우리도 몇이 열병에 고생을 하는 고로 원이 이 지경에 이르러서 우리를 허락하여 나가서 구걸하게 하나, 한 번 나가면 두 주일이나 혹 세 주일 동안밖에 더 오래 지내지 말고 돌아올 것이며, 또한 서울이나 일본 가까운 편으로는 가지 못하게 하고, 그 외에 몇 사람은 집에 있어서 병인을 간호하며, 땅에 풀 뽑기와 마당 간수하는 직책을 행하라 하더라.

그해 4월에 국상이 나고 왕자가 청국에 인허를 맡아 등극한지라. 우리는 여전히 구걸을 다니는데, 종교 도덕가들을 찾아가서 우리가 어떻게 파선 당하던 사적과, 다른 나라에서들은 어떻게 살며 풍속이 어떠한 것을 이야기한즉 심히 기뻐하며 측은히 여겨 접대를 잘하며, 우리의 이야기 듣기를 어떻게 좋아하든지 주야로 떠나기를 싫어하더라.

그 다음 감사는 1660년에 도임하였는데, 마음이 대단히 착하여 흔히 하는 말이, 자기의 힘만 자랄 것 같으면 우리를 본국으로 돌려보내든지 우리의 고국 친구 있는 곳으로라도 보내주겠다 하며, 우리에게 자유를 주어 아무데나 마음대로 다니라 하더라.

이 해에 큰 흉년이 들어 식물이 가장 귀하였으며, 그 다음 해(1661년)는 더욱 가물어서 굶어죽은 자 무수하며, 도로에 적당(賊黨)이 횡행하는지라. 위에서 영칙을 반포하여 도적 잡기를 힘쓰라 하므로 살인탈재(殺人奪財) 하는 폐단이 적이 막힌지라. 다시 영칙을 내려 들에 버린 송장을 장사하라 하시더라.

그러나 백성이 얻어먹을 것은 도토리와 파인애플(Pineapple : 이는 대한에 없는 것이라)과 다른 실과들이므로, 강도의 폐단이 어떻게 심하던지 어떤 곳은 온 동리를 노략하며 큰 전방을 쳐가는지라. 그러나 이런 적당(賊黨)인즉 다 대가의 하인들인 고로, 법으로 다스리지 못하더라.

그 흉년이 1662년을 두고 여일하여 이 모양으로 지내었는데, 그 다음해는 좀 나았으나 흉년 여독으로 인연하여 고생을 많이 당하였으며, 가난한 백성은 당초에 심지 못하고, 혹은 심을 곡식이 없어 심지 못하여, 전국이 참혹한 재앙을 당하였으나, 간혹 수답과 강변에 있는 땅에서 곡식이 잘 되어서 적이 잔멸할 지경을 면하였더라.

우리의 거처하는 고을이 심히 어려워서 우리의 생활을 담보하기 어렵게 되므로 감사가 그 이웃 고을에 교섭하여 우리를 옮기고자 하였으나, 다른 지방관의 대답이, 위에서 이 고을로 파송하신 것인즉 상명 없이는 우리를 다른 고을로 받지 못하겠다고 하더니, 2월 그믐께 이르러서 상부 명령을 얻었다고 우리를 세 곳으로 나누어 보낼 때 12인은 세사노(Saysiano)로 보내고, 5인은 선천(Siunschien)으로 보내고, 5인은

남만(Namman: 남원인 듯)으로 보내니, 이때는 우리 일행에 다만 22인만
남았더라.

이곳에서 얼마 동안을 함께 모여서 먹을 것도 있고, 함께 대면하
고 있으면 적이 위로도 되다가, 여기서 각각 헤어질 때 마음이 대단히
상하였나니, 이는 피차에 서로 갈리기가 어려워서 그런 것만 아니라,
새로 가는 곳이 어떠하며 흉년이 더 심한 곳이나 아닌지 알 수 없어 더
욱 슬퍼함이라. 그러나 필경은 우리에게 행복이 되었나니, 이는 종차
끝에 보면 알려니와, 여기서 다른 곳으로 가는 것이 우리에게 벗어날
길을 열어 주는 연고더라.

(미완)

사진혼인
(1914년 3월호)

동서양에 혼인하는 법이 여러 가지가 있으되, 사진혼인이라는 것은 동양에서도 듣지 못한 것이고, 서양에서도 듣지 못하였으며, 다만 동서양 중간에 처한 하와이에서 처음 듣고 처음 보는 바이라.

그러므로 동서양 법을 참작하여 반씩 섞어서 한 희귀한 풍속을 이루었나니, 이 혼인법에 동서양 풍속이 완연히 섞인지라. 동양 풍속에는 신랑신부가 혼인 전에 서로 보지 아니하고 중간에 소개가 있어 결혼시키나니, 사진 혼인이 이러하여, 매양 다른 사람으로 중간에서 소개시켜서 결정하며, 서양 풍속에는 남녀가 서로 대면하여 보고서 결정하나니, 이것을 모본하여 얼굴은 비록 서로 대하지 못하나 사진으로써 서로 대하여 보는도다.

그런즉 이 풍속이 동양도 좀 들었고 서양도 좀 들었은즉 심히 적당하여 아름다운 법이라 할 듯하나, 실상은 완전한 동양 옛 풍속도 아니고 온전한 서양 새 풍속도 아니라. 다만 하와이에 이상한 형편을 인연하여 한 이상한 풍속만 마련한 것이라. 그 사실을 생각하면 동양 사람도 허락지 않을 것이오, 서양 사람도 허락지 않는 것이 가하도다.

자초로 하와이에 사탕농사가 시작되어서 서양인들이 재정을 가져다가 하와이군도에 농장을 설시할 때, 값이 싼 노동자를 수입하여야 농업을 발달시킬 터인 고로, 동양에 가서 모든 청년 남자들을 모아다가 각 섬에 풀어놓아 넓은 들과 산언덕에 널판자 집을 짓고 몇 십 명 몇 백 명씩 몰아넣어서 저희끼리 살며 땅을 파게 마련한지라.

당초에 자본가들은 덕의상(德義上) 사업이나 자선사업을 위하는 경영이 아니라 전적으로 재정을 얻기만 도모하는 자들이니, 이 노동자들이 무엇을 하든지 어떻게 지내든지, 다만 일이나 신실히 하여 자기들의 돈 벌 노릇만 부지런히 하여 주면 그만이라, 무슨 다른 사상이 있어 인도와 공의(公義)를 돌아보리오.

이렇듯 사람을 모아다가 십 년 혹은 수십 년 동안을 함께 던져둔즉 사람의 정도가 자연 부패하여 그 중에서 스스로 백 가지 폐단이 생기는지라. 사람은 본래 가속이 있어서 실가지락(室家之樂)을 알아야 뿌리가 박혀 항산(恒産) 항업(恒業)이 있는 백성이 될 터인데, 다만 홀아비끼리 모여서 날마다 땅이나 파서 여간 돈 몇 푼씩 벌면 그만인즉 무슨 생세지락(生世之樂)이 있으리오. 그런즉 정처가 없이 항상 이리저리 돌아다녀서 노동도 성실히 못하며,

그뿐 아니라 돈푼 얻어 가지면 자연 노름하기와 술 먹기와 아편 빨기와 기외에 모든 폐단이 다 생겨서 사람이 날로 사망 길로 들어가며, 이런 기회를 타서 마귀는 일을 부지런히 하는 고로, 전후 궁흉극악(窮凶極惡)한 일이 다 생긴지라. 내가 이곳에 온 후에 일인 청년, 한인 포츄기스, 필리핀 모든 나라 인종 중에서 못된 행실 행한 것을 혹 듣기도 하고 혹 신문에서도 보았으되, 어떤 것은 차마 입에 올리거나 붓으로 적을 수 없는 것이라.

백인들은 이런 것을 가지고 의례히 말하기를, 이 사람들은 다 미개한 고로 이러하다 하여 여러 가지로 인종을 시비하며 나라를 욕하지만은, 실상 백인을 이 처지에 몰아넣어서 이렇게 살게 만들면 이보다 낫게 하기는 고사하고 도리어 이보다 심하게 할 자가 많을지라, 이 어

찌 형편의 탓이 아니리오.

이렇듯 여러 해 경력을 지내는 중에서 차차 인정을 살펴 여인을 많이 수입하는 것이 덕의상 풍기도 나아질 것이오, 노동상 형편에도 이익이 있을 줄을 깨닫고, 여인을 각처에서 들어오기에 방한이 없어서 남자는 못 올지라도 여자는 들어오게 하자 한즉, 한 가지 폐단이 있는지라.

본래 동양 풍속에는 창기 천류(賤流)들을 금하는 법이 없어서 저희끼리 자유로 화류장과 놀이 집을 아무데나 열고 계집을 사고팔아서 방한이 없게 하지만은, 서양 문명에는 이것을 엄금(嚴禁)하는 바라. 이런 것을 한만히 허락하고야 어찌 인민의 덕의상 품행을 보호하며, 어찌 문명국의 이름을 보전하리요.

이 일에 대하여 동서양 사람의 사상과 풍속이 이렇듯 같지 않은지라. 만일 하와이에 방한이 없이 아무 여자나 임의로 들어오게 하면 그 중에 무슨 여인이 아니 섞여 올는지 알 수 없은즉, 못된 여자가 많이 팔려 와서 군도에 퍼져 놓으면 뉘 힘으로 능히 풍기를 숙청하며 덕의를 능히 보호하리오.

그런즉 여자들을 들어오게 하는 것은 필요하지만, 아무 여자나 일체로 들어오게 할 수는 없는지라. 이 형편을 인연하여 부득이 이 희귀한 법을 마련하였나니, 곧 사진 혼인이라. 여기 있는 남자와 저기 있는 여자가 서로 사진을 바꾸어 결혼하여 가지고, 여자를 데려다가 이민국 관인 앞에서 혼서지(婚書紙)를 써 가지고 성례(成禮) 작배(作配)한 후에 내보내어 내외가 되게 하는 법이니, 이 법대로 진실히 행하여 다 즐거이 잘살 것 같으면 어찌 이 처지에 한 가지 제폐(除弊)하는 방법이 아니리오.

이 법이 시작된 후로 일인 청인 한인의 여자가 하와이에 와서 혼

인 작배하고 유자생녀(有子生女)하여 기쁘게 잘 살림하고 사는 자 많으
니, 사진 혼인의 효험이 실로 적지 않은지라. 이런 여인이 많이 오는
중에 일녀(日女)가 가장 많아서, 매 선편에 하륙하는 자도 많고 도로 쫓
겨 가는 자도 많으며, 서인(西人)들도 일인의 덕의상 풍속을 아는 고로,
일녀에게 대하여는 검사 범절을 매양 엄절히 하며, 혼인도 의례히 이민
국 관리 앞에서 행하고 나가게 하되, 심지어 한인에게는 이민국 사람들
도 부인을 특별히 조심하여 대접하며, 한인 목사가 가서 담보하면 자유
로 보내어 예배당에 가서 혼인 성례하게 하는지라. 이것도 도한 등분이
없지 아니하도다.

그러나 이 일이 또한 중간에서 폐단이 생겨서 본의와 같지 아니
한 경우가 많은지라. 그 폐단 되는 몇 가지를 간단히 말하건대,

(一) 중간에 중매장이의 폐단이라. 양편에 혼인 통하는 이가 혹은
친히 아는 사람을 소개하여 양편 정형을 소상히 말하고 자기들로 하여
금 작정하게 하는 이가 많으니, 이렇게 결혼하는 사람은 별로 폐단이
많지 않지만, 급기 불량한 자들이 혹 본국 서울이나 일본 신호 등지에
서 이것으로 협잡 길을 만들어 가지고 지각없는 어린 여자들을 꾀기도
하고, 혹 그 무식한 부모를 달래기도 하여, 미국 하와이에 가면 살림을
잘한다든지, 공부를 시켜 준다든지, 이런 말로 이편으로는 여자의 나이
를 속이며 저편으로는 남자의 나이를 속이어서, 얼마 구문을 먹고 혼인
을 부치니, 이 어찌 완전한 혼인이라 하리오. 심히 위험한 일이다.

(二) 여자들이 어리석은 까닭이라. 연천(年淺)하고 경력 없는 처자
들이 미국의 좋은 말만 듣고, 하와이가 한 복락원인 줄로 알아, 한번
오면 살기 좋고 놀기도 좋은 줄로 믿어, 남의 말을 허탄(虛誕)히 들어
다만 남의 사진을 보고 작정한 후에 무수한 고생을 겪고 대양을 건너오
니, 전국에 남녀가 모두 오고 싶어도 오지 못하는 길을 오게 된 것을

천행으로 여기며 좋은 희망이 앞에 보이는지라. 급기 호놀룰루 항구에 내린즉 곧 이민국으로 몰아다가 감옥서 같은 구석에 가두고 혹 몇 주야, 혹 몇 주일을 지낸 후에 자기의 임자 될 사람이라고 대면시키는 자리에 본즉, 그림과 좀 같지 아니한지라. 그 사는 형편을 물으면 또한 바라던 바와 같기 어려우니, 이 자리에 이르러 실수를 깨달은들 어찌 만시지탄(晩時之歎)이 없으리오. 오고 싶은 마음에 아무것도 생각하지 않았지만은, 와서 놓고 본즉 도리어 오지 않은 것만 못한지라, 차 소위 진퇴유곡(進退維谷)이며,

(三) 신랑 되는 이의 실수라. 사람마다 제 형편을 생각하고 그 형편에 적당한 여자를 택하여 나도 상적(相適)하고, 처지 범절이 자기와 비등하게 된 자를 택하여 정하면, 규수를 얻은 후에 장구히 배합되어 서로 도와가며 즐거이 살 것이거늘, 이것은 생각지 못하고, 혹 나이 어리고 학교에서 공부를 한 여자를 구하는 자 있는지라. 본국에서 여간 학 문자나 있어서 지동지서(之東之西)를 분간할 만한 여자는 다수히 이목이 높아서 여간 남자의 자격으로는 그 비위를 맞추기 어려운지라. 이것을 생각지 못하고 인품과 재주를 탐하여 결혼한즉 그 결과가 흔히 즐겁지 못한지라. 남자의 실수가 이것이며,

(四) 혼례 행할 때에 조심을 많이 아니하는 폐단이라. 급기 여자가 호항에 와서 남자를 대면한 후에 진실로 혼인하기 싫은 마음이 있으면 혼례를 행치 말고 곧 본국으로 돌아가는 것이 무방한지라. 당장에 남자가 신부 데려온 부비(附費)를 헛되이 손해 당하라는 것 같으나, 이렇게 손해당하고 마는 것은 도리어 이(利)가 되려니와, 만일 혼례 지낸 후에 함께 화락할 수 없으면 그 해가 어찌 여비 손해 당하는 것뿐이리오. 그런즉 여자의 마음을 통투히 물어서 흡족하지 않은 빛이 있으면 성례 아니 하도록 권하는 것이 가할지라. 만일 여비를 허비한 자의 정

경을 생각하든지 여자를 도로 보내는 연고로 인연하여 사진혼인 하는 길이 막힐까 하고 권하여 성례하기만 힘쓸진대, 이는 도리어 그 남자의 장래를 더 어렵게 함이고 사진혼인 길도 막힐 염려가 있나니, 이는 사진혼인법에 결과가 좋지 못할진대 조만간에 막히게 될 연고라. 중매 소개와 이민국에 나가는 이들이 마땅히 여자의 내심을 깊이 물어서 행하는 것이 가할 듯하며,

(五) 항구나 농장에서 신랑신부를 권하는 이들이 마땅히 십분 조심할지라. 이민국에서 혹 여자가 혼인하기 싫어하는 빛이 있으면 혹 듣기 좋은 말로 달래어 성례만 하면 하륙하여 몇 해 동안을 공부시켜 주마고도 하고, 혹 다른 언약으로도 달래어 성례하고 내려온 후에는, 모든 사람이 그 여자를 공겁(恐怯)하여 혹 잡혀 간다든지, 혹 징역 한다고 말을 한즉, 어리석은 여자는 어찌할 줄 몰라 울며불며 하다가 혹은 겁이 나서 죽게 된다는 자도 있고, 혹은 죽으려고 약을 먹는 자도 있는지라. 이 어찌 복스러운 혼인이라 하리오.

이상에 몇 가지 폐단을 가지고 사진혼인법을 여전히 계속하여 갈진대, 이는 다만 그 혼인하는 여자와 남자에게만 대불행이 아니라 그 국민 전체에 또한 대불행이라 하리로다.

대개 서양인의 혼인하는 본의인즉, 남녀가 합일하여 평생을 동락해로(同樂偕老) 하자는 것인즉, 혼인하여 가지고 피차에 즐겁게 살지 못할진대 차라리 혼인을 하지 아니하고 홀로 사는 것이 낫다 하는 바라. 이 사진혼인으로 인연하여 우리 인민사회에 이런 불행한 일이 많을진대, 사진 혼인법이 없는 것이 도리어 나을지라.

나는 본래 우리 하와이 한인들의 장원한 계책을 생각하여, 아무

쪼록 이런 길이 막히기 전에 한국에 좋은 여자를 많이 청하여 우리 인종을 하나라도 더 늘게 하며 이후 사업을 준비하고자 하는 바라. 이런 혼인법이라도 막히지 않기를 간절히 바랄 터이지만은, 내가 이 글을 쓰는 것은 사진혼인법을 막고자 함이 아니라 이 법을 도리어 보호하고자 하는 연고라. 지금 일본 사람들도 이런 폐단을 당하다 못하여, 지금은 자기네끼리 주창하고 사진 혼인법을 막으려고 여기서도 운동하며, 속으로 워싱턴 정부에 교섭이 있는 중이라.

겸하여 사진혼인의 결과가 혹 좋지 못하여 가련 측은한 소문이 종종 들리는 고로, 서양인들이 이것을 가지고 자주 의론하여 막는 것이 옳다는 문제가 자못 빈삭(頻數)한 중, 어떤 사람들은 말하기를, 일본 여자들이 많이 와서 장차 일인의 자식이 많이 생기면 미국 국기 아래서 난 것을 빙자하고 시민 되기를 요구할 자 많으리라 하여 여자가 많이 오기를 허락지 않고자 하는 중, 일전에 미국 상항(桑港) 이민국 총장 카미네티라 하는 이가 연설하되, 사진혼인을 미국 국법에 합당한 혼인으로 인증하지 않는 것이 가하다 하였더라.

우리는 이 법이 언제 막힐는지는 모르겠으되, 이것이 막히기 전에 속히 주선하여 좋은 여자를 많이 데려오는 것이 좋을 터이니, 이상에 말한바 여러 가지 폐단을 생각하고 극히 조심하여, 연기(年紀: 대강의 나이)와 처지와 범절이 남자와 합당한 자를 택하여 데려오게 하는 것이 가하다 하노라.

사상의 능력
(1914년 4월호)

사람은 생각하는 동물이니, 만일 사람이 되어 가지고 능히 생각할 줄을 모르면 천지만물 중에 가장 무능력한 동물이라. 가령 새가 날지 못하며 범이 뛰지 못하면 제 몸을 보호할 수 없으려던, 하가(何暇)에 다른 동물과 경쟁하여 능력을 다투리오. 사람이 되어서 생각하지 못하는 것이 곧 이와 같도다.

엄동을 예비하여 봄에 밭 갈고 가을에 추수하는 것이라. 풍우를 가리기 위하여 의복을 만들며 궁실을 짓는 것과, 사회를 조직하고 정부를 세우는 것과, 불법 무리한 자를 제어하기 위하여 옥을 짓고 법관을 내는 것과, 원수와 적국을 방비하기 위하여 성을 쌓고 포대를 두는 것이 다 사람의 생각하는 결과로 사업상에 행동하여 된 것이라. 만일 이 생각하는 능력이 없으면 오늘날 인간 천만사에 하나도 되었을 것이 없도다.

저 산새와 들짐승은 이와 같이 생각하는 능력이 없고 다만 천연한 성질만 따라서 행하는 고로, 벌은 꽃을 모아다가 꿀을 만들 줄만 알고 그 꿀을 사람이 가져가지 못하게 할 줄은 생각지 못하며, 개와 고양이는 사람에게 의탁하여 도적 지키기와 쥐 잡을 줄은 알되 사람이 먹이지 아니하면 굶어죽을 터이니, 따로 구하여 자유로 살 생각은 못하며, 다람쥐가 상수리를 심어서 농사지을 줄은 알지 못하는지라. 이 외에 모든 짐승이 다 제 처지에 당한대로 먹고 마시고 날고 뛰고 할 따름이라.

사람은 이와 달라서 목전에 당한 것만 생각지 않고 내일과 내년과 내생을 생각하여 예비하며, 형체 있어 눈으로 보며 손으로 만지는 것만 알 뿐 아니라 무형무적(無形無迹)한 것을 추측하여 깨닫고 예산하나니, 정치 도덕 교육 교화 등 모든 이치가 다 사람의 생각하는 중에서 나온 것이라. 이 생각하는 힘이 아니면 지금 세계의 문명 진화가 다 되었을 수 없는 일이로다.

그러나 사람의 생각하는 능력도 또한 육신의 능력과 같아서 항상 쓰지 아니하면 또한 버린 물건이 되고 말 따름이니, 이 사상을 운동하는 것이 가장 긴요한지라. 만일 수족을 쓰지 아니하고 가만히 버려두면 필경은 섬섬약질에 서푼어치 힘도 없을 것이고, 수족을 매양 운동하여 많이 쓸수록 힘이 자라서 역사(力士), 장사(壯士)를 이룰지라. 사상(思想)도 또한 이와 같아서, 많이 쓰는 사람은 생각을 빨리하며 멀리 예산하고, 많이 쓰지 않는 자는 생각이 둔하고 경위가 탁하여 이해득실을 분간치 못하기에 이른지라.

하등(下等) 야만 사회에 사는 사람을 보면, 모든 행동이 짐승과 얼마 다르지 아니하여, 염치와 예절만 모를 뿐 아니라, 심지어 사람을 서로 잡아먹어 인종 살해하기를 예사로 아는지라. 이는 사람의 뇌를 쓰지 않고 다만 육신만 사용하여 사람으로 짐승노릇 하면서도 스스로 알지 못함이다.

그 외에 적이 반 개화한 사람들은 예모 염치를 차리며, 누대 궁궐을 짓고, 종교 정치 등 모든 제도를 차려서 야만 사회와 천양지분 등이니, 이는 그 생각하는 능력을 써서 사람 된 자격을 얼마쯤 찾은 연고라. 몇 백 년 몇 천 년을 두고 사상을 이용한 결과로되, 그 개명이 더 진보되지 못하고 중간에서 정지하여 옛적 것만 가지고 도로 퇴보하기에 이르렀나니, 대개 우상을 섬김과 짐승에게 절하는 것과 모든 사신(邪神)을 숭봉함과, 모든 요사 허탄한 말을 믿어 허무맹랑한 일을 숭상함과, 풍수무녀 등의 망령됨을 들어 물질과 덕의상 모든 발달을 저희(沮戱) 하나니, 이는 다름 아니라 사람의 생각하는 능력이 옛 법에 결박을 받아서 능히 자유로 새 것을 생각지 못하고, 항상 옛적 말과 옛적 글에 내어 놓은 것만 옳다 하여, 옛사람들이 알지 못한 것을 새로 발명한 것이 있을지라도 곧이듣지 아니하며 이용하기를 원치 아니하는 연고라.

옛적 양반들이 나무로 배를 지었으니, 남은 지금 쇠로 배를 짓는다 하면 이는 이치에 없는 일이라 하여 연구하지 아니하고, 청룡 백호의 풍수지설이 다 허무한 것이니 산소 뒤에 산줄기를 베어서 전차 기차도 놓으며, 금 은 동 철로 캐어내서 부강을 이루라 하면 이는 조상 적부터 유전하는 법과 다르니 행치 못할 일이라 하며, 우두를 넣으면 역질을 아니 하나니, 새 법을 모본하라 하면 차라리 자식을 역질에 잃을지언정 강남 별성(別星)을 격노하지 못한다 하며, 남의 새 법을 모본하면 부강문명을 능히 이루리라 하여도 옛것이 아닌즉 행치 않겠다 하여 그 뜻도 연구하지 않고 그 이해도 비교하지 않으며, 다만 옛것이고 아닌 것만 물을 따름이라. 이러므로 반 개국, 즉 모든 것이 더 진보되지 못하고 중간에 걸려서, 뒤로 퇴축은 할지언정 앞으로 나아가지는 못함이로다.

그런즉 사람의 사상(思想)을 결박하는 것이 사람의 육신을 결박하는 것보다 더 심하여, 수족을 노끈으로 결박한 자는 마음으로 벗어나려면 혹 벗어날 방책이 있으려니와, 마음이 옛적 풍속으로 결박을 받은 자는 좋은 수족과 좋은 기계를 가지고도 쓰지 아니한즉 그 수족까지 버린 물건이 되고 말지라. 인도국 3억만 명 백성이 몇몇 영인의 노예 노릇하는 것과 1천5백만 한인이 몇몇 일인에게 어육(魚肉)이 되는 것이 다 먼저 그 마음의 결박을 받은 연고니라.

저 서양인들은 개명을 받은 지가 실로 몇 백 년도 되지 못하지만은, 옛적 풍기에 결박을 받은 것이 동양인과 같지 아니하여, 능히 그 사상을 자유 하는 고로 사람의 사상에 한없는 능력을 한없이 이용하여 40여 층 누각을 반공에 솟게 짓고, 기차 전차를 바다 밑으로 횡행하며, 자행거(自行車) 자동차 비행선 등의 기기묘묘한 물질을 발달하여 사람이 측량하기 어렵고 귀신이 탄복할 일을 날로 발명 제조하여,

다만 물질상 발달만 이러할 뿐 아니라, 국제 민간에 정치 도덕이 신기 미묘한 정도에 이르러 온유 겸손함과 인애 자선함이 가위 진선진미하다 할지라. 어진 법과 좋은 규모로 자유 동등에 무한한 행복을 누리나니, 이것이 다 그 사람들의 사상을 자유로 하여 한없이 생각할수록 한없이 발전되는 연고로다.

그러나 서인들도 당초부터 사상을 자유 한 것이 아니고, 자기들도 우리와 같이 중고시대에는 다 완고 부패한 습관에 결박을 받아 교회와 정치의 압제 손해를 오래 당하며 스스로 깨닫지 못하고 지내다가, 건고(建鼓) 시대에 이르러 유명한 종교혁명가들이 생겨나서 옛적 제도에 불가함을 설명하며, 신약성경에 정리를 해석하여 모든 사람으로 하여금 능히 옛적 사상에 결박당한 것을 끊어버리고 자유로 새 생각을 연구하여 행하게 만든지라.

이후로 구라파 각국에 유명한 인도자들이 생겨나서 물건을 새로 발명하며, 이치와 학문을 캐어내서 전무후무하던 일이 차차 생기니, 콜럼버스는 미주를 발견하고, 제임스 왓스라 하는 이는 증기를 발명하고, 벤자민 프랭클린은 전기를 발명하며, 그 외에 모든 신발명 신제가(新製家)들이 뒤를 이어 생긴지라. 이것이 다 사람의 사상을 자유로 하는 능력이로다.

이 무한한 능력은 하나님이 한인에게도 일체로 주셨은즉, 지금이

라도 이것을 이용하면 우리도 능히 무한한 능력을 회복할 것이고, 이것을 이용하지 못하면, 군함이 여러 백 척이고 금 은 동 철이 태산같이 쌓였을지라도 다 내 것이 못되고 남의 물건이 될지라. 그러므로 사상을 자유 하는 것이 필요하도다.

그러나 이 사상을 이용하려면 먼저 발달시켜야 될지라. 거울도 오래두었다가 다시 쓰려면 먼지를 닦아야 능히 비칠 것이고, 수족도 오래 결박하여 두었다가 다시 쓰려면 풀어 가지고 운동을 차차 하여 혈맥을 돌려야 될지라. 우리의 사상을 다 옛 풍속으로 결박하여 두었다가 지금에 이르러 다시 이용하고자 할진대 이 사상을 먼저 운동시켜야 할지니, 이는 새 학문이 아니면 될 수 없는 것이라. 그러므로 우리 한인들은 남녀 노유를 물론하고 신학문 배우기를 급급히 힘쓸지어다.

조선에 세 가지 없는 것과
세 가지 있는 것
(1914년 4월호)

학지광(學之光) 잡지 끝에 한담 설화하는 폭원에 한 가지 재미로운 구절이 있기로 이에 조등(照謄)하며 두어 마디 비평하노라

(1) 없는 것
사람 없고, 정신 없고, 자유 없고, 평등 없고,
돈 없고, 용기 없고, 연애 없고, 염치 없고,
여자 없고, 도덕 없고, 문학 없고, 과학 없고,
미술 없고, 음악 없고, 인도 없고, 정의 없고.

(2) 없던 것
사람 없었고, 밥 없었고, 정신 없었고,
연애 없었고, 과학 없었고, 용기 없었고,
공업 없었고, 상업 없었고.

(3) 없을 것
사람 없을 것, 언어 없을 것, 문자 없을 것,
정신 없을 것, 생명 없을 것, 조선 없을 것.

(一) 있는 것
사람 있고, 노예 있고, 하나님 있고,
개 있고, 도야지 있고, 일인 있고,
정탐 있고, 부모 있고.

(二) 있던 것
사람 있었고, 노예 있었고, 수목 있었고,
양반 있었고, 협잡 있었고, 임금 있었고,
부자유 있었고, 망할 것 있었고.

(三) 있을 것
사람 있을 것, 조선사람 있을 것, 평등 있을 것,
사람 있을 것, 조선사람 있을 것, 철심 있을 것,
사람 있을 것, 조선사람 있을 것, 전력 있을 것.

이 글은 순전한 동양인의 사상이오, 특별한 한인의 고질병이라.
자초로 한인들이 남을 대하여 말하든지 우리끼리 의론하든지 내 나라
에 아무것도 없고 있는 것은 다 못된 것뿐이라 하여 제 얼굴에 침을 뱉
으며, 남의 흉보는 것을 분하다 하고 제 집에 불을 놓으면서 몸 둘 곳이
없는 것을 한탄하는도다.

남의 나라 사람들은 아무쪼록 제 나라에 좋은 것을 남에게 자랑
하려고 애도 많이 쓰고 돈도 많이 쓰며, 글을 지어 전파하고 말로 하여
공포하며, 만일 외국인들이 저의 것을 흉보거나 비평하는 자 있으면 곧
적국으로 안아서 변명하며 배척하기를 마지않는지라.

그러므로 서양인들은 혹 남의 나라나 남의 동리에 가서 그곳에 기후가 아무리 불화(不和)하고, 산천이 아무리 무기(無崎)하고, 풍속이 아무리 괴악(怪惡)할지라도, 그곳 사람에게 대하여 바로 말하면 곧 욕하는 줄로 아는 고로, 외교수단을 좋아하는 이는 좋지 못한 것도 겉으로 칭찬하며, 점잖은 이는 거짓말을 아니 하려고 차라리 아무 말도 아니하는 법이라.

이 성질을 가지고 천만 가지에 미루어 사람마다 제 지방과 제 나라를 보호하기로 직책을 삼아, 사람마다 저 사는 곳을 더욱 사랑할 줄 알아서, 미국 국가에 볼지라도, 네 언덕과 네 바위를 사랑한다 하였으며, 사람마다 남의 나라를 존경하여 감히 넘겨다보지 못하나니, 이것이 곧 애국심이니, 곧 나라와 인종을 보전하는 근본이라.

이 근본이 든든한 나라는 육혈포 한 자루가 없고 삼척검 하나가 없을지라도 남이 능히 침범치 못하나니, 이는 그 땅을 빼앗기가 어려워서 못하는 것이 아니라, 빼앗은 후에 그곳 백성을 다 살육하기 전에는 평안히 다스릴 수 없음이다. 만일 이 성질만 없으면 태백산이 다 포대요 태평양이 다 군함이라도 능히 보호치 못할지니, 이는 다름 아니라, 그 포대 뒤에 있는 사람과 그 군함 속에 있는 사람들의 마음속에 군함과 대포가 없어서 이것을 사랑하여 보호할 줄을 모르고, 도리어 처 없이하며 남을 내어주기로 일삼을지니, 이것이 곧 대한 삼천리강산을 붙들고 앉았던 사람들의 행한 일이라.

외국 사람들이 조선에 가보고 와서 제일 흉보는 것이 무엇인가 하니, 조선 사람들은 저의 나라에 아무 것도 없다는 것이 자랑이오, 저희는 다 못되었다는 것이 능사요, 저희는 아무것도 할 수 없다는 것이 재주라 하는지라. 외국인이 와서 한인을 대하여 묻기를, 너의 나라 역사상에 구경시킬 만한 것이 무엇이냐 하면 의례히 점잖다는 대답이, 이

더러운 사람의 헤어진 나라에 귀한 나라, 높은 손님이 오셨으니 얕고 누추함을 별로 보잘 것이 없노라 하는지라.

한국을 구경하려고 외국 사람들이 길 인도할 사람을 구하다 못하여 필경 저희끼리 찾아다니며 연구하여 보고 와서, 한국에 옛적 문명을 칭찬하며 산천경개를 자랑하는지라.

여보, 대한 양반들아. 우리나라에 무엇이 없어 걱정이오. 아무것도 없어 못할까 염려가 되거든 서양인들을 따라다니며 말하는 것과 연구하는 것을 듣고 보시오. 금은동철이 없어서 백성이 가난한가. 양서 삼남에 외국인이 개척한 광산을 가서 보시오. 산천경개가 남의 나라만 못한가. 남의 말을 들어보시오. 삼천 판도가 금수강산이라. 조선이 동방에 서사국(瑞事國)이라 하며, 옛적 중국인들은 조선에 한번 나서 금강산을 구경하면 원이 없겠다 한 글이 있느니라. 기후가 부족하오? 아, 여보시오, 아, 여보시오. 남의 말만 들어보시오. 한국 것을 다 나무랄지라도 기후 한 가지는 나무랄 수 없다 하나니, 과연 여름장마 한 철 내어놓고는 세계에 가장 좋은 기후를 점령한지라.

한국에 미술이 없으되 서울에 남들이 모아다가 세워놓은 박물관에 들어가 보시오. 당신들의 조상들이 다 우리와 같이 낮잠들만 잤는가. 개명에 진보한 정도가 남의 으뜸이 되지 못할까 가히 짐작할지라. 오늘날 일본이 받은바 동양문명이 다 우리에게서 받아간 것이라. 이천년 삼천년 전에 남들은 다 오랑캐 노릇할 때에 우리는 남들의 없는 것이 다 있었도다.

역사상에 인물이 없느뇨. 중국이 침노하며 일본이 침노할 때에 충신열사와 영웅준걸이 차례로 생겨나서 빛난 사적과 영광스러운 행적을 성취하였거늘, 다만 한인들이 저의 역사를 공부할 줄을 모르고 어려서부터 중국 역사만 숭상하므로 저의 나라 인물은 알지도 못하며, 알지

못한즉 스스로 사랑하는 말이 우리는 아무 인물도 말할 자 없다 하며,

　　소위 유신 이후로 국사가 날로 잘못된 것을, 의론하는 자는 의례히 말하기를, 우리는 인도자가 없어서 어찌할 수 없다 하는지라. 여보시오, 대한 양반들이여. 인도자가 얼마나 있어야 쓰겠느뇨. 갑신년 이래로 대한에 선각자가 없었는가. 우리 선각자들의 수효가 적었는가. 열심이 남만 못하였는가. 집안이 망하고 삼족을 멸하며 외국으로 망명한 자를 자객으로 없이하며, 감옥서에서 동강이 쳐서 내치며, 종로 네거리에서 오장을 헤치며, 병정의 총과 순검의 칼과 부상의 물미작대기로 쏘고 찌르고 때려서 분분이 헤치고, 주야로 나라를 팔며, 백성을 어육 만들고,

　　혹 충군 애국한다는 목적을 가지고 혹 글을 짓거나 말을 세워서 세상을 깨우려 하는 자 있으면 주리를 틀며 포락(炮烙)을 행하여 살을 태우며, 뼈를 부러뜨리고, 혹 나라를 보전하며 민족을 보전하려는 충의 남자가 있어 목숨을 내어놓고 형편을 바로잡으려 하는 자 있으면 풍우(風雨)같이 몰아다가 감옥서에 몰아넣고, 모야무지(暮夜無知: 이슥한 밤에 하는 일이라서 보고 듣는 사람이 없음) 간에 봉선대(封禪臺)에 달든지, 토막에 업혀놓고 섭산적(-散炙: 쇠고기를 난도질하여 양념을 하고 반대기를 지어 구운 적)을 다지든지 하는지라. 이것을 다 내 눈으로 역력히 보았으므로 한 사람은 목에 칼이 세 번 떨어지되 정신을 아직 잃지 아니하고 대한민국 만만세를 크게 질러 부르는지라. 이 소리가 나의 귀에 아직도 들리는도다.

　　여보, 당신네나 내가 인도자가 되었으면 어찌 하겠느뇨. 우리도 남의 인도자가 되지 못하였으니까 구구한 목숨이 아직도 부지하였지, 만일 이상에 말한 바와 같은 인도자가 되었다면 육신이 벌써 흙에 들어간 지 오랠지라. 구차한 목숨이 아직 부지한 것을 다행이라는 말도 아

니오. 지혜로운 것이라고도 하는 말이 아니오. 다만 말하는 바는 당신 네나 내가 인도자가 되었다면 어찌 하겠느냐 하는 말이로다.

비록 제갈량의 지혜와 나폴레옹의 능력을 가졌은들 세상에 몸을 용납할 자리가 없이 된 후에야 어찌 재주를 펴며 능력을 부리리오. 제갈량을 제갈량으로 만든 자는 제갈량이 아니오, 제갈량을 이용하여 그 재주를 베풀게 한 사람이 (제갈량이며), 나폴레옹을 나폴레옹으로 만든 자는 나폴레옹이 아니고 나폴레옹을 만들어 그 능력을 펴게 한 무수한 영웅들이라. 만일 한편에서 일을 시작하면 한편에서는 정탐 고발을 힘쓰며, 세 사람은 대사를 경영하면 열 사람은 반대 저희하여 덜미 처 잡아다가 목에 올가미를 씌우면 동두철신(銅頭鐵身)이 아닌 바에 무슨 수 있는가.

어떤 사회에든지 선지 선각자들이 일을 시작할 적에 제일 염려하는 바는 정부 집정자들의 반대 핍박이 아니라, 무식한 백성들이 도리어 이해와 충역을 분간치 못하고 저희의 인도자를 도리어 해하는 것이라. 내가 지구를 돌아다니며 남의 말도 듣고 남의 글도 보았노라. 남의 나라 사람들은 한국을 의론할 적에 교회에는 모모 인도자가 있으며, 전도에 모모 목사가 있으며, 연설에 모모 웅변가가 있으며, 교육에 모모 학문가가 있으며, 정치계에 모모 정치가가 있으며, 학생계에 모모 인재가 있다 하여 이름을 불러서 잡지에 기록하며 연설에 부르는 것을 여러 번 보고 들었으되, 우리 한인의 입으로나 한인의 붓으로는 이런 사람을 칭찬하며 자랑하며 보호하는 것을 많이 듣지도 못하고 많이 보지도 못하였노라.

한 사람이 잘 되면 한 사람은 배를 앓고, 한 사람이 칭찬을 하면 한 사람은 시기하며, 한 사람이 올라가면 한 사람은 끌어내리며, 한 사람이 싸우면 한 사람은 헐어버리는지라. 저마다 성인이고 저마다 영웅이니, 남을 밀치고 내가 올라가려고 하였지 남을 받쳐서 높이 올려 세워주고 우리 민족이 외국인에게 추앙을 받게 하자는 생각은 전혀 없는 모양이라.

여보, 조선 사람들이여, 오늘부터 마음을 달리 먹읍시다. 공연히 내 나라에는 아무것도 없다고 칭원 말고, 있는 것을 사랑하며 보호하여 이용하기로 작정하시오. 하나님이 우리에게 특별히 물건과 사람을 넉넉히 주셔서 부족함이 없게 마련하셨으나 우리가 이용하지 못하는 고로 우리의 것이 우리 것이 되지 못함이라.

그러므로 나의 생각에는 조선에 세 가지가 있고 세 가지가 없는 것이 아니라, 만 가지가 다 있었고, 만 가지가 다 있으며, 만 가지가 장차 있을 터이로되, 다만 없는 것은 한 가지니, 이는 곧 있는 것을 이용하고자 하는 마음이 없음이라. 이 마음만 있으면 지금이라도 다른 것이 다 있고, 이 마음만 없으면 다른 것이 다 없으리라 하노라.

세상 시비
(1914년 4월호)

　본 잡지의 하려는 일은 인심을 선동함이 아니라 정돈시킴이며, 감정을 일으키고자 함이 아니라 없이 하고자 함이라. 우리의 원수나 친구를 물론하고 다 정신을 수습하고 가만히 앉아서 앞길을 예산하고 나아가는 것이 유익한 것이고, 공연한 분개와 허기를 가지고 곽란(霍亂: 음식이 체하여 토하고 설사하는 급성 위장병) 열병에 뛰는 자 같이 전후 형편을 다 불계하고 한갓 남을 욕하며 치며 해하는 것이 도리어 사리에 방해되는 것을 우리가 깊이 깨닫는 연고로다.

　그러므로 우리는 쓸데없는 공상망담(空想妄談)으로 남의 마음을 찌르든지 분심을 격동하는 것이 없이, 다만 사실을 대하여 사진 박히듯이 해다가 세상 형편을 우리 동포들에게 보여서, 남들은 어떻게 하여서 잘 되며 어떻게 하여서 잘못되며, 우리의 친구 되는 세상 사람들은 우리의 형편을 어떻게 말하며, 우리의 원수 되는 세상 사람은 우리를 어찌하려는 것을 거울 속 같이 보게 하며, 차차 이 일이 진취되어 영어로라도 발행케 되면, 우리의 형편과 의견을 세상에 드러내어 보이게 하고자 함이라. 이것이 어찌 시비를 일으키고자 함이리오.

　그러나 모모처의 소식을 듣건대, 이 잡지가 가는 곳마다 다소간 시비가 있는 모양이라. 이 세상에서 시비 없이 살다가 시비 없이 죽자는 것은 바랄 수도 없고 또한 우리의 원하는 바도 아니며, 겸하여 시비할만한 일에는 어디까지든지 시비하기를 또한 우리가 준비하는 바이지만은, 저 시비하는 자들의 말을 듣건대, 그 시비하는 것이 우리를 도리어 웃게 하는 것이지 노하게 하는 바는 아니라. 그 대개를 구별하여 설명하노라.

태평양잡지를 받아보고 몇몇 선교사들은 말하기를, 이 글이 정치적 주의가 많으니 종교 사업이 아니라 하여 불만족한 의견이 있으며, 어떤 한인에게서는 이 글에 종교사상이 너무 많아서 순전한 정치주의가 아니니 만족하지 못하게 여긴다 하며, 일본 사람들은 말하기를, 태평양잡지가 전부 배일(排日) 주장이니, 하와이에 한일들이 이런 글 발행하는 것을 그저 둘 수 없다고 한다니, 이것은 우리가 의례히 들을 줄로 아는 말이라, 괴이히 여기지 않는 바요. 어떤 한인들은 또 말하기를, 이 잡지가 도무지 배일이 아니니 괴상한 언론으로 애국심을 다 죽인다 하여 걱정이 많다 하니, 이것도 또한 그럴듯한 말이라.

이 외에 여러 가지 비평이 많은데, 혹은 말이 새 말이 아니고 옛적 말이라 하며, 혹은 책 매는 부분과 제작이 완전치 못하다 함이고, 혹은 사진이 많으면 좋을 것이라, 혹은 국한문을 섞어 쓰면 좋을 것이라, 또한 다른 의견이 대강 이와 같은 사단(事端)이라. 이것은 다 잡지를 사랑하는 마음으로 더욱 잘하기를 위하여 의견을 설명함이지만은, 우리의 처지로는, 재정의 곤란을 인연하여 이것도 오래 부지할는지 모를 터인즉, 주자(鑄字)도 몇이 못 되는 것을 가지고 범절(凡節)을 다 완전히 차리며 사진도 많이 넣기는 아직도 우리로서는 불능한 일이니, 종차 성취 되는대로 차리고자 하거니와,

이 중에 한 가지 소상히 대답하고자 하는 바는 배일(排日) 문제라. 대저 배일하고자 하는 친구들에게 한번 묻고자 하는 것은, 우리가 어떻게 하면 마음에 흡족하도록 배일을 하겠는가. 일인을 실컷 욕을 하면

흡족하겠는가. 일인을 만나는 대로 때리라고 하면 상쾌하겠는가. 일인 의 모든 하는 일이 다 깍쟁이고 재리(*매우 인색한 사람)니까 밉고 얄밉다 고 하면 시원하겠는가. 우리 잡지 보시는 이들은 응당 이것을 아니한다 고 시비할 이치는 만무하도다.

대저 언론은 사람 사는 사회의 정도를 따라 같지 아니한 법이라. 한 지방에서도 하등 중등 상등인의 시비하는 법이 각각 판이하며, 한 나라로 치더라도 학식과 경위로 다투는 자와, 주먹 힘과 욕설로 다투는 자가 다 같지 아니하며, 온 세계로 치더라도 야만 미개한 나라의 언론 과 비평이 문명 발달한 나라 사람들의 신문 잡지상 논란과 대상부동(大 不相同)이라.

지금 세상에 전시 평시를 물론하고 국제교통 상에 보는 예절이 있고 지키는 도리가 있나니, 이 도리를 잃지 아니하고 남과 시비하는 자는 사사감정으로 남을 치는 것이 아니라 공공한 경위를 들어 남에게 굴치 않으려 하는 자이니, 세상이 동정을 표하여 친구가 많을 것이며, 이것을 모르고 괴악한 욕설이나 실수의 말로 남을 대하면 다만 미개한 지위로 돌아갈 뿐 아니라 모든 친구를 다 잃고 나의 적국이 좋은 기회 를 얻을지라.

한인들이 이런 것을 다 알지 못하는 고로 우리도 지식을 넓히며 학문을 배워서 남의 경위와 남의 사상으로 남을 정대히 공박할 생각은 두지 못하고, 다만 남을 찌르고 꼬집어서 아무쪼록 격분 촉노시키는 것 을 한 능사로 여긴즉, 만일 이런 글을 남의 신문에 번역하여 내면 남들 이 보고 다만 비웃을 따름이니, 이것을 누가 신문 주필의 공담으로 인 허하지 아니하며, 공담으로 인허하지 아니하면 남들이 한인의 언론을 주의하지 않을 것이며, 한인의 언론을 주의하는 자 없을진대 한인의 아 프고 슬픈 것을 세계에 대하여 한인의 붓과 한인의 입으로 설명하여 볼

날이 영히 없을지라. 이러므로 하와이 국민보와 상항(桑港) 신한민보에
언론이 다 공론을 세우기로 힘쓰는 바이라.

그런즉 아무 것도 모르는 이들은 어리석은 마음과 편협한 성질로
다만 충분한 것 한 가지만 가지고 나서서 되지 못하게 왈가왈부 하지
말고, 아직 분을 참으며 고개를 숙여서 물 쥐어 먹어가며 배워가지고,
차차 한인의 입과 한인의 붓으로 세상에 공론을 세울 만치 되어야 한인
을 해하려 하는 사람들이 비로소 어렵게 여길지라. 만일 그렇지 아니하
고 다만 욕이나 하고 흉이나 하다 말려면 세상에서 알 사람도 없고, 알
아도 불과시 이불 안에서 눈 흘김이고, 골방 속에서 성내는 자이니, 이
런 못생긴 물건을 보라 하고 고개를 돌릴 따름이라.

하물며 지금에 다수한 한인은 배일사상과 애국심을 분간하지 못
하고 두 가지를 혼잡하여 생각하나니, 이러므로 애국하는 자는 의례히
절대적으로 일인을 배척하는 것이 본분이오, 또한 무슨 경위를 당하던
지 일인을 배척하는 자이면 의례히 애국자로 여기는지라. 오늘날 우리
의 당한 처지로 보면 이렇게 생각하지 않을 수도 없지만은, 만일 이 생
각을 길러서 일인이라고는 우리가 기회 있는 대로 배척하기를 일삼을
진대, 이는 한국인 장래에 큰 위태한 일이라. 지각 있는 애국자들은 지
금부터 깊이 방비할 일이로다.

만일 한인들이 배일사상을 애국심으로 오해하고 이런 애국심을
극히 발달시켜 놓을진대, 독립전쟁이 벌어지는 날에 도처에서 한인들
이 제일 목적할 일이 무엇이뇨. 대소 관민이나 남녀노소를 물론하고 일
인이라고는 만나는 대로, 힘자라는 대로, 잔해하여 애국심을 표하려 할
지니, 이렇게 독립전쟁을 하여 가지고는 1천5백만 명이 다 의용병이 될
지라도 한 주일 내에 각국 연합병이 전국에 편만하여 다 탄압 정돈시킬
지라. 이는 청국 의화단의 경력으로만 보아도 가히 알지니, 더 설명할

필요가 없도다.

미국은 부강 문명이 남의 나라에게 지지 않을 만한 세력을 가졌으되 일본과 비상한 충돌을 은근히 당하며, 비로소 정책을 변하여 해륙군 경비를 늘이며, 필리핀과 하와이 군도에 포대와 군항을 확장하면서, 겉으로는 외교상 체모와 신문상 공담을 잃지 아니하거늘, 우리 한인은 남의 장중물이 되고 앉아서 간신히 숨을 붙여 가면서도 서푼짜리 일도 준비하는 것은 없고, 빈말로 남을 시비나 하고, 부허(浮虛)한 일시 혈기나 격동하여 나라도 찾고 독립도 회복하기를 바라나니, 이 어찌 애달프지 아니하며 답답지 않으리오. 이는 소위(所謂) 무식한 자가 제일 담대하다는 격담(格談)이라. 모든 대한 애국자들은 어서 정신 차려 보고 듣고 배워서 장래를 바삐 준비할지어다.

하멜의 일기 제6차

- 전호 연속 영문번역

(1914년 4월호)

헨리 하멜(Henry Hamel)은 하란국 사람이니, 1653년에 조선 해변에서 파선하여 한국에 13년을 갇혔다가 간신히 도망하여 8인이 귀국한 사적을 일기에 적은지라.

이것은 그 일기의 제7장이니, 제1장에 사연은 풍랑을 만나 무한히 고생하다가 제주도 앞에서 파선하여, 여러 사람은 다 죽고 몇 사람이 살아서 기한(飢寒)을 견디지 못하여 애쓰다가 본토 사람들이 잡아가던 사적을 말하였고,

제2장은 관후한 지방관을 만나서 고생 중에 적이 위로하던 것이며, 일본에 보내 달라 하여도 듣지 아니하고 상부명령을 기다리라 하며, 서울 기별을 기다리던 그 사정이 진실로 가련하며,

제3장은 제주도에서 3년 동안을 갇혀서 배고픈 때와 춥고 어려움을 당하다가 새 지방관이 와서, 전에 은혜롭던 원이 갈려 가고 새로 각박한 원의 압제를 견디기 어려워서, 풍범선(風帆船)을 몰래 잡아타고 일본으로 도망하려다가 다시 잡혀서, 사슬로 목을 매고 곤장(棍杖)을 맞아 여러 달을 장독(杖毒)에 고생하다가 살아난 정경이라. 이 사연을 보면 어떤 것은 혹 허무한 소설도 같고, 혹 어떤 것은 조선 풍속을 소상히 말한 것이라, 역사상에 한 상고할 만한 글이라 하리로다.

제4장은 제주도에서 서울로 올라가던 여러 가지 정형을 말함이오.

제5장은 서울에 갇혔을 때에 모든 어려운 정경을 지내던 사정을 말함이오.

제6장은 남도에서 여러 가지 고생을 하며 구걸하러 다니던 일과 세 곳으로 옮겨가게 된 사적이라.

제7장 (6장 연속)

3월 초생에 감사에게 고마운 뜻을 설명한 후에 섭섭히 작별하고, 병인은 불태우고 행장은 실어 도보로 행할 때, 새새노(Saysiano)와 선천(Suinschien)으로 가는 자도 우리와 동행하여 전날과 이튿날 저녁을 다 한 곳에서 잤으며, 제3일은 선천에 이르자 우리 동행 중 다섯 사람은 그곳에 떨어지고, 그 다음은 촌가에서 밤을 지낸 후 아침에 일찍이 떠나서 아홉 시쯤 하여 서산에 이르니, 이곳은 전라감영이라. 우리를 영솔하여 온 이들이 감사에게 전장(傳掌)하자 감사가 영을 내려서 전에 우리가 지내던 대로 차려주고, 거처와 숙식을 다 마련하라 하니, 이 감사는 매우 후한 사람 같더라.

2일 후에 그 감사가 서울로 올라가고, 그 후 3일 만에 새 감사가 내려오니, 이는 심히 각박하여 우리를 조금도 곁에서 떠나지 못하게 하며, 춘하추동에 어려운 일을 시키더라. 그러나 가장 고마운 일은 우리를 허락하여 무슨 나무를 베어다가 자기 관속들의 활을 만들게 함이니, 이 사람들은 아무 하는 일 없고 다만 활 쏘는 것으로 일을 삼아 서로 비교하더라.

이외에 여러 가지 어려운 일을 많이 시켰으나 하나님께서 보복하여 주셨나니, 겨울이 되자 우리가 아무것도 어한(禦寒)할 도리가 없은즉 감사에게 고하되, 다른 지방에 있는 우리 친구들은 다 범절이 이렇듯 어렵지 아니한데 우리는 어한(禦寒)할 것이 없으니 각각 어디든지 가서 무슨 변통을 하도록 허락하여 주소서 하니, 감사가 3일을 허락하여 주며 우리 일행 중 반씩 번차례로 자기에게 수종하게 하는지라. 이 자유 입는 것이 우리에게 대단히 유익하였나니, 어떤 때는 점잖은 이들이 우리를 도와줌으로 타처에 가서 한 달을 지나고 돌아와도 관계치 않더라.

　밖에 나가 구걸하는 사람은 무엇을 받든지 가져다가 평균히 나누어 지내더니, 한 번은 감사가 왕명을 받들어 서울로 올라가서 영문장신(營門將臣)이 되니, 이는 그 나라에 둘째가는 높은 지위더라.

　그 후에 내려오는 새 감사는 우리를 불쌍히 여겨 모든 어려운 일을 물시하고 다른 곳에 있는 우리 친구들과 같이 대접하라 하며, 우리를 허락하여 한 달에 두 번씩만 와서 정구(井臼)를 치르라 하고, 언제든지 우리가 타처로 가고자 하면 그 지방관에게나 혹 감사에게 가서 고하고 수유를 얻어서 마음대로 다니기를 허락하더라.

　우리가 하나님께 고약한 감사를 보내고 좋은 관원을 보내주신 것을 감사히 여겼나니, 이 새 감사가 이외에 여러 가지로 우리를 후대하며, 우리의 불행한 것을 위로하며 묻되, 성에 있을 적에 일본이 불과 지척인데 어찌하여 그리로 도망하여 가지 아니하였느냐 하거늘, 우리가 대답하되, 우리는 임금의 명을 거슬리기를 원치 아니하며, 겸하여 배도 없나이다 한즉, 감사의 말씀이, 해변에 조그마한 배가 많이 있다 하는지라. 우리가 다시 대답하되, 그 배들은 남에게 속한 배이니 만일 남의 배를 도적하여 가지고 도망하다가 잡히면 도망꾼과 같이 벌을 받을 터이니 감히 못하였나이다 한즉, 감사가 크게 웃는지라. 우리는 이렇게 대답하는 것이 남의 의심을 없이하고자 한 뜻이오. 실상은 우리의

주야 경영이 배 한 척을 몰래 잡던지 돈을 주고 사려고 하였으나 기회
가 없더라.

이때에 소식을 들은즉, 전 감사가 서울에서 공신이 된 지 여섯 달
동안에 무슨 불미한 일이 있어 재판을 당한다던데, 사실인즉 사소한 일
로 반상을 물론하고 몇 사람을 사형에 처한 까닭이라. 마침내 형장 70
도와 유종신(留終身)에 처하였더라.

석 달쯤 되어서 한 미성(尾星)이 보이고, 또 얼마 만에 둘이 한꺼번
에 보이는지라. 첫 별은 동남간에서 비치어 두 달 동안을 보이고, 둘째
별은 서남간에서 보여서 꼬리가 서로 가르치는지라. 대궐이 소동되어
어명(御命)으로 각 포구에 수자리를 늘리며, 배에 수직을 늘리며, 각 산
성에 양초와 양식을 저축하며, 기병과 보병을 날로 조련시키며, 어떤
이웃나라에서 침범할까 두려워하여 해변 집에서 밤에 불을 켜지 못하게
하며, 백성들은 모든 재물을 흩어서 없이 하고 잠시 먹을 것만 남기며
말하기를, 전에 타타(Tartar)들이 침노할 적에 별이 이와 같이 보였은즉,
이번에도 필경 무슨 일이 있을지라. 왜인이 침노하였을 적에도 이런 천
재가 보였다 하며, 우리더러 묻기를, 너희 나라에서는 이런 별이 보이
면 무슨 징조냐 하기로, 우리가 대답하기를, 이는 하나님의 진노하신
표이니 무슨 괴질이 생기거나, 난리가 나거나, 흉년이 들거나, 혹 어떤
때는 세 가지가 겹쳐 오거나 한다 하니, 우리말이 다 옳다 하더라.

1665년까지 이렇게 잘 지내고 항상 배 한 척을 얻으려 하되 여의
치 못하였으며, 어떤 때는 일엽소선(一葉小船)을 띄우고 해변에서 무슨
생애도 구하며, 혹 어떤 섬으로 돌아다니며 은근히 도망할 기회를 얻을
새, 타처에 있는 우리 친구들도 간간 우리를 심방하며, 우리도 감사의
뜻을 보아 자주 우리 친구를 심방하였나니, 우리가 항상 하나님께 감사
드린 것은 신체가 강건하며 목숨을 부지하게 됨이라.

1686년에 이 좋은 감사의 임기가 차자 임금이 다른 벼슬로 천전 (遷轉)시키고 새 감사가 내려오게 된지라. 이 구관이 이태를 행정(行政) 할 동안에 모든 사람들에게 좋은 일을 어떻게 많이 하였던지, 상중하를 물론하고 그이의 품행과 지혜를 사모하더라. 그 행적을 볼진대 공청 수리하기와 해변을 맑히기와 해군을 확장함이라. 임금께서 그 성적을 대단히 아름다이 여기사 어전에 가장 높은 지위로 두셨더라.

사흘 동안을 감사 없이 지내었나니, 이 사흘은 새 감사가 의례히 수유(受由)를 얻어서 택일관(擇一官)으로 하여금 시를 택하여 도임하는 법이라. 도임한 후로 전전 감사가 우리를 학대하던 일을 회복하며, 우리를 시켜서 진흙을 이기게 하는지라. 우리가 순종치 아니하며 말하기를, 전 감사는 우리에게 이런 일을 시키지 아니하였으며, 또한 우리의 양식이 부족한즉 우리로 하여금 틈틈이 나가서 구걸하게 하였으며, 또 주상께서 우리를 일 시키러 보내신 것이 아닌즉, 만일 이런 일을 시키고자 하면 우리는 그 요식(料食)을 받지 않을 것이오, 일본이나 다른 나라에 우리나라 사람 있는 곳으로 보내 주기를 원한다 하였더니, 감사의 말이, 우리가 만일 순종치 아니하면 변통할 도리가 있다 하고 우리를 내어 보내더라.

며칠 후에 감사가 좋은 배를 타고 선유할 때에 화약에 불이 나서 돛이 떨어지며 다섯 사람이 죽는지라. 이로 볼진대, 화약을 돛대 앞에 간수하는 곳이 있더라. 감사는 이 사건을 숨기고자 하였더니, 한 수직군이 화약 터지는 것을 본 고로 서울에 보고하여 대궐에 소문이 들어가므로, 감사는 곧 서울로 불려 올라가서 형장 90도와 종신징역에 처하더라.

그해 7월에 새 감사가 내려와서 전관의 학정을 모두 행하며, 매일 우리에게 돗자리 170개를 꽤라 하거늘, 우리가 반대하여 가라대, 이는 결단코 할 수 없는 일이라 한데, 그가 대단히 진노하여 말하기를, 우리가 이런 일을 아니하면 그보다 더 어려운 일을 주겠다 하는지라. 우리의 고초는 실로 한이 없어서 새 관원이 내려올 적마다 어려운 짐을 덜기는 고사하고 점점 더하여, 모든 일을 하는 외에 공청 앞에 풀 뽑기와 화살 만드는 나무 베어 오기를 힘쓰더라.

이 중에서 우리가 생각하기를, 이런 악한 관원 있을 때에 배를 얻어서 위태함을 무릅쓰고 도망하기를 시험하는 것이 우상 섬기는 자들의 수하에 들어서 모든 심한 일을 당하는 것보다 낫다 하고, 한 조선 사람을 끼고 일을 주선하니, 이는 우리와 대단히 친한 사람이라. 어려울 때에 우리가 여러 번 도와주었더라. 이 사람에게 꾀어 말하되, 우리가 다른 섬에 가서 목화를 얻어올 터이니, 만일 배 한 척을 비밀히 사주면 우리가 다녀와서 후히 갚으마 한데, 그 사람이 담대하게 시행하여 생선배 한 척을 샀기로 달라는 대로 돈을 주고 살 새, 어떤 사람이 말하기를, 이 배를 우리에게 팔면 우리가 도망할 것이니 팔지 말라 하여 도로 가지고 가려 하는 고로, 돈을 갑절을 주마 하니 그제야 팔고 가더라.

이 두 사람이 다 간 후에 곧 배를 단속할 때 돛과 닻줄과 모든 필요한 것을 싣고 그달 초생에 떠나려 하니, 이는 매달 초생이 제일 합당한 연고이라.

이때에 마침 타처에 있는 친구들이 우리를 심방하러 왔기로 통정을 말한즉, 곧 우리와 함께 떠나고자 하는 고로 동행하기로 작정하고, 존 피터스(John Piters)라 하는 이는 배질에 연숙한 인데 선천에 있기로 기별하여 다 준비되었으니 오라 하였더니, 심부름꾼이 그곳에 간즉 마침 어디 나가고 없는 고로 남원을 찾아가서 다행히 만나 다리고 왔으니, 나흘 동안에 내왕 50리를 걸었더라.

(미완)

애국가와 찬미가
(1914년 4월호)

년 전에 윤치호 씨가 찬미가라는 책 한 권을 발간하였는데, 장수는 많지 아니하나 금옥(金玉)의 택한 것이 그 속에 있는지라. 남의 나라의 국가와 찬송 시 중에 대개를 택하여 우리나라 말로 간단히 번역하였는데, 그 노래와 글이 다 우리의 아는 바이라. 새로운 것은 아니로되 뜻을 다소간 다른 찬송시와 찬미가에 있는 말과 같지 않게 번역하여, 정신과 기운이 새로운 고로 능히 사람의 마음을 더욱 흥기시키는지라. 윤 씨의 애국심과 종교심의 고상함을 가히 보겠도다.

융희 2년(1908년) 6월 20일에 이 책을 중간하였는데, 이 책에 노래가 합이 15편이라. 일(一)은 미국 국가 곡조로 번역한 것이니, 우리 황상폐하 천지일월같이 만수무강 만수무강한 것이라. 이는 그 시기에 충군애국이라 하던 본의에서 나온 것이오. 이(二)는 지금 본국에서 쓰는 찬송가 246곡조이니, 번역을 대강 고쳐서 찬송가보다 낫게 만든 것이다.

제 구(九)는 찬송가 224장 곡조이니 대단히 잘된 번역이다. 영어 본문을 보면 대단히 힘 있는 말인데, 처음 번역은 심히 약하여 기운이 얼마 감삭하는지라. 우선 첫 구절로 말하여도, 믿는 사람들아 군병 같으니… 하는 것이 도무지 무력한 번역이라. 윤 씨의 번역이 매우 좋은 것이기에 아래에 기재하나니.

제9장

1. 그리스도 군사 앞서 나가세
   십자기 앞세우고 전장에 가듯
   예수 거느리사 적병 치시니
   깃발 가는 대로 싸움 나가세
후렴
   그리스도 군사 앞서 나가세
   십자가 앞세우고 전장에 가듯

2. 대군 이동하듯 교회 나가니
   성도 다니던 길 우리도 가네
   믿는 형제들아 한 몸과 한 마음
   한 바람 한 도리 한 사람일세

3. 면류관 용상은 있다 없으며
   나라와 권세는 잃고 쇠하나
   예수의 교회는 하나님 도우샤
   영원불변함을 허락 하셨네

4. 십자가 가는데 마귀 패하네
   예수 군사들아 나가 이기세
   찬송하는 소리 천지 울리니
   우리 한 소리로 승전가 하세

제 십(十)은 무궁화가(無窮花歌)이니 이것도 본래 서양 애국가라. 이는 우리가 다 항상 부르며 윤 씨의 번역으로 아는 바이오. 십사(十四)는 무궁화곡조로 다른 말을 만든 것이니, 혹 아는 사람도 있으되 모르는 이가 많기로 이에 기록하나니,

제14장

1. 동해물과 백두산이 마르고 닳도록
   하나님이 보호하사 우리 대한 만세
후렴
   무궁화 삼천리 화려강산
   대한 사람 대한으로 길이 보전하세
2. 남산 위에 저 소나무 철갑을 두른 듯
   바람 이슬 불변함은 우리 기상일세
3. 가을 하늘 공활한데 구름 없이 높고
   밝은 달은 우리 가슴 일편단심일세
4. 이 기상과 이 마음으로 임금을 섬기며
   괴로우나 즐거우나 나라 사랑하세

제 십오(十五)조는 선교 사상을 고동(鼓動)하는 찬미라. 곡조도 좋고 사연도 좋으나, 한이 찬송가에 빠진 것이, 이 글을 이에 기록하나니, 곡조를 찾아 배워서 이 번역을 쓰게 되기를 바라노라.

제15장

1. 그린랜 어름산과 인도 산호섬과
   아프릭 더운 내에 금모래 깔린 곳
   강과 산과 넓은들 사람 산 데마다
   죄의 속박 풀으라 우리를 부르네
2. 석란도 가는 바람 향기 가득하고
   경치마다 좋으나 사람만 악하다
   하나님의 은혜는 남도록 주시나
   인심은 우매하여 목석에 절하네

3. 하늘로 내린 영광 우리 밝혔으니
    어두운 동포에게 생명도 감출까
    구원의 기쁜 소식 만방에 널리 펴
    멀고먼 나라라도 구세주 알리세
4. 주의 영광 물같이 지구를 덮도록
    죄인 대속하신 주 우리 왕 되도록
    바람아 쉬지 말고 바다야 흘러서
    북극서 남극까지 이 복음 전하라

이 책을 본국에서 압수하고 매매를 금지한 책인데, 한 권을 우리가 얻었기로 대강 뽑아서 등재하며, 우리나라 사람들이 차차 노래를 애국제도로 모본하여서, 다만 남의 글만 번역할 뿐 아니라 곡조와 말을 새로 지어내기를 바라노라.

대저 노래라 하는 것은 사상을 고취하며 기운을 발달시키는 고로, 자고로 개명한 사람이나 야만 사회를 물론하고 다 신을 섬기는 노래와 전쟁 노래와 사랑하는 노래 모든 종류가 있는데, 개명이 진보될수록 노래와 풍류가 또한 발달되어 나라마다 좋은 노래와 풍류가 아니면 사람의 기운을 펼 수 없고, 나라 사랑하는 마음을 발표할 수 없다 하는 바이라.

근래에 우리나라에서도 좋은 노래를 외국 풍류에 맞춰서 번역도 하고 저술한 것도 많으나, 압수 한 바 되어 하나도 쓰지 못하게 하나니, 이는 노래의 관계가 중대한 연고라. 지금 한인계(韓人界)에 간혹 애국가를 보면, 사의(辭意)가 다수가 유치하여 혹 나라가 영구히 망하였다든지, 민족이 노예가 되었다든지, 철사로 결박을 지었다든지, 혹 참혹한 지경에 있다든지, 이런 모든 약하고 상심하는 말이 많은지라. 이것이

과연 사실이오? 애국심에서 나온 말이지만은 청년지사의 애국심을 고
동하며, 의기남자의 용진심(勇進心)을 충격하는 활발 장진할 기상이 적
은지라. 없어진 것을 슬퍼하고 노예된 것을 원통히 여길진대, 정신을
가다듬고 용기를 내어 일어나 앞으로 나갈 길을 찾을지언정, 다만 앉아
서 슬피 울며 원망이나 하고야 무슨 힘이 있으리오. 우리 애국가의 사
상이 크게 변하기를 바라는 바이로다.

　파란국이 조만간 독립을 하기는 세상 사람이 다 바라며 믿는 바
이라. 애국가를 보면 하나님께 기도하는 말이니, 한인(韓人)의 처지에
있는 자가 보고 감동할 만한 노래라 하노라.

파란인의 애국가

一. 파란을 권고하신 하나님 문명 부강으로 길이 주사
　　악한 비와 모진 바람에도 용상 앞에 보호하셨도다.
후렴
　　천부의 보좌 앞에 엎디니
　　주소서 우리 자유 주소서
二. 주여 맙시샤 진로 맙시샤
　　옥토 광야에 낙을 회복케
　　영화 옛길로 다시 인도해
　　옥야 천 리에 시화년풍(時和年豊)케
三. 대륙 대양을 다스리는 주
　　탐포 무도의 사슬을 끊고
　　승전의 면류관을 허락해
　　전장 면하고 평화 누리게

四. 주여 우리 곤한 육신으로
   자유 흙에 편히 돌아가고
   영혼이 이 세상 떠나는 날
   천당 자유 영원히 누리게

하와이 군도
(1914년 6월호)

지금 세상에 개명한 사람들이 어디를 가든지 매번 지도를 내어놓고 그곳이 지구상 어디 있는지를 보며, 한서침(寒暑針)을 상고하여 기후가 어떠한 것을 살피며, 역사와 풍속을 보아 개명의 정도가 어떠한 것을 비준하나니, 이는 다만 학문을 넓히고자 할 뿐 아니라 자기의 사는 곳에 이 몇 가지 관계는 아는 것이 필요한 연고라. 한인들이 하와이에 와서 있은 지 십(十)년 동안에 하와이에 관한 정형을 소상히 알아본 사람도 몇이 못 되려니와, 알고자 하여도 알 도리가 없었은즉 어찌 우리의 유감이 아니리요.

사람마다 부강한 나라의 역사와 인민의 정도를 알고자 하는 마음도 더욱 간절하고, 또한 알려 주려 하는 자도 많으나, 급기 미개한 백성과 잔약한 인종의 역사와 정형은 별로 알고자 하는 사람이 생기지 아니하나니, 이는 남의 잘된 것을 보아서 우리도 그와 같이 되어 보고자 하는 생각에서 나는 뜻이나, 실상은 나만 못한 자를 보는 것이 나보다 나은 자를 보는 것만치 유익한 공부가 되는 법이니, 그러므로 구하는 자는 두 가지를 다 보는 법이라. 성현의 이르신바 선악(善惡)이 다 나의 스승이라 하심이 이것을 이름이로다.

하와이는 통히 샌드위치 군도(Sandwich Islands)라 하는 것이니, 1778년에 영국인 캡틴 쿡(Captain Cook)이라 하는 이가 이곳을 처음으로 발견한 후로, 영국 해군 대신 샌드위치 씨의 이름을 인연하여 부른 것이라. 그러나 지금은 하와이 군도라 통칭하나니, 이는 대소 열두 섬 중에 가장 큰 섬 하와이로 이름 하는 것이라. 그 중 여덟 섬이 가장 긴요한 자이더라.

이 섬의 위치는 태평양 중간에 있어서 미국 상항(桑港: 로스 엔젤리스)이 한국 이수로 대략 6천3백여 리요, 한국 부산서 거의 1만2천 리가량이라. 상항과 요코하마 사이에 직행하다가 하와이에 다녀가려면 남으로 향하여 거의 삼천리를 돌아서 가나니, 한국과 같이 적도 북편에 있으나 적도에 심히 가까워서 열대지방의 기후를 가졌더라.

이상에 말한바 여덟 섬은 사람이 거주하는 섬이니 하와이, 마우이, 가홀라위, 라나이, 몰노가이, 오아후, 가와이, 늬이히우라 다 본토인의 이름으로 그저 부르는 것이니, 일인들이 조선에 들어가서 모든 지방 이름을 다 저의 음(音)으로 부르는 성질과 같지 아니한 것을 볼지라.

이 여덟 섬에 한인이 아니 가 있는 곳이 없으니 가위 조선팔도(朝鮮八道)라. 섬 도(島)자와 길 도(道)자가 뜻은 좀 다르나 음(音)은 일반이니, 이것을 과연 우리의 남조선이라 이를 만한지라. 장차 이 속에서 대조선을 만들어낼 기초가 잡히기를 바랄지니, 하나님이 십 년 전에 이리로 한인(韓人)을 인도하신 것이 무심한 일이 아니 되기를 기약 하겠도다.

이 팔도의 상거가 대략 한국 이수로 1천1백4리니 큰 섬이 머리가 되어 동남에서 시작하여 가지고 동북으로 가며 연락하여 징검다리같이 놓인지라. 모든 면적을 통계할진대 6천7백여 방리니, 대략 대한 전국의 13분지 1이나 되는지라. 이 섬 덩어리가 몇 천 년에 생겨났던지 당초에 화산으로 터져난 것이니, 이 큰 대양 중에 땅이 터지며 불이 솟아서 쇠녹은 물 같은 것을 태평양 중간에 쌓아서 이 섬을 만들 때에 응당 바다가 끓었을지라. 지금도 이 섬에 꺼지지 아니한 화산이 둘이니 모나 로아(Mouna Loa)와 길나위아(Kilawea)라. 다 하와이 섬에 있어 길나위아는 해면에서 고(高)가 4천여 척이니, 세계에서 활동하는 화산 중에 제1 크기로 유명한 화산이라. 작년에 본 기자가 그곳에 갔을 때에 불이 올라오지 않고 연기만 오르는 것을 보았으며, 바위틈으로 올라오는 화기에 고기를 익혀서 저녁을 먹었는데, 해면에서 높기가 4천 척이라. 그 화산 입의 주위가 27리라. 어떤 때는 붉은 물이 조수 밀려다니듯 하며, 어떤 때는 반공에 솟았다가 내려가는데 240리 밖에 있는 마위섬에서 완연히 보이는지라. 마위섬에 화산 할리학갈나(Haleha- kala)는 하와이 말에 "태양의 집"이라 하는 뜻이라. 지금 불이 꺼졌으나 고(高)가 1만 31척이고, 그 입의 주위가 90리가량이니, 세계에 제일 큰 화산이더라.

기후는 열대지방에 처하여 네 철이 항상 더우나 대양 중에 있음으로 적이 온화한 기후를 가져서, 극히 더울 때도 90도(F)에 오르지 아니하며, 추울 때도 52도(F)에 내리지 아니하여, 사철이 항상 온화하므로 동양이나 서양에서 겨울에 적설이 만산하는 것을 보고 떠나서 여기 오면 실로 별유천지(別有天地)라. 녹음방초가 금수강산을 이루는데, 기화요초(琪花瑤草)는 난만하여 춘풍화기(春風和氣)를 자랑하는지라. 한편에서는 곡식을 심으며 한편에서는 곡식을 거두니, 가위 만년장춘(萬年長春)이라. 여기 사는 사람은 영영 떠나지 아니할 듯한지라.

그러나 기후가 항상 더운 중에서 사람이 스스로 게을러지나니 하와이 토인들이 나타(懶惰) 무능한 것이 또한 기후를 인연함이고, 겸하여 태양 기운에 얼굴빛이 검게 되나니, 동서양에서 오는 사람이 몇 달 후면 살빛이 몰라보게 되는지라. 토인들의 얼굴 검은 것도 또한 태양의 관계라. 우리 대한은 온대지방에 처하여 네 철이 분명하니 세계 유람객들이 대한의 기후를 칭찬함이 당연하도다.

한 가지 신기한 것은, 기후 도수가 때와 고저(高低)를 따라서 다른
고로, 해변에서 아무리 더울지라도 산 위로 올라갈수록 점점 서늘하여
높이 올라가면 추운 곳이 많은지라.

하와이에는 1년 동안에 산꼭대기에 백설이 없어질 때가 얼마 못
되나니, 이 열대 지방에서 높은 산 위에 백설무(白雪霧)가 있어서 메주
덩이 같은 과실을 따서 쪄서 먹으면 떡 맛 같으며, 다로라 하는 것은
토란과 흡사한 것이니, 쪄서 죽을 만들면 가장 자양품(滋養品)이 되더
라. 토인들이 손가락으로 휘둘러서 빨아먹고 호구(糊口)하며, 아와라 하
는 풀이 있어서 토인들이 입으로 씹어다가 합하여 술을 만들어 취하도
록 먹는지라. 하나님이 녹 없는 사람을 내지 아니 하심이 과연 분명하
거니와, 일기가 덥고 먹고 살 것이 어렵지 않으니, 토인들은 과실을 따
먹고 굴속에서 사는 것이 또한 야만 사람의 괴이치 않은 일이라. 마위
어떤 지방에는 한인이 산속에 들어가서 영영 혼자 사는 자 있다 하니,
옛적에는 원숭이가 사람이 된다더니 이 20세기에는 사람이 원숭이가
되는도다.

이 섬에 이상한 것을 말하면 또한 적지 않은지라. 가와이 어떤 지
방에는 우는 모래가 있어 유람객이 다수가 구경 가나니, 이는 모래 산
에 모래를 헤쳐 내리면 굴러 내리는 소리가 나며, 하와이 고나 지방에
는 밤에 기적 소리가 완연히 들려서 마치 배 들어오는데 화통소리 나듯
하는지라. 나는 이곳에 갔을 적에 특별히 이 소리를 듣고자 하여 늦도
록 앉아 기다렸으나 옆에 사람들은 희미하게 들린다 하나 나는 잘 분간
치 못하였나니, 이는 허물이 내 귀에 있는지 그 소리에 있는지 모르거
니와, 사람마다 이 소리가 완연히 있다 하며, 해변에서 잡아내는 생선
의 빛이 심히 희귀하여, 어떤 것은 가진 빛이 황홀 찬란하므로 그림을
볼 적에 믿지 않다가, 수족원에 가서 고기를 보면 그 그림의 빛이 도리

어 무색함을 깨달을지라. 유람객이 의례히 수족이 덮인 것을 보면 과연 신기하더라.

비오는 것이 가장 고르지 못하여, 어떤 곳은 비가 자주 오며 어떤 곳은 비가 적게 오고, 비 오는 곳도 비가 지나는 것이 지척을 두고 달라서, 이곳은 억수가 쏟아지되 일이(一二)마정 밖에는 청천백일(靑天白日)이 광명(光明)하며, 비가 아니 오는 곳은 풀도 나지 아니하고 검붉은 흙더미에 더운 기운과 마른 먼지가 덮였으며, 비가 자주 오는 곳은 초목이 심히 무성하고 깊이 푸르러서 심히 울밀(鬱密)한지라. 만일 비가 아니면 아무것도 살 수 없는 곳일러라.

산중에서 물이 없는 고로 양철이나 판자로 집을 잇고 홈을 달아서 저수(貯水)하는 통을 만들므로 천상수(天上水)를 받아먹게 마련하였더라. 어떤 골짜기는 비가 자주 오는 고로 조석으로 무지개가 원근에 보이나니, 무지개 아니 보일 때가 드물고, 간혹 달밤에 무지개가 완연히 보이므로 은은한 광채가 과연 구경할 만하더라.

본토 소산 초목이 여러 가진데, 중간에 외국에서 수입한 것이 많은지라. 어떤 나무는 반공에 솟아서 가지가 사방으로 덮인 중 가지 중간에 뿌리가 생겨서 땅으로 내려와 깊이 박혀 기둥이 되니, 이는 사시가 항상 더운 고로 나뭇결이 단단치 못하여 풍우에 상하기 쉬운즉, 이런 뿌리가 기둥으로 받치는 것이라. 조물주의 지정지미(至精至美)한 권능을 가히 보겠도다.

목화 나무가 철없이 자라서 연포지목(連抱之木: 아름드리 나무)을 이루며, 피마자 대와 고추나무가 쉬지 않고 자라는 고로 큰 고목 등걸이 되어 여러 길씩 높은지라. 파초와 종려 등 이름 모를 풀과 나무가 사면에 편만한 중 떡나원을 구경하는 바이고, 밤에 피는 꽃이 있어서 크기가 거의 연꽃만 하고 빛이 순전히 희어서 밤에 피고 아침에 없어지므로, 어두운 밤이라도 근처에 가면 붉은 빛이 사람에게 비치는지라.

토리(土理)가 심히 부드럽고 연하여 단단한 돌이 흔치 아니하며, 산위에 바위 돌도 다수가 속이 비고 힘이 없어서 밟으면 스스로 부스러지는지라. 그 중 나무뿌리와 풀줄기가 서로 얽혀서 부지(扶持)하는 자 많으며, 어떤 곳은 땅속이 벌의 집 같이 비어서 등산하는 자 잘못 실족하면 종적도 찾을 수 없는 고로 심히 조심하는 바라.

작년에 특별히 30인이 작반하여 길을 떠나 오아후 섬에 가장 높은 봉 텐타스에 오를 때 마침 폭우가 내리는지라. 비를 맞으며 험난한 길을 찾아 점점 올라가니 기이한 곳도 많고 험한 곳도 많은지라. 어떤 곳은 칼날같이 되어 한 번 실족하면 좌우로 굴러서 시신도 찾기 어렵게 된 중, 진흙에 밀려서 접족(接足)하기 어려운 것을 나무뿌리와 풀덤불을 붙들고 상봉에 올라서 사방을 굽어보니, 정신이 쾌활하여 천선(天仙)이 지척에 왕래하는 듯하더라.

토리(土理)가 이렇듯 부실한 것은 당초에 이 섬이 화산으로 생겨날 때에 돌과 흙이 녹아서 물이 되어 흐르는 고로 산속이 비고 돌이 단단치 못함이라. 길 모르는 자 잘못 다니다가 종종 잃어버리는 폐단이 생기는데, 금년 4월에 병정 몇 명이 오아후 뒷산에 등척(登陟)하였다가 그 중 두 명이 어찌하여 따로 떨어졌던지, 길을 잃어 산봉 뒤로 흘러 떨어지니, 이곳은 검각(劍角)이 삼렬(森列: 촘촘하게 늘어서 있음)하여 나는 새 외에는 능히 미치지 못할 곳이라. 얼마를 떨어져 내려가다가 중간에 적이 걸릴 데가 있었던지 발을 붙이고 밟아 본즉 위로 천장만장(千丈萬丈)하여 발붙일 곳이 없으며, 아래로 아득 망연하여 구름이 아래서 배회하는지라. 여기서 삼 주야를 두고 소리를 질렀는데, 그 밑에 한인(韓人) 농장이 멀리 있고 미인(美人)의 집도 멀리 있는지라. 연일 산상에서 무슨 외마디 소리가 들리는 고로 괴이히 여겨 가까이 간즉, 그 병정 있는 곳이 어떻게 높던지 음성이 다 머리 위로 지나가고 들리지 않은지라. 올라갔던 사람은 무심히 도로 내려 왔더라.

그 중 백인 늙은 부인 하나가 그 소리를 자세히 들은즉, 주야로 몇 분 동안씩 있다가 소리가 한 번씩 나더니 차차 소리가 적어지며, 제3일에는 아무 소리도 없어지는지라. 심히 괴이한 중 이 날이 마침 주일이라. 한가한 겨를을 타서 산 밑에 가서 살펴본즉, 그동안 며칠을 두고 폭우가 쏟아져, 산에서 폭포가 내려진 곳에 어떤 사람의 전신이 물속에 거꾸로 박히고 두 다리가 공중을 가르치거늘, 크게 놀라서 내려와 한인들을 데리고 올라가서 끌어낸즉, 병정 한 사람의 팔 하나는 아주 부러지고 전신이 모두 파상하여 의복이 갈가리 찢어지고 신은 벗어져서 물에 씻겨 내려온지라. 폭포가 내려오는 대로 밀려 내리다가 중간에 걸리고, 다시 물결이 세면 또 밀려 내리고 씻겨 내려서, 며칠 동안에 시신이 상하여 냄새가 나기에 이르렀더라.

그런즉 이 사람은 어찌 물 내리는 길로 얻어들어 시신이라도 인간에 내려왔거니와, 병정 하나는 종시 산 위에서 소리만 지르다가 기운은 없어지고 음성이 진하여 필경 자진하기에 이른지라. 그 친척 붕우와 인간 천만사를 홀로 생각하였을지니, 인간 지척에 속절없이 죽는 그 마음이 어찌 원통치 아니하였으리요. 그 후 군대에서 군인들이 풀려 와서 줄을 늘이며 백반으로 꾀하나 백계무책(百計無策)이라. 영영 시신도 찾지 못하였나니, 이 사적을 듣는 자로 하여금 모골이 송연케 하는지라. 이는 다만 잠시 동안에 길을 잘못 든 연고이니, 길 한 번 잘못 드는 결과가 매양 이러한지라. 이 세상길이 다 평탄한 듯하나 이보다 더 험한 곳이 많으니, 생명 길을 찾고자 하는 자 마땅히 삼가 행할 일이로다.

하와이 인민이 어디서 생긴 것과 풍속과 정치제도의 어떠함과 사회 정도가 어떤 지경에 있는 것은 종차 기회를 따라 계속 하려니와, 산

천 풍토의 관계한 것만 볼지라도 가위 신기한 세상이라. 하와이 사는 사람들이 이것을 태평양 낙원이라 하나니, 우리 고초(苦楚) 중에 든 민족에게 이곳이 한 낙원 되기를 바라노라.

하와이 섬 여행기
(1914년 6월호)

지난 4월 29일에 호항(濠港)에서 마우나기아 선을 타고 하와이 고할나를 향하여 떠나니, 이는 1년 전에 처음으로 하와이 군도를 유람할 때에 처음으로 지나던 곳이라. 1년 동안을 호항에서 골몰이 지내다가 만경창파에 배를 타고 나서니 흉금에 쾌락함이 비컨대 농중조(籠中鳥)가 운소(雲巢)에 오른 듯하더라.

풍랑이 고요하여 별로 수질(水疾) 날 염려가 없으므로 모든 선객들은 선두(船頭)에 배회하며 경치를 구경할 때, 날고기(flyingfish)는 배 오는 물결에 놀라서 물 위에 올라와 은 같은 날개를 벌리고 떼를 지어 날아가니, 이것도 기이한 구경이다. 배가 여러 섬을 지날 때 섬 언덕에 수목이 무성하며, 첩첩이 끊어진 언덕에 구름이 덮인즉 폭포수가 떨어져 해수(海水)로 들어가니, 가위 의시은하낙구천(疑是銀河落九天)이라. 하와이 높은 산에 백설이 이마를 덮었으니, 열대 지방에 기이한 경개라.

한 섬을 돌아서니 멀리 해변에 물줄기가 돌기둥 같이 쌍으로 반공에 솟아 연속하여 오르다가, 졸연히 그치고 얼마 후에 또 다시 올라오는지라. 자세히 살펴본즉 큰 고래 두 마리가 서로 싸우며 물을 뿜고 물결을 일으키며 기운을 뽐내어 서로 충돌할 때, 간혹 한 고래가 전신을 솟쳐 반공에 올랐다가 나려가니, 다른 고래가 또 따라서 일어나며 물을 뿜은즉, 서로 물을 뿜어서 물기둥을 이루는지라. 저 큰 고기도 무슨 시비가 있었던지 수중천지(水中天地)에서 전쟁을 일삼으니, 이 세상은 짐승이나 미물이나 일체로 생존경쟁(生存競爭)하는 전당이라. 응당 힘세고 재주 있는 자가 이길진저.

당일 하오 12시에 고할라 지방에서 하륙하니, 그 지방 친구들이 미리 자동차를 준비하고 기다리다가 만나서 농장을 찾아가 경야(經夜)하고, 그곳에서부터 역로(歷路) 각 한인 처소를 심방할 때, 시간이 총총함으로 오래 지체하지 못하고 분주히 돌아서, 지난 달 15일에 힐로서 떠나 호항으로 돌아오니 전후 16일 동안에 18처를 심방하였고, 25차를 개회하였으며, 이 회석에 참례한 사람은 통히 1,138인 가량인데, 그 중에 혹 두 번 혹 세 번씩 연하여 참석한 사람과 여러 지방에 함께 다니며 참회한 사람을 다 합하면 대략 3백여 명이고, 아이와 부인을 합하면 또한 50여 명이며, 외국인들에게 연설한 것이 두 번이니, 이 두 번에 참석한 사람이 합 1백5십명 가량이라. 그런즉 한두 번 연속하여 참회한 이와 남녀 아이들과 부인과 외국인을 다 병(竝)하여 제하면 실상으로 회에 참예한 장정 남자가 합 6백여 명에 달하니, 이것은 가장 줄여서 친 수효라. 넉넉히 치면 7백여 명에 달할지라. 그 중에 참예치 아니한 사람도 여러 백 명이 될 터이나, 작년에 이 지방에 있던 사람 수효와 비교하면 대단히 감삭(減削)하였은즉, 혹 다른 섬으로도 가고 혹은 호항과 오아후 각 농장으로 간 이들이 많은 연고이더라.

이번에 가장 섭섭한 것은 하와이 섬을 한 편만 돌고 산 너머는 갈 시간이 없어서 파할나와 남복고나 등지에 있는 동포는 심방치 못하였으니, 이는 호항에서 보는 일이 더 지체할 수 없을 뿐더러, 그곳의 노정이 멀어서 선편을 만나지 못하면 여러 날을 지체하게 될 터인 고로 부득이하여 그저 돌아오니 심히 창연하며, 힐로 화산에서 가려던 것도 또한 파의하고 왔으므로 이후에 다시 기회 있기를 기다리노라.

정치상 형편

이상 몇 지방에서 보는 바로 말하면, 사회가 차차 조직되어 잠시 부허(浮虛)한 기운으로 서로 왈가왈부 하던 것은 다소간 없어지고, 사람마다 단체적 주의를 가져서 국민회(國民會) 하나가 공고히 조직되는 것을 저마다 긴절히 깨닫는 모양을 볼지라. 전에 국민회 없던 지방에서 새로 조직하는 곳도 몇이고, 전에 명칭만 있던 것을 새로 열심히 하는 곳도 여럿이라. 백성이 차차 깨어나며, 이러한 단체를 조직하여 실로 유익한 사업에 합동할진대 그 효력이 몇 해 안에 한량없을 것을 가히 보겠더라.

재정상 형편

사탕세 1절로 인연하여 하와이 군도 각국 인계에 재정이 점점 곤란한 자리에 있은즉, 우리 한인들도 더욱 곤란할 줄은 불문가지거니와, 내가 하와이에 있을 동안에 사탕 값이 수일 내로 2원 가량이 오른 고로 인심이 십분 위로되어 종차로 많이 오르기를 바라는지라. 그러나 장차 얼마나 올라갈는지 모르겠고,

심지어 한인의 하는 것을 보면 아무리 어렵다 하면서도 할 것은 거의 다 하여 가는 모양이라. 사람이 마음만 있으면 재정곤란이 사업을 크게 방해하지 않는 것을 가히 깨닫겠으며, 그 중에 한 가지 다행한 것은, 술 먹는 행습이 얼마 줄어진 것이라. 이것도 재정이 어려워서 이러한지는 알 수 없으나, 각처에 술로 손해 당하던 것이 지금은 얼마 감하여 가는 모양이니, 이로 보면 정신 차리지 못하는 한인들에게는 재정 귀한 것이 도리어 유익하다 이를 만하도다.

덕의상 형편

자래로 쇠잔하여 가는 인정은 항상 품행이 먼저 부패하여 가며, 스스로 인민의 정도가 타락하여 남의 백성의 발아래 발 되는 법이라. 작년 이때에 내가 이리로 지나며 보아도, 술과 아편과 노름으로 인연하여 인간 백만 사에 흥치가 없어지고, 모든 죄악 중에서 서로 잔멸하여 가는 태도가 사람의 사색과 의복 거처 등절에 드러나서, 실로 이 문명한 시대에 대한 인종이라고 자랑하기 부끄러운 것을 얼마 보았더니,

이번에 지나며 본즉 이것이 아직 다 없어졌다고는 할 수 없으나, 그동안 보통 정형이 대단히 변하여 참담 초췌하던 얼굴에 생기가 돌며, 희망이 보이고, 완패(頑悖) 한독(悍毒)하던 기상이 변하여 양순 화평하게 된 자가 내 아는 친구 중에도 여럿을 보았으며, 친하지 못한 자 중에도 여럿이라. 전에 조취모산(朝聚暮散) 하던 이들이 차차 정돈되어 마음을 잡고 자리를 찾아 앉으며, 오늘 벌어서 오늘 먹고 내일은 모른다 하던 이들이 차차 앞길을 경영하여 다소간 저축하며, 본국에서 여자를 데려 오려고 하는 이와 외국 여자와 성혼하여 유자생녀(有子生女)하고 지내는 이가 차차 여럿이라.

진실로 이와 같이 한인의 덕의상(德義上) 정도가 날로 진보되어 부패한 백성이 완전하게 되며, 타락한 인민이 희망을 가지고 의뢰와 인애로 풍기(風紀)를 세우며, 공심공무(公心公務)로 원기를 배양할진대 이 어찌 우리 인민의 행복이 아니며 국가의 회복이 아니리요.

교육상 형편

지금 세상에 처하여 제1 신생업을 위하든지 나라의 공공한 사업을 도모하든지, 마땅히 세상일을 알아 가진 후에 행하여야 비로소 남과 경쟁하는 마당에서 능히 이룰 것이 있을 것이오. 만일 그렇지 못하여

세상일은 아무것도 알지 못하며 공연히 허기(虛氣)에 띄워서 덤벙일진 대, 소경이 눈 먼 말을 타고 천만 길 되는 구렁텅이를 지나감과 같으니, 심히 위태한 일이라. 차라리 가만히 한 곳에 있는 것이 나을지니, 망령 되이 활동 전진하다가 필경 남의 놀림감이나 되고 남의 낭탁(囊橐)에 떨 어짐을 면치 못할지라.

한인들이 년 내로 배워 알기는 생각지 못하고 그믐밤 중 같은데 서 답답히 밀고 나가면 되는 줄만 헤아렸은즉, 힘쓸수록 더욱 손해만 당하여, 그물에 걸린 새가 몸을 요동할수록 더욱 걸리는 것같이, 점점 형편이 어려워 질뿐이오, 형편이 어려워 갈수록 인심이 더욱 타락하여 장차 어찌 할 수 없을 지경에 이를 염려가 없지 아니한지라.

그러므로 우리가 작년 1년 동안 전진한 것이 한인 계에 교육(敎育) 숭상하는 풍기를 열어주고자 함이라. 장년 된 이들은 신문 잡지 서적 등으로 틈틈이 배워서 세상형편의 대강을 알고 방향을 스스로 찾아 나 가게 하고자 하였으며, 유년과 청년들은 주야 신학문을 숭상하여 이목 을 널리며 사상을 높여서 차차 준비되는 대로 미주 각 대학교에 보내어 좋은 인도자들을 만들어 내고자 한지라.

지나간 1년 동안에 이 풍기가 전보다 크게 늘어서 각처 한인 계에 학문을 배우고자 하는 욕심이 많이 생긴지라. 모모 농장에서는 야학반을 조직하여 밖에 나가 일하고 들어온 후 함께 모여서 성경 신문 잡지 국한 문 등 과정을 가지고 서로 문답하여 공부하며 토론하며, 모든 음담패설 과 부패한 사상이 없어지고, 정치 도덕 학식에 관계한 문제로 지혜를 발달하기에 부지런하며, 어떤 이들은 영어 공부를 은근히 힘쓰는데, 혹 은 나이 많고 배울 곳이 없어서 저녁이면 그 아들에게 책을 가지고 가르 쳐 달라 한즉 피차에 어려워서 어린 선생이나 늙은 제자나 다 불안하다 고 개탄하는지라. 도처에 배우고자 하는 마음이 이렇듯 간절하도다.

그뿐 아니라 자녀들을 교육시키는 것이 큰 밑천 되는 것을 깨달은 자가 많아서, 저희 자녀들을 공부시키기에 대단히 힘쓰며, 다만 저의 자식뿐 아니라 남의 아이들도 다 자기들의 장래 나라인 줄을 알고, 또한 장래 대한을 배양하지 못하면 현금 대한이 아무리 흥왕부강 할지라도 이후에는 다 없어질 줄을 소상히 믿으며, 우리 자녀들을 잘 배양하는 것이 나라 만드는 것인 줄 알아 이것을 자기들의 의무로 삼는 자 많은지라.

전에는 자녀들을 곧 저에게 딸린 물건으로 알아, 여자는 혹 돈냥 있는 사람에게 허락하여 주고 자기 식구들의 의식을 의탁하는 자도 있으며, 남자는 기르기에 혹 괴로우면 청인이나 토인에게 주어 아주 남의 사람을 만들어 버린지라. 지금은 이것이 보통 변하여 자녀 가진 이들이 헤아리되, 내가 땅을 파서 자녀의 공부 뒤를 치러주면 이 자식들이 힘든 노동으로 벌어먹기에 평생을 괴롭게 지내지 아니하고, 개명한 사회에 상등 인물을 이루어 놓을 터이니 개인의 복이고, 민족의 다행이오, 국가에 생맥(生脈)이라 하여, 주야로 부지런히 일하여 학교 뒤를 도우려고 애쓰는 이를 여럿 보았으며,

남의 버린 자식을 합심 주선하여 도로 찾아다가 재정을 모아 학비를 도우며, 우리 여학생 기숙사에 대하여 혹 매삭 얼마씩 내겠다 하는 이와 혹 평생을 두고 매삭 얼마씩 기부한다는 이들이 있으며, 혹은 외국 여자와 성혼하여 가지고 한국 글과 방언을 모름으로 걱정하여 중앙학원에 입학하기를 청원한지라. 이것이 다 교육사상이 발전됨으로 국민의 원기가 차차 발달되는 증거라.

그러나 지금도 조선 두메 속 같은데서 따로 떨어져서 땅이나 파먹고 사는 사람들이 혹 십사오 세 혹 십육칠 세 된 여자들을 감추어 두고 부려먹으며, 어찌하여 공부를 시키지 않느냐 하면 여러 가지 핑계로

대답하다가, 필경 하는 말이, 아들자식은 공부시키지만은 딸자식은 공부시킨들 내게 장차 이익이 무엇이냐 하는지라. 그 여자들 공부에 재주도 다 넉넉하고 공부하고자 하여 간절히 원하거늘, 그 부모의 생각에는 만일 여자를 공부시켜 놓으면 개명한 법률 아래서 저의 마음대로 할 수 없은즉, 그저 무식하게 두고 종차 무식한 일군이나 데릴사위로 얻어서 소와 말같이 부려먹자는 생각에 지나지 않는지라. 이런 것은 어서 개명한 제도에 눌림을 강제로 씌워야 할지니, 모든 동포들이 합동하여 힘쓰면 될 것이오.

노동 정형

가장 어려운 것은 노동 정형이라. 한인 전체에 모든 사업이 전혀 노동으로 버는 재정에 달렸는데, 각 농장에 일이 없어서 어떤 곳에는 한주일 동안 1, 2일 3, 4일씩 일을 시키고, 곡가를 감하여 번차례로 버는 것이 겨우 구복지계(口腹之計)에 지나지 못하는지라. 사탕 농장일은 이러므로 심히 곤란함을 면치 못하며, 그 중에 어떤 사람은 개인 사업으로 자농(自農)하는 이가 있으니, 혹 커피 농사와 아와 농사와 감자 농사와 수박 농사 등 모든 것을 각각 땅을 얻어 가지고 자유로 이(利)를 보는 것이라. 이런 사업은 사탕농사에 딸려서 곤란당하는 것이 과히 많지 아니한즉 한인들이 차차 이런 길로 생계를 여는 것이, 당장에 이익은 많지 못한 듯하나, 장구히 하면 이익이 더욱 클 것이며,

오아후 헤아 농장에 경영하는 바를 가장 주의하여, 가고자 하는 이도 많고 형편을 질문하는 이도 많은지라. 누구든지 학교에 들어가서 완전히 공부할 수 없는 청년은 다 목전에 여간 이해를 불계하고 아주 헌신하는 결심으로 헤아 농장에 나아가면, 한인들에게 전부 맡기는 큰 농장을 맡아서 공동히 장구한 이익을 도모할 수 있으며, 학사 박용만

씨의 지휘 아래서 모든 병학 연습을 배우는 외에 다른 학식도 배울 수 있을 듯한지라. 아무쪼록 이곳으로 다수가 향하는 것이 좋을 듯하더라.

종교상 형편

새 교회가 수처에 설시되어 전에 보지 아니하던 사람들이 차차 합동하여 예배 보기와 성경 공부하기를 주의하므로, 교회가 생기는 대로 국민회 지회가 또한 설시되어 사람의 도리를 하기로 활동하는 자가 날로 일어나며, 어떤 곳에서는 기왕부터 교회와 공회가 다 같이 있으나 특별한 활동력이 없던 것이 스스로 소생되어 매양 한 사람도 빠지지 않고 출석한다 하는데, 그 지방 농주를 만나서 담화하다가 아무 농장에 한인들은 다 좋은 신자들인데 범절이 다 흥왕하더라 한즉, 농주의 말이, 그 사람들이 좋은 교인인 줄은 몰랐으나 각국인 농장 중에 그곳에서 온 사탕수수가 제일 많다 하는지라. 좋은 교인은 좋은 일꾼이 되는 법이라 한즉, 자기도 그런 줄 알겠다 하며, 그 옆에 한인 농장에도 예배 볼 처소를 위하여 집을 내어주겠노라 하더라.

우리 한인들이 가장 감사할 것이, 세계에 어디를 가든지 예수교로써 모든 일의 중앙을 삼아서, 북간도와 해삼위 만주 상해 북경 등지와 외양 각처에서 모든 예수교회로 모든 사업의 근거를 세우며, 이것으로 효력을 보는지라. 장차 이 교회로써 구원을 얻으며, 이 교회에서 민족을 빛낼 줄을 믿음으로, 다만 형식상으로 교회를 도울 뿐 아니라, 은근히 돕기를 전력(全力)하는 어떤 지방에서는 본국에 선교 사업을 도와 그동안 다수한 재정을 모아 보내며, 신문이나 잡지 월보에 이런 사실이나 자기들의 성명을 드러내지 말아 달라고 부탁하는 이가 여럿이라. 이것을 볼진대, 한인들이 차차 교회로 인연하여 우리 민족의 장래 육신과 영혼상 행복을 구할 줄 확실히 믿는지라.

바라건대 모든 애국지사들은 각각 한인 전체에 도덕심을 배양하기로 근본을 삼아, 모든 죄악 속에서 아주 썩어진 민족을 구하여 내는 것이 죽은 대한을 살려내는 기초요, 주색잡기(酒色雜技)에 묻혀서 사망을 자취(自取)하는 한국 백성을 구하여 내는 것이 잔멸한 대한의 한 분자(分子)를 건져내는 줄로 알아, 이 도덕심으로 모든 것에 기초를 삼을진대 모든 것이 다 완전한 사업이 되어, 영구한 문명부강에 나아가는 첩경이 되리라 하노라.

미국의 중대 문제
(1914년 6월호)

미묵 전쟁

베라크루스를 미국 해군이 점령할 때에 미국 해군의 죽은 사람이 19인이라. 브루클린 기계창에서 장례를 행할 때 윌슨 대통령이 친히 참예하여 연설할 때, 그 연설 대지(大旨)는 대개 사람의 직책이라는 것이 저마다 행하는 것이나, 어떤 사람은 직책을 행하고도 공로가 특별히 더 드러나는 것은 다름 아니라, 남을 위하여 저희 몸과 목숨을 바침이라. 가령 나라일로 말할지라도, 저희가 죽어서 나라가 평안하고 나라가 영광스럽기를 바라는 것인즉, 직책은 다 일반이로되 순전히 남을 위하여 행하는 직책인즉 특별히 공효가 드러남이라.

이 죽은 사람들의 성명 부르는 것을 보건대, 다 순전한 미국 사람이 아니로되, 미국 국기를 위하여 목숨을 버린 것이 그 마음속에는 유대국도 없고 덕국(德國) 법국(法國)에 분간도 없고, 각각 자기가 다만 미국 하나만 위하여 피를 뿌린 것이라. 그런즉 미국은 온 세계 모든 나라의 피를 합하여 한 기 아래 자유 복락국(福樂國)을 만든 것이라 하였으며,

연설을 필한 후에 일제히 고개를 숙인 후, 뉴욕에 유대인 중 유명한 랍비 와이스(Rabbi Wise) 씨가 기도를 인도하여 가로되,

이 나라와 이 백성을 다 복주시사, 이 시간에 생각하는 바에 저희 마음을 맡기며, 저희 뜻을 높여 주소서. 사람을 두려워하지 말

고 하나님을 두려워함으로 항상 일삼게 하시며, 이로 인연하여 이 나라에 전쟁이 없게 하소서. 우리로 하여금 남을 상하거나 해하지 말게 하시며, 항상 하나님의 손으로 세계 모든 나라에 압제당하는 백성을 건져주는 일에 도움이 되게 하소서. 세상 권세나 능력으로 하지 말고 하나님의 뜻으로 항상 주장을 삼아서, 모든 나라에 참 의(義)를 드러내게 도와주소서, 하였더라.

전쟁 결과

이 전쟁이 벌어진 후로 장차 결과가 어떻게 되는지 생각하는 자의 의견이 각각 같지 아니하더니, 그 동안에 혹 구라파 각국이 중재가 되어 평화를 소개시킨다고도 하였고, 혹은 미국이 멕시코와 전쟁하는 것이 아니라 후어타와 전쟁하는 것이니 한 사람만 물러앉으면 전쟁이 침식되리라고도 하며, 혹은 평시에 형편과 같지 아니하여 전쟁 결과로 다소간 토지를 빼앗던지 무슨 다른 요구가 있으리라 하더니,

그 동안에 남미주 세 나라가 중재 소개되기를 자원한지라. 후어타도 이것을 낙종(樂從)하고 미국 정부에서도 낙종하여서 3국 대표자가 미국과 멕시코 양국 대사들로 더불어 북미주 캐나다 지방 나이아가라 폭포(Niagara Fall)에 모여 강화 담판을 열었으므로 평화운동이 차차 취서되는 희망이 있더라.

이 세 나라는 아르헨티나(Argentine)와 브라질과 칠레라. 각국 신문잡지에 이 삼국 이름에 첫째 글자만 따다가 말하되 에이(A), 비(B), 시(C)라 하여 헛된 추상도 많이 하고 의심도 많이 내었으나, 미국 공화당에서들은 이것을 크게 자랑하며 하는 말이, 윌슨 대통령의 행정으로 먼로(J. Monroe) 법을 새로 활동시킨 것이라. 먼로 법을 당초에는 합중국이 혼자 담당하고 세운 것인데, 지금 와서는 남미주 각국이 먼로 법

에 보호받음을 깨닫고 완전히 보호하고자 하여 미주 일은 구라파 각국이 간섭하지 않게 하려고 미멕 전쟁에 중재를 자천함이니, 우리는 환영하여 이 전쟁이 속히 정돈되고 평화가 회복하리라 하더라.

컬럼비아 보상 문제

컬럼비아는 파나마 운하 남편 언덕에 있는 나라이다. 당초에 미국이 베네수엘라 국과 약조하고 파나마 운하 건설하는 권리를 얻었더니, 약조 조인하기 전에 베네수엘라 국에서 의론이 생겨서 미국이 건설하기 어렵게 되는지라. 그때에 마침 컬럼비아에 내란이 생긴지라. 루스벨트 대통령이 이 기회를 타서 컬럼비아와 약조를 하고 운하 건설할 권리를 완전하게 하여 필경 운하가 준공된지라. 혹은 이것을 루스벨트 씨의 외교상 영롱한 수단이라 하며, 혹은 이것을 공정치 못한 일이라 하나니, 이는 본 잡지 제3호에 소상히 말하였거니와,

윌슨 대통령이 근자에 컬럼비아와 은근히 약조를 정하고 2천5백만 원을 컬럼비아로 보상할 내용이라 하는데, 그 이허(裏許: 속내)인즉 윌슨 대통령이 전전 대통령의 행한 바 외교정책이 공평치 못하여 미국 정부에 신앙을 잃으며, 미국 국민의 양심을 아프게 한다 하여, 이 재정으로써 컬럼비아에 주어서 사과하고자 함이라. 이것이 지혜로운 일인지 지혜롭지 못한 일인지 우리는 깊이 말할 겨를이 없거니와, 이 사건에 대한 관계는 심히 재미로운지라.

민권당과 다른 윌슨 반대당에서들은 이것을 가지고 큰 훼괴(毀壞)한 일로 여기며, 루스벨트 씨는 더욱 분노하여 공변되이 논설로 설명하고 또한 화이트 하우스에 가서 대통령과 비밀히 담론하였는데, 그 결과는 아직 공포하지 않았거니와, 이 약조를 미국 국회에서 경의하지 못할 것은 분명하더라.

민권당의 말로 볼진대, 전 대통령이 비록 이 일을 잘못 조처하였을지라도 지금 대통령이 중대한 사건을 일조에 번복시키는 권리도 없고, 겸하여 이 일을 번복시킬진대 전 대통령을 욕 뵈는 것이라. 체면에도 합당치 아니하며, 하물며 전 대통령이 조금 잘못한 것이든지 공평치 못하게 한 것이 없거늘, 졸연히 국고 재정을 컬럼비아에 주려 하는 것은 결단코 국회에서 허락지 않을 일이라 하여 시비가 가장 많은데, 컬럼비아 사람들은 말하기를, 미국이 다만 2천5백만 원만 낼 것이 아니라 1억만 원을 내어야 옳다고 시비하는 중이더라.

한족의 단합이 언제
(1923년 3월호)

한국이 독립을 회복하려면 한족(韓族)이 속히 단합함이 되어야 한다 함은 한인도 하는 말이고 타국인도 다 하는 말이니, 우리 한인의 정신 가진 모든 한인에게는 한족의 단합이 제일 큰 문제라 하노라.

그러나 단합이라, 통일이라 하는 말은 소위 정객(政客)마다 말하며 인도자마다 주창하되, 그 하는 일과 되어 가는 사실을 보면 통일과 단합은 점점 멀어가게 하는 것뿐이니, 이대로 보아서는 단합의 성취는 영영 희망이 없다 할까.

우리는 결코 그렇지 않다 하나니, 한족의 합동은 되는 날이 있을 것을 의심 없이 믿노라. 대저 우리 민족이 독립은 회복하고야 말지니, 단결이 먼저 될 것을 믿을 것이 한 가지요, 또 한족이 다 우준한 백성이 아니라 그 영해(靈解)한 민성이 지금은 혹 사사(私私) 생각에 구속을 입거나, 혹 소경 인도자에게 인도를 받거나 하여 서로 분열하는 소부분의 파동을 받을지라도, 얼마 후면 그 중에서 경력이 생겨서 어떤 것이 대의요 무엇이 공익인지 능히 분간할지니, 그제는 오늘날 저 소부분의 분쟁이 다 봄눈같이 스러지고 한족의 대동단결이 동편에 오르는 태양같이 능히 막을 자 없을 것을 아노라.

그러면 이상에 말한 바와 같이, 한족의 대동단결이 성취될 기한이 언제쯤 오겠느뇨. 이것이 우리의 긴요한 문제인데, 우리의 아는 대로 대답하려 하노라.

한족의 단합이 언제 되겠느냐 하는 문제의 대답은 우리나라가 군주전제국이 되든지, 우리 국민이 공화정체의 요소를 알아 행하던지, 이 두 가지 중에 한 가지를 이루는 날에 단합이 될지라. 이것이 오늘 되면 단합도 오늘 되며, 이것이 내일 되면 단합도 내일 될 것이다. 만일 이것이 못 되면 단합도 못 되리니, 이것을 먼저 힘쓰는 것이 저것을 이루는 첩경이라 하노라.

一. 전제국의 단합:

영특한 인물이 생겨나서 그 나라 사람을 자기의 명령 아래 복종케 함으로 일국을 통일하나니, 그 방법이 대략 네 가지라.

일(一)은 백성을 어리석게 함이라.

자기가 천명을 받아 그 나라에 임금이 되기로 하늘이 정하였은즉, 자기를 복종하는 자는 충성한 백성이오, 자기를 복종치 않는 자는 천지를 거역하는 자이니 곧 역적이라, 죽음의 벌을 면치 못하리라 하여 사람으로 하여금 스스로 그 임금을 곧 하늘을 대표한 성인으로 알도록 만드나니, 이것이 곧 상고 시대에 나라를 건설한 창업주들의 행한 바이며,

이(二)는 교육방법이라.

백성을 교육하여 임금은 곧 부모요 백성은 곧 어린 자식들이니, 임금이 선하던지 악하던지 백성이 사랑하여 복종하는 것이 천지에 떳떳한 법이라. 만일 이 법을 몰라서 군명을 항거하면 이는 삼강오륜(三綱五倫)을 모르는 자이니 곧 금수와 멀지 아니한즉 인류로 대접할 수 없다 하여, 이것을 사람의 뇌수에 넣어주어서 사상을 결박하였나니, 이는 곧 전제국 군주들이 그 조상이 건설한 나라를 맡아 가

지고 인민을 어거(馭車)하여 오던 방법이며,

　삼(三)은 민심을 사는 방법이라.

　그 나라 백성 중에 가장 명망도 있고 재능도 있는 자는 낱낱이 택해다가 문무 관작이나 혹 지방 관리를 시켜서 재물로 그 집을 부요케 하며, 벼슬로 그 몸을 영귀케 하여, 그 사람들이 마음에 달게 자기를 복종함으로 그 사람들을 추숭하는 인물들이 자연히 자기를 추숭하게 하나니, 이것이 곧 옛날 소위 성군이 현상양장(賢相良將)을 택용함으로 천하 태평 시에 사방에 무일사(天下太平時, 四方無一事)라고 자랑하던 시대이며,

　사(四)는 압박 수단이라.

　이상에 모든 방법을 다 잘 사용할지라도 종시 불복하는 자가 있나니, 이것은 어찌할 수 없이 위력으로 누를 것뿐이라. 그러므로 군사와 순검이 있어 자기의 명령을 거역하는 자는 반역이라, 국적(國賊)이라, 난당(亂黨)이라 하여 군사로 토벌시키며, 순검으로 처벌하여 하나도 감히 반대하는 자 없게 만들어 놓고 나라를 다스렸나니, 이것이 곧 전제국의 단결 단합하던 방법이라.

　이상 네 가지 방법으로 나라의 통일을 보전하여 왔나니, 다만 황실을 보조하는 양반이라는 사람들만 교육하여 윗사람으로 권리를 잡게 하고, 그 아래 백성은 교육 없이 무식하게 만들어 우양(牛羊)과 같이 모는 대로 따라가며 살아왔나니, 그러므로 전제정치 하에서 나라를 다스리기가 제일 쉽고 전제국의 국민단결이 가장 완전한 단결이라. 오늘 일본의 단합이 저렇듯 공고한 것이 곧 다수히 이것을 인연함이로다.

　그러나 우리는 20세기에 처하여 군주제도를 쓰기도 원치 않거니와 쓰고자 하여도 될 수 없는지라. 지금 세상이 날로 밝아가 전제정치

를 결코 원치 않는 고로 영국에 군주도 그 위만 가졌고 권리는 없이 되며, 일본의 천황은 장차 이름도 없어지게 된다는 보고가 종종 들리는 이때에 우리 민국이 변하여 군주국이 되기를 허락할 자는 2천만 중에 결코 없을 거며, 겸하여 우리 국민의 상식 정도가 상고 시대와 달라서 임금은 천명으로 되었다든지, 왕명을 거역하는 자는 역적이라 하는 등 설로 속여서 복종케 할 수도 없으며, 또한 우리 정부의 목하 정형으로는 벼슬과 재물로 인심을 살 처지도 못되었거니와, 설령 그 형편이 되었을지라도 우리 국민이 재물에 팔릴 애국자들도 아니며, 벼슬을 지키려 하여도 공화국 백성은 벼슬을 존중히 알지 않고 평민으로 투표권 가진 자가 실상 주권자요 벼슬하는 이들은 다만 국민의 공공한 종으로 아나니, 어찌 헛된 영화에 팔리고자 하리요. 이는 은혜로 민심을 사는 방법도 행할 수 없는 표준이며,

　심지어 군사로 민심을 억제함은 오늘 우리 처지에 행할 수도 없고 또한 행할 수 있을지라도 이는 결코 공화 자유주의의 위반이니, 우리의 군사는 광복사업을 위하여 싸우는 자이며, 광복사업을 이룬 후는 적국을 막는 군사로만 알 것이오, 우리 백성 압제하거나 정당 싸움에 이용하는 군사로는 생각지 않을지니, 이는 지금에도 국민이 다 깊이 깨달으려니와 이후에도 이 뜻을 잊지 말고 지켜 나갈지라. 그런즉 위력으로 민심을 복종케 하기도 또한 될 수 없는 일이니, 이상에 말한 바 전제정치로 한족의 단합을 도모하기는 아주 될 수 없는 일로 인증함이 가하도다.

二. 공화주의 국민의 자각
　공화국은 한두 사람이 백성을 강제로 다스리는 것이 아니고 백성끼리 다스리는 나라이니 모든 것이 백성에게 달린지라. 백성이 잘 하려

하면 잘 될 것이고, 백성이 아니하려 하면 될 수 없는 것뿐이라. 만일 백성이 합동되지 못하면 결과는 필경 그 나라가 없어져서 남의 속지가 되고 말든지, 그렇지 않으면 어떤 임금이 나서 위에 말한 바와 같이 강제로 때려서 복종시키게 되리니, 이 외에는 다른 방법이 없을지라. 그러므로 백성이 단합하지 아니하고 공화독립국이 있을 줄은 영영 바라지 못하리로다.

그러나 백성은 누구를 지목함인가. 각각 나 한 사람을 가리킴이라. 내가 나 한 사람의 권리와 직책을 행함으로 남도 따라 그와 같이 하여 그 사람의 수효가 다수가 되면 이것이 곧 그 나라를 다스리는 다수 백성이니, 공화국에 단합되고 못 되기가 각각인의 단합하고 아니하기에 달렸도다.

공화국에 인민이 합동하려면 사람마다 먼저 알아야 할 필요한 조건이 몇 가지 있나니,

일(一)은 각 개인이 국가에 한 분자 되는 것을 깨달아야 할지라. 전체를 위하여 분자를 희생하는 것이 옳으니, 국가에 유익될 일에는 개인이 자기의 자유와 명예와 이익과 목숨까지 다 희생하여 나라의 권리와 영광과 이익과 생명을 도울지라. 오늘날 외방 각처에 우리 일이 이렇듯 분요(紛擾) 복잡하게 되는 것은 국민이 아직도 이 사상을 깨닫지 못하여 대사를 방해하고라도 자기의 권리만 세우려고 애쓰는 인도자도 있으며, 그런 야심가들을 따라서 광복 대사를 백방으로 저해하는 인민도 있나니, 이 폐해를 먼저 고치지 못하고는 분쟁이 쉬일 날이 없을 것이며,

이(二)는 사람마다 국민 된 직책을 행할지니, 이는 곧 그 정부에

대한 세납이 한 큰 부분이라.

백성이 내지 아니하면 정부에 재정이 없을 것이고, 재정이 없이는 정부가 부지할 수 없으리니, 정부는 없더라도 나라만 있을 수 있으면 백성은 돈 한 푼 허비하지 않고 독립 국민의 이익을 누릴 터이지만은, 이는 전에도 없었고 이후에도 없을지라. 정부에 앉은 사람이 자기의 친구든지 원수든지, 내 당파든지 내 당파가 아니든지 다 불계하고, 자기가 정부에 낼 것은 다 내어서 그 정부가 있게 하여 놓은 후에야 백성의 직책을 다 한 줄로 알아야 되겠거늘, 근자 우리 사람들의 심리를 보면, 돈은 남이 내고 권리와 영광은 내가 차지하려 하니, 필경 남의 나라 사람이 와서 억지로 빼앗아다가 우리 일을 저희가 하고, 우리의 이익을 저희가 가져가는 것을 어찌 이상타 하리오. 국민의 의무심을 자각한 후에야 국민 단합을 이룰 것이며,

삼(三)은 법률을 중히 여김이라.

대저 공화국 백성은 전제정치 하에 노예같이 속박 받고 사는 자가 아니고 자유(自由) 자치(自治)하는 백성이니, 우마(牛馬)와 같이 몽둥이로 복종시킬 수 없고 다만 법률로서 어거(馭車)하나니, 법률 안에서는 무엇을 하든지 정부에서 간섭하지 못하고 도리어 그 자유권을 보호하여서, 그 나라 모든 백성이 한 법률 범위 안에서 각각 제자리를 찾으며 제 직책을 지키므로, 그 안에 사람이 많든지 적든지 다 한 단체를 이루어 모든 활동이 다 질서 있게 진취되는 바이거늘, 미개한 백성들은 이것을 알지 못하는 고로 법률은 있든지 없든지 위에서 압박하는 세력만 많으면 다 복종하다가, 이 세력만 없는 것을 보면 곧 저마다 제 맘대로 하기를 기탄없이 하므로 저마다 제 맘대로 뛰노는 중에서 질서라, 조리라 하는 것은 생각할 겨를도 없게 되는

법이라. 근자에 우리 사람들을 보아도 제게 의롭고 제 뜻에 상당할 때에는 헌법이니 장정이니 규칙이니 하다가도, 조금만 제게 불합하면 다 내버리고 제 자유로 하려 하니, 이는 개명한 공화민의 자유가 아니라 야만들의 주먹 힘으로 사는 자유라. 사람마다 이러한 자유는 버리고 법률 안에서 조리와 질서를 따라 행하여야 참 개인의 자유도 생기고 따라서 그 나라의 자유도 있을 것이며,

　　사(四)는 공결(公決)을 복종함이라.
　　다수인이 정당히 결처(決處)하는 것은 소수인이 좋으나 싫으나 따라 가야 공화국이 있지, 그렇지 않으면 공화국은 이름도 없으리니, 이것은 더 설명치 않아도 알려니와, 우리 사람들의 하는 것을 보면 이것을 몰라서 그러한지, 알고도 행치 아니하여 그러한지, 다수의 결처를 소수가 불복한다고 풍파가 종종 생기는지라. 내게 불합하다고 따로 떨어져 나가서 단체를 헐진대, 그 백성은 영영 단결하여 볼 수 없으리니, 그 백성에게 어찌 공화국이 합당하리요!

　　이상 네 가지 도리를 사람마다 깨닫고 행하면 우리의 단합은 다시 문제될 것이 없으며, 우리가 단합만 되면 세계를 놀랠 만한 일을 능히 행할 수 있을지라. 민국 원년 3월 1일 사적이 이 증거가 아닌가.
　　그런즉 우리 광복이 언제 되는가 알고자 할진대, 한족이 단합되는 날에야 된다 할지며, 한족의 단합이 언제 되느냐 할진대, 우리 국민이 이 위에서 말한 바 네 가지를 알아 행하는 날에 되리라 하노라.

남북론
(1923년 3월호)

지구 도수(度數)에 남극과 북극이 서로 나누어 선 것 같이 나라에
도 남방 북방이 서로 떨어져 있음은 물질적으로 면할 수 없는 사실이
라. 물질적 방한을 인연함일는지, 사람의 심리적 구별이 자연히 있어서
남방이니 북방이니 서로 구분한 것은 자고급금(自古及今)토록 동서양 각
국에 없는 곳이 드물었다.

상고 동양역사에도 북방지강여(北方之强歟)아, 남방지강여(南方之强
歟)아(북방의 강함인가, 남방의 강함인가. 중용 제10장)한 것이 남북경쟁에서
나온 말이고, 우리나라에도 남인 북인이 갈려서 사색편당에 쟁론이 오
래 있었나니, 이것도 또한 남북에 분쟁인 것이다.

서양 모든 나라에도 나라마다 남북구별이 다소간 있었으나 가장
드러난 것은 미국의 남북전쟁이라. 비록 흑노(黑奴)를 방석(放釋)하는 것
이 그때 전쟁의 원인이라 하겠으나, 그 내용인즉 남방 사람들이 북방정
부를 거절하고 따로 독립하려는 한 주의로 시비되어 4, 5년 전쟁에 인
명이 무수히 상하고, 다행히 북방정부에서 이겨서 강제로 합하여 합중
국을 완전무결케 하였으나, 오늘까지도 남방 양반이라, 북방 양키라 하
는 감상이 없지 아니하며,

아일랜드는 자치운동을 시작한 이후로 영특한 인물과 충렬한 의

사들이 악형도 많이 당하고 런던 타워(London Tower) 속에서 귀신이 된 사람이 또한 무수하며, 이번 구미전쟁 후로 특별히 한층 더 나가서 자치주의를 버리고 독립운동을 시작하여 금전과 충혈로 무수히 격전하고 비로소 자유국에 권위를 얻었으나, 아직도 완정한 질서가 생기지 못하고 완전한 독립국의 지위를 점령치 못한 것은 아무 다른 연고 아니고, 다만 남북 지방의 분쟁을 인연함이라. 천주교와 신교의 구별로 서로 시기와 쟁투가 쉬지 아니함으로 독립자주권은 남북이 다 원하면서도 분쟁렬(紛爭烈)이 애국심보다 더 큰 이유로 인연하여, 영국과 7백여 년 동안을 두고 대대로 계속하여 싸워오면서도 종시 원만한 결과를 얻지 못하였으니, 이는 남북 분쟁의 독한 해가 아닌가.

현금 중국이 그 토지와 그 재물과 그 인구로써 세계에서 제일 미약한 나라가 되어 3분5열에 다시 일어날 힘도 없게 되었거니와, 세계의 한 조소꺼리가 되어 중국인을 모두 치소(恥笑)하게 된 것은 아무 다른 연고 아니고 남북분쟁을 인연함이라. 그 원인을 상고하건대, 거의 3백년 전 명나라 말년에 북방민 중에 야만인종이 명을 치고 중국을 얻은 후, 중국 인민을 강제로 복종시켜서 만인(滿人)과 한인(漢人)을 구별하여 한인은 무수한 학대로 구축하며, 만인이 모든 권리와 세력을 잡고 북경 도성에 성을 새 겹으로 분배하여, 내성에는 황실 황족이오, 중성에는 만족이오, 외성에는 한인들이 살게 만들어서, 몇 천 명 만인이 4억만 한인을 다스려 왔나니, 3백년 청국 계통이 곧 압제와 위력과 학대 구별로 계속한 것뿐이다.

손일선(孫逸仙. 孫文)이 중국혁명의 운동을 시작할 때에 중국 인민이 공화자유 등 주의에 몽매함으로 그 언론으로 인심을 일으키기 어렵게 되었으므로 자연 인종론(人種論)으로 남방 지방열을 고취하여 왈(曰), 우리 중국에 당당한 한·당·송·명 문명국 인족(人族)으로 사억만 인구가 어찌 저 소수되는 북방 만주인족의 학대를 받고 노예의 자리를 달게 여겨 영구히 복종하리요. 일심으로 일어나서 만주 정부를 내어 쫓고 우리가 우리나라를 회복하자 하므로, 이 말이 그럴듯한지라. 그 주의가 차차 전파되다가 1911년에 마침내 대혁명을 일으켜 전제정치를 전복하고 공화국을 세웠나니, 이에까지는 지방주의가 아니라 곧 인종주의라 할 수 있다.

그러나 만주 정부는 전복하였지마는 만주 세력은 아직도 북방에 있다. 그뿐 아니라 한족으로 이전 만주 세력 아래서 지내던 사람들은 북방 정부의 권리를 잡고 있어서 황실을 보호한다, 만족을 화동(和同)한다, 하여 정치상 방약이 이전 형편에 얼마 지나지 아니 하나니, 이는 원세개가 황제 되려는 운동에 이르러 극도에 달하였었다.

당초에는 손일선이 남북에 대하여 어떠한 사상을 가졌던지 이후에라도 알 사람이 아마 없으려니와, 과거 수년간 중국 정변에 상태를 보건대, 손일선이 남방에 따로 군 정부를 세우고 북방을 다 자기 관할 하에 두어서 통일하든지, 그렇지 아니하면 남방을 따로 독립하여 중국을 분열하든지 하자는 계획이 완전히 발표되어, 중국에 남북 분쟁렬이 점점 극도에 이르자 중국에 평화문제가 서양 각국 정치가의 뇌를 아프게 한다.

그런즉 아일랜드 같은 조그마한 나라에도 남북에 분쟁이 있고 미국과 중국 같은 큰 나라에도 남북 분열로 폐해가 있으니, 우리 대한민국에는 장차 이런 폐단이 없겠는가. 이는 우리 민족의 장래를 경영하는 모든 인도자들이 깊이 생각하여 미리 정한 방침이 있어야 할 일이다.

어느 나라든지 전제정치 밑에서는 설혹 억울한 일이 있어도 감히 발표치 못하다가, 공화정체 하에서는 언론 자유의 명의를 빙자하고 이런 사상이 표면에 드러나나니, 〈태평양잡지〉는 이에 대하여 오래 연구한 결과로 우리 민국의 장래 큰 화근을 막기 위하여 아래 사실을 들어 충정으로 고하려 합니다.

불행히 지나간 5백년간에 우리나라에 남북 구별이 부지중 심한 것이 사실이다. 다수 기호(畿湖) 사람들이 한양 성중에서 국권을 조종하여 서울양반 시골상놈이라는 말이 물론 사방을 다 지목하여 구별한 것이지만은, 그 중에서 북이 우심하여 서북이나 양서 인은 동등 대우를 주지 아니하고, 더욱이 근대에 이르러는 탐관오리의 학정과 학대가 실로 골수를 아프게 하였다.

그 지방과 인민을 볼진대, 이러한 학정의 불공 불평함이 더욱 드러나는지라. 평양으로만 말하여도, 단군 기자가 처음 도읍한 서울이니, 지방으로 인연하여 지체를 구별할진대, 우리나라 반도 강산에 평양사람같이 지체 좋은 양반이 다시없을 터이며, 인격으로 말할지라도 우리나라 고대 문명이 여기서 처음 기초하였고, 인물과 물질로 보아도 화려하고 선명함이 팔도강산에 제일이라 하는 바이며, 근시 신문명 수입에도, 종교 교육 등 계에도 먼저 수양하여 전국을 거의 인도할 만치 된 것이 사실이니, 이것으로 보아도 평양 사람들이 일국에 양반 대우를 받을지언정 하등구별을 받게 된 것은 실로 우리 전국이 다 크게 유감으로 여기는 바라.

그러나 이것은 고대에 인민사상이 발달치 못하여 일시 편협한 습관으로 된 것이니, 곧 한 부모 슬하에서 형제간 다툼에 지나지 않는지라. 지금 세계가 문호를 상통하고, 나라는 나라와 다투고 인종은 인종과 다투어 생존을 경쟁하는 시대에, 우리는 다 한 혈족으로 한 국민으로 왕사(往事)는 피차에 다 잊어버리고 일심 단결하여 외환을 방비하며 적국을 대하는 것이 우리의 도리가 아니며 우리의 지혜가 아닌가.

하물며 우리 국민이 건설된 후에는 일천만 민이 다 동등 국민이

라. 양반도 없고 상놈도 없이 한 법률 밑에 다 같은 백성이니 무슨 구별이 있으며 무슨 학대가 있으리오. 기호 사람으로는 다시 이런 구별과 이전 등분을 생각할 겨를도 없고 또한 원치도 않는 바이다.

그런데 어찌하여 우리 한인 가는 곳마다 기호파니 서북파니 하여, 좀 심한 자는 이왕에 한 집안 같이 지내던 친구 간에 길에서 고개를 서로 돌리고 지나게 되니, 이것이 어찌된 연고인가. 우리는 중국 같이 만인이니 한인이니 하는 인종 구별도 없고, 아일랜드 같이 구교니 신교니 하는 종교 문제도 없는데, 어찌하여 한 인종으로 한 나라 안에서 남이니 북이니 하여 동족 간에 서로 초월(楚越)같이 보게 되니, 이것이 남방을 돕는 것이냐 북방을 돕는 것이냐, 이것이 한족을 돕는 것이냐 한족의 적국을 돕는 일이냐. 우리 2천만을 다 합하여 한 덩어리를 만들어 놓아도 더 강한 적국의 형세에 비교하면 오히려 적은 것을 탄식하려던, 하물며 집안을 나눠 가지고 조그마한 속에서 둘 셋을 나눠 각립하게 되면 이는 화패(禍敗)를 자취함이라. 이 어찌 우리 명철충량(明哲忠良)한 국민이 차마 할 바리요.

이 원인이 어디서 생겨난 것을 상고할진대, 소위 영웅 노릇을 하고자 하는 정객들이 사사당(私私黨)을 모으기 위하여 인심을 고동하려는 주의로 낸 것이니, 기왕에 불공평히 받은 대우를 인연하여 우리가 이후로는 이런 대우를 받지 말자는 감각을 충동하여 이러한 내용적 결심을 가지고 단체를 만들어 은근히 확장하고 본즉, 이것이 자랄수록 국가의 화근은 점점 뿌리가 깊어진다.

만일 우리 국민의 상식 정도가 고등 지위에 이를 것 같으면 이런 언론이 어디서 용납을 얻으리요마는, 과연 그렇지 못한 중, 이런 성진(星塵)으로 묻은 불을 선동하므로 혹 무식한 자들은 심지어 말하기를, 우리 서북인은 자유권을 십년 전 일인에게 잃은 것이 아니라 오백년 전에 기호인에게 잃었다 하여, 국권 회복하기는 오히려 둘째가 되고 당파 심기에 더욱 골돌(汨篤)하며, 정치상 운동에도 사람의 자격 여부는 물론하고 먼저 그 사람의 고향이 어디인가, 그 사람의 말소리가 어떠한가들이 보아 쓰고 아니 쓰기를 작정하므로, 다른 지방 사람들이 스스로 딸려서 저희도 당파가 있어야 하겠다는 풍조로 혹은 대령 남 혹은 대한북을 주창하여 각각 기를 따로 세우고 서로 세력을 확장하는지라.

슬프다, 우리가 20세기 경쟁마당에서 이 노름을 해 가지고는 결단코 못 될지라. 나라 찾기는 고사하고 민족이 세상에 서지 못할지며, 민족이 서지 못하는 중에서 지방열을 고취하는 자를 먼저 용납할 곳이 없게 되리니, 어떤 사람이든지 지방구별로나 혹 다른 관계로 인연하여 한족의 분열을 일삼는 자는 우리 민족의 죄인으로 알지라.

우리의 성은 다 한(韓)가요 이름은 다 인(人)이며, 우리의 본향은 조선(朝鮮)이고, 우리의 조상은 한인(韓人)이고, 우리의 자손은 한인(韓人)이라. 우리 이천만(二千萬)은 전에도 한인이고, 지금에도 한인이고, 이후에도 한인뿐이니, 다른 것은 다 물론하고, 우리는 한인인 줄만 잊지 말지어다.

공산당의 당부당

(1923년 3월호)

공산당 주의가 이 20세기에 나라마다 사회마다 아니 전파된 곳이 없어 혹은 공산당이라, 사회당이라, 무정부당이라 하는 명목으로 극렬하게 활동하기도 하며, 혹은 자유권(自由權), 평등권(平等權)의 명의로 부지중 전염하기도 하여, 전제 압박하는 나라에나 공화(共和) 자유(自由)하는 백성이나 그 풍조의 촉감을 받지 않은 자 없도다.

공산당 중에도 여러 부분이 있어 그 의사가 다소간 서로 같지 아니하나, 보통 공산당을 합하여 의론하건대, 그 주의가 오늘 인류 사회에 합당한 것도 있고 합당치 않은 것도 있으므로 이 두 가지를 비교하여 이 글의 제목을 당부당(當不當)이라 하였나니, 그 합당한 것 몇 가지를 먼저 들어 말하건대,

인민의 평등주의(平等主義)라. 옛적에는 사람을 반상(班常)으로 구별하여 반(班)은 귀하고 상(常)은 천함으로, 반은 의례히 귀하고 부하며 상은 의례히 천(賤)하며 빈(貧)하여 서로 변동치 못하게 등분으로 방한(防閑)을 정하여 놓고, 영영 이와 같이 만들어서 양반의 피를 타고난 자는 병신 천치라도 윗사람으로 모든 상놈을 다 부리게 마련이고, 피를 잘못 타고난 자는 영웅준걸의 재질을 타고났을지라도 하천한 대우를 면치 못하였으며, 또한 노예를 마련하여 한 번 남에게 종으로 팔린 자는 대대로 남의 종으로 팔려 다니며 우마(牛馬)와 같은 대우를 벗어나지

못하게 마련이라. 이와 같이 여러 천년을 살아오다가 다행히 법국(法國) 혁명과 미국 공화를 세운 이후로 이 사상이 비로소 변하여 반상의 구별을 혁파하고 노예의 매매를 법률로 금하였나니, 이것이 서양 문명의 사상 발전된 결과라. 만세 인류의 무궁한 행복을 끼치게 하였도다.

그러나 근대에 이르러 보건대, 반상의 구별 대신에 빈부의 구별이 스스로 생겨서, 재산 가진 자는 이전 양반 노릇을 여전히 하며, 재물 없는 자는 이전 상놈 노릇을 감심(甘心)하게 된지라. 그런즉 반상의 명칭은 없이 하였으나 반상의 등분은 여전히 있어 고금에 다를 것이 별로 없도다.

하물며 노예로 말할지라도, 법률로 금하여 사람을 돈으로 매매는 못한다 하나, 월급이라, 공진(供進)이라 하는 보수 명의로 사람을 사다가 노예같이 부리기는 일반이라. 부자는 일 아니하고 가난한 자의 노동으로 먹고 살며, 인간행락에 모든 호강 다하면서 노동자의 비는 것으로 부자 위에 더 부자가 되려고 월급과 삯전을 점점 깎아서, 가난한 자는 호가지계(呼價之計)를 잘못하고, 늙어 죽도록 땀 흘리며 노력하여 남의 종질로 뼈가 늙도록 사역하다가 말 따름이오, 그 후생이 나는 대로 또 이렇게 살 뿐이니, 이 어찌 노예생활과 별로 다르다 하리요. 그러므로 공산당의 평등주의가 이것을 없이 하여 다 균평하게 하자 함이니, 어찌하여 이것을 균평히 만들까 하는 것은 딴 문제거니와, 평등을 만들자는 주의는 대저 옳으니, 이는 적당한 뜻이라 하겠고,

공산당 주의 중에 시세에 부당한 것을 말할진대,

一. 재산을 나눠 가지자 함이라.

모든 사람의 재산을 토지 건축 등 모든 부동산까지 다 합하여 골고루 나눠 차지하게 하자 함이니, 이것을 가난한 사람은 물론

환영하겠지만, 토지를 골고루 나눠 맡긴 후에 게으른 사람들이 농사를 아니 하든지 일을 아니 하든지 하여 토지를 다 버리게 되면 어찌하겠느뇨. 부지런한 사람들이 부지런히 일하여 게으른 가난장이를 먹여야 될 것이고, 이 가난장이는 차차 수효가 늘어서 장차는 저마다 일 아니하고 얻어먹으려는 자가 나라 안에 가득할 것이며,

二. 자본가를 없이 하자 함이라.

모든 부자의 돈을 합하여 공동으로 나눠가지고 살게 하면 부자의 양반 노릇하는 폐단은 막히려니와, 재정가들의 경쟁이 없어지면 상업과 공업이 발달되기 어려우니, 사람의 지혜가 막히고 모든 기기(器機) 미묘한 기계가 인장(印藏)이 다 스스로 폐기되어, 지금에 이용후생(利用厚生)하는 모든 물건이 다 진보되지 못하며 물질적 개명이 중지될지라. 자본을 이해하기는 어려우리니 새 법률로 제정하여 노동과 평등 세력을 가지게 하는 것이 나을 터이며,

三. 지식계급을 없이 하자 함이라.

모든 인민의 보통상식 정도를 높여서 지금의 학식으로 양반 노릇하는 사람들과 비등하게 되자 하는 것은 가하거니와, 지식 계급을 없이하자 함은 불가하며,

四. 종교단체를 혁파하자 함이라.

자고로 종교단체가 공고히 조직되어 그 안에 인류 계급도 있고 토지 소유권도 많으며, 이 속에서 인민압제와 학대를 많이 하였나니, 모든 구교 숭배하던 나라에서는 이 폐해를 다 알지라. 그러나 지금 새 교회의 제도는 이런 폐단도 없고 겸하여 평등자유의

사상이 본래 열교(裂敎: 기독교) 확장이 되는 중에서 발전된 것이라. 교회 조직을 없이하는 날은 인류 덕의상(德義上) 손해가 다대할 것이며,

五. 정부도 없고 군사도 없으며 국가사상도 다 없이한다 함이라.

이에 대하여는 공산당 속에서도 이론이 많을뿐더러, 지금 공산당을 주장한다는 아라사로만 보아도 정부와 인도자와 군사가 없이는 부지할 수 없는 사정을 자기들도 다 아는 바이어서 더 설명을 요구치 않거니와, 설령 세상이 다 공산당이 되며, 동서양 각국이 다 국가를 없이하여 세계적 백성을 이루며, 군사를 없이하고 총과 창을 녹여서 해머와 보습을 만들지라도, 우리 한인은 일심단결로 국가를 먼저 회복하여 세계에 당당한 자유국을 만들어 놓고, 군사를 길러서, 우리 적국의 군함이 부산 항구에 그림자도 보이지 못하게 만든 후에야 국가주의를 없이 할 문제라도 생각하지, 그 전에는 설령 국가주의를 버려서 우리 이천만이 모두 다 백만장자가 된다 할지라도 우리는 원치 아니할지라.

우리 한족에게 제일 급하고 제일 긴하고 제일 큰 것은 광복 사업이라. 공산주의가 이 일을 도울 수 있으면 우리는 다 공산당 되기를 지체치 않으려니와, 만일 이 일이 방해될 것 같으면 우리는 결코 찬성할 수 없노라.

기호파가 무슨 파냐
(1923년 7월호)

옛날 조선 사람들이 양반 노릇할 때에 심심하면 돌아다니며 나는 뉘 파요 아무는 뉘 파라는 것을 캐는 것이 습관이 되어서, 양반은 다 없어진 후에도 파 찾기를 특별히 좋아한다. 년 전에 하와이서 어떤 양반이 동성동본 되는 친구 하나를 만나서 우연히 묻기를, 종씨는 어느 파십니까 하자, 그 친구가 얼른 대답하기를, 나는 하와이파 올시다 하였나니, 이 대답이 하와이서는 제일 잘한 대답이다.

그러나 더 좋은 대답이 있으니, 이는 어디서든지, 언제든지, 한인 된 사람은 다 통용할 대답이고, 또한 당신을 포함한 대답이니, 우리는 다 조선파라 할 것입니다. 그런데 근래에는 웬 파가 새로 많이 생겨서 전에는 삼한갑족(三韓甲族)의 집에서 못 듣던 파가 많은데, 상해서 오는 통신을 보건대 기호파(畿湖派)라는 것이 가장 말이 많은 모양이니, 무엇을 지목함이뇨.

지나간 오백여 년 동안에는 기호파라는 것이 이름은 없었으나 사실은 있어서, 경기 충청도 양반이라는 인물들이 자기들끼리 많이 먹으려고 서관 북도 영남 등 구역을 구별하여 시골 상놈으로 대우하며, 영웅준걸이 나도 다 쓰지 않기로 마련하여 왔으나, 과거 3, 4십년 내로 문벌 지벌 등 구습이 스스로 혁파되며 기호 양반이라는 가족들이 다 무세 무력하여졌으므로 경향 남북 등 명사가 다 없어졌고, 더욱 대한공화국이 성립된 후로는 이천 만이 다 평등 균일한 국민이니, 다시 이런 폐단이 생기지 못할 터이다.

그런즉 기호파라는 것은 명칭으로도 없거니와 사실로도 있을 수가 없나니, 이는 다름 아니라 기호 사람들의 성질이 단체 조직에 합당치 못한 연고라.

과거 5백여 년 양반 노름에 마음이 물러졌고 부패하여 기호 인사의 다수가 공익공의에 마음이 냉담하며, 협잡과 번복에 습관이 되어 단체 조직에 서로 엉기는 성질이 심히 박약하며, 각각 개인주의로 내가 남의 어른이 될지언정 남의 복충 하에서 규칙과 명령을 복종하며 단체 하나를 존중히 하는 결심이 적은 고로, 지금 시세에 기호 사람들은 기호파를 만들고자 하여도 될 수 없는 것이 또한 사실이다.

그러면 어찌하여 기호파라는 명칭이 있어서 다만 시골사람들뿐 아니라 서울 사람들도 기호파의 명칭을 부르기에 이르렀느뇨.

이는 다름 아니라 당초에 서도(西道) 사람 중에 몇몇 영웅이 생겨나서 대한에 큰 인물 노릇을 하여보려 한즉, 공의와 충애로 공업을 세우면 스스로 큰 인물이 될 것은 깨닫지 못하고, 먼저 당파를 모아서 자기의 우익을 세워 놓아야 세력이 생기며, 세력이 생겨야 큰 인물이 되는 것만 생각하고 본즉, 여러 사람이 자기를 복종할 만한 중지를 내어 세워야 할지라.

그러므로 은근히 서북 사방을 고취하여 우리를 지나간 오백년 동안에 기호인이 동등으로 대우하지 아니 하였으니, 우리끼리 합동하여 우리가 한 번 전체를 잡고 수모 받은 것을 아주 씻어 보자는 편협심을 선동한지라. 이것이 곧 지방열의 시작이다.

타국인들도 자기 고향이 좋다는 성벽이 없지 아니 하나, 그 사람들은 매양 그 나라를 먼저 하고 그 시골을 둘째로 치며, 자기 고향을 남의 고향보다 낮게 만들어서 스스로 대접을 받자고 하는 고로, 그 지방 사상을 많이 배양할수록 그 나라가 이익을 더욱 얻거니와, 우리나라에 지방 사상 고취자들은 나라도 둘째요, 민족도 둘째며, 자기들의 당파심을 주장하여 나라일도 자기들이 독권할 수 있으면 하고, 그렇지 못하면 나라 일을 다 결단 내더라도 방해하자는 사심으로 당파를 모은 것이라. 그러므로 이 당이 자랄수록 나라일은 크게 위태하리로다.

그뿐 아니라 이 당파가 성립되어 은근히 자라자 타도 사람들이 또한 헤아리되, 우리도 무슨 조직이 있어야지 그렇지 못하면 우리는 일할 수도 없고, 조직 있는 사람들의 세력에 밀려서 우리 동향 사람들은 장차 사람의 대우를 받을 수 없이 되리라 하여 스스로 자기 고향 친구들과 단결을 이루나니, 그러므로 대령(大嶺) 남이라 대령 북이라, 대 기호(大畿湖)라 하는 명칭이 스스로 생겨서, 동혈 동족 간에 점점 초월(楚越)같이 보며, 동향 동포 간에도 소부분(小部分)이 생겨서 점점 공심은 없어지고 사심이 앞서 분열의 뿌리가 깊이 배기는지라. 그 불행한 영향이 과연 지혜로운 애국자의 깊이 근심할 바이라.

그러나 다른 당파 사람들로 말하면, 저희 당파를 나라보다 먼저 치자는 사상이 아직 굳게 못되어 다소간 공의심이 있는 고로, 그 소위 파당이라는 것이 이름뿐이오 실력은 별로 없으나, 그 중에 참 지방열로 성립된 당파는 이것을 이용하여 영남파(嶺南派)라 기호파라 하는 명목을 쳐서 악선전을 힘쓰나니, 그러므로 보통 인심은 지방열을 누가 실로 고취하며, 어떤 것이 실로 지방심으로 성립된 당파인지 알기 어렵게 된 것이라.

그러므로 태평양잡지는 우리 대한민족에게 일체로 권고하노니, 지방 관념으로 조직된 단체는 곧 민족을 분열하는 시초이며, 국가를 무시하는 근본으로 알아, 사당(私黨)을 없이 하여 대한민당(大韓民黨)의 공공한 통일을 완성하는 것이 참 애국이고 참 애족으로 알도록 크게 선전하는 거시 가하다 합니다.

타도 사람들이 먼저 지방 사상을 버려서, 지방 사당을 파하여 조선당을 만들며, 그 중에 어떤 개인이나 단체가 이런 사상을 고취하거든 이것을 즉 민족의 원수요 민국의 공적으로 알도록 만들지니, 기호라 영남이라 함북이라 하는 구별의 조직체가 공공이든지 혹 비밀이든지 성립된 자 있거든 일일이 혁파하여, 모 당파로 하여금 구실을 삼을 자료가 없으며 사당을 성립할 기초가 스스로 없어지도록 만드는 것이 대한 민족 통일책의 한 첫걸음이라 합니다.

통일의 한 기회
(1923년 7월호)

나라에도 해롭고 남에게도 해롭되 자기에게만 유익한 일은 행할 사람이 혹 있으려니와, 나라와 남과 자기가 다 해를 당할 일을 어제도 하고 오늘도 하고 내일도 한정 없이 행하는 사람은 세상에 없기도 하려니와, 있어도 머리는 없는 사람이라 하겠도다.

상해에 앉은 모모 인사들이 나라에도 해롭고 다른 사람에게도 해가 좀 될지라도 자기들에게나 무슨 돌아오는 것이 있을까 바라고 지나간 4, 5년 동안에 거의 못할 일 없이 다하여 보았으되, 나라와 민족에게뿐 아니라 자기들에게도 해가 많이 돌아가는 것은 지금 거의 다 깨달을 만치 된지라. 이제는 아마 마음을 돌이켜서 달리 생각하여 볼 듯하도다.

지금은 소위 국민대표회(國民代表會)라는 것도 다하여 보았고, 다른 파당에 가진 음모와 흉계도 다 써보았으나, 마침내 다 소용이 없어서 그 선동자들의 죄상을 국민 전체가 절절히 깨닫게 되었으니, 그이들이 다 하우불이(下愚不移: 아주 어리석고 못난 사람의 기질은 변하지 아니함)가 아니거늘 어찌 지금에도 깨닫지 못하고 여일히 자기들께와 나라와 남에게 다 해로울 일을 기어이 행하려 하리요.

태평양잡지는 당초부터 예언하였나니, 국민대표회라는 것이 아무엇도 성사치 못하고 국사(國事) 방해만 끼치고 말리라 한 것이 지금에 맞은지라. 지금은 저 선동자들도 응당 스스로 부끄러운 생각이 있어서 다시는 그런 등사(等事)에 개구(開口)를 못할 것이오, 개구한데도 응종(應從)할 천지는 또 없으리니, 마땅히 현상 유지책으로 자기들의 목적을 삼고, 공공한 인심을 따라 한족 통일에 복종하는 것이 가장 합당하도다. 기왕에 잘못한 것은 다 물론하고 앞으로 잘하여 나갈 것만 연구할지라.

우리는 상해에서 년내로 풍파(風波) 양성하는 모모 인사에게 두어 마디로 충고합니다.

一. 각각 내가 무엇이 되어야 하겠다든지 내가 세력을 잡아야 되겠다는 유치한 사상은 다 버리고, 다만 우리나라와 우리 민족이 어떠한 권리를 얻으며 어떠한 지위에 처하여야 되리라는 결심을 가질 것이며,

二. 각각 당파를 혁파하여 우리 당파가 권리를 독장(獨掌)하자는 비루한 욕심을 다 버리고, 다만 우리는 조선당 밖에 모르는 사람이 되어서 살아도 조선 사람이오 죽어도 조선 사람인 줄로만 알아서, 이천만의 일 분자 된 직책을 행하려 할지며,

三. 한인을 한인이 해하려고 허무한 악선전 하는 폐습을 버리고, 한인끼리 합동하여 공동한 적국을 해하는 대선전에 일심으로 합동할지며,

四. 한인의 피로써 성립한 단체를 저희가 임의로 주장하지 못한다고 다 파괴하여 없이 하려는 심장을 고쳐서, 한두 가지씩이라도 점점 건설 성립하여 나가기를 각각 자기의 의무로 여길 것이며,

五. 세력과 궤휼로 공의와 공론을 압박하려는 자는 공화 사회의 적국이라. 이런 어리석은 상고시대 사상으로 이 20세기에 행세하려 하면 될 수 없는 일이니, 국민 다수의 공공한 의론을 따라 공결(公決)을

복종하여야 될지라. 이 사상을 뇌수에 완전히 넣어 가져야 할지며,

六. 정부는 인원 수효를 부풀려서 당지에서 내지(內地) 외양(外洋)에 독립운동 최고기관인 직무를 행하게 하되, 매양 은밀(隱密)을 숭상하여 제외한 사람이 내막을 알기 어려울 만치 만들 것이며,

七. 각원 중 필요한 사무를 주장하여 실행할 몇몇 외에는 다 각각 형편을 따라 각처에 흩어 있어서 각 총장과 통신하여 그 소장 직무를 정부에 앉은 책임자에게 달하여 집정케 하며, 각기 소재지에 인민으로 하여금 경제상으로, 덕의상(德義上)으로, 정부를 받들게 할지며,

八. 정부 경상비는 가옥세와 각원 직원 등의 생활비를 극히 간략히 마련하여 한정된 인원 외에는 증가하지 말지며, 사업 진행에 대하여는 우체 전보비를 얼마 한정하여 놓고, 그 외에는 특별 결의가 있기 전에는 다른 경비를 지발(支撥)치 못하며,

九. 각지 인민은 각각 인구세와 정부유지비 명목으로 매삭 혹 매년 얼마씩을 내게 하되, 그 내는 금액은 다 상당(上達)할 정부기관으로 달하여 재무총장에게로 들어 올지며, 재무총장은 매 3삭 1차씩 재정 보단을 발하여 각지에 분전 광포할지라.

이상에 몇 가지 조리를 정하여 모든 설비를 간략 간단히 배치하고, 최고기관의 대소 정형을 은밀한 중에 두어 스스로 위신이 높게 하리니, 처음과 같이 허장성세하여 대소사를 세상에 드러내려 하던 주의를 없이할 것이며,

각지에 유명망(有名望)한 충의의 인도자를 정부와 연락하게 하여 각각 그 소재지에서 정부 행정사무를 돕게 할지니, 기왕에 인물 집중이라는 명의로 모든 영웅을 다 상해로 모아다가 각 총장이 서로 자기 관할 하에 넣어서 세력을 펴려고 경쟁하던 폐습을 막을 것이며,

어떤 지방이나 어떤 단체에 유명망한 인도자가 있어 정부를 받들

고자 하는 이는 그 자리에서 정부관할 하에 일하게 할지니, 기왕에 각 총장끼리 서로 자기 심복을 만들어 당을 심으려고 그 단체나 그 지방에 자기 사람을 보내어 은근히 악선전하던 악습을 버릴지라.

정부를 파괴하고 제 권리를 높이려던 인물들이 지금이라도 마음을 고치고 과거를 뉘우쳐서 정부를 받들어 광복 대사를 진심으로 돕고자 하면, 당국 제공은 응당 나라를 위하는 공심에 전혐(前嫌)을 다 용서하고 차차 합동하기를 힘쓸 줄 우리는 믿거니와, 다만 두 가지 조건은 어디까지든지, 언제까지든지, 고집할지니,

일(一)은, 그 사람이 다시는 정부 파괴주의를 드러나게든지 은밀히든지 선동하지 않을 것이오, 공결(公決)을 진심으로 복종하겠다고 먼저 공포할 것이며,

이(二)는, 어떤 단체든지 나라도 불계(不計)요 정부도 무시하며 다만 저희 당파 괴수만 복종하는 단체와는 영영 관계를 끊겠다는 맹서를 성명하여야 될지라.

이상 두 가지 선언하는 것이 없으면 세상 사람들이 그이들을 다시 믿을 수 없으며, 국민의 신앙을 얻지 못하고 정부에 다시 들어가면 그 정부의 위신이 더욱 타락될지라. 그러므로 이 두 가지 선언이 없고는 저 몇몇 인물이 아직은 우리 정부와 관계를 다시 맺는 것이 불가하도다.

한인들은 어찌 하려는고

(1924년 7월호)

이민 문제로 미일 간 충돌이 장차 어떻게 결말 될 것은 우리가
예언하기도 원치도 아니하며, 필요도 없지만은, 한 가지 드러난 사실은
양국이 다 준비를 부지런히 하는 중이니, 장차 전쟁이 있든지 없든지
이것은 다 필요한 줄로 인증하는 것이다.

지금 세상에 모든 부강한 나라들도 세계 대세를 살펴서 남과 연
맹도 하며, 밀약도 하여서, 각각 저의 이익과 세력을 유지도 하며 확장
도 하거니와, 더욱 소약국의 계획은 매양 열강의 분쟁을 이용하여 저의
위치를 보호도 하며, 권리를 확장도 하나니, 오늘 한국의 처지로는 이
웃 나라의 충돌을 이용하여야만 될 것이다.

소약국이 열강의 충돌을 이용하는 방법은 어떤 이웃 나라를 믿어
서 그 나라가 잘 되면 우리를 독립시켜 주리라 하고 그 나라를 돕자는
것이 결코 아니니, 이것은 우리나라 사람들도 다 경력을 인연하여 아는
바이라. 더 말할 필요가 없고, 다만 그 중간에서 남이 서로 싸우는 기회
를 이용하여 우리가 우리 정신을 차려 가지고 우리 일 하자는 것이라.
이런 기회를 타서 우리가 우리 일만 잘하면 누가 이기고 누가 지던지
다 우리에게 상관없고, 다만 우리 일을 이루는데 속(速)하기가 기러기
털이 순풍을 만난 것 같을 것이다.

일본이 어느 나라와든지 오래지 아니하여 전쟁을 또 할 것은 면치 못할 일이고, 언제든지 이런 전쟁이 우리에게 큰 기회 될 것은 의심 없는 일이라. 이천만 한인들이 아직 가만히 있는 것이 이런 기회를 기다림이고, 실로 독립주의를 다 버리고 있는 것이 아닌 줄은 일인도 아는 것이오, 또한 세상이 다 짐작하는 바이다.

그러면 우리는 이 중에서 준비하는 것이 무엇이냐. 남들은 저의 일을 위하여 각각 부지런히 준비하는데, 우리는 상관없는 자로 가만히 앉아 구경만 하는 것인가.

설령 어떤 나라가 일본과 개전(開戰)하게 되어서 그 나라가 우리와 연맹을 하자든지 우리에게 재정이나 혹 군기를 도와 주마하면 우리는 이에 대하여 어찌하겠느뇨. 설령 그 나라가 우리 민국정부를 승인하면 우리는 또 무슨 태도를 가지겠는고. 우리 모든 한인들이 다 합동하여 그 정부 아래서 설령 지휘를 받으며 조직적 행동을 취하겠는가 또 여전히 분쟁 분열로 서로 싸우다가 말겠는가.

년 전에 소약국 동맹회에 한인들이 대표를 파송하였는데, 각국인이 모두 모여서 각각 저의 나라 단합력을 자랑하는 자리에, 한인들은 대표라고 참석한 몇 사람이 서로 각국인 모인 좌석에서 선언하기를, 저 사람은 아무 단체를 대표하였고 내가 정작 한인 다수의 대표라 하여 남들에게 알리고, 또 부족하여 서양신문에 이런 말을 내서 전파하자 남들이 말하기를, 한인들은 아직 아무것도 할 수 없다 하였으며,

민국 원년에 내지 동포들은 각 단체와 각 종교와 각파 명색이 다 합동하여 독립을 선언하고, 정부를 조직하여 세계에 발포하자 타국인들은 신문 상으로라도 이것을 찬성하며, 한인들이 단일심이라, 한국 임시 정부에 다 복종한다 하여, 한인의 영광도 장하거니와 세계에 동정이 많이 생길 때에, 한인들은 상해에 모여서 개조(改造)이니 승인(承認)이니

하는 문제로 몇 달씩 두고 서로 싸우며 당파를 모아서, 기초이니 서북이니 호남이니 평등이니 하는 중에서, 필경은 정부를 소수인이 조직한 것으로 정부에 들어가지도 않고, 밖에서 정부는 없는 것이라고 선언하며, 혹은 정부가 유산계급이니 유식계급이니 하는 문자를 박아 전파하기에 이른지라. 이 결과로 인연하여 이 방에 좋은 친구들도 낙심한 자 많으며, 우리를 아직도 동정하는 친구들은 내지 한인들이 이와 같지 않다는 말로 보호하는 중이며,

어떤 한인들이 노국(露國) 소비엣 정부 주권자를 찾아보고 말하기를, 우리는 한국 정부의 주의와 같지 않음으로 따로 나왔으니 우리에게 재정으로 도와주면 공산주의를 선전하겠노라 하였는데, 그이들의 대답이, 한인들이 다 한 정부 밑에서 합동하여 가지고 조직적으로 일을 하여야 힘이 생기지, 그렇지 못하여 삼분오열로 지내면 아무 일 할 수 없을 것이니, 우리가 돈을 준들 공산주의를 유력하게 전파할 수 없을지라. 우리는 이런 형편을 보고 돈을 줄 수 없으니, 무엇을 하든지 먼저 한인끼리 조직이 되어 실력을 만들어 놓은 후에 다시 와서 우리를 보면 의론할 수 있다고 하였나니, 이것도 그 시에 여러 한인들이 각각 대표를 보내서 서로 자기를 한인의 대표로 인증하여 달라는 중에서 노국인들이 보고 한 말이라.

그 후 아령(俄領) 어떤 지방에서는 어떤 인도자들이 군사상 단체를 조직하여 노국(露國) 관리들의 도움을 얻어 군사의 무장을 차려서 대 활동을 시작할 즈음에, 한인의 또 한 단체와 충돌이 나서 서로 총질을 하고 인명을 살해하여 아무것도 할 수 없게 되므로 필경은 서로 해(害)하고만 것뿐이라.

지금 미주 안에 형편으로 보아도, 몇몇 분자가 있어서 서로 저의 분자만 알고 다른 것은 모른다 하는 중에서 피차 다 어렵게 되며, 한인

의 힘이 점점 무력하여지는 터이라. 본래 많지 못한 수효에 얼마는 우리 정부를 우리가 먼저 인증하고 옹호해야 한다 하고 재력으로 성심으로 받들어오나, 그 힘이 한정이 있어 마땅히 행할 일을 다 못하고 있으며, 또 한 분자는 정부가 우리 당파의 소유가 아니니 우리 정부로 인증하지 아니하고 돕지도 않는다 하여, 언제든지 저희가 주인이 된 후에야 모든 사람을 강제로라도 복종시켜 통일한다 하며 백방으로 더 해하고, 그 중에 또 한 분자는 이 당파 싸움에 우리는 들지 말고 따로 우리끼리 합동하여 언제든지 우리가 할 수 있을 때에 나서 보자하며 양편을 다 시비하고 앉은 중이라. 형편이 이러하여 반수불수 병 들린 자와 같이 아무것도 못하고 있으니, 서로 다 해(害)를 당하는 것이 그 결과이다.

이상에 여러 가지를 말하는 것이 모든 사람의 낙심 상심될 것이나, 우리가 이것으로 상심 낙심하여 가지고는 될 수 없는 처지라. 우리의 오늘 당한 처지를 사실대로 다 알고, 이것을 지금이라도 교정하기를 힘써야 될 것이라. 미국이 처음 독립전쟁 할 때에 13도가 각각 지방정부 주권을 위하여 서로 다투는 고로 유럽 각국이 미국 대표로 간 외교관을 대하여 말하기를, 미국의 13정부를 다 승인할 수는 없고, 어떤 정부를 중앙정부로 인증할는지 모르겠으니, 인증할 수 없다 한지라. 미국인들이 이것을 알고 곧 중앙정부 주권을 세워서 다 합동이 되어 승인을 얻었나니, 우리도 우리의 사실을 알아 가지고 병근(病根)을 고쳐야 할 것이라.

설령 지금에 우리에게 좋은 기회가 오게 되면 또 이상에 말한 바와 같이 서로 다투며 서로 해(害)하겠는가, 다 합하여 형식상 승인을 얻든지 실지로 재정을 얻든지 하면 모든 한인이 다 이에 합동적으로, 조직적으로, 꾀 있게, 지혜롭게, 규모 있게, 효력 있게 이용할 수 있겠는가. 모든 한인은 이때에 이것을 연구하여 준비해야 될 것이다.

지금도 우리가 이것을 교정하지 못하고 여전히 고집하여 서로 결단 나는 것을 보려고 결심하고 앉았으면, 지금은 다만 좋은 기회를 잃어버려 우리끼리 잔멸한데 빠질 뿐 아니라, 외양에서도 장차는 이번 동경학살 같은 참상을 도처에서 당해도 세상에 말 한 마디 해줄 사람이 없을 것이다.

동경 진재(東京震災) 시에 한인은 유죄 무죄를 물론이고, 선한 자나 악한 자를 묻지 않고, 학생이나 노동자나 구별 없이, 어떤 지방이며 어떤 당파인지 다 상관 않고, 한인을 돕는 한인인지 왜적을 돕는 한인인지도 분간 않고, 그저 한인이라고는 잡히는 대로 살육한지라. 장차는 이런 살육이 아령(俄領), 중령(中領)에서 나지 말라는 법이 없으며, 구미(歐美) 포와 등지에서 나지 말라는 담보가 없는지라. 유대인과 아메니아 인종은 오늘 우리보다 처지가 얼마 낫되, 도처에 학살을 당하여 온 것이 우리의 전감(前鑑)이 소소(昭昭)한지라. 우리 외양에 있는 사람은 남의 보호 밑에서 자유하며 생명을 보전하니 아무 걱정 없다고 하겠는가.

자유인 된 자는 어디 있든지 각각 자기 동포를 보호하며, 나라를 회복하기 위하여 민국정부 밑에 다 한 단체를 이루어서, 대동단결로 우리의 앞길을 준비하여 가지고, 앞에 기회를 잘 이용하기를 결심하는 것이 도리요 또한 지혜라 하노라.

(민국 6년 7월 일   리승만)

보족(補足) 경쟁
- 동아일보에 보낸 기서(寄書)
(1924년 7월호)

근 30년 전에 내가 우리 동포에게 알려주려고 했던 것은 각 민족의 경쟁주의라.

옛날은 각국이 문호를 닫고 지냈으므로, 타국의 침범이나 막고 앉았으면 그 안에서 싸우고 다투는 것이 다 한 집안 일이라. 이가가 권리를 잡던지 김가가 득승하던지 다 형제간 일이니, 그 민족 전체에 대하여는 큰 관계가 없었도다.

지금 세상에는 모든 민족이 문호를 터놓고 섞여 살며 본즉, 큰 고기는 중고기를 삼키고, 중고기는 잔고기를 먹어서, 서로 남을 없이 하고 내가 살자는 것이 아주 정한 통례가 되었도다.

저 물고기 들짐승은 각각 제 힘과 제 기능을 이용하여 남을 먹으려고도 하고, 남에게 먹히지 않으려고도 하지만은, 민족적 경쟁은 그와 달라서, 각각 저의 민족의 지혜와 학식과 재능으로 서로 다투는 외에, 가장 요긴한 연장 한 가지가 있으니, 이는 그 민족의 단합력이라. 이 단합력이 많은 민족은 수효가 많으나 적으나, 다른 기계가 있으나 없으나 능히 강하고 크고 부한 자와 경쟁하여 부강전진에 이를 수 있고, 단합력이 부족한 자는 아무러한 재주와 힘과 연장을 가졌더라도 마침내 남에게 먹히고 말 것뿐이라.

지금에 잘 되어나가는 민족들은 다 이 이치를 일찍 깨달은 자들
이오, 조잔 쇠폐(凋殘 衰弊)하여 남의 발아래 밟히기 정신 못 차리는 민
족들은 다 이 이치를 아직도 깨닫지 못한 연고라. 이 시대 경쟁마당에
서는 민족 단합력이 유일한 생문방(生門方)이라.

우리는 지금도 이것을 깨닫지 못하고 종시도 생각하기를, 우리
조상도 서로 싸웠으니 우리도 싸운다든지, 내 동족은 어찌되든지 나 하
나 사는 것만 제일이라든지, 남에게 가서 붙어서라도 목숨을 부지하니
까 능히 살 수 있는 줄 알진대, 그 민족은 필경 하나도 살 수 없을 것뿐
이라.

우리의 지금 독립이니 자유니 하는 것이 다 허영적(虛榮的) 명사
(名詞)에 불과하고, 실상은 우리 민족이 살자는 것이 우리의 근본적 목
적이라. 우리가 남과 같이 살려니까 이것을 원하는 것이지, 그 명사를
위하여 원하는 것이 아니다.

밥 없어 주려 죽는 자를 배부르게 하며, 옷 없어 얼어 죽는 자를
덥게 하며, 집 없어 도로에 방황하는 자를 거접(居接)하게 만들며, 죄
없이 벌 당하는 자와 까닭 없이 발길에 채는 자를 보호하여 남들과 같
이 이 좋은 세상에서 잘 살자는 것이 우리의 목적이다.

지금도 이것을 모르고 아무렇게나 살다가 아무렇게나 마치고 말
리라 하여, 우리의 제일 유력한 연장인 단합력을 이용하고자 아니하면,
남들은 큰 다행으로 알고 아무쪼록 더 그대로 지내기를 찬성할지니, 이
는 다름 아니라 이 좁은 세상에 못생긴 민족들이 자진(自盡)하면 그 자
리에서 남이나 잘 살리라는 의견이다.

한인이여, 그대의 배가 고프거든, 몸이 춥거든, 뼈가 저리거든,
피가 끓거든, 공연히 못생긴 사람 모양으로 남이 우리를 못살게 한다든
지, 우리는 아무것도 없어서 할 수 없다는 소리도 말며, 당장에 일어나

서 분풀이나 하고 말겠다는 생각도 말고, 다만 깨달을 것은, 나도 남과 같이 우리 동족과 합동 단결이 되어 우리 민족의 생문방을 향하는 것이 가하다고 결심하라.

남의 나라에는 황금이 비 오듯 떨어졌거나 고대광실(高大廣室)을 달팽이처럼 등에 지고 나온 것이 아니고, 다 그 민족끼리 합동하여 서로 보호하며 돕는 중에서 점점 부강문명에 이른 것이라.

우리도 개인의 지혜나 재능이나 천연적 물산으로는 남보다 도리어 낫다 할지언정 못하다 할 수는 없거늘, 다만 사람이 할 것을 못한 죄로 이러한 것이라. 단합력만 속성하면 우리가 세상에 남부러울 것이 없을 민족이다.

사회공산주의에 대하여
- 이는 동아일보에 보낸 기서를 조등함
(1924년 7월호)

사회공산 등 사회주의가 우리 민족 간 문제가 된다는 소문을 들을 적에 나는 한편으로 기뻐하고 또 한편으로 염려하였노라.

이 주의가 세계 인민을 경제적으로 자유 시키자 하는 개진주의(開進主義)니, 이것이 장차 설시될는지는 관찰하는 자들의 의견이 다소간 부동하려니와, 지금 세상에 소위 개명한 나라라고는 이 주의가 전파 아니 된 곳이 없으니, 우리도 세인의 풍조를 따라 남과 같이 전진하는 것을 내가 기뻐함이오.

한편으로는 우리 사람들이 이런 새 주의를 들을 적에 우리의 오늘 경우가 다른 것은 미처 생각지 못하고, 다만 남이 좋아하니 우리도 좋아하자 하고, 덮어놓고 따라 나가다가 영향을 받을까 염려함이라.

물론 우리 내외지에 모든 인도자들이 응당 앞을 보아 지혜롭게 인도할 줄을 믿는 바이지만은, 그 중에 몇 사람이라도 제정신을 차리지 못하고 일시 풍조에 파동(波動)이 되면 그 손해가 장차 전체에 미칠까 하는 근심이 없지 아니합니다.

다른 민족들로 말하면, 다 저의 생존 방책을 먼저 차려놓아 저의 살길을 완전히 본 후에 다른 주의를 여러 가지로 연구하여 어찌하면 더 잘 살 수 있을까 하고 각 방면으로 시험하다가, 다행히 잘 되면 좋고,

설혹 잘못되어도 크게 위태할 것은 없지만은, 우리 처지는 이와 달라서, 생존 여부를 미판(未判)하고 앉은 중에 다른 주의를 주장하는 것이 심히 위태한 일이라. 그런즉 우리가 먼저 전력하여 해결할 문제는 우리 민족의 생존책이라. 무엇이든지 이 주의를 방해하는 것은 곧 민족적 자살(自殺)이라 하리로다.

세계적 주의가 민족주의나 국가주의보다 크고 높다 하나, 세계주의를 위하여 국가와 민족을 희생한 자 어디 있느뇨. 실상은 저의 이익과 세력을 확장하기 위하여 빈 명사(名詞)를 이용하는 것뿐이라. 우리는 헛되이 속지 말 것이다.

하물며 세계적 주의가 전파되는 곳마다 민족주의와 충돌이 생기나니, 만일 우리가 지금에 이런 주의로 우리끼리 충돌을 내고 보면 우리 생존책에 대하여는 그만한 손해가 있을 터이니 더욱 정신 차릴 일이다.

그러나 우리는 민족 생존책이 급하니 다른 주의는 다 거절하자는 것은 나의 뜻이 아니라, 다만 우리가 먼저 작정할 문제가 무엇인지 알아서, 그 문제 해결에 도울 것이 있는 줄로 믿는 사람은 아무리 과거 선전을 할지라도 우리 국민단합에 조금도 손해가 없을지라.

우리 민족의 생존문제를 해결하기에 우리는 천지만엽(千支萬葉)으로 길을 나누어서 무엇이든지 할 수 있는 것은 다 할 것이라. 그러나 다만 근본적 목적만 잃지 말면 조금이라도 서로 충돌될 이치가 없고, 각각 그 경우와 기회를 따라 일하는 길과 방법은 다르나 원 근본은 다 한가지니, 일신(一身)에 지체(肢體)가 여러 가지로 직책이 각각 다르나 다 합동하여 생명을 보호함과 같을 것이라.

우리 민족의 생존책을 제일 먼저 해결하기로 우리 모든 사람은 제일 큰 목적을 삼을 것이라 하노라.

〈이승만〉

평민시대
- 이는 본국 모 신문에 보낸 기서 번등
(1924년 7월호)

평민이라는 것은 막말로 하자면 보통 상놈이라. 양반도 아니고 중민도 아니고 오직 하등 막벌이꾼, 각종 노동자로 백정, 노복 등 천인을 다 포함하여 통칭함이다.

나라마다 옛적에는 이 사람들을 제일 천히 불쌍히 대우하여, 이 사람들은 곧 상등 사람들을 위하여 난 것으로 여기고, 정치주의로 이에 합하게 만들어서, 위에 있는 이들은 바람이고 이 사람들은 풀이니, 아래서 바람을 따라 쓰러질 것뿐이라 하며, 높고 귀한 사람이 얕고 천한 사람을 부리기와, 비천한 사람이 존귀한 사람을 섬기는 것이 천지에 떳떳한 법이라 하였도다.

150여 년 전에 법국(法國) 혁명과 미국 독립전쟁 시에 비로소 인민 평등론이 생겨서 하나님이 모든 사람을 동등으로 창조하였다는 언론이 주창된지라. 이것이 오늘날 서양 각국이 자랑하는 공화주의(共和主義)의 기초이다.

지나간 4,5십년 동안에 이 사상이 동양에 전파되어 중국과 한국에는 소위 양반이라는 명색이 거의 다 없어지고 평등주의(平等主義)가 점점 발전되어 나왔도다.

그 동시에 미국에는 재력이 점점 늘어서 자본가는 상업 공업으로 세계 재정을 모아다가 몇 백만 원 몇 천만 원 부자가 난 것이 수가 없이 많으며, 노동자의 생활은 점점 어렵게 된즉, 그 중에서 자연 등급이 갈려서 부자는 돈으로 양반노릇 하려하며, 가난한 자는 생활을 위하여 노예의 직업을 감심(甘心)하므로, 지금은 미국인들이 종종 말하기를, 모든 사람이 동등으로 낫다는 말이 하얀 거짓말이라 한다.

이 중간에 가만히 보면 대단히 재미로운 것은 인심 변천이라. 동양에서는 서양인의 공화라 자유라 하는 사상을 점점 흡수하는 동시에, 서양인들은 옛날 동양인이 하던 양반 노름과 등급 구별하는 구습을 날로 모본하여들어 능히 막을 수 없는 모양이라.

이럴 즈음에 노국에서 사회 공산 등 주의가 발기되어 경제적 양반을 없이하는 것이 정치적 평등을 세우는 근본이라 하여, 재산소유권을 없이하여 조상의 유전물이나 자기가 배운 것이나 다 내어놓아 가난하고 천한 사람들로 평균이 누리게 하자면서 지금 시험하는 중이라. 이 주의가 참 실시되어 볼는지 장차 헛꿈에 돌아가고 말는지는 모든 사람의 관찰이 다소간 같지 아니하나, 그 주의인즉 영미의 공화주의의 보다 한 걸음 더 나가서 모든 평민을 참 평등으로 만들자 함이라.

이왕에 미국이 공화주의를 주창할 때에 전제주의와 충돌된 것 같이, 노국의 공산 사회주의가 지금 공화주의와 충돌될 것은 자연 면할 수 없는 일이라. 오늘날 우리는 이 충돌되는 중에 처하였나니, 우리가 참 정신 차릴 때라 할지라.

설령 공산주의가 이후에 실시된다 할지라도, 우리가 오늘 구할 것은 공화주의라. 공산주의나 사회주의에는 한 민족 간에 충돌이 없이 될 수 없으며, 우리가 무엇이든지 우리끼리 충돌날 것을 먼저 시작하는 것은 아무것도 다 못되게 할 위험이 있은즉, 남들이 먼저 경험하도록 버려두고 우리는 먼저 철저한 공화정신으로 다 한 덩어리가 되어 우리 목적을 먼저 이루는 것이 차서(次序)를 지키는 도리라.

이상에 모든 주의가 원만히 실시되었든지 못되었든지, 세상 사람들의 지어낸바 소위 양반이라는 것을 다 없이하고, 다수 되는 평민들이 참 주인이 되어 하나님이 내신 대로 다 평등자유를 누리게 하자는 것이 곧 그 근본이니, 이 20세기에 앉아서 부강전진을 도모하는 민족은 먼저 이 사상을 고취하여, 우리의 속박에 있는 동족을 먼저 해방함으로 우리 세력을 크게 증가할지라.

나는 자초로 우리의 장래를 우리 평민 전체에게 바라나니, 우리 평민의 지식 정도를 속히 개발시키는 것이 우리 공화사회의 기초를 굳게 함이라.

우리 민족 간에 고등 학식을 가진 학자가 많이 생기는 것보다 평민의 상식 정도를 높이는 것이 더욱 급하니, 우리 인도자들은 이것을 특별 주의하여 경향 각처에 언문 못 보는 사람이 없도록 만들며, 모든 사람이 매일 신문 한두 장 아니 보는 자 없도록 만들기를 힘쓸진대, 우리의 성공할 길은 더욱 속할 줄로 믿습니다.

〈이승만〉

의정원에 보낸 대통령의 공함

(1924년 7월호)

　귀 의정원이 민국 6년도 의회를 개회한 바, 본 통령은 멀리 있어 참정치 못함을 유감으로 알며, 금번 회의가 민국 대사에 무한한 복리를 끼치게 되기를 바랍니다.

　금일 귀원에 보낸 전보 부본 1도를 동봉하니 참고 하시오.

　상해 정계에 풍파가 침식한 후로 민심이 더욱 정돈되어 점점 일치하는 바, 이때에 국무원의 단결이 원만히 되어야 사무도 진행하며, 인심도 집중시켜, 광복 대사에 최고기관인 책임을 담당할지라. 이것이 본 통령과 제 각원의 동일한 뜻이므로 여러 번 왕복하며 힘써온 것이라.

　그러나 제 각원의 정의가 융통치 못함으로 모든 계획이 다 이에서 중지되는지라. 이것을 상당히 처리함이 나의 직책이고 권리인 줄로 모름은 아니나, 다만 몸이 멀리 있어 형편을 소상히 모르고 자량(自量)으로 천동(擅動)함이 신중치 못할 염려가 있음으로, 특별히 귀원 협조를 요구함이니, 이는 전혀 귀원 제원의 공심과 애국심을 확실히 믿으며, 사기에 긴중함만 헤아리고 위탁함이라. 바다 밖에 앉은 이 사람의 정경과 내지에서 자유 못하는 동포들의 바라는 마음을 위하여 각원 일동과 화중(和重)히 협의하여 국무원 단결을 속히 성취케 하기 바랍니다.

　일국의 정부는 일신의 두뇌라. 두뇌가 일할 수 없으면 전체가 다 무용이니, 민국 정부에 대하여 이천만이 합동 옹호하기를 사지백체(四肢百體)가 머리를 보호하듯이 해야만 광복 대업을 속성할 것이며, 이것을 이루려면 정부가 먼저 단결되어 일하는 기관을 이룬 후에야 될 것입니다.

과거에 잘못된 것은 다 물론하고, 다만 경력을 증험하여 급히 개량할 것이 여러 가지인데, 가장 급한 것 몇 조건을 차(此)에 설명하리니, 여간 도움이 되기를 바랍니다.

一. 정부의 각원은 대략 주지(主旨)가 강해서, 이해와 화복을 같이 하려는 결심이 있어야 일국에 정령을 행하며 만민의 정신을 합할 수 있는 법이라. 만일 그렇지 못하여 각각 자기의 주견을 고집하거나, 자기의 세력을 세우려 하는 사람들로 조직이 되면, 이는 곧 수화(水火)를 합하여 놓고 조용하기를 구함과 같은지라. 지금부터는 아무리 유력한 인물이라도 차라리 밖에 나가서 정부를 공박할지언정 안에서 합동을 방해하는 폐단은 없도록 할지며,

二. 정부에 들어오는 이는 총, 차장 이하 모든 직원까지라도 정부 반대분자와 연락을 끊어서 동료 간에 신앙이 잘 알게 할 것이며,

三. 국무원 회의에 연속 참석치 않거나, 국무원의 공결(公決)을 복종치 아니하여 조직적 진행을 방해하는 각원은, 국무원 일동의 권고로 사면케 하든지, 혹 면직이라도 하고 상당한 이로 택임하되, 긴급한 경우에는 임시 처사로 본 통령에게 보고 집행할지나, 다만 각원 일동의 연서를 요구할지며,

四. 기왕 한성 조직에 참가된 모든 각원은 다 다시 정부에 들어와서 현임 각원들과 협동하여 직책을 분담함으로 대동단결의 뜻을 표하도록 힘쓸지나, 다만 각 개인이 기왕에 무슨 주지(主旨)나 어떤 행동을 취하였든지, 지금부터는 본 정부의 연래로 지켜오는 대정 방침을 성심

복종하여, 파괴나 분열적 운동을 행하지 않을 줄로 먼저 선언하여 내외에 의혹을 풀게 하기를 요구할지며,

五. 의정원에서 회의할 때에 매양 쟁변과 토론하는 태도를 버리고 화중공제(和重供濟)하여 일이 되도록 의론조처 하기를 힘쓸지며, 중요한 사건에 범위만 의론하여 행정부에 넘겨서 제작 집행케 할지니, 이는 다름 아니라 전시를 당하여 외교와 군사상 행동에 비밀을 요구하는 연고며,

六. 의정원에서는 우리 정형에 능히 행할 수 있는 사항만 의결할 것이며, 의결된 상항은 기어이 실행하기를 힘써서 정부에 위신을 높일 것이며,

七. 국무원과 의정원이 합동하여 정부의 경상비를 극소액으로 일정하게 마련하고, 사람마다 합동하여 일년 예산을 먼저 얻기에 전력하여, 얻은 후에는 그 돈을 꼭 예산대로 쓰게 할지니, 이것이 정부의 경제책을 바로잡는 첫걸음이라. 이것만 되면 아직은 대부분이 미포에서 날 것이고, 이 방법이 확장되면 다른 사업비도 비교적 쉬울 것이고, 얼마씩 저축하여 장래를 준비하기도 무난할 것이며,

八. 의정원에 법안을 통과하여 대한 국민은 어디 있든지 각각 매년이나 혹 매삭에 얼마 이상씩 내어 국민의 의무로, 각기 소재 지방에서 기관을 설치하여 각인에게 수봉(收捧)할지라. 이것이 정부 경제책에 유일한 기초적 방법이니, 속히 실시될수록 우리 대사에 공효가 더욱 속할 것이다.

이상 몇 조건으로 의회의 참고를 삼고자 하며, 병(並)하여 귀 첨원은 위국 보중하시오.

민국 6년 3월 28일 이승만
대한민국의정원 의장 각하

국무원 제공에게
(1924년 7월호)

상해에서 오는 편지마다 재정재정 하고, 여기서 가는 편지마다 조직조직 하여 서로 끝이 없으니, 피차에 형편을 모르고 이와 같이 하는 중에서 장차 오해가 생길까 염려하여 이 편지를 국문으로 소상히 씁니다.

우리는 본래 저축한 재정도 없고 남에게 취대(取貸)할 곳도 없으며, 다만 필요한 일이 있으면 사실을 들어 동포에게 청구하여 아니 주면 아무리 급한 일이라도 못하고, 주면 꼭 그 일에 쓰고 그대로 알려 주나니, 이것은 아주 정한 전례라 다른 수가 없나니, 아주 이런 줄 아시고 다시는 사사 비용이나 운동비를 보내라고 요구하지 마시오.

미포에 동지들이 한 가지 하려는 것은, 정부에 경상 유지비를 여기서 담보하여 원동 각처에 모든 우리 국민이 다 행하도록 붙들어 나가자 함이라. 그러나 한 가지 어려운 것은, 여기 동포들이 알기에, 국무원이 아직도 단결이 못되어 일도 할 수 없고, 돈이 있어도 규모 있게 쓸 수 없으니, 돈을 보내도 소용이 없다 하는지라. 이것으로 인연하여 일하기가 어렵소이다.

지금이라도 미포에 도움을 얻으시려면 귀서에서 이 아래 두 가지를 먼저 행하여야 되겠소이다.

一. 현 각원 제공(諸公)의 협의로 그 중에 누구든지 하나로 국무총리의 책임을 맡게 하고, 기여(其餘)는 혹 겸대(兼帶: 겸임)나 보결로 원만히 조성하여 다 협동하겠다는 뜻을 표하고, 만일 그렇지 않은 사람은 국무원의 연서로 보고하면 장차 면직이라도 시켜서 협동되도록 할 것이다.

로 총리가 그동안 굳게 지켜 온 것은 우리가 다 감복하는 바이로되, 리동령 씨가 입각하려 하면 그로 대임시키고, 군총(軍總)의 임명으로 시무하여 협동을 도모하는 것이 좋을 듯하며,

二. 각원과 직원을 극소수로 한정하고, 그 생활비와 가옥세로 경상유지비를 일정하게 마련하여 각원 일동의 연서로 내게 보내면 여기서 동지들과 극력 주선하리니, 이렇게 수입되는 돈은 아무리 급한 일이 있을지라도 범용치 못할 줄로 알아서 돈 내는 사람들이 알고 믿도록 하시오.

이것만 되면 사업 진행비도 다시 변통할 것이고, 원동에 군사상 활동도 조리 있게 진행할 것이니, 이것이 가장 급선무입니다.

민국 6년 3월 24일

미경(美京)에 류(留) 이승만

외국인과 혼인
(1924년 7월호)

외국인과 혼인하는 것을 각국 인이 다 한 문제로 아나니, 우리 한 인에게도 또한 큰 문제가 되는도다.

옛적에는 서양에도 각각 저와 같은 인종끼리 혼인하는 것이 전례였으나, 미주를 발견한 후에 유럽 각국 인종이 이민으로 대서양을 건너와서 섞여 살게 된 후 땅은 넓고 사람은 드문 중에 자연 섞여 혼인하는 풍속이 생겨, 지금까지도 이 풍속이 미주에 제일 많은 터이다.

그 결과로 미국 여자들이 타국 남자와 혼인하기를 심상히 여겨서 다만 유럽에 모든 백인들과만 섞일 뿐 아니라 동양인과, 또한 다른 빛 가진 인종으로 성혼하는 자 많아서, 한 중 일된 각 인종과 가정을 이루는 일이 많이 생기는지라.

이왕에는 미국인들이 이것을 자랑하여 말하기를, 미국은 모든 인종의 가마라, 모든 잡종이 그 가마에 들어가서 끓어 녹으면 한 덩어리를 이루나니, 이 나라가 이러한 세계적 주의를 가진 나라이라 하며, 또한 다른 인종끼리 피를 섞어 생산하면 특별히 좋은 인종을 만든다 하여, 사해가 다 형제 되는 이치를 미국이 실행한다 하였도다.

그러나 근래에 와서는 동양에 황인종이 차차 많아지며 또한 흑인의 수효가 해마다 늘어서 미국의 혼인이 일천오백 만에 달한지라. 이 중에서 인종구별 론이 차차 자라서 미국이 가마라는 소리도 차차 적어지며, 인종의 피를 단순히 지켜야 한다 하며, 잡종으로 난 자식은 타락한 인종이 된다 하며, 모든 소설과 과학 등으로 국제 통혼은 쳐서 말하나니, 이상은 서양인의 사상이 변천되는 대략이라.

태평양잡지는 여러해 전부터 이 국제 통혼문제에 대하여 한족이 어떠한 정책을 가져야 할 것을 소상히 말한 적이 여러 번이라 독자 제군의 기념할 바거니와, 근자에 한국 남자가 외국 여자를 혼인하는 데 대하여 다소간 이론이 있는 고로, 자(玆)에 판단하여 말하고자 하노라.

우리가 이 문제에 대하여 이왕부터 선언한 바는,

"한국 남자는 외국 여자와 혼인하는 것을 허락할 수 있으되, 한국 여자가 외국 남자와 혼인하는 것은 우리가 결코 허락할 수 없다고 단언함이라."

이 말에 대하여 우리 자녀에게서 공론이 생겨서 여자에게 동등권을 주지 아니하니 불공평하다 하며, 여자는 남자의 부용물(附庸物)도 아닌 고로 이렇게 차등을 구별한다 하였나니, 이는 다 일시 오해에서 나온 말이라. 우리가 어찌 우리 여자의 권리를 침손코자 하거나 옛적 편협한 사상을 고집함이리오. 다만 우리 민족의 생존을 유지하려는 주의에 필요한 정책이라, 그 이유를 자(玆)에 설명하노라.

지금 세상은 모든 민족이 서로 생존을 경쟁하는 시대라. 수효도 많고 조직도 공고히 된 민족이 수효도 적고 조직도 못된 민족을 병탄하여 저희 동화를 시키든지 저희 노예를 삼든지 하는 것이 모든 인종의 경쟁하는 목적이라. 우리가 남과 잡혼 하는 결과로 남에게 동화를 받을지언정 남을 동화시키기는 어려울 터이니, 남과 통혼하는 데 위태함이 적지 아니하며,

우리 여자들이 남의 남자와 혼인하는 길을 한 번 열어놓으면 우리 여자들이 각국 남자와 섞여서 못갈 곳도 없고, 못할 일도 없을지라.

장차 하와이 토인같이 되어 저희 남자들은 돌아보지도 않고 남의 병정이나 난봉꾼들과 눈질하느라고 분주할지라. 한족의 장래는 포아인 같이 되기를 면키 어려울 것이며,

그 뿐 아니라 우리나라 부인의 덕의상(德義上) 정도가 각국인 부인의 덕의상 정도보다 매우 높은 줄로 인증을 얻는 바라. 우리가 신사상을 고취하여 날로 개량 전진하는 이때에 남의 것을 배울 것이 많되, 우리 부인들의 덕의상 정도는 많이 변경 말고 유지할 것이 필요하거니와, 만일 외국인과 통혼하고 보면 이것을 할 수 없이 될지라. 외국인 중에도 못된 습관과 못된 행동을 가진 자들이 우리 사회와 가정에 날로 소개될지니, 그 폐해가 장차 어디까지 이를지 측량할 수 없을지라.

그런즉 이상 두 가지 이유로만 하여도 우리 여자가 타국 남자와 혼인하는 것은 결코 허락할 수 없나니, 우리 독자 제군은 이에 대하여 확실히 깨닫고 이후까지라도 이 주의를 실천하도록 힘쓸 줄 믿는 바이로다.

그러면 왜 남자는 타국 여자와 혼인하는 것을 허락하느뇨. 남녀 동등 시대에 남자도 여자와 같이 타국인과 혼인을 못해야만 된다 할지라. 이것이 말로도 옳고 일에도 공평하니, 본 잡지는 남자가 외국 여자와 혼인하는 것을 권장하거나 찬성하는 것이 조금도 아니라, 다만 경우에 인연하여 이런 혼인이 있으면 남자는 용서할 수 있다 함이니, 이는 남자에게 특별히 많은 권리를 주려는 것이 아니라 그 사세(事勢)를 인연하여 어찌할 수 없는 이유가 있음이라.

우선 포와로 말하여도, 몇 십 년 전부터 우리 남자들이 이민으로 와서 살 때에 우리 여자가 없었는 고로 타국 여자들과 성혼하여 가정을 이루고 산 사람이 많으니, 포와가 이러할 때에 타처도 또한 이러한지라. 세계가 문호를 상통하고 사는 세상에 남자들끼리 타국인계에 멀리

가서 섞여 사는 사람이 종종 있을 것인데, 그런 경우에 남의 여자와라
도 가족을 이루어 생산하고 사는 것이 그 민족 관념으로 보면 아니 하
는 것보다 나을지니, 이것이 우선 여자와 같지 않은 것이오.

또는 우리 남자가 남의 여자와 혼인하여 자녀를 낳을진대, 보통
으로 말하면 그 아이를 한국 사람으로 만들 수 있으되, 우리 여자가 타
국인과 혼인하여 낳는 자는 한국 사람으로 만들기는 어려울 것이고, 간
혹 한국인으로 만들 특이한 경우도 있을 터이지만은, 보통 각국인의 경
력을 보면 다수가 이렇지는 않을 터이니, 우리가 우리의 귀한 자녀를
하나라도 내어버리고 장차 어떻게 하리요.

그뿐 아니라 우리 남자가 우리보다 낫다는 인종과 혼인하면 그
가정과 사회상으로 서양 문명을 수입하는 데 도움이 많이 될 것이오,
인종상으로도 우리가 남에게 자랑할 수 있을 것이며, 설령 우리만 못한
인종과 혼인한다 할지라도, 그 여자가 한인의 풍속을 따라 잘 살진데
사회나 가정에 폐단 될 것이 적을 것이니 별로 관계가 없을지라.

이상의 몇 가지 이유를 인연하여 부득이 남자는 허락할 수 있으
되 여자는 허락할 수 없다 함이니, 이것이 곧 민족적 관념과 경우를 살
펴서 가장 필요함을 보고 작정한 바라, 어찌 사사 편협심으로 판단하리
오.

우리 남자가 간혹 미국 여자와 혼인하는 것을 보거든 공연히 비
평하거나 핍박하지 말고 아무쪼록 그 여자에게 동정을 표하여 그 마음
까지 우리 사람이 되게 하는 것이 지혜롭기도 하고 유익도 할지라. 어
찌하여 일녀(日女), 청녀(淸女)와 가남가 토인이나 흑녀와 혼인하여 사는
사람이 많되 조금도 이론이 없으면서, 오직 미국 여자와 혼인한 사람에
게 특별히 비평하는 것은 도무지 이유 없는 일이라.

어떤 인종이든지 남의 여자가 우리 남자를 따라와서 한인 노릇을

하려 할 때에, 우리는 마땅히 그 정경을 생각하고 특별히 다정하게 보여서, 그 여자로 하여금 다만 자기 남편만 사랑할 뿐 아니라 남편의 동족을 또한 사랑하도록 만드는 것이 인정에도 마땅하며 우리 애족애국주의에도 적당하도다.

그러므로 우리 여자들은 이상에 말한바 이유를 깨달아, 어디를 가든지 매양 호위하며 존경하여 타국인이 감히 넘겨다보지 못하도록 하여 우리 부여족의 혈통을 유지함이 가하다 하도다.

국무원에 보낸 공함

- 이는 리 통령께서 금년 7월 1일에 국무원 제공께 보내신 공함
(1924년 7월호)

우리가 정부가 성립된 후로 본 통령은 각원 1동을 한성에서 공선 공포한 대로 준행하여 금일까지 1인도 출척(黜陟)하거나 사의로 변동함이 없었나니, 이는 아래 기록한 이유를 인연함입니다.

민국 원년 3월 1일에 내외 동포가 독립을 선언하고, 동 4월 22일에 대표가 한성에 회집하여 정부를 조직하고 각 원을 공선하여 세계에 성명하였나니, 본 통령은 이에 대한 나의 책임을 극진 고려함으로 개인상 애정 친소를 물론하고, 함께 손을 잡고 같이 나가기만 힘쓴 바라.

그때 외양에 있는 우리는 동서 각 지방에서 일체로 한성조직 하에서 한족의 통일이 원만히 성취되기를 바라고 기다렸거늘, 불행히 상해에 모인 다소 인사 중에 혹 승인(承認)이니 혹 개조(改造)니 하는 이론이 제출되어 달포를 두고 분쟁하다가, 필경은 그 결과로 아령(俄領)에 산재한 다수 동포에게 불평을 끼쳤으며, 다른 곳도 또한 이것으로 인연하여 길이 갈리게 된지라.

대통령의 칭호를 말하여도 승만(承晚)은 자초로 집정관 000 000 000 000 연동과 시비가 극도에 달한지라. 만사 복잡한 그때에 사실상 무관한 허명을 인하여 시간과 전보비를 모손(耗損)함이 불가한고로 부득이 일시 무마주의(撫摩主義)로 대통령이라 개칭하여 온 것입니다.

그 후로 만반 고락과 백방 치욕을 참고 견디며 지금까지 민국정부의 실낱같은 계통을 유지하여 왔나니, 이에 대한 적은 정성은 동포가 다 아는 바입니다.

상해에 조취모산(朝聚暮散)하는 다소 정객으로 일국 정부를 임의로 변동하게 하며, 모든 음모와 궤휼 수단으로 정부를 변복(變服)함이 쉽지 않을 것이고, 명예와 권리를 다투노라고 풍파는 더욱 심할지니, 광복 대업을 속성하기는 고사하고 세인 이목에 수치를 면치 못할지라. 지난 5,6년간 경력을 관찰하신 제공은 깊이 아실 터입니다.

승만은 재주의 둔함과 덕의(德義) 박함을 불고하고, 다만 동포의 깊은 은혜와 두터운 사랑으로 분수 외에 영광도 극한에 이르렀으며, 또한 연내로 지낸 곤욕도 극한에 이른지라. 지금은 다른 사사원(私私願)이 없고, 다만 기회를 얻어 일개 잔명(殘命)으로 우리 충애동포에게 보답하고자 하는 결심뿐이라. 어찌 하루인들 헛이름을 더 취하고자 함이리오. 다만 정부가 정돈되며 국시(國是)가 확립하여 불평분자들의 오론(誤論)을 받지 않을 만치 되기를 기약한 것입니다.

작년에 소위 국민대표회가 불공자파(不攻自破)된 후로 비로소 정계의 풍파가 침식되자 내외 각지에서 질서의 정돈을 바라며 동서 각처에 민심이 귀순함으로, 정부의 부, 원, 청이 더욱 화충(和忠) 단결되어 년래로 적체된 정무를 점차 진행할 희망이 보이는 고로, 지난 3월경에 국무원과 의정원에 공함을 보내어 몇 가지 방침을 제출하고 회답을 고대하더니,

지금에 국무(國務) 의정(議政) 양원의 전보를 접하건대, 다시 헌법 개정이니 대통령 대리니 하는 변동적 문제로 서로 시비하여 층절(層折)을 내는 모양이니, 슬프다, 상해에 있는 우리 인사들은 종시 이렇게 세월만 보내며 좋은 기회를 앉아서 잃어버리려 하는지, 생각하려 하니 말

이 아니 나옵니다.

　의정원은 개회한 지 오래 되서 반년이 지났으므로 폐회할 기한이 여러 번 넘은지라, 이것도 사태에 부당하니 속히 폐회하도록 하시며, 국무원에서는 더욱 합심 단결하여 기호이니 서북이니 하는 유치한 평론을 구애치 말고, 자래로 지켜오던 현 정부 방침을 굳게 세워서 동포의 바람을 저버리지 말며, 민국 대업을 속성케 하심을 무망(務望)하나이다.

대한민국 6년 7월 1일
임시대통령 이승만 국궁

제일 급한 것
(1924년 10월호)

물 밖에 난 고기가 사람을 보고 말하기를, 나에게 물 한 잔만 얻어주면 당장 죽을 것을 면하겠노라 하니, 그 사람이 대답하되 '내가 장차 서해 바다를 터서 이리 가져올 터이니 좀 기다리라' 하였나니, 이는 동양에 도교라는 종교주 장자(莊子)의 유명한 철학론이다.

전 미국대통령 루즈벨트 씨가 말하기를 '미국이 한국과 서로 도와주마고 약조한 것이 있었으나, 일본이 병탄하려 할 때에 한인들이 저의 몸을 돕지 못하는 고로 미국이 도와주지 못하였다' 하였나니, 이것이 몇 천 년 전 장자의 철학론과 같은 말이다.

예나 이제나 세상인심이 다 이러하여 한 잔 물을 주기가 어려운 것이 아니로되, 그 고기가 능히 제 몸을 구제할 만치 못 되면 물 한 잔도 줄 사람이 없을 것이다. 우리 독립운동에 우리가 제일 먼저 깨달을 것이 이것이라. 헛되이 남이 도와주어서 우리 독립을 찾을까 바라지 말 것이고, 내가 먼저 내일을 해야만 남의 도움이 올 수도 있고, 와서 도와야 그 도움이 참 도움이 될 수 있는 것이라.

설령 물 한 잔을 주어서 고기를 살려낼 수 있으면 살려주고자 하는 사람이 없지 않을 것이지만은, 한두 잔 물로 고기를 살려낼 수 없는 줄 안 다음에는 헛되이 애쓰지 않고 속히 죽어 모르게 하는 것이 도리어 인도라 하나니, 인심이 다 악해서 이러한 줄만 판단할 것이 아니다.

지금이라도 우리가 남과 같이 세상에서 자유 행복을 누리고자 할 진대 우리가 무엇을 하든지 우리 몸을 보호해서 살 수 있는 길에 옮겨 놓은 뒤에야 남의 도움도 생길 것이고, 남의 도움이 아니라도 능히 살 수 있을 것이다.

오늘날 우리의 형편은 우리가 우리의 살 길을 아직 찾을 수 없이 됨으로 우리가 이대로만 지내 갈진대 언제든지 세상에서 도와주려고 할 사람도 없고 도와주려고 하여도 참 도움이 없을 것이다.

강도가 들어와서 집안 식구를 다 잡아서 결박을 짓고 눈을 가리 며 입을 재갈물리고 사슬로 목을 매어 채찍질로 우마(牛馬) 부리듯 하 며, 부녀와 노유(老幼)를 굶기며 얼리고 구타하여 한둘씩 죽여 없이할진 대, 그 집 사람이 다 합심이 되어서 함께 죽기를 결심하고 나서야 싸움 이라도 한번 크게 하여 볼 것이고 세상에 소리라도 한번 크게 질러볼 것이거늘, 만일 그렇지 못하여 저희끼리 서로 욕하며 원망하여 꼬집으 며 눈 흘기며 차며 쥐어지르면, 그 집안의 운명은 모든 사람이 속절없 이 다 같이 당하고 말 것뿐이다.

정부를 조직하면 저마다 대통령이나 국무총리 되겠다고 서로 결 단 내며, 서로 악선전하여, 내 권리와 내 명의로 주장하려 하며, 국무 원이라 의정원이라 마련하면 각각 제 주견 세우느라고 토론과 분쟁으 로 세월을 보내다가, 자기 주견대로 아니 되면 서로 파괴하려고 편당을 지어다가 풍파를 양성하여, 세인(世人) 이목에 추악한 성색(性色)을 드러 내어 이것으로 5,6년을 지내오 아직도 꽃이 없는 것 같은지라.

그러면 정부는 다 인도자들이 글러서 그렇다 치고, 그 다음(其次) 민간단체를 보면 이보다 나은가? 우리 보기에는 다소간 또 그와 같아 서, 한족 전체가 다 합동해야 그 속에서 우리가 다 잘 되리라 하는 생각 이 나기 전에, 각 지방 인도자들이 먼저 생각하기를, 내가 이 지방에 인도자가 되어야 하리라 하고 어른 노릇을 하려 한즉, 매 지방에 여러 인도자가 서로 이와 같이 하는 중에서 그 지방 단체 하나가 화목하여 단결될 수 없나니, 큰 단체나 작은 단체나 정부나 민간이나 다 한 모양이 되고 만다.

그러면 인도자들은 정부나 민간사회나 다 이러하다 치고, 보통 인기의 정형은 또 어떠한고. 그이들은 보통 개인주의를 없이 하고 자기를 희생해서 국사에 유익하다는 일을 하도록 만들어서, 영광을 누가 취하든지, 일만 되기를 바라는 것이 보통 다수라. 우리가 이것도 없었으면 더욱 어찌할 수 없을 것인데, 다행히 이렇게 생각하는 동포들이 있어서 지금까지 부지하여 왔으나, 그이들도 혹은 지방 인도자들의 풍조에 딸려서 우리 지방이 다른 지방을 거느려야 되리라 하는 사상이 없지 아니한지라.

그런고로 미주의 한인 형편으로만 보아도, 동편에서 서편으로 가며 모든 한인 단체에서 연합운동을 시작하면, 처음은 다 좋다고 열심으로 찬성하다가, 급기 어느 지방에 중앙부를 두어 그대로 연락하자 하는 문제가 생길 때에는 다 물러가 드러눕고 다시는 아무 소리도 없어지는지라. 이것이 어찌 미국의 한인뿐이리오. 곧 내지 외양에 보통 정형이라.

그런즉 우리 한인의 정형이 반신불수 병든 자의 신체와 같아서, 가만히 드러눕고 수족을 놀릴 수 없이 된 중이니, 도적을 어찌 방비하며 몸을 어찌 구하여 내리오. 오늘날 통일이 못 된다, 단결이 못 된다 하는 것이 다 인도자의 책망이라거나 백성 전체의 책망이라거나 하는 것보다, 다 각각 나 한 사람의 책망인 줄을 깨닫고, 우선 나 하나를 먼저 희생하여 민족 전체를 중하게 여겨야 비로소 한족의 생맥(生脈)이 생길 것이다.

그런즉 폐일언(蔽一言)하고, 우리의 한 가지 제일 긴급한 것이 각 개인의 애국심이라. 우리 모든 사람이 참 애국심만 있으면 나 한 사람이라는 것보다도 대 단체라는, 이 보다도 내 지방이라는, 이 보다도 내 의견, 내 명예, 내 생명이라는 것보다도 제일 먼저 제일 크게 보일 것이 내 나라요, 내 동족뿐이다. 이것 한 가지가 먼저 생긴 후에야 한인 중에 참 위대한 인물도 날 것이고, 비상한 사업도 이룰 것이고, 너나 할 것 없이 다 살 방책도 터질 것이다.

이 위에서 말한바 모든 폐단이 우리에게 흥치 나거나 권장될 것이 아니고 도리어 낙심낙담 시키는 말이니 아니 하는 것이 좋을 듯하나, 병이 고황(膏肓)에 든 자의 병근(病根)을 알고 말치 않는 것이 병자를 위하는 도리가 아니라, 그 근원을 알아서 다스리는 것이 상책이므로, 나의 아는 대로 정성껏 설명함이라.

지금 우리가 단합이 못됨으로 우리의 자유 행복만 지체될 뿐 아니라 지금은 장차 한족의 생존을 부지할 수 없게 되나니, 이것을 보고 앉은 우리는 어찌 듣기 좋은 말이나 혹 어린아이 칭찬하는 수단적 말로 겉을 발라 말하고 앉았으리요.

이 글 쓰는 사람도 이미 오십(五十) 성상을 이렇게 지내서 지금은 귀밑에 서리가 덮이며, 눈에 안개가 돌며, 허리가 공연히 끊어져 오는 듯한 것을 엎디어 쓰고 앉았을 때에, 다만 한 가지 생각은, 내가 얼마나 우리 동포에게 듣기 싫은 말이라도 할 계제가 더 있을는지 모르거니와, 할 수 있을 동안까지는 나의 생각에 제일 필요한 것을 알려주어 이후에라도 깨달음이 있을까 하는 일편단심뿐이라.

지금이라도 한인들이 다 남과 같이 자유 행복을 누리며 잘 살고 싶거든, 다른 것 다 잊어버리고, 애국 애족하는 일단 충심으로 모든 것을 다 희생할 만치 되어야 하리니, 이것이 한인의 만병통치할 양약(良藥)이고, 회춘장생(回春長生)할 선약(仙藥)이라 하노라.

공화주의가 일러
(1924년 10월호)

이 글 쓰는 사람은 서양의 공화제도(共和制度)를 듣고 깨달은 이후로 단순한 공화주의(共和主義)를 흡수하여 평생을 지켜왔나니, 내 몸이 세상에 있을 동안에는 이 정신을 지켜갈 것이고, 우리 모든 사람이 다 이와 같이 하기를 바라는 바로라.

그러나 지나간 5,6년 경력을 지내고 우리의 앞에 할 일을 헤아려서 결코 단순한 공화제도로 우리 대사를 이룰 수 없는 것을 확실히 깨달았나니, 지금부터는 나도 이에 대하여 얼마쯤 변한 사람이라. 공화주의는 변할 수 없으나 공화제도는 다소간 변해야 우리의 대사를 이룰 수 있을 줄로 확실히 깨달았노라.

우리의 광복사업을 우리가 다 합력으로 일치 행동을 취하지 않고는 결코 될 수 없으며, 일치 행동을 하려면 오늘 우리 보통 한인들이 아는 바 공화제도라는 것으로는 결코 될 수 없은즉, 명령적 행동을 행해야만 될 것이다.

어느 나라 백성이던지 공화정부를 처음 조직한 후에는 매양 혼돈과 무정부상태를 얼마 좀 지내서 그 중에서 백성이 다 깨닫게 된 후에야 참 공화제를 지킬 수 있는 법인데, 우리가 그 정도를 지나도록 기다리려면 그동안에 민족은 다 없어지고 말지라. 그러므로 우리가 주의(主義)는 공화를 지키되, 방법을 명령적으로 행할 밖에 다른 수가 없다 하노라.

나는 지금 우리가 공화제도를 행할 정도에 이르지 못한 사실을 확실히 깨달았나니, 이것은 오랜 경력 중에서 밝히 본 것이라. 이후에 누가 나라 일을 하든지 나의 경력을 보아 거울을 삼을진대 도움이 될까 하노라.

한인이 공화제도를 행할 정도에 이르지 못하였다는 말을 편벽(偏僻)하게 듣는 사람은 의례히 우리 평민의 상식 정도가 아직 유치하여 공화사회를 다 사려 갈만치 못되었다고 알아들을 듯하나, 나의 경력한 바는 아주 이와 달라서, 보통 무식하다는 평민은 오히려 어거(駅車)할 수 있으되, 그 중에 인도자의 자리에 있는 사람이 공화제도의 조직체를 다 몰라서 그러한지, 알고도 행치를 아니하는지, 도무지 어찌할 수 없는 것이 나의 경력이라.

모든 인도자를 다 이렇다고 말하는 것은 내가 양심을 속임이고, 또는 사실이 아니니, 나의 좋은 친구 중으로도 이 폐단을 알고 우리 장래 일을 위하여 걱정하는 인도자들이 여럿이라. 그러나 이런 이들은 심히 적고 행치 않는 이가 많은즉, 이것이 어찌할 수 없는 폐단이라.

대저 공화사회에는 장(長)이라든지 어른이든지, 무엇이든지, 두령이 아주 없이 다스리느뇨. 만일 아무 등급도 없고 명령 지휘하는 사람이 없이 어른 아이가 다 한발씩이 될진대, 공화국에 정부라는 조직체부터 없을 것이라. 그런데 정부도 있고 모든 대소 조직체가 있어서 서로 다스려가는 것은 위에서 명령하는 이가 있고, 그 아래서 차례로 명령을 받아 준행하는 사람이 다 있음으로 질서를 정돈하고 일을 행하여 가는 것이라.

우리 한인 인도자들이 제일 알기 어려운 것이 이것이라. 우리가 다 공화사회에서 일하는 사람이니, 나도 저이와 다 동등인데, 내가 남의 명령을 받을 것은 무엇이며, 그 아래 둘 까닭이 무엇이냐 하여 각각 자기 자리를 지키고 자기 직책을 행하려 하지 않는 고로 질서가 생길 수 없는 것이다.

나는 지나간 5,6년 동안에 몇 가지 명예를 얻은 중에, 내 밑에서 일하기 어렵다는 것이 제일 널리 전파된 명예라. 그 이유가 서너 가지 되는데, 첫째 나의 재주가 부족하고 덕(德)이 박해서 사람을 잘 어거하지 못하는 것이 한가지요. 간곤(艱困)한 재정으로 몇 가지 사업의 기초를 세우려 한즉, 일군들의 뒤를 상당히 받쳐주지 못하는 것이 또 한 가지요. 그 다음은 공화주의를 주장한다는 것이 그 중에 한 가지 이유라. 이 세 가지 이유 중에서 가장 끝의 이유를 다시 설명하고자 하노라.

다른 단체에 가서는 의례히 자기 상관의 명령을 복종할 줄로 알던 사람이 나에게 와서 일하려 할 때에는 자연히 생각하기를, 여기는 공화제도를 주장하는 곳이니 내 권리를 내가 찾아야 하리라 하는 것인데, 이 주권을 가진 사람이 자기의 자리를 찾아서 직책을 행하며, 그 범위 안에서 자기 권리를 지킬진대, 이것이 참 공화국민의 상당한 자격이라 할 터이지만은, 어떤 사람은 그렇지 못하여, 혹은 자기의 직책이라고 생각지도 못하고 권리를 먼저 찾기도 하며, 혹은 다 알기도 하고 생각도 하면서도 짐짓 자기 권한 외에 것을 행하려 하다가 그대로 못되면 그제는 일할 수 없다고 선언하고 나서서 광고하려 하는지라. 5,6년 동안에 이것을 여러 번 겪을 적에 나도 여러 가지 생각을 많이 하였노라.

가령 위원부 조직 이후로만 보아도, 내 생각에 제일 좋은 일군들을 청해다 놓고, 재정을 얻어다가 일을 맡기며, 모든 동포에게 광포(廣布)하여 이 인도자들 밑에 복종하고 받들라 하였나니, 물론 대통령의 지휘 하에서 위원부 사무를 주장할 것이라.

어떤 이는 자기의 상관되는 이가 무슨 일을 하는 것이 자기의 의견과 같지 아니하면 이것을 못하게 백 가지로 막다가, 급기야 그 상관 지위에 있는 이가 묻기를, 그대가 무슨 권리로 나의 직분 행하는 것을 막으려 하느냐 하면, 대답하기를, 나는 이천만 명 중에 하나이니 한인 된 권리로 막는다 하는지라.

이것이 대략 우리 일하는 이들의 사상 정도라. 아령(俄領) 중령이 이러하고, 상해 정부안이 또 이러하며, 포와에 지금 인구세 문제에 대한 것이 또 이러하며, 미주의 형편이 또 대략 이러한지라. 그 속에 사소한 관계는 다 말치 않거니와, 이것이 대략 우리 독립운동에 힘쓸 모든 기관의 조직체 내용이라.

자, 그러면 이대로 길게 계속하고는 아무것도 못하고 말 줄을 삼 척동자라도 알 것이라. 지금에 당장이라도 이것을 교정하여 완전한 조직체를 이루어야만 될 것이니, 지금부터는 우리 모든 충애동포들이 공화사상이라는 것은 아직 좀 덮어두고 우리 광복 속성(速成)할 계획을 먼저 차리는 것이 상책이라.

방금에 우리가 대대적 운동으로 국민대단결을 착수할지니, 모든 국민 남녀는 우선 마음을 준비하였다가 언제든지 우리의 방침이 다 원만히 타산되어 반포되거든 다 복종하는 마음으로, 다 희생적 주의로 따라 행하여 민족의 완전한 대단결을 성취할지라. 간담(肝膽)을 기울여 다 일심으로 합동되기를 바라노라.

동지들에게
(1925년 7월호)

우리의 지극히 귀하고 사랑스러운 동지여, 우리가 이미 손을 들어 맹세하고 조국 광복을 위하여 죽으나 사나 한 마음 한 뜻으로 동진 동퇴(同進同退) 하자고 결심하였은즉, 우리는 곧 독립전쟁에 의용병 자원대라. 각각 어디 있어서 무슨 경우에 처하였든지, 피차 정의(情誼)도 자별하려니와 책임도 또한 특별히 중대하도다.

독립을 회복하는 데는 이천만이 다 동일하게 힘쓸 터이지만은 우리는 특별히 이 책임을 자담하고 나섰은즉, 이 책임을 행하여 비로소 헛 이름만 띄고 있다는 죄책을 면할지라. 스스로 경성(警省)하여 각각 자기의 마음과 행동을 살펴봅시다.

대저 자유는 값진 물건이라. 상당한 값을 주지 않고 얻으려 함은 다만 헛 욕심뿐이니, 결코 될 수 없는 일이라. 마땅히 우리가 귀중한 물건의 값을 귀중한 것으로 갚은 후에야 우리가 그 물건을 차지할지니, 우리 동지는 각각 자기가 자기의 제일 귀중한 것으로 그 값을 갚기로 결심할 것이로다.

우리의 제일 귀한 물건이 무엇이뇨. 우리의 육신생명보다 더한 것이 없도다. 그런즉 우리의 육신생명을 바쳐서 자유의 값을 갚는 것이 우리의 독립을 회복하기에 유일한 방법이라. 이것이 아니고는 자유를 영영 얻지 못할 것이로다.

그러나 육신생명을 희생하는 데도 몇 가지 조건이 있나니, 이것을 주의하지 않으면 생명만 희생하고 효과가 없을지라. 그럼으로 이에 필요한 조건을 몇 가지 설명할지니

一. 나 하나가 혼자 나가서 생명과 육신을 희생하면 물론 독립의 가치는 그만치 더 갚는 것이 될지로되 효과는 비교적 적을지라. 가령 이천만이 하나씩 둘씩 따로 나가서 생명을 희생할진대, 적국은 우리 이천만을 다 없이 하고라도 우리나라는 차지하려 할지니, 우리가 우리를 잔약하게 만들어 가지고 어찌 강한 적국을 저당(抵當)하리요. 그럼으로 모든 사람이 함께 단체로 생명을 희생하기를 준비함이 필요하며,

二. 정의와 인도를 저버리지 않고 생명을 희생해야만 그 희생이 참 가치 있는 희생이 될지라. 가령 독립을 위하여 생명을 희생하기로 결심하는 사람이 불법 불의한 일을 행하여 그 대신에 생명을 잃게 될진대, 그 내용은 실로 독립을 위하여 희생하는 생명이나, 그 결과인즉 자기의 불법한 행동을 인연하여 벌을 갚는 생명이 되고 말지니, 독립을 위하여 갚는 값은 마침내 얼마 되지 못하고 마는 것이라. 그러므로 정의와 인도를 지켜서 사람과 하나님 앞에 실수한 것이 없이 순결한 생명을 공헌하는 것이 참 독립의 값을 상당히 갚는 본의가 될지며,

三. 조직체가 있어 통신연락이 민첩하여 내지 외양 각처에 산재한 동지들이 일시에 알고 진퇴 동작을 동일하게 할지라. 그러므로 모든 동지는 각각 따로 떨어져서 개인 자유로 독립운동 하기를 뜻하지 말고, 다만 조직 범위 내에서 절제에 복종함으로 질서를 존중하여, 한 몸의 지체를 운동하듯 한 후에야 능히 강한 적국을 절제하며, 인명을 많이 희생치 않고 목적을 달할 것이라.

이상 세 가지가 우리 독립운동에 필요한 조건인데, 이것을 하려면 저마다 각각 자기의 책임을 행하여 이것을 미리 준비한 후에야 이것

이 되기를 바랄지라. 동지 제씨는 이에 대하여 직책 행하기를 힘쓰시오.

　우리가 이 세상에 살아서 육신도 먹고 지내야 할 것이고, 교육, 종교, 사회 등 모든 공익적 사업도 해야 하려니와, 모든 한인 된 사람은 독립을 위하여 일하기를 쉬지 마는 것이 우리 한인의 제일 크고 가장 급한 일이라. 이 크고 급한 일을 위하여 한인이 각각 힘쓰지 않으면 그 일이 되어볼 날은 없을 것이니, 그러므로 우리 동지회의 성립이 곧 이것을 위함이라. 독립을 원하는 모든 애국 남녀는 빠지지 말고 동지회원이 될 것이며, 동지회원이 된 후에는 각각 다른 동포를 인도하여 동지회원이 되게 할지라. 이것이 곧 우리의 독립운동이라 하노라.

공산주의
(1925년 7월호)

공산주의가 지금 세계에 퍼져서 도처에 큰 문제가 되나니, 우리 한국에도 한 문제가 되는 것이 또한 괴이치 않은 일이라. 우리 민족이 이에 대하여 어떠한 태도를 가지는 것이 옳을는지 깊이 연구하여 볼 일이로다.

태평양잡지는 이미 여러 번 발포한 글이 있으니 보신 이들은 응당 판단이 있으려니와, 이 문제가 아직도 해결이 못되어 내지와 원동 동포에게 큰 의문을 만드는 염려가 있는지라. 우리는 이에 대하여 침묵할 수 없음으로 가장 중요한 관계점을 들어 아래 설명하노라.

一. 공산당과 사회당 주의가 세상에 큰 복리를 끼칠 것이니 이 주의를 사람마다 가지는 것이 옳다 하나, 실상은 이것이 복이 될는지 해가 될는지 확실히 판단이 못된 터이니, 다른 나라들은 이것저것을 시험하다가 아니 되면 다른 것을 할 수도 있지만은, 우리 처지로는 한번 이것을 시험하다가 실패하면 다시 다른 것을 시험할 여력이 없을지라. 그러므로 우리의 급급히 할 것을 먼저 힘쓰며, 남들이 다시 험(驗)을 치러서 완성한 후에 채용하는 것이 우리의 지혜로운 계획이며,

二. 공산사회주의가 세계 평화와 만인이 형제 되는 복락을 주장한다하는데, 이 주의가 넓고 커서 나라마다 사람마다 준행하는 것이 인류행복을 증진하는 것이 될 터이나, 남들은 다 민족의 생존을 완전히

보전하고 앉아서 더 잘 살아보려고 하는 것이지만은, 우리는 민족이 장구히 있을까 없을까를 판단치 못하고 앉아서 정신없이 남을 따라 헛되이 애쓰다가 부지중 우리 민족만 영영 살 수 없게 되고 보면, 우리는 세계 복락을 위하여 우리만 희생하고 말 것뿐이라. 종교적 사상으로는 매우 고상하다 할 터이지만은, 인류의 보통관념으로는 가장 어리석은 물건을 이룰 따름이며,

三. 국가주의라는 것이 인민 행복을 장애(障碍)하며 세계 전쟁을 만드나니, 공산사회는 국가를 없이하고 모든 민족이 구별 없이 살게 하자 함이라 하니, 그 뜻이 또한 인도와 정의에 가까워서 세상 형편을 모르고 이 말만 듣는 사람들로 하여금 마음을 기울이게 할 듯하나, 만일 이 주의를 주창하는 나라 사람들이 먼저 세계 부강한 나라들로 하여금 각각 그 정부를 없이 하며 강토를 열어 놓아 피차 구별이 없이 모든 인종이 같이 복리를 나눠 누리게 할진데, 우리도 그 뒤를 따라서 국가를 희생하고 들어가려니와, 만일 그렇지 못하여 나라마다 군함 대포와 잠수정 비행대를 확장하며, 잔약한 나라들만 권하여 국가주의를 버리라 할진대, 우리는 언제까지든지 나라를 먼저 회복해 놓은 후에야 세계주의를 비로소 생각할 것이며,

四. 공산과 사회주의가 인민의 평등 자유권을 증진하여 유식 무식과, 유산 무산과, 자본가와 노동자 등의 구별을 다 타파하고, 모든 민중으로 하여금 공화 사회에서 능히 얻지 못하는 행복을 누리게 하자 하나니, 이것도 참 주의(主義)로 보면 공화 민주주의 보다 더욱 균일한 자유를 도모함이라 하겠으나, 다른 나라들은 다 저의 민족과 국가의 자유를 회복하여 다른 나라나 다른 민족의 속박을 면하고 앉았은즉, 그 나라 안의 백성끼리 서로 압박하고 서로 구별하는 폐단을 없이하기 위하여 유식계급 유산계급 자본계급을 타파하고, 무산 무식 노동 등 사회

와 동등권을 누리게 하자 함이니, 실로 민족 중 저의끼리 자유권을 다투는 것이거니와, 우리로 말하면 타국과 타족의 속박을 먼저 면하여 우리가 남과 같이 살게 만들어 놓은 후에 우리끼리 어떻게 마련하여 인민의 평등을 보호하자 하는 것이 가한지라. 만일 그렇지 못하여 우리끼리 개인 권리를 다투노라고 서로 분별 분쟁하다가 국가 자유를 영영 잃고 앉으면 남의 노예 된 백성이 저희끼리 평등권을 가진다 한들 무엇이 상쾌하리오. 그러므로 다 합동하여 우리의 공동자유를 먼저 회복한 후에 공산 사회 등 주의를 모본함이 늦지 아니하며,

　五. 우리의 적국이 공산과 사회 등 주의를 심히 두려워한즉, 우리가 이것을 모본하여 저 사람들을 어렵게 하는 것이 한 계획이라 함도 또한 우리가 옳게 생각하는 바이라. 그러나 내 원수가 이것을 싫어하는 고로 내가 나의 이해를 불계하고 행하는 것이 옳다 함은 심히 위태한 생각이라. 내 원수의 집에 가서 내 목을 매어 죽으면 그 해가 내 원수에게보다 내게 더 큰지라. 내 몸을 없이하여 원수를 놀래는 것이 어찌 원수 갚는 일이라 하리오. 그런즉 우리는 덮어놓고 일본이 싫어하는 고로 우리가 원한다 하는 것보다, 우리가 그 주의를 소상히 알아보아 우리 형편에 복이 될까 아니 될까 하는 것만 연구하여 정할 것이고, 덮어놓고 원수를 미워서 이것을 행한다 함은 극히 위태한 생각이라.

　六. 우리는 광복운동이 우리의 생명운동이라. 우리가 독립을 회복하면 우리 민족도 살 수 있고, 독립을 회복하지 못하면 우리가 다 생존을 유지치 못할 것뿐이니, 독립을 위하여 무엇이든지 행하자는 정신으로 주장을 삼을진대, 우리는 세상 모든 주의에 찬성치 못할 일이 없으되, 급기 독립은 어찌 되었던지 다른 주의가 더 높고 더 넓으니 그것을 취하자 하는 데는 우리가 결코 찬성할 수 없을지라. 우리 애독(愛獨) 제군은 이 정신을 크게 선전하여 국민의 정신이 일치하게 하는 것이 동

지들의 직책이라.

폐일언하고, 지금 우리가 무엇을 하든지 민심 합일하는 것이 독립의 첫걸음이라. 모든 주의로 얼마는 이것이 제일이라, 또 얼마는 저것이 제일이라 하며, 또 혹은 우리 독립이 아라사에서 나오리라, 또 얼마는 미국에서 생기리라 하여, 각각 이것저것을 주창하며, 서로 길이 갈리고 마음이 나누어질진대, 이는 우리 광복 대업에 큰 장애라. 그럼으로 노국(露國) 영지에 있는 우리 동포는 그곳 형편에 적당한 행동으로 우리 독립의 정신을 붙들어 나가며, 미주, 유럽과 일본, 중국 등 각지에 있는 이들이 다 각각 그 경우대로, 처지대로 마쳐서 독립운동을 진행할진대, 어디 있어서 어떤 명의로 일하든지 다 정신 단결로 한 가지 목적을 천백 가지로 나누는 것이 다 결과는 한 목적에 가서 이를 것이니, 공산 사회 등 모든 새 주의가 조금도 우리의 문제될 것이 없다 하노라.

태평양 회의
(1925년 7월호)

금년 7월 1일에 호항에서 개최한 태평양 회의는 호항에 있는 태평양 연합회의 주창으로, 기독교 청년회에서 주최하여 두 단체의 협동으로 청한 것이라.

이 회에 참예할 사람은 태평양 각국 인민의 대표들이고, 목적은 태평양 각국 인민 간에 평화를 증진하자 함이라.

그러므로 이 회는 각국 정부나 나라를 대표한 것이 아니고, 모든 인민을 대표한 것이며, 각 인민의 대표들이 모여서 어찌하면 태평양 각 인종 간에 평화를 유지할 만한 모든 문제를 서로 토론하여 가급적으로 해결하여 보자는 주의라.

파리 평화회와 미경(美京) 군비축소 회 같은 국제회의에 이르러는 한인들의 대표가 참예할 권리가 없다 하여도 법리상으로 그 말을 틀리다 할 수 없거니와, 이번 태평양 회의에는 참석할 권리가 자재(自在)하여 막을 사람이 없는 터이라.

본국에서 신흥우, 송진우, 유억겸, 김량수, 김종철 5씨를 파송한 바, 우리나라 언론계와 종교계의 모든 유력한 인도자들이라. 그 중에 이상재 선생이 참가치 못하게 된 것은 우리가 다 유감으로 알거니와, 이상 다섯 대표로만 하여도 우리의 고명한 인물들이 참가하게 된 것이라.

호항 한인 교민단 주최로 미주에서 서 박사를 청하여 같이 출석
케 하였으므로, 미주 각처에 동포들이 또한 이에 협조하여 뜻을 이루게
되니, 대한 대표단이 더욱 유력한 단체를 이루었도다.

윤치호 씨 영양 윤헬런 씨는 미주에서 유명한 벤더빌 대학을 졸
업하고 마침 본국으로 돌아가는 길에 호항에 내렸다가 이 회에 참가키
위하여 지체함으로, 각국인 부인 대표 중에 우리도 빠지지 않게 된 것
이며, 양유찬 박사와 필지성 양씨도 또한 대표로 정하여 함께 돕게 하
였나니, 사람 수효로는 아직도 일본이나 중국 대표만 못하나, 우리 대
표들의 인격으로는 어디 가든지 자랑할 만한지라.

호항 일인 신문들은 이에 대하여 장황한 글로 대한인 대표들의
역사를 말하며, 독립운동에 큰 인도자들이 함께 모여서 이 회의에서 독
립을 얻으려 한다 하며, 특별히 서 박사에게 대하여는 미국인의 연락을
얻어 가지고 독립운동을 도우려고 나온다 하여 감정적 언론이 많은지
라. 한인들이 이 회의에서 독립을 찾으려 하거나, 미국인의 도움으로
일인을 대항하려 한다는 유치한 말은 다 일본 신문들의 오해일 뿐이거
니와, 한인의 유력한 대표들이 모였다 하는 말은 과연 사실이라.

그런데 연래로 일인들이 힘쓰던 바는 각국 인이 참가하는 회석(會
席)에 한인들은 일본 대표 밑에 속하거나, 일인의 명예로 참예하게 만
들려 함이라. 그러므로 하와이 한인들이 매양 이것을 싸워서 번번이 이
기고 일인이 무색하게 되었나니, 각국인들이 일인의 편협함을 깊이 아
는 바이라.

이번 회의에도 본국에서 대표를 파송하기로 작정한 후, 미주에
있는 일인들의 친구 측에서 호항 기독청년회에 전보하고, 한인 대표들
은 일인의 명예로 참예하게 하라 한지라. 호항에 우리 청년 인도자들이
항의하고 백인 친구들이 또한 그 불공평함을 깨달아 우리 대표도 또한

각국 대표와 같이 참가하기로 결정되었나니, 이것도 또 일인의 실패라.

급기 모든 나라에서 대표가 모여서 개회하고, 태평양 회의의 임시 총 간부를 조직하는 자리에 신흥우 씨가 한인 대표로 피선되었으며, 각국인 대표가 각각 자기 나라 문제 되는 것을 설명하여 간단한 작문을 낭독하였는데, 우리 대표로 신흥우 씨가 자기가 지은 글을 회중에서 읽어 들이므로 만장이 박수갈채 하였는데, 이에 대하여는 우리가 우리의 의견을 말하는 것보다 호항 각 영문 신문에 기재한 말을 역등(譯謄)하는 것이 더 재미로울 줄로 믿노라.

호항 스타블레틴 신문에 하였으되,

〈한국이 자주 자치할 권리를 찾으려고〉

〈한인 대표 신흥우 씨의 낭독한 글에 말한 바는, 일본의 불공평한 정치와 한국의 경제 근원을 다 독장(獨掌)함과 한인의 생존을 자멸하려는 정책을 설명하고, 신 씨가 말하기를, 이것은 정치상 문제가 아니고 인종상 문제며, 감정적 문제가 아니고 죽고 살기에 관한 문제며, 한 민족에게만 관한 문제가 아니고 모든 민족에게 공동으로 관한 문제다.〉

〈한국 대표자들은 일에 실상을 구하는 성심으로 이 회에 참석할 따름이라. 이 회에 조직된 것을 보건대, 한 나라 사람에게 대한 큰 문제가 즉 여러 나라에 대한 문제요, 여러 나라에 대한 문제가 곧 한 나라에 대한 문제라. 우리가 간절히 바라는 바는, 다른 여러 태평양 각국을 대표하여 오신 이들이 우리의 어려운 문제를 해결하는 데 도와서 잘 조처되도록 하시며, 우리가 또 당신들의 문제를 상당히 해결하려 함입니다.〉

이 아래는 대한의 위치와 역사상 경력으로 이웃 나라들의 전쟁이 한국의 평화를 방해한 것과, 기독교가 들어와서 한족의 새 사상과 새

기운의 생기게 한 것이며, 인하여 한인들이 진리와 자유를 찾는 형편을 설명한 후, 일본 정책을 평론하되,

〈일본이 한인들을 동화한다고 주장하여 마련한 교육제도를 보더라도, 한족의 고유성과 역사와 국어를 다 전부 폐지하여 일본 것으로 대신하며, 물질적 발달로 말할지라도 다 일인의 이익을 발달할 따름이오, 한족의 개인성과 민족성을 전부 말살하여 우리의 조상 적부터 유전하여 오던 것은 다 없이 하기로 작정이니, 이런 발달이 우리에게 아무 유익을 주지 못하는지라. 우리는 어찌하면 우리의 고유한 특성과 물질을 다 우리에게 적당하게 발달시킬까 하는 것이 우리의 큰 문제라.〉

〈공업과 상업이 크게 발전되었다고 소문이 많이 났으나, 그 내용을 보면 은행소 한 곳에서 모든 재정을 장악하였으니 조선은행이 곧 한국에 유일한 기관이라. 일본 정부에서 주장하여 다스리는 은행인데, 이 은행이 만주와 한국에 일인의 식민 확장을 위하여 세운 은행이라. 만주에서 크게 실패하여 한국 재정이 많이 모손(耗損)된 것을 각국이 많이 비평도 하였거니와, 이것으로 한국에 모든 경제상 이익을 독장(獨掌)하니, 한족은 어디서 살 방책을 얻으리오.〉

〈한인들이 공업이나 농업을 크게 발전시키고자 하나 자본이 없은즉 어찌하리오. 그러므로 우리의 큰 문제는 어찌하면 일본 은행이 독장하지 말고 타국 자본이 들어와서 한인들의 재원을 열어줄까 하는 것이라.〉

〈한국 합병 전에 일본이 동양척식회사라는 단체를 조직할 적에, 한인들도 거대한 재정으로 고본(股本)을 사서 함께 이익을 보게 한 것인데, 합병한 후로는 한인의 고본은 다 그 속에서 녹고 다만 일인의 이익만 만든지라.〉

〈이 회사가 일본 정부의 자본을 가지고 일본 빈민을 한국으로 식

민하는데, 매 명에 여비와 농사할 집과 곡식의 씨와 땅과 경비까지 대어주마 하여 모든 일을 편리케 하여, 다수한 인민을 몰아다가 전국에 편만시키므로, 한인들의 토지를 차차 점령하여 한인들을 날로 몰아내고 그 땅과 집을 차지하여 5년 이상 25년 이하의 기한 내로 전부가 다 일인의 것이 되게 하므로, 어떤 곳에는 한인 5백여 호가 몰려 나가게 되는지라.〉

〈인종적 충돌이 날로 생겨서 피를 흘리고 인명이 상하는 일이 도처에 일어나니, 한인들이 할 수 없어 유리개걸(流離丐乞)하여 남부여대(男負女戴)하고 만주로 건너가다가 길에서 얼고 주려서 죽고, 혹 간신히 살아 도착하는 자는 그곳 중국인들과 충돌이 나서 또한 살 수 없이 되는지라. 이와 같은 다른 단체가 또 여럿이며, 모든 단체가 다 한인을 살 수 없이 만드는 기관들이니, 이것이 곧 우리의 사활(死活) 문제라.〉

〈이상에 말한 것은 다만 우리의 급급한 문제 중 두어 가지만 제출한 것뿐이라. 이에 대하여 우리의 제일 먼저 해결할 것은 어찌하면 우리도 우리의 자주 자립할 권리를 회복할까 함이라. 이것이 우리의 제일 원하는 것이로다.〉

〈이왕에 우리가 세계 자유 하는 나라들 중에 참예한 나라이다가 지금은 세상이 거의 잊어버리게 되었으나, 우리의 정신은 아직도 살아 있는지라. 개인이나 국가나 그 정신이 곧 생명이라. 이 정신은 곤궁과 압박으로 능히 죽이지 못하나니, 세계에 공화사상이 진보하여 모든 민족이 스스로 깨닫기를, 어떤 민족이든지 뒤에 떨어져서 문명의 전진을 장애하는 것이 세계 각국에 복리가 아니 되는 줄을 깨닫는 날이 있을 줄을 믿노라.〉

〈이와 같이 세계 사상이 변하여 피차에 인도와 정의로 대우할 만치 되는 날은, 서로 잔해하던 것과 서로 강탈하던 것이 다 없어지고,

모든 민족이 서로 즐거이 복리를 누리게 되기를 믿노라.〉

〈한국의 비참〉

호항 애드버타이저 영문 보에는 〈한국의 비참〉이라는 문제로 논설 폭원에 크게 기재하였으되,

〈태평양 회의석에서 한국을 대표하여 인심을 감동시킬 만한 연설을 신흥우 씨가 했는데, 일본 정치 밑에서 그 반도인민의 비참한 정형을 강개하게 설명하였는데, 나라마다 제일 생명으로 여기는 경제적 방면을 많이 들어 진술할 적에 그 말이 심히 정중함으로 더욱 사람을 감동시키는지라.〉

〈신흥우 씨가 한국의 원하는 것을 간단히 설명하되, 한국이 제일 원하는 바는 한인들이 저의 장래를 저의 원대로 다스릴 권리를 회복함이라. 세계의 정의와 인도가 주장하는 날에 이것이 해결될 줄로 아노라.〉

〈그러나 아직도 이 시대가 멀리 있나니, 나라마다 욕심과 탐포로 정책을 삼나니, 나라마다 각각 제 이익만 취하자는 것이 가장 큰 계획인 고로, 일본이 한국을 취하는 것도 또한 이 뜻으로 한 것이라. 만일 25년이나 30년 전에 한인들이 저의 장래를 저희가 주장해야 한다 하고 그 목적으로 일했더라면 오늘 형편이 이와 같이 되기에 이르지 않았을지라. 일본이 말하기를, 아라사가 한국에서 모든 음모로 일본의 존재를 위태롭게 하는 고로 이것을 그저 둘 수 없다 하여 한국을 점령하였으며, 이런 형편이 다시 생기지 못하게 해야 한다 하나니, 만일 이 말과 같이 한국이 아국(俄國)의 이용이 되었을진대, 세계 공론상으로는 일본이 한국 점령하는 것을 책망할 수 없는지라. 이것이 사실이 아닌 것을 증명할 책임이 한인에게 있나니, 한인은 이에 대하여 짐이 무겁도다.〉

〈그러나 이것은 일본이 한국에 대한 정책을 지혜롭게 하였다는

말이라. 다만 1920년 이후로는 매우 개량한 듯하며, 또한 한인들이 자유를 과연 원하기를 우리가 보는 바와 같이 할진대, 그 성공할 길은 다만 한 길 뿐이니, 미국 13도가 1775년과 1783년 간에 행한 일을 행해야 되리라 하노라.〉 하였더라.

독립운동 할 자 누구
(1925년 8월호)

　독립을 찾아야 산다, 독립은 찾고야 말리라 하는 말은 일반 한인
된 사람이면 다 하는 소리라. 20년 전 한인에게 비교하면 정신적 발달
은 원만히 되었다 하리로다.

　20년 전에 글과 말로 이 정신을 고취할 때에는 독립이 무엇인지
아는 사람도 많지 못하였거니와, 여간 안다는 사람들도 독립을 해야만
살 수 있는 줄은 확실히 깨닫지 못하다가, 10년 동안 일인의 채찍 밑에
서 경력으로 배워 가지고, 민국 원년 만세운동 이후로 전국이 다 깨닫
게 된 것이라. 서양 사람들도 말하기를, 한인의 정신적 발달이 이에 이
르렀으니 조만간 독립은 하고야 말리라 하는도다.

　그러나 독립이 되어야 살 줄을 믿고만 앉았으면 그 믿음이 능히
독립을 찾아오겠느뇨. 마땅히 그 믿는 마음을 가지고 그 일을 하는 사
람이 있은 후에야 일이 될 것은 두 번 말할 필요가 없나니, 마땅히 물을
것은, 독립을 위하여 일할 사람이 누구냐 하는 문제라.

　혹은 대답하기를, 인도자들이 일을 하니까 된다 하며, 혹은 말하
기를, 국제상 관계로 인연하여 열강국이 저희끼리 다투는 중에서 한국
이 일어나리라 하나니, 이는 다 오해의 말이다.

　대저 인도자들로 말하면, 극소수 되는 인물들이 아무리 경천위지
(經天緯地)하는 재주를 가졌을지라도 자기들이 능히 대업을 혼자 회복할

수 없을지라. 갑신 이후로 우리 유신당 운동이 다 몇몇 인도자들끼리만 알고 강제로 행하려 하다가 매양 실패한 것이라. 백성을 깨우지 않고는 영웅준걸(英雄俊傑)이 어찌하지 못하리니, 인도자들을 믿고 기다리지 말 것이며,

　　타국이 저의 관계로 우리를 도와주는 경우도 물론 있으려니와, 우리가 우리 일을 하기 전에는 어떤 나라든지 나서서 우리를 붙들어 줄 자가 없을지라. 근일 서양 각국의 중국에 대한 태도를 어떤 미국 신문에서 그림으로 그려 조롱하였는데, 중국인 하나가 늙고 병들어 거의 다 죽게 된 모양으로 의자에 앉고, 의자 밑에 바퀴를 달아 사람이 뒤에서 밀어서 다니게 만든 것이라. 그런데 밀어주는 사람이 없어서 가지 못하고 어찌할 줄을 몰라 누가 도와주기를 바라는 모양이라. 그 옆에 건장한 사람이 섰으니, 이는 세계 열강국을 대표한 자라. 그 사람이 중국인을 내려다보며 동정을 표하는 뜻으로 말하되, "언제든지 그대의 몸이 강건하게 되면 우리가 도와주겠노라" 하는지라. 이것이 지금 세상의 보통심리라. 내가 내 일을 할 만치 되기 전에는 도와주는 친구가 영영 없나니, 우리는 아무 일 안 해도 타국의 동정이 우리를 도와줄 줄은 바라지 말 것이라.

　　그러면 우리 일할 사람은 우리 한인인데, 우리 한인 전체를 구별하여 보면 진실로 몸을 내어놓고 독립을 위하여 일하는 사람이 과연 많지 못한지라. 학생은 말하기를, 우리는 학생 신분이니 준비를 마친 후에 독립운동을 착수하리라 하며, 장사하는 이는 말하기를, 우리는 돈을 모아 경제준비를 필하는 때까지 독립운동에 무관이라 하며, 그 외에 모든 사업 변으로 나선 이들이 다소간 다 이러한 관념을 가지고 앉아서 독립은 마음으로만 원하고 일을 아니하고 지내니, 이 중에서 해와 달이 가며 우리 민족은 굶겨 죽으며, 말려 죽으며, 옥에서 썩혀 죽는 터이라.

나 하나가 공부를 마치거나 재정을 준비하고 나서서 독립운동에 일하려 하나, 다른 청년들은 지금에야 준비한다고 학교에 들어앉아 나오지 않으며, 다른 상업가들은 돈 벌기에 눈이 불거져 응종치 아니하니 나 혼자 어찌할 수 없는지라. 이후에 그 사람들이 준비하고 나면 그이들도 또 나와 같이 낙심낙망하고 말 것뿐이니, 이렇게 하고서야 백년을 두고 준비한들 준비를 필할 날은 없고 독립 회복은 점점 어려워질 것뿐이라.

그런즉 한국 독립을 위하여 일할 사람은 한인이고, 한인은 곧 나와 당신들이라. 나와 당신들이 일을 아니하면 독립이 오지 않을 것은 정한 이치라. 헛되이 독립이 되리라 믿고 앉았든지, 독립이 와야 살리라고 확실히 깨달을지라도 호리(毫釐)의 이익이 없을지라. 일인(日人)들도 한국 독립은 되고야 말리라고 말은 하지만, 그것이 조금도 도움이 못 되나니, 이는 독립이 빈말이나 믿음만 가지고 안 되는 연고라.

그러므로 독립을 진정으로 원하거든 실제로 독립 회복할 일을 합시다. 학생은 공부하며, 상민은 상업하며, 그 외에 모든 긴요한 사업을 맡은 이는 각각 그 생애와 벌이와 직업을 다 여전히 할지로되, 그 직책과 그 사역(使役) 외에 매 인의 제일 크고 중한 직책이 있는 것은 잊지 말아서, 각각 그 소재지에서 하루 한 시간 이상의 시간을 공헌하여 마음으로든지 몸으로든지 독립운동에 대한 사력을 날마다 해나가야 우리가 참으로 독립을 원하는 민족이요, 우리의 원(願)이 효력을 실지로 주는 원이 될지라.

그러면 매일 한 점 이상의 시간을 가지고 독립을 위하여 행할 직책은 무엇이뇨. 이에 대하여는 우리가 무엇이라고 질정(質定)하여 말하지 않을 것이다. 다만 각 개인의 양심에 붙여서 무슨 일이든지 자기 생각에 능히 독립운동을 도울만한 일이거든 지켜 행하기를 힘쓸지니, 이에 대하여 행할 일이 실로 한정이 없도다.

그 중에 한 가지 특별히 주의할 것은 민족 대단결이라. 우리가 다 준비하고라도 우리 민족의 단결이 되지 못하여 조직적으로 독립운동을 진행할 수 없으면 다른 준비가 다 소용이 없으리니, 우리는 내지에 앉은 우리 인도자들에게 부탁할 것이, 아무쪼록 속히 일어나게 하지 말고 조직이 원만히 된 후에 남과 싸우기를 시작하라 하였나니, 이는 우리가 조직이 못 되고 조직된 남들과 충돌을 시작하면, 이는 우리 불쌍한 민족만 상해하고 실력을 조잔(凋殘)케 하는 것이므로, 단결과 조직을 먼저 공고히 하는 것이 곧 우리 독립운동의 첫걸음이라 할지라.

그러므로 사람마다 매일 얼마 시간씩을 공헌해서 각각 자기 친구를 권하여 조직 범위 내에 고개를 숙이고 동포와 합동하여 독립을 찾기에 힘쓰는 일군이 많이 늘도록 만드는 것이 우리 각 개인의 직책이오, 이 직책을 행한 후에야 인민 대단결이 속성할지며, 단결만 속성되면 그 나머지 일은 비교적 매우 용이할 것이라.

공연히 앉아서 빈말로 남을 비평이나 하든지, 이 당파 저 당파에 들지 않겠다고 중립자 색태(色態)로 따로 혼자 놀려고 하는 것이 다 독립운동을 약하게 하는 장애뿐이라. 어떤 당파든지 자기 생각에 가장 독립을 도울 만한 줄로 믿거든 몸을 그리로 기울여서 그 범위 내에서 종사하는 것이 곧 독립을 운동함이니, 단체를 앞세워서 그 덩어리로 하여금 대업을 성취하는 기관을 이루도록 일하는 것이 곧 국민의 책임이라.

당신과 내가 각각 대한독립 회복에 대한 직책을 날마다 쉬지 말고 힘껏 행하며, 모든 동포로 하여금 우리와 같이 힘쓰게 하는 것이 참 독립을 원하는 자들이 마땅히 행할 직책이라 하노라.

비폭력을 비평
(1925년 8월호)

원동(遠東)에서 오는 통신을 의거하건데, 동지회 정강 제1조에 "3·1정신을 발휘하여 끝까지 정의와 인도를 주장하여 비폭력인 희생적 행동으로 대업을 성취하자" 한 조건을 비평하는 사람이 많다 하나니, 우리는 이런 비평을 의례히 들을 줄 알고 시작한 것이로다.

비폭력주의를 비평하는 이유가 대략 두 가지인데, 하나는 비폭력주의를 철저히 알지 못함이오, 또 하나는 비폭력주의가 어찌 했던지 불가(不可)라 함이라. 이 두 가지를 대략 분간하여 설명하노라.

첫째, 비폭력주의를 오해하는 이는 생각하기를, 전쟁도 말고 피도 흘리지 말고 순리로 독립을 회복하자는 것이 곧 비폭력주의자의 목적이라 함이니, 이는 전혀 오해라. 우리의 주장하는 바는 이것이 아니고, 곧 인명을 잔해하거나 폭탄 폭약 등으로 인도에 위반되는 일을 행치 말자 함이니, 만국 공법을 의지하여 적국과 전쟁하는 것은 폭력으로 인증하지 아니함이라.

우리가 힘을 길러서 적국과 아주 대적할 만치 된 후에는 세계 각국에 통용 법식을 따라 선전서(宣戰書)를 반포하고, 공공한 의전(儀典)을 시작하여 적국 군사를 살육하기에 조금도 퇴보치 않으려니와, 그렇지 못할 때에는 적국의 만행을 보복하거나 원수의 마음을 공겁(恐怯)하기 위하여 어두운 중에서 인명을 겁박하거나 안정을 손해 함은 법리상 위

반이니, 이는 우리의 힘을 점점 약하게 할 따름이라. 대업을 성취할 수 없는 법이며,

둘째로는, 비폭력주의가 전쟁을 말자는 뜻은 아니라 할지라도 불가하다 하는 사람들의 말이라. 그이들의 생각에는, 지금 물질적 시대에 모든 민족이 세력을 믿고 모든 악한 일에 못할 것이 없는 터이거늘, 우리는 어리석게 정의 인도니 하고 가만히 앉았으면 누가 우리 권리를 그저 갖다 맡기리오. 폭약이나 폭탄으로라도 적국을 못살게 해야만 되리니, 비폭력이라 함은 불가라 하는 뜻이라.

이것이 말은 매우 듣기 좋으나 일은 매우 위태한지라. 남들이 정의 인도를 저버리고 잘 되니 우리도 저버리자 함은 깊이 생각지 못한 말이라. 남은 세력이 있는 고로 능히 비인도 비정의의 일을 행하고도 아직 견디지만은, 약한 자는 힘이 없은즉 믿고 의지할 것이 정의 인도라. 세계 역사를 역력히 상고하여 볼수록 거울 같이 맑은 것은, 의리를 저버린 나라이나 개인이 길게 부지하지 못하여 필경은 옳은 자에게 지고 마나니, 우리가 이 힘을 믿지 않고는 아무것도 의지할 것이 없는지라.

우리가 진실로 정의와 인도를 붙들고 목적에 희생과 곤란을 달게 여기며 일어설진대 우리는 세계에 막강한 인민을 이룰 수 있으리니, 우리 모든 동지는 이에 대하여 조금도 의심이 없어야 할지라.

민국 원년 독립운동으로 볼지라도, 그 운동이 세계를 놀랠만한 역사를 이루었고, 그 결과로 인연하여 전에는 생각지도 못하던 신문 잡지가 국중에 얼마나 생겼으며, 인민의 단결력이 얼마나 공고해졌나뇨. 이것을 보아도 정의 인도의 능력이 폭탄 폭약보다 더욱 강한 것을 가히 알지라.

대저 동지회의 목적과 정신은 전혀 우리 독립선언서에 발포한 바

를 실시하기로 결심함이니, 이에 대하여 의심 없이 믿고 이대로 실행하는 사람이 날로 늘진대 우리의 목적을 속성할 방법이 이에 있는지라. 모든 폭력을 믿어서 폭력을 행하는 사람이 또한 없지 않을지로되, 그이들과 우리는 변론하기를 원치 아니하며, 다만 각각 자기의 믿는 대로 일하여 나갈 따름이니, 우리는 폭력으로 허비하는 힘과 물질을 들어 장래 전쟁을 준비하기에 전력함이 가장 지혜롭다 하노라.

재외 학생 제군에게
(1925년 8월호)

　금년도 어느 덧 여름이 다 진(盡)하고 하기 방학을 마치게 되었으
니, 학생 제군은 각각 학교를 다시 가서 오는 일 년 동안 학업을 시작하
게 되었으니 응당 새 학년 동안에 공부도 더욱 부지런히 하며, 나라를
위하여 얼마 쯤 힘쓰자는 결심이 있을 줄 믿노라.

　금일 한인 전체의 처지가 타국인의 처지와 같지 아니한즉, 제군
의 처지가 따라서 타국 학생들의 처지와 같지 아니한 줄을 깨달을 필요
가 있나니, 이것을 깨닫기 위하여 태평양잡지는 당돌히 아래 기록하는
몇 가지 말로 충고하고자 하노라.

　一. 한인의 독립을 회복할 책임이 일반 한인에게 동일하게 있는
중 학생 제군에게 가장 많이 있나니, 이는 그대들의 부여조(父與祖)가
세상 형편에 암매(暗昧)하여 어찌할 줄을 모르다가 나라를 잃었고, 지금
에도 또한 어찌할 줄을 몰라서 잃은 나라를 아직 찾지 못하는 터이니,
그러므로 그대들이 다 알아 가지고 일을 잘해서 능히 회복할 줄을 믿으
며, 각각 정성을 다하여 청년교육을 전력하는 바라. 나라를 회복할 책
임이 그대들에게 많이 있는 것을 잊을 수 없는 것이며,

　二. 한국이 그대들의 구원을 기다리는 줄 잊지 말지라. 악한 이웃
사람이 그대 집에 돌입하여 그대의 매씨를 결박하여 누이고 무수히 난
타하여 유혈이 낭자하며, 이목을 가리고 입을 재갈 물려 거의 죽게 되

었을진대, 그대가 알고 와서 곧 구제하여 내기를 기다릴 것이 아닌가. 한국이 지금 이 지경에 있나니, 그 강도나 강도의 친구가 와서 우리를 살려 낼 줄은 바라지도 말 것이고, 바라도 소용없을 것이다. 그대들이 만일 생각하기를, 내 매씨는 죽게 되었지만은 나는 공부나 마쳐 가지고 나서서 구원하리라 하면 이는 사람의 도리도 아니고 인정도 아니라. 그러므로 학생 제군은 각각 학업을 부지런히 마치며, 공부하는 동안에 한편으로 그대들의 나라를 위하여 일하기를 쉬지 말 것이며,

　三. 어떤 정치단체든지 연락하여 그 범위 내에서 단체적 행동으로 광복사업을 도울지라. 사람은 정치적 동물이니, 공화시대에 나라 있는 백성 되고는 정치상 책임과 권리를 모른다 할 자도 없거니와, 아무리 정치상 관념이 없는 사람이라도 그 나라가 위태할 때에는 애국자의 의용심도 발하지 않을 수도 없지만은, 혹 의용심이 없을지라도 국법으로 강제하여 나라를 돕게 만드는 법이라. 우리나라는 지금에 여간 위태하다고만 말할 수 없는 처지인즉, 정치상 관념이 없다고 나라 일을 모른다 할 수도 없고, 진실로 나라 일을 돕고자 하면 혼자 자유행동으로는 효과가 적은 법이라. 그러므로 어떤 단체에든지, 심지어 어떤 당파에라도 들어서 나라 일을 단체적으로 돕는 것이 가장 필요하며,

　四. 서양 사람들의 생활상 정도에 물들지 말 것이라. 서양인들은 다 저의 부여조(父與祖) 시대에 어려운 정도를 지내며 일들 하여 기초를 잘 세워 놓은 고로 그 자손들에게 와서 태평 안락한 복락을 누리게 된 것이라. 우리는 오늘 당한 처지가 저 사람들의 부여조 시대와 같은 중에 있나니, 우리가 이 중에서 저 사람들의 부여조가 하던 사업을 이루어 놓으면 오늘 저 사람들의 누리는 복락을 우리도 누려볼 날이 있을 것이고, 만일 그렇지 못하면 저 사람들의 누리는 복락을 영영 구경할 날이 없을 것이라. 만일 이것을 생각지 못하고 다만 목전에 남들의 잘

사는 것만 보고 나도 이렇게 살아보자 하여 제 동족을 버리며, 제 나라를 떠나, 영구히 남의 세상에서 잘살리라 하든지, 우리나라에 가서라도 저와 같이 쾌락한 생활을 해보리라 할진대, 그 결과는 마침내 그대의 나라에나 그대 개인에게나 다 실패한 결과를 면치 못할 것이라. 그러므로 우리의 곤란을 낙으로 삼아 이것을 받으며, 차차 개량하여 나와 나의 동족이 같이 향상 진보되기를 힘쓸지니, 이것이 참 성공하는 학생의 생명이라 하겠으며,

五. 학문을 이용할 것이고, 학문의 이용이 되지 말 것이라. 동양 학술에 기초가 없는 학생들이 영, 미국에 가서 물질적 발달을 보고 스스로 촉감이 되어 세계에 학문과 문명은 서양인의 것이 제일이고 우리 동양에는 아무것도 없다 하여, 부지중에 그 마음이 서양 학식에게 끌린 바 된즉, 인하여 서양 것은 다 좋고 동양 것은 다 좋지 못하다는 사상이 생기는 것이라. 이 사상을 두고 서양 학식을 공부하면 스스로 서양을 무조건 숭배하고 동양은 무조건 무시하는 습관이 자라서 이후 본국에 돌아가는 날에는 심히 고생을 당할지라.

이전에는 서양에 가서 공부하고 온 이들이 서양 것을 끝없이 칭송하며 동양 것은 모두 흉보아 말할 때에 우리가 다 정신없이 듣고 있었지만은, 만세운동 이후로 더욱이 민족 자각성이 일어나서 자체를 존중하는 감상이 더욱 깊이 박혔으므로, 서양에 가서 공부하고 온 이들이 철모르고 이전처럼 내 나라를 흉보며 내 민족을 욕하다가는 우리 동포 사이에 장차 용납을 얻지 못하리라 하니, 그러므로 학술을 배울 때에 내가 그 주인이 되어 이것저것을 비교하여 우리에게 필요한 것은 쓰고 필요치 않을 것은 버리는 판단력을 잘 사용할지니, 이것이 곧 건설시대에 기초사업 하는 인도자들이 밝히 구별할 점이며,

六. 국어와 동문(東文)을 간단없이 섭렵하는 것이 필요하니, 만일

이것을 주의치 않으면 이후에 원만한 일군도 되기 어려우려니와, 우선 민족 대단결에 다대한 영향을 끼칠 것이라. 가령 영, 미국에 유학한 사람은 영어만 숭상하고 영문만 제일로 알아서, 이것을 못한 사람은 변동 무식(便同無識)한 인물로 인증할진대, 법, 덕, 아 각국과 및 중국, 일본에 가서 유학한 이들이 각각 그 나라 말과 글을 숭상하여 배워가지고 본국에 와서 저마다 저 배운 말과 글로만 준행하려 하며 피차 남에게 양보하지 아니하면, 그 끝에는 동서양 각국파가 생겨서 자기의 말 아는 나라 공영사나 선교사와 거류민으로 당을 만들어 한인끼리 서로 초월 (楚越)같이 보는 폐단이 되고 말지라.

지금에도 미주와 유럽 각국과 일본의 유학생 사이에 서로 구별이 없지 않은지라, 이 어찌 공부한 효력이라 하리요. 그런즉 지금부터 이 폐를 교정할지니, 이 교정하는 방법은 신기한 새 법을 마련하는 것보다, 다른 나라 사람들의 통행하는 풍속대로 행하기에 있으며, 각국인의 행하는 바는 또 다른 것이 아니라, 각각 저희끼리 앉으면 저의 나라 말로 담화하고, 저희끼리 교섭할 때에는 저희 글로 하는 예절을 지키는 것이라. 세계에 통행하는 예법으로 말하여도, 남의 나라 사람을 대하여 내가 그 사람의 말을 알면 그 말로 통하는 것이 그 사람을 대접하는 예로 알며, 또한 우리끼리도 외국 친구의 방언을 알면서 그 사람 앞에서 우리말로 우리끼리 담화하는 것이 그 사람에게 실례로 아는 법이라.

이것은 우리 학생들이 다 아는 것인데 설명하는 것이 무용일 듯하나, 우리 사람들의 하는 것을 보건대, 외국에 가서 몇 해 있던 사람은 조선말을 잊었다고 말하기를 부끄러이 여기지 아니하며, 저의 동포를 대하여 타국말로 말하기를 곧 자랑으로 알게 된지라. 이것을 교정키 위하여 모든 청년은 깊이 주의하며 많이 힘쓰시오.

318 | 우남이승만 論説文集 3

대저 금일을 위하여 내일을 희생하는 자는 앞이 없는 백성이니 오늘만 살고 말려니와, 내일을 위하여 금일을 희생하는 자는 얼른 말하면 지혜롭다 하겠으나, 한층 더 깊이 생각하면 금일이 없이 어찌 내일이 있으리오. 오늘 하루 산 것만 장하니, 내일은 어찌 되었든지 오늘만 잘 놀자 하는 사람이 앞에 희망을 없이하고 사는 자라. 학생 제군은 명일을 위하여 준비하는 터이니 앞에 희망은 많다 하려니와, 내일을 준비하기 위하여 오늘 할 것은 모른다 하면, 이는 기진(氣盡)하여 가는 사람을 구원치 않고 앞길만 준비하다가 그 사람이 필경 죽고 보면, 내일은 내가 아무런 준비를 차렸으나 그 사람을 구원할 기회는 다 지나간 것이라. 그러므로 제군은 내일도 준비하려니와 오늘도 아주 희생하지는 않는 것이 지혜로운 일이라 합니다.

비폭력의 능력
(1925년 9월호)

○ 새 중국의 새 빛

중국 4억만 명은 다 썩은 물건이라, 산 사람이 되고야 어찌 저 지경을 당하고 있으랴 하던 것은 벌써 고담(古談)이 되고, 그 대신에 새 중국이 일어나서 동서양 각국이 벌써 그 세력을 깨닫게 되도다.

서양 각국이 들어가서 토지를 저의 것처럼 나누어 점령하며 정부를 능멸하고 민족을 압박하되, 관리들은 여전히 정부 재정이나 도적질하며, 세력 가진 자들은 여전히 당파싸움이나 하고, 백성은 여전히 돈이나 벌어서 먹고 살려고만 하였나니, 중국이라는 이름은 아직 붙어 있으나 국민 전체는 참 썩어진지 오래도다.

그러나 이것은 늙은 중국을 가리켜 말함이라. 썩고 상한 노인 중화국은 부지중에 쓰러지고, 그 중에서 새로 청년 중국의 싹이 나서 새 생맥(生脈)이 붙어 무럭무럭 자라나는 것을 세계 각국이 다 보게 되는도다.

서양과 일본에 가서 공부하고 온 청년들이 차차 정부 권리를 잡으며, 따라서 광산, 철로 등 모든 공업과 정치, 종교, 교육, 경제 등 모든 기관을 차례로 차지하게 되니, 이것이 벌써 신중화(新中華)의 부활을 재촉하여 봄비에 방초(芳草) 자라듯 하는도다.

늙은 중국은 외국인이 무서워서 막아내려다가 못 되매 뒤로 물러

가며 피하다가, 피할수록 남이 따라 들어와 더 피할 수 없을 만치 되매 비로소 폭력을 발하여 외국인을 배척하였나니, 아편전쟁과 의화단, 권비(拳匪: 의화단을 달리 이르는 말) 등의 난리가 다 그 증거라. 이런 폭력으로 내쫓으려 할수록 중국이 결단 나게 되어 마지막 어찌할 수 없는 경우에 이른지라.

외국인이 중국에 들어가서 치외법권(治外法權)이란 것을 내어서 저의 백성은 중국 법률을 범해도 중국 관리가 다스릴 수 없이 마련하였고, 중국 물산(物産)은 타국에 들어가면 그 나라 정부에서 임의로 세(稅)를 올리고 내려서 수입품을 제한하되, 외국 물건은 중국에 마음대로 수입하여 처음 통상약조에 한 번 매어놓은 대로 몇 푼 세라고 받고 자유로 입구(入口)하게 하였나니, 이것이 다 중국을 산 사람으로 알고 대우한 것이 아니며, 중국인이 참 산 사람들 같으면 이런 대우를 받을 것이 아니거늘, 늙은 중국은 어찌할 수 없이 받고 지내왔도다.

지금에 새 중국이 일어나며 위선 이것 두 가지를 교정하려고 결심인데, 이전 늙은이들 모양으로 폭력을 사용치 아니하고, 다만 저의 권리를 사용하여 남의 물질적 세력이 어찌할 수 없게 만드나니, 이것이 벌써 새 사람들의 새 방법이라.

전국에 모든 학생들과 청년들이 일어나서 외국 물화를 배척하며, 철로 광산 등 모든 공업과 기타 다른 기계창에서 고용하는 중국인이 일제히 동맹 파공(罷工)하고 나와서 전국이 동일한 태도를 취하며, 외국인과는 상종을 끊고 지낸다 하는지라.

열강국이 사세 위급함을 보고 중국 정부를 대하여 질문하며 공박한즉, 옛날 정부와 달라서 고개를 숙이지 아니하고 도리어 선언하되, 중국이 일심으로 일어나서 국권을 찾으려 하니, 치외법권을 물시(勿視)하며 통상조약을 고쳐서 중국도 타국과 같이 외국 물화에 대한 증세를 자유로 결정하리니, 각국이 이것을 허락하면 정돈될 수 있으되, 그렇지 아니하면 전국 인민이 정부와 합동하여 비폭력적인 평화운동으로 끝까지 계속하겠다는 뜻을 표시한지라.

지금은 영미가 새 중국의 새 세력을 보고 어찌할 수 없이 각각 대표를 파송하여 이 문제로 모여 각국 대표와 회의 결처하자 하였나니, 이것이 새 중국의 새 생맥(生脈)이 발전하리라. 동양에 이만한 다행이 없도다.

○ 인도국의 부활

세계에 인구 많기는 중국 다음에 인도국이라. 3억5천만 명에 달하며, 토지가 넓고 문명이 오래서 서양 각국 중에 비교할 나라가 없거늘, 150여년 전부터 영국인에게 먹힌바 되어 몇 천 명 영국인이 정치로 경제로 전국을 영지로 삼고, 인민을 노예 삼아 오늘날에 이르러는 세계에 제일 가난하고 천대받는 민족을 이루었도다.

영인이 수단(手段)으로 토인들을 이간 부쳐 서로 싸우게 하며, 종교와 계급으로 구분을 나누어 저희끼리 서로 싸우기를 원수같이 하는 중에서 영인의 압박을 여지없이 당하며, 영인의 물화를 수입해서 먹고 입고 쓰고 살게 되매, 전국 혈맥은 다 빠져서 세계에 제일 곤궁한 백성을 이룬지라.

인도인이 타국에 나가서 각국인의 동등 대우를 받지 못하는 중, 저의 상국인 영인에게 더욱 천대를 받아서, 중국인이나 일인은 환영하면서도 인도인은 영국 영지에 하륙(下陸)을 임의로 못하게 하나니, 인도인이 참 국수 정신이 있으면 어찌 이러한 학대를 감수하리요.

근자에 간디라 하는 인도자가 생겨서 세계전쟁 이후로 영국 배척하기를 운동하다가, 한국에 만세운동이 생긴 후로, 비폭력 비협동 주의를 주창하여 영인의 해륙군이 아무 힘없이 물러갈 운동을 시작하여, 처음은 인도인들이 비평도 하고 웃기도 하다가, 지금은 세계가 간디의 운동을 찬성하며 인도의 독립권이 조만간 돌아올 줄로 믿는도다.

간디의 주의는 영인의 물건을 쓰지 말고, 사람마다 즉조 틀에 짜서 입으며, 영인의 재판소에 가지 말고, 영국 정부에서 주는 월급을 받지 말며, 우리끼리 우리 일을 함께하여 가다가, 영인이 잡아 가두거든 항거하지 말고 저마다 잡혀 갇혀서 목숨을 잃더라도 영광으로 알고, 조금도 폭력으로 항거하지 말아야 영인의 물질세력이 기회를 얻지 못하고 정신적 세력이 필경 득승하리라 하여, 인도인의 통일을 먼저 도모하다가, 여의치 못함으로 자기가 자기 몸을 대신 벌하여 21일 동안을 굶고 먹지 아니하는지라. 인도교(印度敎)와 회회교(回回敎)와 예수교인이 서로 원수같이 보던 것을 비로소 저희끼리 없이하고 서로 악수하게 된지라. 이것은 실로 인력으로 이룰 수 없는 일을 성취하고, 간디의 이름이 세계에 더욱 전파되며, 영인이 비로소 어찌할 수 없는 줄을 깨닫게 되었도다.

영국이 이것을 보고 정부에서 비밀회의한 후 인도총독 로드 우레딩 씨에게 위임하여, 인도에 가서 인도인의 자치권을 허락하여, 오스트리아와 캐나다와 대등으로 주권을 차지하게 할 예정이라 하여 각 신문에 전파되는지라.

물론 간디는 자치권을 충분히 여겨 그만둘 것이 아니라 완전한 독립을 회복하도록 계속할 것이나, 영국의 해륙군 세력으로 인도인의 민심을 어찌할 수 없이 되는 것은, 인도인들이 폭력운동으로 영인을 항거하는 것보다 저의 내정을 먼저 정돈하여 서로 단합하며 서로 도와 가기를 힘쓰므로 영국이 어찌할 수 없이 고개를 숙이는 것이라. 인도의 자유가 또한 시간문제라 하노라.

　이상 두 나라의 국권 회복이 점점 가까워 오는 것을 보면, 잃은 국권을 회복하는 방법은 저희끼리 단합하여 정의와 인도를 들어 법리적으로 해결하기를 주장함으로 열강의 세력이 능히 더 막지 못함이라. 진실로 비폭력주의와 민심 통일의 능력이 어떠한 것을 더욱 밝히 보이도다.

동지에게
(1925년 9월호)

동지 제씨여, 잊지 마시오. 우리 맹약을 잊지 마시오. 우리 동포가 수재화재(水災火災)에 타서도 죽고 빠져서도 죽습니다. 옥중에서 맞아 죽고 굶어 죽고 얼어 죽습니다. 집 빼앗기고 땅 잃고 쫓겨나서 도로에 방황하다가 어떻게 죽는지도 모르게 없어진답니다. 남부여대(男負女戴)하고 일본으로 빌어먹으러 가서 사람이 받지 못할 대접을 받으며 사방에 환산(渙散)한 남녀가 여러 만 명이랍니다. 살려고 애쓰다 못하여 만주 시베리아로 가서 황막무인(荒漠無人)한 들에서 굶어 죽고 병나 죽고 겨울에 얼어 죽는 한인이 수가 없답니다.

이 사람들이 다 우리 동족입니다. 동족 상구할 마음이 없으면 우리는 참 인정이 아닙니다. 저 죽어가는 동족을 살릴 방침은 우리가 재산을 보내거나 의복 음식을 다 보내서 살리겠소? 어찌하면 구제하겠나뇨.

아무 다른 수 없고 나라를 하루 바삐 회복해야만 이천 만을 다 살려 낼 것이니, 어서 독립해야만 됩니다. 그러므로 독립운동을 속히 진행하기 위하여 동지회 선서문을 읽고 맹약하였나니, 자나 깨나 잊지 말고 실시합세다.

우리 이천 만이 다 독립을 위하여 같이 힘써야 되리니, 더 많은 사람을 인도하여 독립에 힘쓰게 하자면 동지원 된 이들이 나서서 아직 회원 못된 이를 인도하여 회원이 되어서 같이 힘쓰도록 만들어야 될지

라. 이 일을 위하여 매일 한 시 이상의 시간을 바치기로 결심하였나니, 이 시간을 정성스럽게 써서 맹약을 실시하시오.

또는 우리 경제력을 먼저 회복하여야 우리가 살 것이며, 경제력을 회복하려면 일인의 물화를 쓰지 아니 해야 우리의 돈이 한 푼이라도 우리 수중에서 놀 것이라. 그러므로 물산장려를 맹세하였나니, 이것을 부디 잊지 말고 실시하시오.

또 한 가지 긴요한 것은, 독립운동에 재정이 없이는 할 수 없는지라. 우리 이천만이 다 일 년에 일 원씩이라도 내서 합해야 외교 군사상 모든 사업을 진행할지니, 이것은 우리 동지끼리 먼저 내며, 모든 동포로 하여금 또 내게 해서, 하나도 빠지지 말고 재력을 내게 되어야 비로소 실력이 커져서 대업을 성공할지라.

그러므로 동지금을 저마다 빠지지 말고 내어서 동지회 명의로 민족 대단결하는 사업에 지발(支撥)하게 하시오.

태평양잡지가 우리의 유일한 기관이라. 이 기관을 달(達)해야 민족 대단결을 이룰지니, 어찌 잠시인들 소홀히 하리오. 겸하여 상해에 우리 지부위원의 보고를 보건대, 상해 주간을 계속하는 것이 또한 중대한 일이라. 이 기관으로 달하여 원동 각처에 여러 십만 동포를 연락하게 될 가능과 희망이 있나니, 이것도 또한 동지금 중으로 지발(支撥)하여야 될 것뿐이라. 이에 대하여 잊지 마시오.

이상 몇 가지가 우리 죽어가는 동족을 살려 내자는 유일한 사업이니, 힘자라는 대로는 다 하시오.

동지회 주의주장
(1930년 3월호)

나는 이번 미주대륙 여행에 각지 동포가 생활상과 사상계에 무한히 진보된 것을 보고 호감을 많이 얻었소이다. 내가 얻은 호감을 일일이 설명하면 재미도 있고 도움도 있을 것이나, 폭원과 시간이 허락지 않음으로 이후에 기회를 얻어 다시 말하고자 하며, 다만 한 가지 가장 긴요한 바를 설명하고자 하니, 이는 우리 동포의 보통 사상 발전입니다.

이전에는 민족운동에 대하여 사람마다 각각 자기의 주장을 세우려 하는 중에서, 한 지방 안에서, 한 지방 안에도 일치한 행동을 취할 수 없었으며, 각 지방 구역에서도 각각 자기 처소를 중요시하여 여러 지방의 합동이 될 수 없었나니, 이것이 우리 민족 운동에 한 가지 큰 결점이라. 내외지를 물론하고 년래 우리 광복대업에 막대한 장애가 되던 것입니다.

내가 미주를 떠난 지 5년 만에 이번에 처음으로 가서 일차 순행하여본즉, 이것이 거의 다 변하여 각각 내 의견을 세우자거나 우리 지방이나 구역에서 주장이 되자던 의사가 스스로 없어지고, 모든 개인과 여러 도성이 합동하여 한 대단체를 이루어야 한다는 논조가 대부분 성립되었으니, 이것을 관찰한 이 사람은 천리장정에 5백리 이상을 온 것 같이 충분한 기쁨을 얻었소이다.

동지회의 역사를 들어서 전례로 말할지라도, 하와이 동지들이 독립운동을 표준하고 이 회를 조직한 지 여러 해가 되었으나, 그때에 보통 인심이 서로 의심하고 시기하는 정도를 면치 못한 고로 시세가 아직 준비되지 못한 것을 살피고, 짐짓 준좌(蹲坐: 주저앉음)하여 무성무취(無聲無臭)하게 여러 해를 지냈다가, 1919년에 이르러서 다시 대단결을 착수하려 할 적에 고 월남 이상재 선생과 및 내지에 다른 인도자들의 은근한 충고를 받아서, 단체 명목을 세우지 않고 전국 인민이 다 일치하게 행동하는 태도를 취하여, 2천만이 다 한 덩어리라는 명의를 표시하여온 것이라.

그러나 2천만이 다 독립을 원하니 우리가 다 한 단체라 하여 조직체를 이루지 않고 본즉 민심 집중이 될 수 없고, 따라서 대중을 인도 지배할 길이 막히는지라. 내지 인도자들인들 어찌 이것을 몰랐으리요만은, 그때에 민중 심리가 아직 준비되지 못한 고로 단체를 조직함이 도리어 손해될 것을 깨달은 연고이라.

그 후에 이 형편이 점차 변경되어 조직체의 필요를 하와이 동포들이 깊이 깨닫게 됨으로 비로소 동지회의 범위와 주의를 확립하여 한 정당의 색채를 가지고 민족 대단결을 표준하여 정강과 방침을 발표한 것입니다.

동지회의 유일한 목적은 독립을 회복함이라. 이 목적 하에서 절실히 독립을 주장하는 동포는 다 일심 합력하여 함께 나가자 함이니, 이것이 곧 통일책입니다.

그러나 독립을 주장하는 동포 중에도 여러 가지 방식에 다소간 다른 점이 없지 아니한 고로, 우리는 단순히 1919년 3월 1일에 반포한 독립선언서의 주의주장을 표준하여 그대로 다시 계속하자는 것이 동지회의 주창하는 바이라. 그런고로 이 주의주장에 같지 않은 사람은 비록 독립회복 하자는 목적은 같을지라도 그 방식에 들어서는 동지로 인증할 수 없는지라. 이것이 우리의 이른바 삼일정신(三一精神)입니다.

이 주의와 이 주장으로 동지회를 다시 조직하여 발표한 후 하와이에서 다소간 활동이 있었으나, 과거 7,8년간에 하와이에 다소간 언론상 관계도 없지 아니하였고, 또한 물질상 능력이 따라서 구속을 면치 못함으로, 동지회의 기관보(機關報)인 태평양잡지를 중지하여 대의(代議)한 활동이 또한 침체된 것입니다.

그런데 이번 대륙 여행에 이 사람의 눈을 열게 된 것은 각지 동포들의 사상과 정신이 그렇듯 속히 발전되며, 동지회로 우리의 유일한 중심 기관을 삼아 우리의 제일 긴급한 통일책의 문제를 해결하자는 언론이 전부에 거의 동일함으로, 자래(自來)로 난제 되던 각 개인의 의견이라 단체의 주의라 하는 것을 다 버리고, 동지회 주의 주장으로 일치행동을 취해야 한다는 결심이 공고하여, 중앙에 사무원을 두어 통신연락을 민활하게 하며, 태평양잡지를 발간하여 삼일정신을 선전하자고 공석과 사석에서 요구하는 것을 보았으니, 이것이 우리 민족운동에 제일 다행이요 경사로운 일이라.

이에 대하여 재내재외(在內在外) 모든 동지는 일층 더 분발 협동함으로 대단결을 이루기에 용진합세다.

동지회 삼대정강
(1930년 3월호)

一. 우리 독립선언서에서 공포한바 공약 3장을 실시할지니 3.1 정
신을 발휘하여 끝까지 정의와 인도를 주장하여 비폭력인 희
생적 행동으로 우리 대업을 성취하자.

二. 조직적 행동이 성공의 요소이니 우리는 개인행동을 일절 버리
고 단체 범위 안에서 질서를 존중하며 지휘를 복종하라.

三. 경제자유가 민족의 생명이니 자작자급함을 함께 도모하자.

동지회는 이상의 정강 하에서 뜻이 같은 사람이 모인 조직체이며,
이 정강에 포함된 이상을 실행하는 대표자 한 분을 영수로 추대한다.

의사가 같은 자끼리 모인 것임으로 의사가 같지 아니한 자는 그
의사가 자각적으로 변하여 같아지기 전까지는 동지로 인정치 않는다.
만일 말로만 동지라 하고 속으로는 무슨 별개의 생각이 있어 동지회의
이름을 빌어 동지회 정강의 의미나 동지회 총재의 의사와 다른 무슨 의
사를 선전하겠다든지, 혹 동지회에 몸을 허락하는 체하고 이것을 돌변
을 시키거나 방해하겠다는 사람이 있으면, 진작 자기의 죄를 자복하고
동지회에서 탈퇴하기를 재촉한다. 고염(固鹽) 일흔으로, 수효만 채우는
가짜 동지는 우리 대 사업에 이를 주기는 그만두고 도리어 해만 낼 줄
아는 까닭이다.

동지회 정강을 비평하는 자가 말하기를, 동지회 정강은 이상이
미 철저하니 다만 독립선언서의 일절과 인도 혁명가 간디의 수단과 내
지 물산장려운동을 효방(效榜)한 것뿐이라 한다. 저와 같이 하는 사람
들이 말하는 것을 또 들으면, 중국 혁명가 손일선(孫逸仙)의 삼민주의나
아라사 혁명가 레닌의 공산주의나, 심지어 유물론의 역사학자 마르크
스의 무산 대 유산의 계급론을 인증하여 그 종족의 이론으로 동지회 정
강을 고치자 한다.

동지회 정강이 어디서 나아온 것이 문제가 아니니, 어디서 나아
왔든지 옳은 것은 옳고 이로운 것은 이로운 것이다. 우리가 주장하고
확신하는 바로는, 동지회의 정강은 이론으로나 실제로나 옳고 이로운
것이다.

동지회 정강이 미 철저하다고 비평하는 사람들은 필경 무슨 별스
러운 철저한 이상이 없으며, 동지회 정강이 효방적임을 조소하는 사람
들은 도리어 잇따른 종의 효방적 정강을 제의한다. 우리는 역사 속에
사는 터이므로 물론 우리 의사는 우리 전대의 의사를 받은 것이고, 우
리의 의사는 우리 이웃의 의사를 받고 주는 것이니, 구름 한 점 없는
하늘에서 졸연히 비 오듯이, 역사상 배경이나 사회상 환경에 없고 무슨
철저한 이상을 졸연히 만들어 낼 수 없는 바이다. 우리는 안다. 동지회
정강을 정신으로 절실히 각오하고 실제에 진정으로 실행하면 우리의
광복사업은 성취될 것이다.

동지회의 정강을 알고 실행하려면 그대로 명심하고 그대로 실행
하는 데 있고, 털을 불고 흠을 찾거나 일이 싫어서 병을 칭탁하는 무리
로는 아무것도 할 수 없는 줄 안다. 우리의 철저한 이상은 민족주의 하
에서 인도 정의 주장을 일치 또한 일정하게 하여 정치상과 경제상으로
자존을 도모하는 데 있으니, 만일 이것이 싫으면 그 사람은 우리의 동

지회가 아니다. 뜻이 같지 아니하면 말과 행동이 같지 아니함이니, 일을 같이 경영하고 계획할 수 없는 것이다. 그러므로 우리의 동지는 뜻이 같은 고로 동일한 보조를 취하겠고, 또 그러므로 대사를 위하여 살아도 같이 살고 죽어도 같이 죽겠다 맹세하는 바이다. 이 정신과 이 기상으로 우리가 나아가면 날빛을 가리는 금극(金戟)도 두려울 것이 없고, 숭천입지(崇天立地)하는 별 재주도 바꾸지 않겠다. 이것이 우리의 정신이고 이것이 우리의 기상이다.

동지회는 영수를 추대한다. 동지회는 혁명단체니 혁명단체의 조직은 군대의 조직이다. 군대가 당수의 말을 순종치 않거나 한 당수의 령 이외에 여러 당수가 각각 군령을 자의로 낼 수 있다면 그 군대는 패하고 말 것이니, 혁명 단체도 그 조직이 군대 조직과 같이 영을 내는 수령이 한 사람뿐이고, 그 군대 편입된 군인은 극도의 비밀과 극도의 주의로 묻지도 않고 갈리지도 않고, 하고 죽을 것뿐이다. 혁명 사업을 자담하고 나선 혁명단체는 이 규모로 일을 하고 이 규모로 일을 이룰 것이다.

물론 이것은 극도의 희생 생활이다. 우리가 무엇을 하려 하든지, 구하든지, 그 일, 그 물건의 값을 희생하여야 하겠으니, 이는 우리가 일용 상행(商行)에 날로 증거하고 경험하는 바이다. 잃었던 독립을 찾고 죽었던 민족 살리는 것은 비상히 큰일이니까, 그 목적물이 큰 데 비하여 상당히 큰 희생을 요구한다. 이러한 비상한 일을 담부한 우리 비상한 인물들은 비상한 희생을 사양치 않는다. 만일 누가 국가 대업을 위하여 자기의 구구한 개인 자유도 희생하기 원치 않는다면, 그 사람이 어찌 그 책임을 감당할 수 있으리라 할 수 있겠는가.

우리 중 신진 명사들이 우리에게 말하기를, 이 시대는 영웅시대나 영웅숭배 시대가 아니니, 이상 중심으로만 일을 할 수 있고, 구투(舊套)의 인물 중심으로는 일을 할 수 없으니, 영수추대가 동지회의 실책이라 한다.

과거나 현재나 장래에 어느 때든지, 영수 없이 조직이 있고 조직체의 일을 능히 진행할 수 없다 하는 것을 우리는 믿지 않는다. 거인론(巨人論)과 민약론(民約論)의 역사학상 이론투쟁이 새 토론이 아니니 무슨 민족운동이고, 단순히 거인 즉 영웅이 만들어낸 것인즉, 역사는 거인의 작물에 불과하다는 일방의 극단론과, 민족운동은 원인 결과의 순서에 응하여 대중이 스스로 만들어 낸 것으로 심지의 영웅도 대중운동이 산출 보조 생산품에 불과하다는 다른 일방 극단론이 있고, 그 외에도 역사로 춘하추동이 저절로 돌아가더니, 자연히 순환하는 중에서 사람은 개인으로나 단체로나 크고 작은 것을 물론하고 수레바퀴에 붙은 가엄이 같이 맛도 모르고 바퀴 돌아가는 대로 돌아갈 뿐이요, 그 원하고 아니 원하는 것이 소용없이 다만 외물의 지배 하에서 살고 죽고 흥하고 망한다는 자연론인 저 삼방의 극단론이 있다.

물론 산출로 자인하고 일하려고 애쓰는 적극의 의사와 활동을 가진 사람은 누구든지 저 자연론을 부인하는 바이나, 거인론과 민약론의 투쟁으로 말하면, 양방이 각각 한 이치가 있으나 양방이 다 극단에 이를 것이라 한다.

우리가 영수를 추대하는 것은 거인론에서 무슨 의사든지 대표적 인물을 요구한다는 데까지만 취한 것이요, 민약론에서 우리와 우리 자유를 희생하는 것, 우리의 자유로 하는 것이 우리의 자유를 위한 것이라는 데까지만 취하였다.

역사상으로 어느 시대, 어느 민족이든지 그 시대, 그 민족의 영수가 없을 수 없으니, 만일 어느 민족이 영수가 없다든지 영수를 추대치 않겠다면 전체로 오늘 일본같이 다 약어서 민심 집중할 만한 영수도 없고, 원치도 않는 민족에게는 영수도 없겠지만, 일도 할 것이나 될 것이 없겠으니, 그 경우에 늘 쇠소(衰消)하는 민족에게야 이상 중심이 다른 무슨 중심이 없겠다. 그러므로 우리는 확신하는 바, 이상 중심의 사위상 요점이 개인 중심에 있다. 이상을 단순 이상으로 놓고 구경만 하려 하더라도 이 이상을 대표한 인물이 필요하거든, 하물며 우리의 주장하는 이상은 이상으로 두고 말 것이 아니요, 사위상으로 발표하고 실행하려 함이다. 그런즉 일하는데 령을 내고 쫓는 사람이 있어야 하겠다. 사람 없어도 이상을 실현할 수 없는 것이고, 여러 사람이 다 각각 제가 어른이라고 날뛰는 정형으로서는 이상 실현을 시험도 하여볼 수 없는 것이다.

개인 인격에 대한 변론 같은 혐의가 없지는 않다마는, 저 인물 중심론을 통절히 변박하는 명사들의 속을 들여다보면, 다른 인물은 추대하지 못 하겠다 하면서 자기 인물을 추대할 사람을 밤낮으로 구하여 비밀이나 공개적으로 붕당, 사당, 정당을 모으며, 그들의 배경을 관찰하면, 남이 추대하는 인물은 추대하지 말라 하면서도 자기가 좋아하는 어떤 다른 영수를 추대하라고 은근히 권고하고 유인한다. 그러면 그들은 말만 이상 중심론자들이고 실상은 도리어 일종의 인물 중심론자로, 검은 심장 갖추려고 흰 탈바가지를 쓰는 것뿐이다. 그러나 그것을 아는 우리는 속지 않는다.

우리의 일은 정강이 뚜렷이 섰고, 방침이 정하였으니, 그 정강 그 사위에 뜻이 같은 자는 다 우리의 동지이다. 동지들아, 경성(警醒)하자. 일이 크고 때가 급하다. 동지들아, 활동하자. 일은 일로 하는 것이요 말로 할 수 없다. 우리의 짐이 무겁고 우리의 일이 크니, 우리의 희생이 또한 중하고 커야 하겠다. 뜻이 같은 자들아, 뜻이 같으니만큼 말을 같이 하고 일을 같이 하자. 보조와 논조의 일치된 일정이 광복, 부활의 유일 요로(要路)이다.

상해 임시정부의 존재가 필요하냐
- 이 박사가 학생총회 환영회에서 한 설명
(1930년 4월호)

만찬회 석상에서 수문수답(隨問隨答)하여 누보(屢報)한 바와 같이, 이승만 박사가 금번 북미 유학생 총회의 소재지인 시카고를 통과하시게 되었으므로, 그 기회를 이용하여 유미(留美) 학생총회에서는 12월 13일 저녁에 성대한 환영회를 개최하였는데, 당야(當夜)의 순서로 말하면 우선 우리 예배당에서 정식 순서를 알고 부회장 장세윤 씨의 사회 하에 임광섭 씨의 간곡한 환영사가 있었고, 이어 윤기성 군과 나수사나 씨의 독창이 있은 후 이 박사의 약 한 시간에 걸친 긴 연설이 있었다.

그 후에는 자리를 중국인 요리집 여심각으로 옮기고 자유토의회가 시작되었는데, 밤이 깊도록 문답이 천습(擅襲)하였으나 오히려 그칠 줄을 모름으로, 시간상 관계로 부득이 토의를 중지하게 되었다.

이제 이 박사 연설의 요령을 말하면, 대개가 학생 제군들에게 주는 권면과 부탁이었는데, 권면(勸勉)으로 말하면 낙망하지 말고 분투하자는 의미가 있고, 부탁 중에는 근일 학생 중에 소위 중립을 주창하는 분자가 적지 않은데, 그것은 너무나 객관적 태도이므로 도저히 불가하다고 주창한 후, 오늘날과 같은 난국을 당할수록 지식계급에 있는 학생들이 솔선하여 흑백을 명확히 구분해줄 의무와 책임이 있다고 역설하였다.

그 다음 토의회 석상으로 자리를 옮긴 후에는 공기가 일층 긴장되었는데, 그 자리에서는 이 박사 개인과 임시정부 구미위원부 문제 등 오늘날 우리 사회의 중추 문제가 온통 현안(懸案)이 되었다.

> 문: 리 박사께서 어제 저녁 동지회 석상에서 상해 임시정부가 필요치 않다고 성명하셨다 하니, 과연 사실입니까?
> 답: 그렇소. 소위 정부라 하는 것은 군주정치가 아닌 한에서는 의례히 정당정치를 의미하는데, 그런즉 오늘날은 이 정당이 정권을 잡았다가도 내일 날은 다른 정당에게로 정권이 빼앗길 수 있는 공정한 정부가 못됩니다. 그러므로 혁명기에 있는 우리로서는 그런 정부라는 것보다 도리어 세력이 튼튼한 혁명당이 더욱 필요한 줄 압니다.

> 문: 이 박사께서는 정부라는 자체와 통치권이란 정권을 혼동해 말씀하지 않습니까? 즉, 정당이 교체될 때에 통치권이 교체될 지언정 어째서 정부라는 존재의 이동이 있으리까?
> 답: 아니올시다. 통치권이나 정부나 종당에는 마찬가지 말이오. 하여간 양해해 주실 것은, 이것이 나 개인의 학술상 이론뿐이고, 내가 현 상해임시정부를 반대한다든가 혹은 무시하는 말은 아니외다.

> 문: 세평에 의하면, 구미위원부가 임시정부의 대립기관이라 하니, 이 박사의 의견은 어떠하십니까?
> 답: 아니오. 그것은 큰 오해올시다. 구미위원부는 우리 정부에 예속한 일과 외교기관 중 하나에 불과하외다. 그러나 오늘날

문제는 이승만이는 왜 인구세를 정부로 바치지 말고 구미위원 부로 바치라 하느냐 하는 질문이 많은데, 그것은 일시적 편의에 의한 일종의 수단에 불과하외다.

문: 현상에 있어서는 임시정부 하나도 유지하기가 어려운데 구미위원부 까닭에 이것도 저것도 안 되고 분쟁거리만 되니, 이박사의 의견은 어떠하십니까.

답: 침묵.

문: 우리의 혁명운동 방법에 있어서 진화적으로 하오리까, 혁명적으로 하오리까.

답: 물론 혁명적이오.

문: 만일 내지에서 자치운동을 한다면 우리는 어떻게 하오리까.

답: 인도나 필리핀과 같이 의회정치를 하든지, 캐나다와 같은 정치령이 되든지, 이란과 같은 자유국이 되든지, 우리의 종국의 목표는 절대 독립을 주창하여야 됩니다. 만일 일부 동포 중에서 그런 자치 운동을 원하면 싸울 것 없이 내버려 둡시다. 그러나 우리들은 절대 독립을 주창합시다.

문: 민족주의와 사회주의가 연합한 단일당 조직이 가능할까요. 또 동지회의 색채는 어떠합니까.

답: 민족주의자나 사회주의자나 우리 자유 독립을 찾는다는 목표에 있어서는 동일하니 독립하는 날까지는 협동할 줄 믿습니다. 민족주의가 영어로 Nationalism이라 하면, 우리 동지회

는 백 퍼센트 민족주의자 단체올시다.

> 문: 현재 미주에 있는 갑당 을당을 온통 해산시켜 버리고 내지의 신간회를 연장시키면 어떠할까요.
> 답: 그런 의론도 없는 바는 아니외다. 그러나 내용으로는 합할 수 있을는지 모르나 형식까지 연장하기는 실제상 어려울 줄 압니다. 그러나 일반 민중이 원하면 불능할 바 역시 아니외다.
> ──시카고 통신)

이상은 상항 신한민보의 보고에 의한 것인바, 사실상 군(君)자 두어 자를 씨(氏)자로 고친 것 이외에는 신한민보의 보고를 인용하였다. 이에 대하여 이 박사의 성명이 여하하다.

♥ 정부가 불필요하다고?

나의 금번 미주 여행에 미주 각지 동포의 못다 한 열정으로 환영, 접제(接濟) 등절에 과도한 사랑을 받고 다대한 폐를 끼쳤으므로 깊이 감사한 중 도리어 불안합니다.

근자에 들은즉, 시카고에 어떤 학생이 상항(桑港) 신한민보에 기서하여 말하기를, 이 박사가 상해 임시정부는 불필요하다고 설명하였다고 기서되었다 하니, 이는 사실에 없는 말입니다.

상해에 정부가 선 이후로 어떤 사람들은 정부를 개조한다, 창조한다, 혹 승인한다 하며, 또는 임시정부가 아니라고 선전까지 하였으며, 또 부족하여 의정원을 멸시하고 소위 국민대표회라는 것을 불러 정부를 창조하자, 개조하자 하다가 다 실패하고 광복운동에 손해만 끼친 것을 우리 세상이 다 아는 바이라.

그런데 중간에 이르러서는 그 사람들이 부끄러움도 없고 양심도 없이 그 정부를 다시 붙들고 앉으면서 정부에 복종하지 않는 자는 역적이고 반당이라고 사방에 떠들며, 의정원을 붙들어서 대통령을 탄핵한다, 파면한다, 정죄 선고한다 하는 모든 유치 비루한 정치객의 당파적 야심을 극도에 달하게 하였고,

따라서 이 박사가 구미위원부를 세워서 정부와 대동기관을 만들었으니 통일이 될 수 없다, 구미위원부를 정부에 예속해야 한다, 하와이 교민단을 내부에 부쳐야 한다, 미포에서 인구세를 상해로 보내지 아니하니 정부를 반대하는 것이라 그런즉, 구미위원부를 혁파하고 그 문부를 상항(桑港) 어떤 민회로 넘기라 한다는 모든 선동으로 인심을 현혹하여, 은근히 민족 대사업에 방해를 준 것이라.

그러니 우리는 자초(自初)로 한성 조직의 계통이라는 명의 하에서 현상을 유지하기로 주장하여 왔나니, 이는 정부를 자주 변동치 말아서 위신을 높이려 함이라. 그 동안에 이상 말한바 여러 가지 변동과 악선전이 있었으되 처음 정책을 변치 아니하고 여일히 지켜온 것이라. 정부가 불필요하다든지 정부가 없다는 언론이나 태도를 표시한 적이 없었노라.

구미위원부는 당초부터 이 박사의 사사기관으로 세운 것이 아니고, 대통령의 권한으로 의정원과 국무원의 동의를 얻어 대사관과 한 예로 정부를 대표한 외교기관으로 세워서 미포 동포가 다 알고 힘써 받들어 온 것이니, 정부와 대등이라든지, 이 박사의 사유기관이라는 악선전은 다 어불성설(語不成說)이라.

인구세로 말할지라도, 정부 대표기관인 위원부가 수봉(收捧)하여 정부 대표기관인 위원부 경비에 보용(補用)하는 것이 어찌하여 남권(濫權)이며, 무엇이 그르리오. 하지만 상해로 보내서 재무총장의 이름으로 다시 지발(支撥)하는 것이 더 분명하다 할지라. 이는 불과 형식상 지접

이요, 사실상으로는 같을뿐더러, 지금 정부의 내용이 이렇게 할 수 없는 처지에 있나니, 형식은 정지하고라도 사업을 진행하는 것이 형식을 위하여 사업을 폐지하는 것보다 나을 줄로 믿는 바이라.

그러한즉 정부에 대한 우리의 태도는 이상과 같이 처음부터 일정한 정책을 세워서 변치 않고 지켜 올 줄을 적어도 미포 동포들은 다 아는 바이라. 리 박사가 정부를 반대하든지 정부를 불필요하다 하였다는 말은 다만 사실을 버리고 악감을 선동하려는 주의에서 지나지 않는다 할 따름이라.

지금에 이런 악선전하는 사람들이 이후에 정부가 다시 교정되는 날에는 또 돌아다니며 정부를 개조하자든지 창조하자든지 혹은 아무 씨로 두령을 내지 않으면 정부를 불복하겠다는 등 설을 다시 선전하고 다닐 지경이면, 그제는 우리 국민들이 결단코 용서치 않을 줄로 믿노라.

♥ 정부가 중심기관

이번 미주 여행에 대하여 나의 설명한 바는, 정부가 불필요하다는 것이 아니고, 다만 정부가 민족운동의 중심기관이 될 수 없다 함이로라. 나의 뜻한 바는, 정부를 한편에 높여 놓아 각 단체가 다 복종하며 위신을 높여두고, 독립운동은 각 단체가 각각 자기들의 믿는 대로 중심기관을 두어서 사업을 진행하는 것이 현금 형편에는 가장 지혜롭다 함이로다.

만일 우리 민족의 애국성이 높이 발달되어서 각각 개인이나 각 파의 구별을 불고하고 한 형제로 한 단체를 이루어 독립운동을 속성하자 할진대, 물론 정부 명의로 지휘 행령(行令)할 수도 있고 사업 진행에도 매우 편집하게 될 터이나, 우리가 아직 그렇지 못해서, 혹은 같은 목적을 가지고도 따로 길을 나누어 행하려 하며, 혹은 성질이 달라서 한길로 갈 수 없는 형편도 되어서, 그 동안에 각처에서 통일이라, 합동이라 하는 명사로 모든 인도자들이 무한한 생각을 이미 하였으나, 결과는 아무것도 없고 다만 일대 명사에 한 줄씩 더 늘 따름이다. 인심이 이렇게 더욱 호도하는 것뿐이니, 이 형편에 앉아서 정부도 독립유공의 심적 최고기관을 만들려면 될 수 없을 것이 분명한지라.

가령 오늘은 갑당(甲黨)이 정부를 조종하여 저의들의 주장하는바 정책을 세우다가, 내일에 을당(乙黨)이 들어가서 차지하고 앉으면, 오늘 정책은 다 뒤집어서 다른 정책을 행하게 되리니, 몇 해 앞으로 준비하며 나갈 일정한 계획을 세워서 지켜갈 수 없을 것이고, 민중이 무엇을 따를지 알기 어렵게 될지라. 이것이 곧 정부로 독립운동의 중심기관을 삼을 수 없는 이유의 한 가지요.

또는 일국의 독립운동의 최고기관이 되려면, 적어도 몇 백만 원 재정의 권리를 가지게 되어야 할 터인데, 상해에 형편을 볼 것 같으면 이것이 도저히 될 수 없는 터이라. 지금 정부에 몇 천원 몇 만원의 저축이 없는 각원들의 생활이 난처(難處)인 중에도 정부의 자리를 다투어 노리고 풍파가 쉬일 때 없으며, 각원이 거의 조변석개(朝變夕改)하여 오는 경우이거늘, 만 원, 십만 원, 백만 원의 재력만 정부 이름으로 놓여 있는 날은 난리가 나서 쉬지 않을 것이니, 남의 조계 안에서 세력 다투느라고 전쟁이 그치지 않게 되면 사업 진행은 고사하고 정부 이름으로 어찌 얼굴을 들고 나서리요.

그런즉 쓸데없이 정부 노름 하느라고 싸움질이나 하며 독립 운동을 못하는 것보다, 아직은 차라리 정부의 명예를 한편에 높여 두어 위신을 세워서 외국 교제상에 국민 전체의 대표자격을 표방하였다가, 큰 일이 생길 적에 그 기관으로 달(達)하여 세계에 선포하거나, 교제하는 모든 일에 주장하여 타국의 승인을 얻도록 도모하게 만들어 놓고, 독립운동은 각 단체의 부분적으로 피차 침손(侵損)치 말고 서로 잘하여 나가기를 힘쓸진대, 필경은 모든 단체가 다 합동하여 화충공제(和沖控除)하게 될 날이 있을 것이오.

또한 어떤 단체든지 대중 인민의 세력을 잡아 능히 불평과 반대분자를 방어하고, 정부를 보호하여, 일정한 정책을 진행할 수 있을 만치 될 날이 있을 것이니, 그제는 자연히 중심 최고기관을 이룰지라.

그러므로 오늘 형편에는 정부로 독립 운동의 중심기관을 삼을 수 없다 함이니, 정부가 불필요하다는 뜻과는 대상부동(大相不同)한 말이라 하노라.

독립선언서
(1930년 4월호)

우리는 조선의 독립과 조선의 자유를 이에 선언하노라.

이를 세계만방에 고하여 평등의 대의를 밝히며, 이로써 자손만대에 전하여 민족 생존의 권리를 보존케 하노라.

반만년 역사의 세력을 의지하여 이를 선언함이며, 이천만 민족의 충성을 합하여 이를 공포함이며, 민족의 영구한 자유발전을 위하여 이를 주장함이며, 양심에서 스스로 발표되는 세계 개조의 큰 운수를 응하여 이를 주창함이니, 이는 하늘의 명하심이오, 시대의 대세는 온 인류 생존권의 정당한 행동이라. 천하에 무엇이 능히 이를 억제하리요.

우리가 구시대의 유전물인 저 제국주의 아래서 희생이 되어, 누천 년 역사에 처음으로 타족(他族)의 압제와 고통을 받게 된지 이미 십년이 지난지라. 그 동안 우리의 생존권을 빼앗긴 것이 대저 얼마이며, 지혜상 발달에 속박을 받은 것이 대저 얼마이며, 민족의 명예상 손해임이 대저 얼마이며, 신발명, 신제조로 세계 문명에 공헌할 우리의 좋은 기회를 잃은 것이 또한 얼마나 되느뇨.

슬프다, 우리가 이왕에 억울함을 펴려 하면, 오늘의 고통을 벗으려 하면, 장래에 압박을 면하려 하면, 민족의 양심과 국가의 공의를 발전시키려면, 각 개인의 인격을 정당히 발달시키려면, 가련한 자녀들에게 고초(苦楚)와 수욕(羞辱)을 집행 않으려면, 자자손손에게 영구 완전한 행복을 끼치려면, 오직 민족의 독립을 확실히 세우는 것이 제일 큰 급무라. 이천만이 각각 마음에 칼날을 품어 의리의 군사가 되어, 인도(仁道)의 간과(干戈)로써 호위할진대, 무엇을 이기지 못하며 무엇을 이루지 못 하리요.

병자년 통상 이후로 일본이 금석 같은 맹약을 저버린 지가 한두 번이 아니었으나, 오늘날 우리는 그 무신(無信)함을 죄책하려 함이로다.

조상의 유업인 우리의 강토로 저의 식민지를 삼으며, 우리 문화 민족을 미개한 토인으로 대우하여 치고 빼앗기만 탐할 뿐이오, 우리의 영구한 사회 기초의 탁월한 민족심리를 무시할 뿐이라. 그러나 우리는 그들의 함을 책망하려 아니하노라. 자기를 책망하기에 급한 우리는 타인 원망을 겨를 치 못하노라. 현재를 교정하기에 골몰한 우리는 기왕을 징계하기에 겨를 치 못하노라. 금일 우리의 해임(亥任)은 다만 우리의 건설을 힘쓸 뿐이고 결코 타인을 파괴하기에 있지 않도다. 엄숙한 양심의 명령으로 우리의 새 운명을 개척할 따름이오, 결코 원혐이나 감정으로 남을 배척하려 함이 아니로다. 구사상에 습관된 일본 정치가들의 야심에 빠진 우리는 그 부자연, 불합리한 현상을 바로 잡아 회복하려 함이로다.

당초에 민족의 요구로 되지 아니한 양국 합병의 결과가 필경은 위력과 차별로 두 민족이 영원히 화동될 수 없는 원수를 깊이 맺었나니, 마땅히 이전 허물을 깨달아 용맹스럽게 교정하고, 진정한 양해와 동정으로 친절한 교제의 새 길을 여는 것이 피차간에 화를 폐하고 복을 부르는 첩경이 아닌가. 또 이천만 원굴한 민족을 위력으로 숙박(宿泊)함은 다만 동양에 영구한 평화를 보전하려는 목적이 아닐뿐더러, 이로 인연하여 동양에 안위를 잡은 중국인이 일본을 대하여 의심과 두려움이 자랄 것이오, 그 결과로 동양 전국이 같이 쓰러지는 비운을 면치 못할지니, 오늘 우리의 독립을 선언함은 조선인으로 하여금 정당한 지위를 회복하는 동시에 일본으로 하여금 그른 길에서 나와서 동양 유지자가 되는 중임을 온전케 하며, 중국으로 하여금 두렵고 의심하는 것을 풀게 함이며, 겸하여 세계 평화와 인류 행복의 길을 열어 놓음이라, 이 어찌 구구한 감정 문제리오.

아, 새 천지가 안전에 열렸도다. 위력의 시대가 물러가고 의리의 시대가 오는도다. 지난 세기에 연마하며 비방한 인류가 비로소 새 문명의 빛을 인류사에 비치기 시작한다. 새 봄이 와서 만물의 회복을 재촉하는도다. 천지의 운수를 타고 세계의 풍조를 따르는 우리는 아무 주저할 것 없으며, 아무 기탄할 것 없도다. 우리의 자유권을 회복하여 생존의 낙을 누릴 것이다.

우리는 일제히 일어나자. 대의가 우리에게 있으며 진리가 우리와 동행한다. 남녀노소를 물론하고 참담한 속에서 활발히 일어나서 세계 만민으로 더불어 민족의 부활을 즐기리로다. 천백 세 조상의 덕화가 우리를 도우며, 신세계 대중의 풍기가 우리를 호위하나니, 착수가 곧 성공이라. 우리는 다만 용진할 따름인저.

공약 삼장(三章)

一. 금일 우리의 이 일은 정의와 인도와 생존과 광영을 위하는 민족적 요구이니, 오직 자유정신을 발휘할 것이오, 결코 남을 배척하는 감정으로 위주하지 말라.

二. 나중 한 사람까지, 나중 한 시각까지 민중의 정당한 의사를 쾌히 발표하라.

三. 모든 행동은 가장 질서를 존중하여 우리의 주장과 태도로 하여금 어디까지든지 광명정대하게 하라.

건국 기원 4252년 3월 1일, 33인.

(설명: 독립선언서 원문에 한문이 많이 섞여서 흔히 공회석상에
서 낭독할 때에 청중이 그 의미를 알아듣지 못하여 재미없는 일
이 있게 되는 것이 유감이므로, 지금 이승만 박사가 이것을 번역
하여 저이해의 곤란을 면케 하려 함이다.)

하와이 한인통일에 대한 나의 태도
(1930년 4월호)

오늘날 우리 문제는 폐일언하고 우리 한족이 살터이냐 하는 것이라.

다만 한족이 세계에 흩어져서 타국 인종과 같이 동화하고, 북미주 인디언이나 하와이 가남가처럼 되고 말려면 합동할 필요도 없고, 합동을 하면 도리어 방해가 될 것이다.

그렇지 않아서 우리도 세계에 진보하는 민족들과 같이 문명 부강에 경쟁하여 나가야되겠다 하면, 한인이 한인과 합동되기를 타국인이 저의 동족과 합동하는 것 같이 합동되어야만 할지라. 십년이나 백년 후에라도 합하지 못하고는 될 수 없을 것이라. 이것은 더 말할 필요가 없도다.

그런데 나는 한족이 살 민족인 줄로 믿고, 살 일을 하자고 힘쓰는 사람인 줄을 나를 아는 사람은 다 알 것이라. 나를 옳다 그르다 하는 의견은 같지 않을지언정, 내가 한족이 살자고 주의하는 줄은 아마 의심 없을 줄로 믿는 바라. 그런즉 한족 통일 문제에 대하여 나도 극히 찬성하는 사람 중 하나가 될 것은 다시 이의가 없을 것이라.

그러나 나의 믿는바 합동은 사실적 합동이고 명의적 합동이 아니며, 사실적 합동은 마음에 있고 형식에 있지 않다 하도다.

불행히 세계 각국이 문호를 상통하는 이 시기를 당하여 우리 민족의 심리가 변해서 여러 가지로 갈리며, 따라서 나라를 잃어버린 것이

라. 지금이라도 이 마음만 다시 합하면 이름은 무엇이든지 다 상관없고, 이 마음이 생기기 전에는 단체 명목이 무엇이든지, 현장을 어떻게 만들든지 능히 결박할 수 없을 것이니, 통일의 형식은 이룰지라도 사흘이 멀다 하고 또 분열됨을 면치 못할 것이라. 하나님이 도와서 우리 민족 사이에 이 마음이 하루바삐 생기기를 바라는 바라.

향자에 하와이서 통일 촉성회가 조직된다 할 적에 나는 은근히 바라기를, 다행히 우리의 때가 와서 심리가 준비되었을진대 이것이 우리의 살 기회라 하여 즉시 선언하기를, 모든 단체가 실상으로 단결하여 사실적 통일을 이루게 되면 우리는 우리의 지켜 나온 교민단, 기독교회, 기독학원, 동지회 등 몇 가지 사업을 다 내어놓고 복종하겠노라는 중심을 발표하였나니, 이는 말로만 발한 것이 아니라 문자로 배여 내었나니, 이만한 성심은 그때에도 있었고 지금도 있노라.

그때에 어떤 친구들이 말하기를, 이 박사가 어찌하여 나서서 통일을 주창하지 않고 드러누워서 말로만 하느냐 하고 비평하였으나, 그 이유를 말하자면, 첫째는 그때에 통일을 주창하는 인사들의 심리가 다 얼마쯤 준비된 것을 알기 어려웠으며, 또한 하와이 두 단체가 갈린 중 내가 한 부분에 참예한 자로, 합동을 주창하면 당초에 나와 의견이 달라서 길이 갈린 사람들이 졸지에 응종할는지 의문이고, 만일 응종치 않는 경우에는 내가 통일을 도로 훼방하는 죄명을 가지게 될지라.

겸하여 나도 합동을 위하여 연내로 은근히 운동하여 본 적이 한두 번이 아니었으나, 중간에서 어떤 사람들이 이것을 이용하여, 이 박사가 우리를 다 걸쳐 잡으려 하니 우리가 다 정신 차려야 한다는 말로 선동하여 반감을 일으켜서 도리어 합동을 방해하기에 이른 적이 있었나니, 이것을 보고 앉은 이 사람은 더욱 조심할 필요를 각오하고 스스로 침묵을 지켜서, 뉘 주장으로 어떤 명목 하에서 통일이 되든지 나는 그 중에 한 분자로 따라서 복종할 뜻으로 은근히 뒤에서 도우려 함이로다.

지금에 와서는 통일촉성회의 결과가 모든 사람의 바라던 바를 위로할 만치 못되고, 겸하여 일번으로 내지(內地) 운동의 피 끓는 소식이 사방으로 새어서 전파되는 결과로, 우리가 그저 무심히 있을 수 없는 것도 깨달으며, 효력 있게 활동하려면 한 사람이라도 더 합동되어야 하겠다는 정신이 더욱 발생하게 되어, 하와이 독립단 측 모모 인도자 중에 합동론이 다시 생겨서 우리와 수차 교섭이 있었는데, 그 내용을 보건대 아무 다른 것이 없고 다만 민족운동의 큰 요구를 각오하며, 자기 동지들의 심리상태를 살펴서 이런 기회를 잃지 말고 하와이 한인통일을 이루어 볼까 하는 주의에 지나지 않은 듯하니, 나는 이것을 우리 대업(大業)에 대하여 만행(萬幸)이라 하노라.

대저 교민단과 독립단은 당초에 한 단체로서 중간에 의견이 갈리며 길이 나누어서 차차 오해가 생기며, 피차에 외언(猥言)과 악평(惡評)이 전파되며, 정의(情誼)가 서어(鉏鋙: 뜻이 맞지 아니하여 서름함)하게 된 것이오. 실로 우리 독립을 회복하자는 큰 목적은 조금도 다를 것이 없어온 것이라. 한 목적으로 두 단체를 이루는 것이 어찌 피차에 유감이 아니리오.

하물며 근자에 이르르는 때가 가고 일이 변하여 당초에 문제되던 교육이니 군제니 하던 시비가 스스로 해결되었고, 국민회 명사로 하와이 통일을 주장하여 노심 노력하던 박용만 씨가 세상을 떠난 후에 우리가 다 왕사(往事)를 생각하고 깊은 감상을 이기지 못할지라. 씨가 세운 우리 회관 안에서 여전히 악수하고 대사업을 함께 담당하여 나가면 이 어찌 하와이 동포들에게만 다행이리요. 내지(內地) 외양(外洋)에서 갈망하는 뜻을 위로하게 될지라.

다만 교민단체에 일반 동포는 연내로 변치 않는 충성으로 모든 풍파를 겪으며 일심으로 지켜 나오니, 이런 합동문제에 대하여 자연 의심만 있을 뿐 아니라 염려와 겁이 앞설 것이니, 이것도 경력을 볼진대 할 수 없는 사실이라.

그러나 오늘 우리의 형편이 이를 요구하며, 우리 민족의 살자는 문제가 급급한 처지이니, 숙시숙비(孰是孰非)에 왕사는 다 잊어버리고 다만 우리의 큰 목적만 앞에 세우고 서로 포용하여 양보하며, 또 한 번 기회를 주며, 또 한 번 믿어서 일심 합력되기만 도모하는 것이 가할지라.

이는 교민단을 없이 하자든지, 명칭을 고치거나 헌장을 개정하거나 임원을 찬동하자는 뜻은 조금도 아니고, 다만 마음을 열어서 서로 친근한 태도를 보이며, 관통의 문을 열어서 심리의 방향을 우리 먼저 정하여 서로 경력과 행동이 믿을 만치 된 후에 어찌하든지 다시 의를 따라 행할지라.

만일 그렇지 못하여 일시 선전거리나 되게 하려면 오늘에 비록 통일을 이룬데도 며칠이 못되어 다시 몇 조각이 될는지 모를지라.

그러므로 지금부터 하와이 한인의 통일을 준비하기 위하여 각각 마음을 먼저 열자 함이니, 남의 심정에 파동을 받지 말고 실지로 준비하기를 부탁하노라.

하와이 한인합동
(1930년 5월호)

한인의 합동(合同)을 싫어할 자는 누구냐 하면 다만 일인(日人)뿐이니, 이는 자연한 형세로다. 그러면 어찌하여 한인이 한인의 합동을 주저하며 의혹하리요. 심히 아혹한 일이 아닌가.

그러나 그 내용을 살펴보면 그럴듯한 이유도 또한 없지 아니하도다. 년래 한인계에 합동이라, 통일이라 하는 문제가 한 번씩 생길 적마다 매양 풍파가 일어나서 인심을 흔들며, 사업에 손해를 끼치고, 합동에 대하여는 도리어 더 어렵게 만드는 폐단이 있었으니 이것이 그 이유라 하노라.

그것은 또 어찌하여 그렇게 되느냐 하면, 다름 아니라 통일을 주장하는 모든 인도자들 중에 종종 몇 사람씩 끼워 있어 합동이라 통일이라 하는 미명으로 남을 끌어다가 내 밑에 넣게 하리라 하는 생각으로 향응이 된지라. 그러므로 처음에는 피차에 열심이 가득하여 의논이 긴착(緊着)하므로 따라서 소문이 굉장하게 퍼지는도다.

보통 그 진행방식을 보면, 좋은 명사(名詞)로 조직체가 생기거나 혹 조대(條對)를 세워서 맹약하는 뜻으로 서명 열독하거나 하여 일조일석에 대성공한 성적이 나타나게 되는지라.

그러나 그 결과를 보면 실상은 아무것도 없이 되고 마나니, 서로 남을 얽으려다가 남이 얽히지 않은즉 피차에 책망을 남에게 지우려 선전선언 하는 중에서 풍파가 일어나며, 동포 간에 정의가 더욱 서어(鉏鋙)하여져서 일후 합동에도 방해가 되기에 이르는지라. 이것이 합동 문제에 대하여 주저하는 큰 이유라 하노라.

그런데 이것을 통합하여 말하면, 우리의 애국심이 아직 열도(熱度)에 이르지 못한 연고라. 우리는 영영 이러다만 말리라든지 통일을 이룰 수 없는 인종이라는 것은 결코 아니며, 다만 우리의 심리가 이러한 정도에 있어서 그 자대(自大)에 이르지 못한 것뿐이니, 언제든지 우리의 애국열이 충분한 정도에 달하는 날은 이런 것이 다 문제될 것이 아니라, 다만 재외(在外)한 동포들은 일인의 채찍질을 받지 아니하고 지내는 고로 애국열이 재내(在內) 동포들보다 비교적 더디 발전될 것은 자연한 사세라 하겠으나, 조만간 이 심리가 변하는 날은 있을 줄 믿으며, 이 날이 속히 오기를 갈망하는 바이로다.

근래에 이르러 하와이 동포들의 보통 상태를 보건대 전과 대단히 달라서, 지낸 경력으로 각오를 얻으며, 현하 내지 활동에 촉감을 받으며, 장래에 같이 살 길을 도모하자는 계획에 더욱 간절히 생각하여, 서로 합동되어야만 하겠다는 정신이 스스로 발표됨으로, 전에 고개를 돌리고 인사를 아니 하던 사람들이 함께 모여서 왕사를 생각하고 눈물을 머금으며, 목이 메어서 말을 못하고 악수하는 것을 내 눈으로 볼 때에, 나의 냉담한 간담으로도 감동치 않을 수 없어서 우리의 시기가 이른 것을 감사하며, 나의 힘자라는 데까지는 진심으로 돕기를 힘쓰기로 결심이로다.

나는 하와이에 온 것을 종종 후회할 때가 있었나니, 이는 나의 친동기같이 지극히 사랑하던 고 박용만 공과 길이 갈려서 원수 같이 싸운다는 누명을 쓰게 된 연고라. 일편단심에 은근히 바라기는, 언제든지 나의 충정을 발표하여 모든 것을 해혹하고 여전히 악수 병진할 날이 있으리라 함일러니, 오호 통재라, 지금은 다 왕사가 되고 말았으니, 이렇게 될 줄을 진작 알았더라면 가시를 지고 사과하기를 지체치 않았으리로다.

혹은 말하기를, 용만이 적에게 팔린바 되어 몇 천원 금전을 받고 원수의 노예가 되었거늘, 이승만이 말과 글로 용만을 두호하니 반역의 죄명을 면할 수 없다 하는 시비를 들을 터이나, 나는 내 눈으로 보지 않고는 그 철석같은 애국심으로 왜적에게 금을 받고 팔리었을 줄은 믿을 수 없노라. 차라리 일본과 함께 망할지언정(寧爲與日偕亡), 하늘을 이고 함께 살 수는 없다(不可戴天其生)고 서언(誓言)한 박용만이가 이렇게 변할 수는 결코 없었을 것이고, 설령 그 마음이 이만치 변하였다 할지라도, 한성 내에 있었을 것 같으면 일인이 순사 몇 명으로 잡아다가 두었을 것인데, 몇 천원을 주어 내 보내어 배일(排日) 운동을 하게 버려두었을 리가 만무하리니, 이런 전설을 취신하기 어려운 연고이로다.

원래로 하와이 동포가 다 국민회 명하(名下)에 통일이며 독립을 회복하자는 것이 유일한 목적인바, 중간에 의견이 갈려서 명칭이 따로 되었으나, 실로 본 목적은 피차에 변치 않은지라. 지금에 이르러는 독립단과 교민단 사이에 목적이 동일하며, 주의 주장이 또한 동일하니, 그동안에 갈려 지낸 모든 경력은 다 잊어버리고 다시 악수하여 한 길로 나가게 되면 박 공의 평생 목적을 속성케 함이오, 우리 민족 대업을 촉진함이니, 이 어찌 만행(萬幸)이 아니리오.

다만 굽어 자란 가지를 일조에 펴려면 꺾일 염려가 없지 않으니, 각 단체가 이러한 큰 목적을 정하고 피차에 정의를 융통케 하여도, 반민중(反民衆)의 심리가 다 돌아선 후에는 무슨 명칭과 어떠한 형식으로든지 잠시에 결정될 것이며, 된 후에는 장구할 줄로 믿노라.

십분의 구가 독립을 원함
(1930년 7월호)

'한인 전체의 十분지 九가 독립을 원하고, 一분은 일본의 고용 인들과 무식하여 아무 것도 모르는 분자들이라' 는 관찰로 책을 저술 하여 불구에 발행케 됩니다.

이것은 쉬롯 에디 씨의 말인데, 이번에 세계를 순행하고 돌아오 는 길에 호항을 지나며 나를 심방하고, 그 글을 읽어 들인 중에서 대강 만 추려서 기록하여 애독 제군께 알리고자 합니다.

이 아래 기록한 말은 다 씨의 책에서 중요한 조건만 빼어낸 것인 데, 이 글이 우선 뉴욕에서 발행하는 '월드 터모로우' 라는 잡지에 나 고, 동시에 미주 각처 대략 일백여 종류 신문에 등재된다 하니, 이런 선전은 우리가 백만 원을 들여 가지고도 어려울 것입니다.

그런데 에디 씨는 만국 기독교 청년회의 명의로 세계를 항상 순 행하며 연설과 저술로 크게 유명 유력한 인도자인데, 한국에 많은 호감 을 가졌고 여러 번 한국을 심방하여 우리 청년 계에 명망이 많은 친구 입니다.

이하는 다 에디 씨의 말인데, 그 책에 기록된 것입니다.

'일본 정부에서 한국에 대한 정책 중 세 가지 실책이 있으니, 一은, 한국 동화주의(同化主義)라. 한인을 동화하여 일본 백성을 만들 자는 계획은 결코 될 수 없는 것이오. 二는, 한국 역사를 없이 하려는 정책이니, 한인들이 자초로 미개한 고로 일본이 다 개명시켰다는 등설로 역사를 만들어 한인을 가르치며, 이것을 믿게 만들려는 것이 실책이오. 三은, 경제적 인종 구별이라. 한인에게 동등 기회를 주지 아니하고 한인의 것을 모두 빼앗아다가 일인을 주어 식민하려는 중에서, 남도로 말하면 토지가 三분의 一은 벌써 일인의 소유가 되었은즉, 이것이 좀 더 지나가면 세계에서 일인의 야심을 보고 시비를 아니할 수 없을 것이라.'

'지금 일본 정부에서 이상 정책을 변하여 제일 좋은 정책을 쓰고자할진대, 사실적 자치권을 한인들에게 속히 허락하는 것이 지혜롭고, 한인들은 자치권을 얻은 후에도 완전 독립을 회복하도록 계속하여 일할 것이라.'

'조선을 인도와 필리핀에 비교하여 어떠하냐고 묻는 사람이 많으나, 당초에 비교할 수 없는 것은, 첫째 인도와 필리핀은 이름으로는 영지(領地)라 하나 사실로는 거의 자치 독립권을 비교적 얻었으며, 한국은 이것이 아주 없고, 둘째로는 인도나 필리핀은 영국과 미국에 대하여 보통 인심이 악감을 가진 것은 아니고, 한인은 전체가 다 일인을 원수로 여겨서 아주 극도에 달하였나니, 비교하여 말할 것이 아니라.'

'일본 당국들과 사회 인도자들도 거의 다 조선 자치를 찬성하며 정부에서는 자치를 허락하기로 내정이나, 사회책에서는 실로 사실적 자치인지 명의적 자치인지 정부에서 하는 태도를 보아야 알겠다고 관망하는 중이라.'

'공산주의가 동양에 많이 전파되어 그 세력이 없는 곳이 없는데, 가장 중국과 일본에 극렬하고 조선에도 많이 퍼졌으나, 조선에는 연전에 비하면 매우 감하였다는데, 한 가지 특이한 것은, 중국과 일본에서는 아라사 공산주의에 대하여 세 가지 단처(短處)와 세 가지 장처(長處)를 들어 말할 때에 좌중이 좌우간에 조금도 형색을 보이지 아니하고 들을 따름이지만, 조선에서는 공산에 대한 약점을 말할 때에 좌중 청년들의 얼굴빛이 변하며 일어났다 앉았다 하여 불평한 태도를 보았다' 고 하며,

추후에 담화로 하는 말은, 동양에 지금 제일 어려운 나라는 중국이라. 열 사람이 나서서 말할 적에는 다 여출일구(如出一口)하게 중국을 보호하자는 같은 목적인데, 급기 그 열 사람을 한 자리에 모아 놓으면 각각 딴 길로 나가서 서로 길이 갈려 버리니, 이것이 제일 어려운 점이라. 한인들도 다소간 이러한 약점이 있을 줄을 짐작합니다. 일본은 보면 가장 유력한 인도자들이 다 보통 중등 인물에 지나지 못하는 자격이나, 합동하여다가 제일 좋은 의견을 택하여 다 같이 따라갈 줄을 아나니, 이것이 그 나라 사람들의 강한 근본이라 하며, 조선을 위하여 자기의 힘이 자라는 데까지 돕겠다고 하는 고로, 나는 감사한 뜻을 표시한 후에 설명하기를, 우리는 일본이 우리에게 자치를 주거나 독립을 주거나 하는 것이 문제가 아니고, 다만 우리가 피로 싸워서 찾자는 것이 결심인고로, 일본이 우리에게 은의를 보이는 것은 도리어 비상같이 해로운 것이오, 지금처럼 포악한 정사로 우리 민족을 다 살 수 없게 만들어 주는 것을 바라노라 하였다.

또는 우리 동지회에서 은근히 준비하는 것이, 이후 우리가 독립을 회복하는 날에 악독한 행동을 범하지 않도록 단속하기 위하여 정의와 인도를 주장하나니, 지금에 일본의 탐포(貪暴)하는 밑에서 억울한 원혐이 쌓이고 쌓였다가 한번 터져서 보복하기로 작정하는 날은 동양 천지를 한 번 핏빛을 만들 터이니 어찌 염려치 않을 바리오. 이것을 준비키 위하여 정의 인도를 주장함으로 한인들의 감정을 억제하도록 단속한다고 하였소이다.

의견 그만 두오
(1930년 7월호)

전호에는 우리 살 길을 의론하려고 말은 그만 두고 일을 합시다, 하였더니, 지금은 의견은 그만 두고 일을 좀 합세다고 청구하려 합니다. 의견 없이 일하려는 것이 도형 없이 집 지려는 것 같으니, 일하는데 의견이 집 짓는데 도형같이 필요한 것입니다. 그러나 의견을 한 번 정한 후에는 그 의견을 따라서 일을 해야지, 일하는 대신에 의견만 고치려면 일을 시작할 수도 없고, 시작해도 될 수도 없으니, 한인 사회에 일되기 어려운 것이 이 연고입니다.

집을 지을 적에 도형을 그려서 도(都)편수에게 내맡기면, 도편수가 그것을 가지고 일군들에게 맡겨서 이대로 하라 하리니, 모든 일군들은 각각 자기 기능대로 떼어 맡아서 일을 할 것 뿐이라. 이렇게 해서 각각 제 맡은 대로 해놓으니까 마침내 집 한 채가 덩그렇게 서서, 그 안에서 낙성식(落成式)을 하고 사람이 들게 됩니다.

그러나 만일 집주인이 말하기를, 이것은 상고적 스타일이라, 너무 오래서 이 자유 하는 20세기에 맞지 못하리니 새 스타일로 해보리라 하고, 길에 광고판을 붙이고 누구든지 각각 의견을 설명하여 도형을 만들라 하면, 뉴욕에 85층집은 고사하고 초가삼간을 지을 도형도 못 만들 것이오. 도형을 만든 후에 도편수나 모든 목수와 각 공장을 다 모아서 각각 의견대로 해보라 하면 서로 고치며 교정하느라고 일은 해 볼 수 없으리니, 옛적에는 작사도방에 삼년불성(作舍道傍, 三年不成: 길 옆에 집을 짓는데, 삼년이라도 다 짓지 못한다)이라 했지만은, 지금은 30년이라도 될 수 없을 것이라. 그러므로 지금이 자유 세상에서도 각국 사람들의 일하는 것을 보면, 도형 그리는 사람이 따로 있고, 도편수라든지 컨트랙터(contractor)라든지 하는 사람이 따로 있고, 그 다음으로 백 가지 일을 뜯어 맡아서 일하는 일꾼이 다 있어서, 이차전령(二次傳令)으로 저마다 자기 맡은 대로만 일하는 고로 책임을 맡는 자가 있고, 일의 순서가 있어서, 천만사가 다 이렇게 전진하여 나가는 것입니다.

十인이 모여서 매인이 一원씩을 내어 놓고 무엇을 하는 것이 제일 좋은가 할진데, 十인이 각각 의견 한 가지씩 내어놓고 그대로 하기만 고집하리니, 이는 다름 아니라 각각 자기 의견이 다른 의견보다 더 나은 줄로 믿는 연고라. 그러고 본즉 열 가지 의견이 따로 나서 한 의견 실시하기에 경비 예산이 一원씩 밖에 못되고 본즉, 그 결과는 사람마다 제 돈 一원 가지고 제 의견을 행하자는 것만 되고 말았은즉, 합하여 일한다는 것은 허언(虛言)이 되고 말았으며, 일은 하나도 될 수 없는 것이 당초에 一원 가지고 시행할 의견은 하나도 없었던 연고라.

그러면 왜 당초에 내 돈 一원 가지고 나 따로 놀겠다 하고 말 것이지 합자(合資)라는 뜻을 가질 이유는 무엇이뇨. 그는 다름 아니라 내가 내 一원을 가지고는 나의 하고자 하는 일을 이룰 자본이 없은즉, 남과 합자(合資) 하자 하면 적어도 九원은 더 얻어다가 의사를 성공하여 볼 희망이 있는 고로 이렇게 한 것이라.

그래서 十인이 다 이러한 목적으로 합자를 시작한고로 시비와 충돌이 연속 일어나서 쉬일 날이 없는 것이라. 차라리 각각 제 돈 一원씩 찾아가지고 물러앉고 말면 시비나 없어질 터인데, 아직도 자기 의견을 시행하여 보자는 욕심이 쉬지 않는 고로 붙들고 싸워 나가는 것이니,

그 중에서 어언간 一원 한 푼은 다 스스로 모손되어 다시 찾아낼 수도 없게 되고, 인심이 점점 갈려서 서로 의심과 원망으로 결국(結局)을 만들고 마나니, 이것이 지나간 몇 십 년 동안 각처 한인들의 일하려고 애써 온 결과라. 지금은 그만하면 우리도 이러한 경력 속에서 깨어날 수가 있으니, 지금부터는 각각 의견을 정지하고 어떠한 의견이든지 한번 정하거든 그대로 따라 나가기를 힘쓰는 것이 가장 긴요한 줄로 깨달을 지라.

이천만이 합동하여 다 같이 죽자는 일에 각각 의견만 주장하다가는 필경은 아무것도 못하고 이천만의 제일 되는 자본, 우리 생명만 다 없이하고 말지니, 이에 대하여 일제히 각오하고 한 기치와 한 조직 밑에서 일심으로 준비하여, 그때가 되거든 다 한 구덩이에 들어가자고 결심하고 그 계획대로 따라만 나가려 하면, 천하에 우리를 막을 사람도 없고 막을 나라도 없으리라 합니다.

그러므로 우리는 이것을 위하여 동지회 정강 중에 지휘와 사명을 복종하자 한 것이니, 우리 민족에게 이 정신만 넣어 줄 수 있으면 우리 독립은 우리 장안에 있는 물건이라 믿습니다.

딱한 일이지
(1930년 7월호)

막동이는 김 과수의 외아들로 누이동생 하나도 없는 것을 말은 못해도 속에는 한이 되던 모양이라. 하루는 밖에서 놀다가 부리나케 들어오며 눈에 눈물이 글썽글썽해서 어머니를 부른다.

'어머니 또쇠는 동생이 셋이나 있어서 저의끼리 늘 같이 놀며 다른 아이들과 싸우면 서로 역성하는데, 나는 왜 동생 하나도 없어요? 어머니도 나 동생 셋만 낳아 줘요' 하며 보챈다.

김 소사가 가만히 생각하니, 자기인들 자식을 하나라도 더 두고 싶은 마음이 없지 않지만은, 과부가 홀로 생산을 못한다 하는 말은 막동이가 알아듣지 못할 것이고, 막동의 사정은 또한 조를 만치도 되었으니 대답할 말도 없고, 두 식구의 신세를 생각하여 스스로 눈물을 금하지 못하고 모자가 함께 울고 앉았으니, 그 정경도 참 딱한 일이다.

옛날에 흥부는 도리어 자식이 너무 많아서 걱정이 되었으니, 세상이 참 고르지도 못하다. 명절이 되어서 여러 아들딸이 옹기종기 모여들며 당기를 사 달라, 주머니, 신, 비단옷 등 가진 것을 눈으로 본 대로 해내라고 졸라 싸우며, 그 중 맏아들 놈은 장가 들여 달라고 억패(*사정 없이 마구 협박하는 모양)같이 야단을 치니 이것을 견디고 살 수가 있나.

철없는 아이들은 남의 호사하는 것 보고 그대로 하고 싶을 것은 자연한 인정이고, 자식 사랑하는 부모의 정은 남만 못하지 아니하나,

원수의 가난이 결박 지어 놓는 것은 아이들이 알아듣지 못하니, 이것을 무엇이라고 대답하잔 말인고. 그 집안도 참 딱한 사정이다.

여보, 우리 동지들. 김 과부와 흥부의 집안 사정이 참 가능하지요. 지금 우리 민족운동이 똑 이와 같습니다. 각처에 충애 동지들이 독립운동을 위하여 각 방면으로 노심 노력하며, 하루 바삐 성취해 보려고 애를 써도 잘 되지 아니하는 고로, 소위 인도자라는 이들에게 의견을 제출하니 하나도 못쓸 의견은 없고 모두 다 급급히 진행해야만 될 것이다. 그런데 어찌해서 인도자들은 아무 소리 없이 부처님이 되었는지, 천치가 되어 그러한지 우두커니 앉아서 세월만 보내니 이런 답답한 일이 어디 있나. 참다못해서 각 신문 잡지나 공함 사서로 연속 의견을 제출하여 이대로 해야만 될 것인데 왜 아니 하느냐 하고 조르며 비평하니, 글쎄 김 과부가 어떻게 아니 밴 애기를 낳습니까, 흥부가 어떻게 놀부의 노릇을 합니까, 참 딱한 일 아닌가.

동지회 지회를 원동 각처에 세워서 3.1정신을 하루바삐 전파해야 될 것을 당신들만 생각하고 여기 앉은 사람들은 몰라서 못 합니까 싫어서 아니합니까.

소약국 동맹회와 연락을 해야 한다, 국제연맹회에 우리 문제를 제출도 하자, 영문 잡지를 발간하여 세계에 대선전하자, 상해 임시정부의 구미위원부와 어디어디 누구누구에게 연락을 밀접히 하여 호감을 가지게 하자, 무엇 하자 무엇 하자 하는 것이 다 그르거나 좋지 않다는 사람이 어디 있소.

이 외에도 형형색색이 제출되는 의견을 다 말할 수 없으나, 다만 이것만으로 볼지라도 재정 없이 실행할 일이 하나라도 있나 생각들 좀 하여 보시오. 상해에 앉은 여러 인도자들에게 대하여 우리는 조금도 악감을 가진 것이 없는 줄을 기왕에 말로 글로 설명하고 답변하고 선언한 적이 한두 번이 아닌데, 아직도 이 박사가 그이들에게 대하여 호감을 주지 아니한다는 언론이 모모처에서 연락부절하게 들어오니, 이는 다만 금전을 보내주어야 한다는 뜻이라. 글쎄 여보, 김 과수 뱃속에 아이가 들지 않은 것을 좀 생각해 보아요.

동지회에서 아무를 꼭 써야만 될 터인데, 이 박사가 왜 쓰지 아니하느냐 하여 이 사람 저 사람 천거하는 이들이 다 좋은 이를 소개하는 것이오. 천거하는 이들은 다 공심으로 나를 위하고 국사를 도와서 하는 것뿐입니다. 그런데 왜 이 박사가 신용을 주지 않고 의심하며 불러가지 아니하느냐 하여 편지가 종종 오는 고로, 공적으로 사실을 설명하여 대답하되, 그 말은 들었는지 만지, 또 그대로 그 사람을 써야만 될 이유가 서신상으로 들어오니, 여보시오 나의 사랑하는 친구들이여, 막동이 사정만 생각 말고 김 과수의 사정도 좀 생각하여 주시오.

임시정부에 재정을 전에는 많이 보내다가 지금은 왜 아니 보내느냐 하면, 이것이 이승만의 죄가 아닙니다. 이전에는 상해정부를 한성계통이라 하여 미포(*미국과 포와) 한인의 마음에 얼마쯤 신성한 존경이 있어 이시영 씨 재무총장 때에 미포에서 정공으로 간 돈이 불소하였다가, 그 후에 개조, 창조, 승인 등 설로 상해에 앉은 이들이 다 결단 내어놓은 고로 위신이 여지없이 타란(墮亂)되어 정부 명의로는 희망이 한 점도 보이지 않게 된 고로 동포들이 재정을 내지 않는 것을 내가 어떻게 억지로 빼앗을 수 있으리오.

나는 자초로 가난한 사람이오. 재정을 얽어드리는 수단이 없는 인격인 고로, 내 돈을 내어놓거나 남의 돈을 취하여다가 독립운동을 할 수는 영영 없은즉, 동포가 모아내면 그 내는 목적을 따라서 성심껏 일할 것이오. 동포에게서 나지 아니하고는 당장에 25원을 가지고 독립을 사올 일이 있을지라도 못할 것뿐이니, 다만 나에게 있는 대로 가져다

넣을 것이오, 없는 것을 넣을 수는 없을 것입니다.

말이 기왕 났으니 한 가지마저 설파하고 말려 합니다. 우리가 설령 재정이 넉넉할지라도 일을 하는 사람은 적어도 5년이나 10년을 앞으로 예산하고 착수하는 법이라. 5년 예산하고 경비를 쓰며 성력을 들이다가, 3년이나 4년을 계속한 후에 다른 이가 더 좋은 일을 하자고 제출한다고 전에 시작한 것은 다 그만두고 새 의견을 따라가려 하면 이는 어린아이의 소꿉놀이요, 정치가의 사업은 아니라. 이것을 며칠 하다가 그만두고 다른 것을 며칠 하다가 또 그만두면 시작은 많이 할지라도 결과는 없을 것이고, 경제력은 부지중 다 모손하고 말지니, 일을 하는 것만 장한 것이 아니고 성취하는 것이 장한 연고라.

그러므로 여러분의 새로 제출하는 의견에 일이 아무리 긴중하고 계책이 아무리 양호할지라도 먼저 시작한 일만 못해서 채용치 않는 것이 아니니, 부디 섭섭히 여기지 말고 한두 가지씩 성취하여 차차 기초를 세워 나가기를 주장하는 것이 지혜로울 것입니다.

오늘 우리 형편에 제일 좋은 의견은 재정을 들이지 아니하고 할 수 있는 일이니, 이런 의견만 있거든 언제든지 환영할 것이오. 만일 의견은 내가 지배하나니 재정은 네가 내어서 하라 하면, 이것은 막둥이가 그 모친을 조르는 말에 지나지 않는 것으로 인증할 터입니다.

우리 동지들은 각각 회금을 내어 보내며 동지들을 많이 새로 모집하여 물질적 준비가 속히 되게 하는 것이 독립운동을 촉진하는 유일한 방법이니, 다른 생각들은 좀 정지하고, 각각 자기의 책임을 행함으로 독립운동을 실제상으로 진행하기를 바랍니다.

하와이 우리 사업
- 본월 15일에 본항 기독교회 회당에서 한 이 박사 강도
(1930년 7월호)

〈세 가지 부분〉

호항에 기독교회와 기독학원과 교민총단은 다 하와이 한인들의 공동 소유물인바, 오늘까지 재력을 담당하여 설시하고 보존하여 온 것이다. 교민단측 사람들인 고로 특별히 이 사람들이 참 주인입니다.

내가 이 세 가지 사업에 처음부터 밀접한 관계가 있었나니, 이에 대한 책임도 얼마쯤 있고 또한 권력도 얼마쯤 있어서, 모든 주인들과 나와 함께 믿고 도와 오는 것입니다.

그런즉 나의 책임은 상당한 인도자들을 택하여, 주인들에게 소개하여 일을 분담하게 하고, 정책 범위를 정하여 각각 그 범위 안에서 자유로 일하게 한 후에는 별로 간섭하지 않을 것이로되, 급기 우리 정책에 위반되는 일이 있거나 모순되는 문제가 생길 때에는 내가 부득이 간섭하여 조정할 수밖에 없는 사세입니다.

이 세 가지 사업이 다 한 집안 내 살림이라, 한 가지도 없을 수 없는 것이며, 이 세 가지 사업을 맡은 이들은 각각 자유로 자사업(自事業)을 하는 이들이 아니라 다 우리 한족의 한 집안 살림을 한 부분씩 맡아서 준행하는 것이니, 자기의 맡은 범위 안에서는 다 자유로 처리하되, 서로 합동과 협조로 모순되는 폐가 없어야 과연 조직된 사회의 질

서가 잡힐 것입니다.

누구든지 이 안에서 일하는 이는 이 질서를 지키면 범위를 넘지 말고 진행해야, 한족의 공동사업을 영구히 기초 잡아서, 장차는 이곳에서 우리의 모범적 사회를 이루어, 각처에서 이 방식을 준행함으로 한인 전체가 조직된 사회를 이루고 살 수 있을지라. 만일 그렇지 아니하여 누구든지 자기 주견으로 한 집안 안에서 한 부분을 따로 이루어가지고 혹 어떤 사업을 변동하자든지, 없이 하자든지, 딴 것을 만들자던지 하는 사람은 일반 주인이 용납지 않을 것이니, 이는 다름 아니라 자기들의 사업을 처음 시작한 목적대로 성취하려는 연고입니다.

이 세 가지 외에도 하와이 우리 동지들의 하는 사업이 없지 아니하나 다 그 안에 총괄된 것인데, 우리는 이 모든 사업을 하와이 한 지방에 몇 백 명 몇 천 명의 사사(私事) 소관으로만 아는 것이 아니라, 곧 우리 한족 독립을 뿌리는 것으로 아나니, 이는 다름 아니라 모든 독립국민들이 저의 자유로 하여 가는 모든 사업을 우리도 자유로 하면 그것이 참 독립이오, 만일 그 사업을 우리가 못하여 남이 대신해 주기를 의뢰하고 지낼진대, 명의상으로는 아무리 독립국이라 할지라도 사실상으로는 남에게 매여 사는 노예를 면치 못함이니, 우리는 일변으로 정치적 독립도 찾으려니와 또 일변으로 사실적 독립도 세워서 부지중 기초를 만들려 하나니, 우리 한족의 사상이 차차 이 방면으로 열리기를 바라는 바입니다.

〈기독교회〉

종교는 사람의 심령을 다스리는 기관이며, 자유라는 것은 사상에서 시작되는 것임으로, 자유사상의 근본이 종교에서 대부분 시작되는 이치라.

그러므로 유럽 각국에 중고 시대에도 자유 독립이라는 사상이 매우 박약하여서 각국 제왕이 천주교황의 관할을 많이 받고 지내다가, 마틴 루터 선생의 개교 이후로 유럽 각국에 혁명운동이 일어나서 독립국 구별이 생겼고, 영국 왕이 천주교황의 절제를 받는 것이 독립국의 자격이 아니라 하여 감독교회를 따로 세웠으며, 미국에 지난 번 대통령 후보자 스미드 씨가 전부 실패된 것도 천주교황의 관할을 받는다는 관계로 이와 같이 된 것이라. 그러므로 우리도 종교적 기초를 타국인의 관할에 두고 앉아서 독립 자주의 정신을 발휘하려면 심히 어려울 것입니다.

하와이 한인기독교회가 한인의 독립정신으로 기초하여 세운 지 10여년에 우리 동포가 희생도 많이 하였고, 남에게 시비와 비평도 많이 들어가며 하와이 각도가 거의 동심향응(同心響應)으로 된 것이라. 호항에 중앙부를 두고 각도 각 구역에 지회를 세워 13, 14교회가 섰고, 인하여 본국에까지 성기상통(聲氣相通)이 되어 기독교회를 세운 곳이 여럿이라. 인도자나 인도받는 이들이나 다 한갓 희생적 사상으로 합동하였고, 개인의 생활이나 이익주의는 호리도 없어온 것입니다.

그런데 어찌하여 중간에 와서는 호항과 및 다른 몇 지방 안에 교우 의 심리가 갈려서 혹은 중앙부와 관계가 아주 없다고 설언하고 자유 행동을 취하려는 사람도 있고, 또 혹은 아무의 편이고 혹은 아무의 쪽이라 하여 은근히 분열된 중에서 타국인들에게 소문이 전파되어 한인들의 교회가 또 무너진다는 선전이 되기에 이르는지라. 10년 동안을 우리의 희생으로 세워서 날로 흥왕한다고 각국 인들의 칭찬받던 것이 일조에 이 지경에 이르고 보면, 어찌 우리의 대불행이 아니리요.

다행히 근자에 와서 이 풍파가 적이 침식되어 차차 자리가 다시 잡히게 되는 것은 우리 모든 교우가 다 만행으로 여기고 감사히 아는 바이며, 각 지방 교우들도 더욱 다시 힘을 다하여 기독교 중앙부로 하와이 한인교회의 최고기관을 완전히 두어 차차 하와이뿐 아니라 내외 각지에 이 정신을 전파하며, 이 세력을 확장하여 우리 민족의 장구한 복리의 기초를 삼는 것이 애국 애족하는 신도들의 직책이 될 것입니다.

〈교회 경제〉

근래에 교회 안에 걱정하는 이들이 많이 생겨서, 우리 교회가 빚을 진 것이 1만 7,8천 원에 달하니 어찌할 수 없다고들 하는지라. 그러므로 이 걱정을 덜기 위하여 예배당 기지 한 자리를 팔아서 빚을 거의 다 갚고, 예배당 터로 새로 사놓은 기지와 건축물이 대략 1만5천 원 이상 2만여 원에 달하는 재산을 차지하였으니, 이는 토지 가격이 제일 무세(無勢)한 이때 시세로 이렇게 된 것이라. 만일 시세만 좀 나은 때 같으면 지금 방매한 땅도 돈을 더 받았을 것이오, 방매하려는 것도 2만여 원이 많이 지나는 것이라. 십년 전에 아무것 없이 시작하여 우리 땅 우리 집에서 자치 자주하고 이만한 재산을 차지하게 되었으니, 물질로도 남의 교회에 가서 의지하여 행랑살이로 지낸 것보다 이롭지 않았느뇨. 당초에 예배당을 지을 때에 그때 형편을 의지하여 너무 적은 땅에 너무 적은 회당을 지은고로 차차 교회가 자라고 본즉 어찌할 수 없어서 빚을 얻어 좀 더 넓은 터를 사고 예배당은 작자를 만나는 대로 팔아 빚 갚고 새 터에 예배당과 국어학교를 지으려 한 것이 우리의 계획이거늘, 중간에 공연한 걱정들이 생겨서 빚 때문에 다 결단이라 하는 고로, 토지가 아주 무세한 이때에 예배당을 팔아서 빚을 갚게 된 것이니, 지금도 또다시 무슨 빚으로 걱정을 하리오.

혹은 말하기를, 좌우간에 예배당은 팔았으니 예배를 볼 데가 없어진 것은 어찌하느냐 하는지라. 이 대답은 우리가 지금이라도 새로 지으면 예배당이 있을 것입니다.

혹은 또 말하기를, 가난한 교인들이 예배당을 지으려면 또 돈을 내야 되지 아니 하느냐 하나니, 물론 교우가 돈을 내서 우리 회당을 지어야 될 것이고, 또는 우리가 십여 년 기초를 세워놓은 결과로 각국 인이 다 우리 교회가 완전히 선 것을 다 아나니, 타국 친구들의 도움도 얻을 만치 되었거니와, 만일 교우들이 돈을 낼 수 없으면 지금 차지한 토지를 한 절반 팔아서라도 교회를 이보다 낫고 더 크게 지을 수 있으며, 그것도 또 싫으면 다 팔아서 단 만원이 되던지 2만원이 되던지 교우끼리 다 나눠먹고 말아도 누가 말할 사람이 없을 것이니, 걱정할 것이 없는 일입니다.

어떤 이들은 말하기를, 노동자들이 지금 다 늙어서 차차 돈을 더 낼 수 없이 된즉, 돈이 생길 곳이 없는 것은 생각지 못 하느뇨 하는지라. 이 문제는 십년 전부터 유행하던 것인데, 나의 희망은 우리 청년들이라. 우리 청년들이 이 책임을 지기가 아직 좀 이르나 그때가 되면 다 저의 직책을 할 것이고, 또는 지금 사람보다 더 낫게 할지라. 우리가 만일 청년을 믿는 장래가 없을진대 나는 아무 일도 아니하였을 것이고, 독립운동도 다 헛일이라 하겠으나, 지금에도 우리 청년들이 차차 나서서 교회사회를 책임지는 것을 보건대, 어찌 장래를 걱정하리요.

이번에 내지로부터 오는 서양 친구들의 전설을 들을지라도, 우리 청년들이 많이 일인(日人)의 학교에서, 일인의 교육을 받으며, 일본에 가서 중학 대학을 마치고 오는 사람들이 거의 다 학식계급 인물이니, 장차 늙은이들이 없어지면 조선을 다 동화하고 말리라고 하였더니, 이번에 청년운동을 본즉 모두 일본 관립학교와 일본대학 출신들이 앞잡이로 일어났으니, 한국 청년들은 저의 조부모의 못한 일을 하리라고 외국인 측에서 확실히 깨닫는다 합니다. 우리가 우리의 직책만 행하면 우리 뒤에 오는 사람들이 저의 직책을 또 다할 것이 의심 없으니, 헛되이 걱정할 것이 아닙니다.

또 어떤 이들은 말하기를, 어찌하여 우리는 타국인의 도움을 얻지 못 하느뇨 하는지라. 우리 교회가 선 이후로 외국 친구들의 도움을 받은 것이 적지 아니할뿐더러, 교회 세운 지가 오래지 못하매 한인들이 저것을 부지할까 못할까 하는 의점(疑點)이 있어서 더 많은 도움을 아직 주지 아니하였으나, 우리가 10여년을 적공(積功)하는 결과로 차차 신앙이 생겨서 지금도 하와이에 제일 큰 백인교회에서 이 목사의 친구 되는 이의 주선으로 몇 사람이 사사로이 우리 목사 월급을 매삭 125원씩 금년 동안은 보조하기로 하였나니, 이것이 차차 시작이라. 우리끼리 칠령팔락(七零八落: 사물이 서로 연락 되지도 못하고 고르지도 못함) 하지 말고 일심합력으로 잘만 지켜나가면 더 나은 보조를 얻을 것이고, 장차는 적립기본금도 세우게 될 것이라. 우리 기독학원으로만 보아도, 처음에는 각국인의 말이 한인끼리 해갈 수 없으리니 어떤 교회에 부속하기 전에는 도와줄 사람이 없으리라 하던 것이, 지금에만 보아도 어떤 컴파운드 학교에서 감리교 명의로 타국인에게 받던 금액에 비하면 매년 수입이 갑절이 더 되는지라. 우리 일을 우리가 해 가는 것이 더 낫지 아니 하뇨. 우리 교회를 백인의 제일 부자 예배당처럼 만들고자 하면 이것은 잘못 생각하는 일입니다. 오늘날 백인의 생활정도로 우리 예배당처럼 지으면 하나님이 기뻐 아니 하실 것이고, 우리의 처지로 백인 부자의 회당처럼 만들어도 또한 하나님이 기뻐 아니 하시리니, 우리는 회당을 옛날 미국인들의 예배당같이 단순하게 하되, 자리만 넓어서 다수인이 예배와 주일학교에 참예하기에 착박(窄迫)하지 않으면 넉넉할지라.

만일 우리 회당이 굉장하고 화려하지 못하여 내가 다니기에 창피하다고 생각하는 사람이 있을진대, 그런 동포는 구태여 우리 회당에 올 필요가 없으며, 다만 우리가 우리 교회를 잘 만들어 경제력이 발전되는 대로 더욱 낫게 만들자는 공심으로 오는 동포를 우리가 더욱 환영할 것입니다.

만일 누구든지 다른 예배당에 가면 돈을 아니 달라는데 우리 교회에서는 돈을 늘 달라하니 다닐 수 없다 할진대, 이렇게 생각하는 이는 구태여 이 회당에 다닐 필요가 없지요. 우리는 매 명에 얼마씩을 한정하고 이 액수대로 못내는 이는 오지 말라고 한 적도 없고, 다만 누구든지 낼 수 있는 이는 다 같이 힘써서 우리 일을 우리끼리 하자는 것이니, 힘자라는 대로 한 것뿐이고, 없는 것은 어찌할 수 없을 따름이라. 어느 나라 사람의 예배당이든지 이만한 책임도 교인이 지지 않는 데는 내가 보지 못하였나니, 남의 힘을 의뢰하고 예배 보는 곳에서도 이런 직책은 면할 수 없을 것이며, 교인의 직책을 아니 하려는 교인은 어디서든지 상당한 교인의 대우를 받기 어려운 것이라.

우리끼리 모아서 우리 일을 하는 것은 이후에 다 우리 것을 만드는 결과요. 남을 의뢰하여 지내며 내는 재정은 장차 남의 일만 되고 말지니, 이 세상에서 아무것도 우리 것이라 할 것이 별로 없는 우리들은 이만치 하여온 우리 교회를 영구히 세우고, 이 외에 모든 일을 차차 방식으로 행하여 전 민족으로 하여금 이러한 정신을 가지게 되면 마침내 이와 같은 물질적 사실적 결과를 이룰 줄 나는 의심 없이 믿습니다.

지금 우리 계획은 새 예배당 짓기 전에는 우리 국어학교에서 임시로 예배를 보며, 그 터에다가 예배당을 짓든지 좀 더 넓고 나은 땅과 바꾸어 짓든지 하는 것은 우리가 방금 탐문하는 중이라. 교섭이 상당히 된 후에는 임원과 교우 전체에서 결정하여 시행케 하리니, 그 전에는 이리저리 의논하는 것이 다 무용일뿐더러, 잘못하면 또 교우 사이에 뜻이 갈리기 쉬운 고로 일을 남들의 하는 전례로 질서를 따라 할 것이고, 회당을 짓는 것은 우리 힘으로 할 것을 작정해야 타국인의 도움을 얻을 수도 있고, 얻어도 우리의 것이 될 것이니, 이것은 아직 이만치만 작정하여 두고 할 수 있는 대로 속히 회당을 짓도록 합심합력하며, 여러분들이 단체로나 개인으로나 이 일을 위하여 많이 기도들 하시오.

누구든지 타국인에게 의뢰하지 않고는 우리 교회를 유지할 수 없는 줄로 생각하는 이가 있으면, 이 자리에서 그런 생각을 아주 버리기를 바라며, 만일 버릴 수 없으면 우리 교회에 있지 않기를 권고합니다.

누구든지 교회를 이대로는 부지할 수 없는 줄로 생각하거든 아주 할 수 없다고 공석에서 내어놓을 것이고, 속으로 다른 사람의 생각까지 현란케 하지는 마시오. 나는 우리 교회를 이 앞으로 발전할 일이 이전에 건설한 것보다 비교적 쉬울 줄로 믿나니, 우리가 이것을 우리 힘대로 발전하여 우리의 유업으로 우리 청년들에게 유전하려 하는 것이니, 이것이 우리 동포의 원하는 것이고 하나님의 뜻인 줄로 믿읍시다.

스코틀랜드 북방 산곡에 큰 돌다리가 있고, 그 다리에 대자로 새기기를 하나님과 내가 합력하여 건축한 것이라 하였는데 유람객들이 많이 가서 구경한다 합니다. 그 역사를 대략 말하건대, 그곳에 일기가 가물 때에는 그 시냇물이 얕아서 사람이 돌을 디디고 건너가게 되다가, 비가 오고 눈이 녹을 때에는 물이 창일하여 시내 양편에서 왕래를 통하지 못하나니, 다리가 있으면 좋을 것은 다 생각하나 재력이 없는 것을 한탄하고 있을 뿐입니다.

한 번은 어린 여아 하나가 혼자 그 물을 건너다가 실족하여 떠나려가며 기도한 말이, 하나님이 나를 살려만 주시면 내가 여기 다리를 놓겠습니다 하였더니, 과연 죽을 것을 면하고 살아나게 되었습니다. 그 아이가 그때부터 그 다리 놓기로 자기 평생사업을 삼고, 돈을 벌어서 전전푼푼이 모아 필경 성공한 고로 하나님과 내가 합력하여 이 다리를 놓은 것이라고 새긴 뜻입니다. 하나님과 우리가 합력하여 우리 예배당을 짓도록 힘씁시다.

　미주 필라델피아 성에 유명한 탬플 칼리쥐라는 대학교가 있는데, 이 대학교는 가난한 남녀학생들을 위하여 세운 학교입니다. 여러 해 전에 내가 그 학교 연회에 참여하여 보았는데, 그때에 재학생이 2천여 명이며 그 옆에 침례교 예배당을 지었는데 8천여 명 앉는 자리를 그 안에 만들었고, 어린아이들을 위하여 병원을 지어 사마리아라 이름 하였으며, 주일학당 집을 크게 지어 많은 아이들이 참예하게 하였나니, 참 한번 구경할 만한 곳입니다. 물론 미국인들은 돈이 많으니까 부자들이 몇백만 원씩 내어서 한꺼번에 다 차려 놓았으리라 하겠지만은, 그런 것 아닙니다. 여러 해 전에 그곳에 조그마한 주일학당 하나가 있었는데, 6세반 된 여아 하나가 주일학당에 참예하러 갔다가 자리가 없어서 참예하지 못하고 돌아와서, 마음이 어떻게 섭섭하고 슬펐던지 그 어린 생각에도 내가 돈을 모아 주일학당을 지어서 나처럼 참예 못하고 온 사람이 없게 하리라 하고, 제 속에만 이렇게 작정한 후 한두 푼씩 생기는 대로 모아서 합 57전을 만들어 놓고 우연 득병하여 죽게 된 고로, 목사가 가서 병상 옆에서 기도하다가 운명하는 것을 보았는데, 아이가 죽기 전에 목사의 손을 끌어 베개 밑을 가리키고 눈을 감은지라. 목사가 차차 본즉 조그마한 지갑에 57전이 들고 종이 조각에 글을 썼는데, 돈을 모아서 주일 학당을 지어 나처럼 가난한 아이가 주일학교에 참예하게 하겠다고 결심이라 하고 연월일을 매긴 고로, 그 목사가 눈물을 씻고 나와서 신문에 공포하였더니, 듣는 사람들이 더운 눈물을 흘리며 연보를 내어서 6년 동안에 모은 금액이 25만 원에 달하였나니, 그 큰 사업이 다

그 아이의 57전으로 시작된 것이라. 지금 그 예배당에 가서 보면 벽에
호티 메이 위얏(Hottie May Wiatt) 이라고 새겨 붙였는데, 그 6세 반 된
여자의 이름입니다. 우리는 재력을 걱정 말고 성심을 먼저 내기로 결심
합시다.

인도 독립
(1930년 7월호)

근자 세계 신문계에 가장 많이 선전되는 문제는 인도 독립운동이다. 각국 신문 잡지에 연속 기재되어 간디 운동이라 하면 의례히 인도인의 무저항주의(無抵抗主義)로 다 알아듣게 된 것이다.

수년 전에만 하여도 인도국의 무저항운동이라 하면 보통 사람은 무슨 뜻인지 잘 알아듣지 못하며, 알아듣는 사람들은 거의 다 말하기를, 이것은 어리석은 공상이라. 이 물질적 시대에 폭약과 탄환이 아니고는 소약국이 부강한 나라를 억제할 수 없다고 하던 것이, 지금 와서는 각국에 모든 신문 잡지와 외교정책 등 각 대표와 유람객들이 인도를 심방하고 와서 거의 다 일치하게 말하되, 간디 운동이 인도 독립을 찾게 된다 하나니, 이는 다름 아니라 인도인들이 이 주의를 믿고 거의 전국이 일치된 행동을 취하게 되므로, 무슨 방식으로든지 인도 전국이 일치하게 조직만 되면 영국이 어찌할 수 없는 연고라.

리터러리 다이제스트 잡지의 최근 평론을 보건대, 인도인들은 말하기를, 간디가 인도인들로 하여금 영인을 돕지 말게 하나니, 대다수 되는 인도인들이 극소수 영인들을 협조하지 아니하면 영인들이 어찌할 수 없을 것이니 우리는 전쟁하지 아니하고 영인을 이기고 앉은 것이라 하며,

또 한편으로 영인 측에서는 말하기를, 간디가 인도인들을 영국

관할 하에서 벗어나게 하는 것이 실상은 인도인들을 다 들어다가 혼돈
천지를 만들어 무정부주의로 서로 잔멸케 만든다 하나니, 이는 인도인
들이 조직이 못 되어서, 지금이라도 영국 정치 밑에서 잘 복종하고 있
는 것을 한번 자유로 풀어 놓으면 각각 따로 나서 서로 싸우며 분열하
는 중에서 스스로 무정부상태를 이루고 말리라 하는 뜻이다

　　영인들이 주장하는 여러 신문들은 말하기를, 간디가 인종 구별의
악감정을 심으니 크게 위험한 일이라. 총을 장악하여 고해원(告解員)을
함부로 흩어 놓으면 얼마나 위험하리오. 이와 같이 조직 못되고 학식
못된 백성들에게 종교적 정신으로 정치주의를 혼동하여 열어놓으면 그
결과가 장차 어떠할 것을 누가 담보하리요.

　　종교와 정치를 혼동하는 중에서 간디 운동이 이렇듯 유력하게 되
는 것이라. 그러나 그 유력한 조직체로 인종 구별의 악감을 심으니 이
는 종교사상이라고 칭할 수 없고, 다만 영인배척이라는 주의로 두 인종
간에 충돌만 만드는 것이라고 극렬히 반대하며,

　　인도인의 신문에서들은 일제히 말하기를, 정부를 영인이 가지고
있을 동안까지는 그저 버려두고 인도인들이 합동만 하지 않으면 머리
가 혼자 어찌 하리요. 발과 다리가 응종치 않으면 아무것도 못할 것뿐
이니, 지금에 영인들로 하여금 정부를 붙들고, 얼마까지든지 붙들고 앉
아 있으라고 버려두고, 그 아래 법관과 율사와 순검 병정이며, 심지어
정탐꾼 별순검까지라도 다 인도인들이니, 이 사람들이 다 그 맡은 일을
하지 않고 저희끼리 조직되어 민족운동을 복종하면 영인의 세력이 하
루라도 있을 수 없을 것이다. 사사 살림하고 사는 영인으로 보더라도,
그 집에 곡상과 아마와 하인들이 다 인도인이라. 인도인들이 다 싫다고
저희끼리 벌어먹고 살 일을 하면, 영인들이 저의 나라에서는 하인 없이
도 지낼 수 있겠지만, 인도에서는 인도인의 도움을 아니 가지고는 하루

라도 지낼 수 없을 것이니, 우리 사람이 다 이것만 깨닫고 이대로 행하면, 영인들이 정부 관리나 평민을 물론하고 하루라도 인도에 있을 수가 없게 되리니, 전쟁은 아니 하고도 가만히 앉아서 다 내어 쫓는 방식이라. 이것을 인도인들이 다 깨닫게 되니, 간디의 성공은 곧 인도의 독립이라 하여 영미국의 많은 사람들도 간디의 운동을 찬성하는 이가 많이 생기는 중이라.

인도 독립에 대하여 6월 24,5일간에 전보로 발표된 통신에 의거하건대, 국회에서 파송한 인도국 시찰위원장 사이먼 씨가 정식으로 공포하여, 인도국을 영국 황제 밑에서 자치하는 정부를 세워서 캐나다와 오스트레일리아와 한 예로 대우하게 하자는 뜻을 발표하였는데, 이는 간디의 요구하는 바라. 이것은 물론 완전독립의 첩경으로 요구하는 점이 될 것이나, 인도인들이 이 보고에 대하여 불만족한 뜻을 표하기 위하여 순검들과 충돌이 된 고로, 어떤 옥에서는 죄인들이 옥을 깨치고 관리들을 위협하여 싸우다가 양편에 죽은 자가 45명이고, 중상한 자가 70여 명에 달한다 하며, 그 위원의 보고는, 인도인이 결코 준행치 않으리라고 공론이 생긴다 하더라.

동지회 간친회
(1930년 7월호)

본월 8일에 본항 우리 기독학원 내에서 개최한 동지회 신구회원 간친회는 연래로 처음 되는 성공이라.

남녀 2백여 명 사람이 한자리에 앉아서 음식을 나누며 노래와 음악과 웃음 가운데서 이왕에 시기와 의심하던 것을 다 잊어버리고 간담론(懇談論)을 교환하며 함께 즐기는 광경을 볼 때에, 지나간 20여년 경과를 생각하는 이는 스스로 느낌이 없을 수 없었다.

우리 각 교회와 사회 인도자들이 이만치 많은 수효로 만찬석에 모인 것도 기독학원 역사에 처음이고, 연전 진주도에서 원족회(遠足會) 한 이후로 처음 되는 큰 운동이며, 우리 민족운동에 효력이 동지회 창립 이후 처음이라. 이러한 단결력이 날로 자랄진대, 불구에 하와이 동포 전체가 먼저 대단결을 이루어 원동과 내지에 발전책을 더욱 촉진할 수 있으리니, 민족의 큰 행복이라 할지라.

다만 주의할 바는 세상사가 본래 건설은 어렵고 파괴는 쉬운 법이라. 이 일에도 만일 몇 사람이 있어서 사사 생각으로 대사를 방해하려 하면 또한 어렵지 않을 것이니, 부디 조심하여 사람마다 사심을 이기고 대업(大業)을 위하여 각각 희생심으로 합동할진대 우리의 살 길이 이로조차 열릴 줄로 믿노라.

동지 식산회사 주주대회 결과
(1930년 7월호)

동지 식산회사 주주대회는 본 5월 19일 하오 7시에 본항 기독교 회당에서 주주 25인이 주주 총수 98인을 대표하여 참석하여, 사장 차신호 씨 주석으로 개회 토의하고, 동 20일 하오 11시 가량에 폐회하였는데, 모든 사무는 다 순리로 거의 일치하게 귀결되었더라.

출석한 주주 중에 특별히 고나 김정현 씨와 힐로 남순명 씨는 각각 그 구역 주주 제씨와 동지회에 특파로 민섬에서 전위하여 나왔으므로 대표 양씨와 두 구역 동지들의 성심에 우리가 다 감복하였습니다.

미주 라성(羅城)에서는 모든 주주 일동이 특별히 집회하여 18일에 전보로 이 박사께 대표권을 위탁한다고 증명하였고, 또 타처에서도 호항 모모 동지께 위탁하는 공문이 있었으므로, 이와 같이 협동을 표하시는 여러분께 감사합니다. 그러나 이번에 모든 일이 다 화의로 작정됨으로 투표 점수의 다소를 상고할 필요가 없이 되었습니다.

의결된 사항

一. 고본 발매

본 회사 장정에 고본(股本: 자본금) 총액을 7만 원으로 한정하였는데 아직까지 반액도 팔리지 못하였은즉, 사업을 목적한 대로 시행할 수 없는 형편이므로 충수되도록 발매하기를 결정.

매 주주가 5고(50원)씩 더 사기로 하고, 모든 동지는 가급적으로 몇 고씩 사기로 하며 발매하는데 협조함.

이후에 이익을 분배할 때에 주식 표(1주 1백 원)나 고본 표(1이 10원)를 기왕에 산 사람이나 지금 새로 사는 사람이나 다 동일하게 나누기로 가결.

고본 발매위원은 하와이 섬에 김정현, 남순명 양씨로, 오아후 섬에 김경준, 최성대 양씨로 선택되고, 타처에는 추후에 책정하기로 결정.

당석에서 응모된 고본은 55고(550원)인데, 각 지방 동지들의 협조로 인하여 거액의 고본이 응모될 가능이 많이 보입니다.

二. 주무 변경

일반 동포의 공동요구를 인연하여 이 박사께서는 주무원의 책임을 친담(親擔)치 마시게 하고, 다만 사무 처리에 대하여는 모든 임원이 전과 같이 이 박사의 처리를 따라 협찬할 것이며,

三. 임원 선정

이사원 9인을 선정하여 이사원 중에서 임원을 책정하기로 결정인 바, 이사원은 차신호, 신성일, 이천봉, 김정현, 이만기, 남순명, 최성대, 이용직 제씨이며, 이 박사는 여전히 이사 부장으로 인임.

임원은 사장 차신호, 재무 김유실, 서기 최성대 제씨인데, 이사원 이천봉 씨는 시간을 얻기가 극난이고, 그 부인 김유실 씨가 년래로 재무 책임을 계속하여 온 고로 이 씨가 이사원 책임을 사면하고 김유실 씨가 전과 같이 재무의 임명을 계임하게 되었습니다.

四. 실업 현상

고본 발매로 수입총액이 합 2만6천여 원이며, 각국 인에게 부처 조감 토지가 미 보조 합 5천8백 원을 합하여 이 박사 기지 조로 차대한 것은 치지 말고 합 2만9천여 원인데, 이에 대한 소유물산은 토지가 954에이커요, 가옥이 십여 채며, 목탄광 설비와 큰톱 기계와 모든 제구입니다.

이상 소유에 가격을 말하면, 호항의 어떤 백인의 토지기관 회사에서 954에이커에 10만 원을 받아 주리니 구문으로 100에 15분을 달라 하는 고로 허락지 아니하였으니, 몇 해만 더 가지고 나가면 이에서 또 갑절이나 올라갈 것을 기필하겠으며,

그 안에 재목이 대략 1척에 10전 씩만 쳐도 30여만 원에 가치가 들어 있으며, 소를 사서 목장을 만들어도 2,3년 내로 큰 자본을 만들 것이 무려(無慮)하며, 농사로도 무엇을 하던지 실수 없이 이익을 보기에 의심이 없습니다.

그동안 이 박사께서 이것을 전담하여 무한한 고생만 하시고 소출에 이익을 보지 못한 것은 자본 부족이 연고입니다. 농사로도 회사에서 완전히 설비하고 농민들의 뒤를 대어 주어야 할 터인데, 각인에게 자본을 가지고 와서 자농하게 하려니 우리 사람 중에 누가 몇 천원 자본을 가지고 와서 소출을 나게 하겠습니까?

목장으로도 2,3천 원 자본을 가져야 2,3년 뒤를 당하겠는데, 이보다 더 속한 것은 재목을 내어 땅을 개척하며, 이익을 얻어 차차 농업을 시작하려는 경영으로, 해군부에 컨트랙트(contract)를 맡아 사방으로 十四, 五치 되는 오히아 통나무를 내기로 하고, 작년 2월분에 착수한 것이 자본 부족과 설비 불완전으로 인하여 무한한 고생과 많은 빚을 지

고 필경은 뒤를 더 대지 못하여 파의하였으니, 지금에라도 상당한 자본만 있으면, 해군부 소청(所請)은 너무 큰 나무를 요구하는 고로 파의하고, 적은 재목으로 내게 되면 큰 이익을 볼 것이 의심 없습니다.

그런즉 농업과 재목 사업에는 아직 이익을 보지 못하였을지라도 토지로는 벌써 몇 갑절의 이익을 보고 앉았으니, 이것은 실수 없는 이익입니다.

모든 주주와 일반 동포는 이에 대하여 주저 마시고 먼저 예산대로 7만원 자본을 위한(爲限)하고 고본을 수합(收合)하여 우선 각국인 처에 보급조를 청장(請狀)하며, 차차 영업을 완전히 착수하도록 힘쓰시기를 부탁합니다.

민국 12년 5월 27일

동지 식산회사 사장　차신호

7재무　김유실

동지 미포 대표회
(1930년 9월호)

동지(同志) 미포 대표회는 우리 민족운동에 한 서광(曙光)이라. 장장 칠야(漆夜)가 지나면 새벽빛이 오는 것은 다 그 때가 있음이니, 우리에게 이때가 이른 것을 우리는 기뻐한다.

모든 단체와 모든 인도자들이 각각 의견을 세워서 독립운동을 주장하는 중에서, 의사가 모순되며 민심이 분열된 고로 독립운동이 독립운동을 방해하며, 민족운동자가 민족운동자를 결박하기에 이른지라. 이것이 우리 민족 전체를 혼돈천지(混沌天地)에 두었고 흑암칠야(黑暗漆夜)에 던진 것이라.

이 중에서 동지회는 특별히 삼일정신(三一精神)으로 독립운동을 계속하자고 주장하였으나, 이 혼돈천지와 흑암칠야 중에서 안으로 정신을 차리기 어렵고 밖으로 앞을 보기 어려워서 일어나려다가 준좌(蹲坐)하고, 나가려다가 퇴축(退縮)한 것이 대저 여러 번이라. 민국 원년 이후로 이러한 형편 중에서 오늘까지 보수정책으로 지키고 앉았을 뿐이었다.

근자에 와서는 다행히 민심이 정돈되고, 모든 영웅렬(英雄烈)이 차차 식어가고, 민족성이 점점 발달되어, 여러 적은 것을 합하여 큰 것을 이루고, 모든 개인을 희생하여 한 단체를 확립하자는 정신이 발생되는 결과로 미포 동지대표회가 열리게 된 것이며 대표회의 결과가 이만치

충분하게 된 것이라. 그러므로 이 대표회가 우리 민족운동에 서광이라
한 것이다.

지금부터는 우리 민족운동을 적극적으로, 용기 있게, 삼일정신을
따라서 실시하자는 것이니, 이는 결코 한두 개인의 사사 의견이나 한두
단체의 편협한 계획을 세우자는 것이 아니고, 1919년에 전국이 일심으
로 일어난 정신과 전 민족이 준행한 방식을 따라서 계속 진행하자는 것
이니, 이것이 전 민족의 주의요 개인의 주의가 아니며, 전 민족의 방식
이고 한 단체의 방식이 아니다.

그런고로 이번 대표회에서 결정한 바는 민국원년에 내지에서 행
한 바를 따라서 각 개인의 의견이 다 언권(言權)이고, 투표권이고, 재산
권이고, 생명권이라고 하는 모든 것을 다 잊어버리며, 종교나 지방이나
계급 등 구별을 다 개방하고, 다만 군인의 조직체로 한 기치 밑에서 다
복종하는 정신으로 한 구덩이에 같이 들어가자는 결심을 일제히 정한
것이니, 미포 한인계에 이러한 대표회가 있은 것도 처음이거니와, 우리
민족운동에 이러한 결심을 취한 것이 재외한인 전체에 처음 되는 일이
다.

그런즉 지금부터는 동지회가 민족운동의 중심기관이 되어 백만
동지를 모집하는 사업에 적극적으로 진행하며, 인물을 집중하여 민중
의 대 희망을 장려하리니, 중간에 여간 사소 곡절로 오해점이 있거나
불평분자가 있을지로되 대중의 공의를 따르며, 대업의 요구에 응하여
분투용진(奮鬪勇進) 할 것뿐이다.

이번 대표회의 제일 중요한 점은 우리 모든 대표원 심중에 결심
한바 우리 생전에 대업을 성취하자는 것이라. 우리가 능히 일백만 동포
의 마음에 이 결심을 넣어줄 수 있으면 우리의 일은 다 성공된 것이라.
일반 동지들은 다 각각 이 믿음을 먼저 가져서 조금도 의심치 말도록

힘쓰며, 이 믿음을 가진 후에는 모든 동포로 하여금 이것을 믿고 이 일을 하려는 결심을 가지게 하면 일백만 명 동지를 모집하기 조금도 어려울 것이 없을지니, 대표회의 결과로 이와 같은 대단결을 함께 착수하노라.

동지회 3대 정강
(1930년 9월호)

○ 정강

(一) 우리 독립선언서에 공포한바 공약 3장을 실시할지니, 3.1정신을 발휘하여 끝까지 정의와 인도를 주장하여 비폭력인 희생적 행동으로 우리 대업을 성취하자.

(二) 조직적 행동이 성공의 요소이니, 우리는 개인행동을 일절 버리고 단체 범위 안에서 질서를 존중하며 지휘를 복종하자.

(三). 경제 자유가 민족의 생명이니, 자작자급(自作自給)을 함께 도모하자.

○ 조례

(一) 대업을 성취하기에 이천만의 일치 행동을 요구할지니, 위선 일백만 동지의 맹약을 얻어 대단결의 기초를 이루기에 제일차의 진행 방침을 정하나니, 이것을 완성하기까지는 시위운동이나 혹 남을 배척하는 주의를 먼저 취하지 말고 다만 민족 대단결에 전력할지니, 각 동

지는 매일 한 점 이상의 시간을 공헌하여 이 정책을 속히 성취하기를 힘쓰자.

(二) 우리 주의와 상반되는 동포에게 억지로 권하거나 시비하지 말고, 각각 자기의 성심으로 남을 감복시키기를 힘쓸지니, 결코 동족의 쟁론을 피하자.

(三) 계급과 종교와 지방 등 모든 구별을 타파하여 민족 대단결에 장애를 없이할지니, 이상 정강과 방침에 절대 동의하는 남녀는 일체 동지로 인정하자.

(四) 우리의 의복과 식물과 가구 등 일용물품을 우리끼리 공궤(供饋)하여 우리 민족의 생활책을 개발할지니, 일반 동지는 가급적으로 이것 실시하기를 각각 애국 애족하는 중대한 책임으로 인증하라.

동지회 헌장
(1930년 9월호)

제1장 총칙

제1조 본회 명칭은 대한인 동지회라 칭함

제2조 본회 목적은 국가 광복으로 정함

제3조 광복운동은 3대 정강에 의하여 실행함

제4조 본회 해외 중앙부 위치는 포아로 정함

제2장 회원

제5조 본회 회원은 충직 선량한 일반 한국 인민의 혈족으로 정함

제6조 본회 회원은 직접 또는 대표제의 의하여 제의권과 문의권이
    유함

제7조 본회 회원은 아래와 같은 의무를 분담함

    1. 직권 복종 2. 비밀엄수 3. 공무 분담

    4. 동지 상애 5. 국성 배양

제8조 본회 회원은 총재로 수령을 정하되 총재는 공중추대에 의함

제9조 총재는 이사부와 대표회를 총 관리 또는 지배함

제10조 본회는 총재의 재정 방침을 보좌키 위하여 이사부를 치하고
    중앙부 소재지에 거류하는 회원 중으로 이사원 9인을 대표회

에서 선정하여 총재의 결재로 임명함

제3장 이사원

제11조 이사원의 임기는 대표회에서 대표회까지로 정하되 기 중간
에 궐임되는 때는 이사회 표선과 총재의 재가로 보충함

제12조 이사부의 직무는 좌개 범위로 활동을 제한함

1. 정강 급집행 방침 2. 총재 정책 3. 헌장 급입안

제13조 이사원 9인 중 1인으로 이사장 기외 8인중으로 각 부위원장
으로 총재 지령하에 이사회 자체에서 조직함

제14조 본회 행정집행은 5부로 분함

1. 실업부 2. 외교부 3. 장재부 4. 청년부 5. 선전부

제15조 중앙 부대표로 지방 실무집행을 위하여 주무원을 설치함
주무원은 중앙 이사부의 지정으로 지회에 동의나 혹은 지
회에 공천으로 중앙 이사부의 동의로 책정함, 주무원은 각
분담지역 내에서 중앙 이사부를 대표하여 실무를 진행하고
인심을 수습하고 사정을 조사 보고하는 직권급 의무가 유함

제4장 의회

제16조 본회는 대회와 대표회를 치함

1. 대표회는 하시든지 중대한 사정으로 공의를 요하는 시
에 총재의 지령하에 이사장이 소집하되 지회 총수의 반수
이상이 대표를 파송하여야 개회함을 득함

2. 대회는 특별한 시국 문제로서 발생하는 시급한 사건이
유한 시는 3구역 이상의 요구로 총재의 결재로 이사장이

소집함

제5장 기관보

제17조 본회는 양종의 기관보를 설치함

　　　　1. 원정 기관보는 태평양 잡지로 정함　2. 보조 기관보는

　　　　수시 수의하여 기성한 내외국 신문잡지로 정함

제6장 재정

제18조 본회 재정수입은 연례금과 특별금 2종으로 정함

　　　　1. 연례금은 매년 2원으로 정하되 지방과 시기를 따라 중

　　　　앙 이사부에서 변경함을 득함

　　　　2. 특별금은 예산안에 의하여 정함

제19조 본회 재정지출은 7종으로 분함

　　　　1.상무부　2.기관보 비　3.선전비　4.기밀비　5. 준비금

　　　　6.외교비　7.청년 운동비

제20조 본회의 재정결산표는 매년 년종으로 공포하되 단 지출 중

　　　　에 4, 5, 6항은 지출총액만 기재함

제7장 벌칙

제21조 이사원으로 본 헌장을 위반하는 시는 총재의 지령 하에 중

　　　　앙 이사회에서 출척함

제22조 회원으로 본 헌장을 위반하는 시는 중앙 이사회에서 심판

　　　　또는 집행하되 총재께 보고함

제8장 지회

제23조 10인 이상의 동지가 재류하는 지방에는 지회를 설치함

제24조 지회 헌장은 지회 자의로 해 지방형편을 따라 제정하되 중
앙 이사부의 검정을 요함

제26조 지회는 기 지방에 사업성적 보고를 매년 1차씩 중앙 이사부
에 보고함을 요함

제9장 부칙

제27조 본 헌장을 증감 혹 변경할 시는 대표회에서 4분지 3이상의
동의로 의결함을 득함

제28조 본 헌장은 반포일로 시행함

동지회 사업순서
(1930년 9월호)

동지회에서 오래 건체(愆滯)하였던 몇 가지 사업을 금번 대표회 결과로 일일이 진행하려는 계획인데, 그 순서는 대략 이러하다.

전에도 수차 말한 바이거니와, 우리 대업에 제일 첫걸음은 백만 명 동지 모집이라. 민족운동에 대하여 한 정신과 한 주의로 한 기치 밑에서 다 한 구덩이로 함께 들어가자는 결심 가진 동지 일백만 명을 얻어 묶어 놓은 후에는, 우리 민족의 막강한 세력을 이룰 것이고, 거대한 재력을 모아 각국이 주의할 만한 대단결을 이룰지니, 이것이 제일 첫걸음이라.

만일 우리 한족이 내지(內地) 외양(外洋)을 물론하고 다 안전한 생활을 얻을 만치 된 경우 같으면, 민족운동에 일백만 동지를 얻기가 심히 어려울 터이지만은, 일본인의 국량(局量)이 능히 남을 포용할 만한 자격이 부족한 중에서 한인의 재산과 생명을 하나라도 안전한 여지를 얻지 못하도록 하는 고로, 적국의 압박 밑에서 다 살 수 없는 지경에 빠지게 되었은즉, 마치 화약과 염초를 다 말려서 준비하여 놓은 것 같아서, 불꽃 한 점만 떨어지면 다 일시에 터져나게 된지라. 이 중에서 우리가 조직적으로 각지 동포에게 고동(鼓動)만 퉁겨주면 다 알아듣고 그대로 나가기를 결심하게 된 이 형편에서, 상당한 준비만 있으면 여반장(如反掌)하게 쉬운 일이다.

그런데 이것을 하려면 당장에 몇 가지 진행할 사무가 있나니,

一은, 우리의 유일한 선전기관인 태평양잡지를 확장하여 동지회 측의 주장을 내외지에 전파할 것이며,

一은, 원동(遠東)에 선전부를 두어 만주와 시베리아에 산재한 동포들에게 동지회 정신을 발휘할 것이며,

一은, 태평양잡지에 영문란을 다시 첨부하여 국문이나 국한문으로 미치지 못할 동포들에게 선전을 힘쓸 것이며,

一은, 청년부를 따로 설치하여 포아와 및 해외 각지에 청년 각 단체를 연락하며 의용(義勇) 남녀를 라치(羅置)하여 민족성을 발달시키며,

一은, 각 단체와 합동을 주장하여, 이왕에 서로 나누어 지내던 파당 사이에 연락을 친밀히 하므로 피차 양해와 친목이 생겨 우리 민족운동에 다 동진동퇴(同進同退)하는 보조를 가지도록 하자 함이며,

一은, 인물을 집중하여 민족운동에 위신을 높임으로 해내외에 민심이 스스로 집중되게 하자 함이라.

이상에 몇 가지 중요한 사무를 집행하기 위하여 상무원을 두어 책임을 전담하게 하고, 이사부에서 후원이 되기로 결정인바, 상당한 인원을 얻지 못하여 이전부터 광탐(廣探)하되 아직 득인(得人)치 못하였다가 이번 시카고 대표로 나온 김원용 씨로 상무원의 책임을 담임시키기로 결정되어 사무를 착수하는 중이며, 이만치는 다 충분히 결처된 것이라.

김원용 씨는 그 자격과 식견이 다 상당한 인물일 뿐더러 여러 해 동안 시카고에서 동지회와 구미위원부를 도와서 극력 분투하여 온 성

력이 있음으로, 그곳 동지들이 절대로 신임하여 이번에 대표로 파송하기에 이르렀나니, 이 인선에 대하여 더 만족한 자격을 구하기 어려울 것이라.

그러나 이상에 모든 계획이 다 아무 힘없이 허지(虛地)로 돌아가고 말 것뿐인데 다만 한 가지 문제가 해결되어야만 이것이 다 실시될지라. 이것은 다른 것이 아니고, 우리의 항상 면치 못하는 금전문제라.

동지 연례금으로 매 동지가 매년에 2원씩을 제공하기로 결정인바, 동지원이 우선 1만 명만 되어도 매년 2원씩이면 능히 급한 사무를 진행하여 갈 수 있겠으나, 아직 그렇지 못한즉, 이것만으로는 먼저 진행할 일을 할 수 없고, 이 먼저 진행할 일을 못하고는 대사를 성취할 수 없을 터인 고로, 특별히 유지특연(有志特捐)이라고 명칭 하여 매 동지가 우선 30원 금액을 특히 제공하여 이상 몇 가지를 실시하자 함이니, 이 금액으로 이상 몇 가지를 실시하는 날은 자연히 회원 수효가 늘어서 이 설비를 가지고 능히 계속하여 나가기를 도모함이라.

이 순서 중에 한 조건으로 결안(決案)은 아니 되었으나 부언칙(附言則)으로 동지회 운동을 더욱 주의하는 것이, 기왕에도 힘쓰던 바이며, 지금부터는 더욱 힘쓰려 하는 것이 그 중에 포함되었나니, 부인 동지 중으로 활동이 더욱 많이 되기를 바라는 바이며, 단특연금(單特捐金)에 대하여는 매 부인 동지에 10원 이상으로 하기로 결정되었으니, 이것도 또한 형편이 적당히 된 것이라.

이상 순서를 속히 실시하는 것이 매우 긴급한 일이며, 이것을 실시하자면 경비가 있어야 되겠으니, 여러 동지는 이에 대하여 하루바삐 힘쓰기를 바라거니와, 동지 중에 특별히 힘도 넉넉하고 성심도 유여한 남녀 동지는 다만 남자에 30원이나 여자에 10원을 한도로 알지 말고 희생정신을 표시하시기를 바라는 바라.

동지회 중앙이사부 장재는 김원용 씨니, 모든 재정에 관한 통신
은 김원용 씨에게로 보내시오.

Mr. Warren Y. Kim

P.O.Box 1919

HONOLULU. T. H.

기막힌 일
(1930년 9월호)

베이브 루기라는 사람은 미국 야구 경쟁세계에서 제일 유명한 인물이라. 씨가 공을 한 번 치고 아니 치는 데 여러 만 명 사람과 여러 십만 원 재정이 왔다 갔다 하는 세력을 잡았나니, 그러므로 그 명자(名字)가 오늘 세계에 드러난 것이라.

그런데 이 사람이 만일 팔이나 다리에 괴상한 병이 있어서 공을 칠 때마다 다리에 쥐가 올라오고 팔에 자가품(*손목, 발목, 손아귀 등의 이음매가 과로 때문에 마비되어 시고 아픈 증상)이 나서 꼼짝할 수 없게 되면, 그 많은 구경꾼의 낙망이오, 거대한 재정이 손해이니, 그 사람의 모든 기능과 명예가 다 허지(虛地)로 돌아가고 말지라. 이 어찌 기막힌 일이 아니리오.

매란방(梅蘭芳)이라는 사람은 중국에 유명한 광대라. 지금 세상에는 광대나 배우가 제일 상등대우를 받는 터인 고로, 매 씨가 동양에 가장 저명한 미술가로 미국에 와서 미국 중앙정부와 도처 각 도성에 지방 관리들이 정부 손님처럼 대우하고, 가는 곳마다 상등 연극장에서 구경꾼이 차고 넘치게 되어서, 조그마한 호항을 지내는 역로에 일주일을 유하는 동안에 1만6천 원을 만들었나니, 이는 중국 역사에 처음 되는 영광이라. 매란방 한 사람의 기술이 능히 이러한 세력을 만든 것이라.

그러나 만일 매씨가 속에 괴악한 간질증이 있어서 연극장에 올라갈 때마다 사지가 뒤틀리며, 눈자위가 뒤집히고, 입에서 거품을 흘리게 될진대, 구경꾼들은 그 얼굴도 얻어 보지 못하고 연극은 곤죽이 되고 말지니, 그 미술가의 재주가 소용이 무엇이며, 명예가 다 무슨 유익을 주리요. 이것도 또 기막힌 일이 될 것이다.

옛날 유대국 역사에 골리앗(Goliath)이라는 장사가 장창(長槍) 대금을 좌우 손에 부리며 무인지경같이 짓쳐들어올 때에, 그 장사를 대적한 자는 조그마한 다윗(David) 왕이라. 한 물매에 돌을 메어서 던진 결과로 그 거대한 장사의 머리가 깨져서 거꾸러졌나니, 다윗왕은 참 유대를 구원한 구주가 아니뇨.

그러나 다윗 왕이 물매를 가지고 진문(陣門)에 나설 때에 별안간에 반신불수증이 일어나서 두 팔을 꼼짝 못하게 되거나, 두 눈에 티가 들어서 앞을 보지 못하게 되었더라면, 다윗은 골리앗의 손에 여러 조각이 되었을 것이고, 유대국은 여지없이 폐하였으리니, 이것이 또 기막힌 일이 아닌가.

그런데 이 위에 말한 것은 다 개인의 신체의 조그마한 질병으로 인연하여 그 결과가 어떠한 것을 추측한 것이라.

우리 한인의 사회 형편이 똑 이와 같아서, 타국인이나 타인 중으로 더불어 경쟁을 하거나 시비를 차려서 중요한 경우에 희한한 기회를 얻어 한번 힘써 일어나려 하면 번번이 그 지체에서나 심복 간에서 풍(瘋)이 동하고 자가품이 일어나며, 혹 곽란토사(癨亂吐瀉)를 하든지, 두통 복통에 이질 치질 등 전후 별병(別病)이 다 생겨서 사지가 뒤틀리며, 오장이 뒤집히며, 정신이 어지러워져서 어찌할 수 없을 지경에 이르게 되니, 어찌 남과 다투거나 싸워 볼 겨를이 있으리오. 이것이 참 제일 기막힌 일이로다.

우리 사회가 각 지방단체 명목으로 민족 대표적 조직까지 성립된 것이 내지 외양에 한둘이 아니며, 모든 단체를 표면으로 보면 명의나 목적이나 규칙 등절이 다 완전하고 충실하여 사지백체가 온전한 사람의 신체 같이 든든하여 보이는데, 어찌해서 그 사업 진행하는 결과를 보면 밤낮 그 속에서 저희끼리 분잡분요(紛雜紛擾)할 뿐이고, 남과는 시비 한번을 변변히 못해 보고 점점 퇴보는 할지언정 진보되는 것은 보이지 아니하니, 이것이 다 어찌한 연고인고.

다름 아니라, 그 단체의 수족과 심복 되는 몇몇 책임자 사이에 합심 협력되는 힘이 적어서, 서로 내가 낫다, 내가 높다, 내가 더 잘한다 하여 서로 당기고 앉았다가, 한 사람이나 혹 두세 사람이 기를 쓰고 끌고나가서 타국인과 대적하려 하면 그 옆에 앉은 이들 사이에서 사심과 시기가 복발(復發)하여 견디지 못하고, 오래 뭉쳐 놓았던 것이 일시에 터져 나오는 고로 소장지변(小腸之變)이 생겨서 전부가 별안간에 뒤집히게 되는 것이니, 이것이 개인의 신체에 괴악한 병이 생겨서 진정할 수 없이 되는 것과 같은 것이라.

우리 민족 이천만이 다 독립을 위하여 죽으려고는 하면서도 급기 단체를 이루어 다 함께 나가 적국과 싸우자는 자리에는 모두 다 냉담하여, 단 십만 명이나 백만 명 이상이 함께 나가 싸워보지 못하고 앉았으니, 이에서 더 기막힌 일이 어디 또 있을까.

우리 동지회가 나라를 위하여 죽고자 하는 동지 백만 명을 모아 일시에 일어나서 독립을 찾자 하는 일에 어찌해서 이때까지 여러 만 명 동포 있는 원동에 기세를 확장치 못하며, 미포 각지에서도 대대적으로 활동을 시작하여 보지 못하고 번번이 일어나려다가 주저앉고, 나가보려다가 퇴보하고 마는 것은 그 이유가 다 어디 있느뇨. 다름 아니라 열 사람이 모여 단체를 주장하게 되면 열 사람 사이에서 병통이 생기고, 단 두 사람이 합하여 일을 같이 하면 두 사람 사이에 또 풍이 일어나서 질서가 잡히지 못하고 정신을 차리지 못하게 되니, 어느 겨를에 먼 지방을 경영하며, 어느 겨를에 적국을 대항하여 보리요.

이번에는 우리가 우리 생전에 광복을 성공하여 보자 하고 기어이 나가 보려는 결심이니, 이번에는 또 우리 속에서 풍증이 생기지 말고 다 화동적(和同的)으로 합심 협력하여 완전한 단체와 건강한 정력으로 끝까지 나가도록 싸워보게 되면, 기막힐 일이 변해서 춤출 일이 될 줄 아노라.

시사에 대하여
(1930년 9월호)

근일 호항(胡港) 내에 유행하는 말을 들으면, 동지회가 교민단을 없이 하련다는 선동이 부활되는 모양이라. 사실을 공포 아니 할 수 없는 관계로 인연하여 이에 설명하노라.

우리나라 사람들의 애국심이 아직 충분히 발달되지 못해서 매양 사소한 개인의 이해와 득실을 인연하여 민족 대사업을 장애(障礙)하는 습관이 도처에 성행하는 고로 대사업이 진행되기 어려워서 세월을 천연하여 온 것이라. 동지회가 성립된 이후로 대 활동을 시작하다가 이러한 관계로 인하여 준좌(蹲坐)하고 양보하여 온 적이 한두 번이 아니라

그러나 이번 미포 대표회는 내외의 시기와 민중의 요구를 응하여 대단결을 이루어, 삼일운동의 계속을 크게 준비하려는 결심으로 모였고, 그 결심으로 모든 중대 사항을 원만히 결정하여 대 활동을 시작하는 중이라. 이때에 또다시 이러한 장애가 생길 줄을 미리 짐작하지 못한 것은 아니나, 아무리 불평이 있을지라도 대사를 위해서는 마음과 뜻을 같이 하여서 대업의 성공이 속히 있도록 하는 것이 가장 좋도다.

이번 동지대회에서 결정한 조건 중 청년부를 두어 우리 남녀 청년에게 민족정신을 고취하기로 결정한 바가, 교민단 의사회에서 결정한바 청년운동과 모순되는 것이 아니며, 또는 동지회가 민족운동을 촉성하기로 목적하고 전 민족적 통일운동을 착수한 것이 교민단이나 다

른 단체와 충돌되는 것이 조금도 아니니, 헛되이 오해를 품고 오해를 전하는 것은 애국 애족주의가 아니라.

이번 합동운동에 아무 조건이 없고, 동지회 명의로 모든 단체가 합동하여 민족운동에 통일적 행동으로 일치한 보조를 취하자 함인바, 몇 번 합동하여 모인 자리에 무한한 호감을 얻어 모든 사람이 다 마음을 기울여 크게 바라는 바이거늘, 중간에서 몇몇 사람이 공연한 의심과 근거 없는 허언으로 불평을 품게 되니, 일에 자연히 손해가 되는지라.

이것을 아무쪼록 화동(和同)으로 해결하기 위하여 백방으로 권유하여 보았으되 종시 양해가 생기지 못하니, 부득이하여 이 사실을 설명하게 된지라. 이것이 조금도 감정이나 불평에서 나오는 말이 아니라, 다만 이 사실을 모든 동포에게 알려서 모든 동포의 공의를 따라 순리로 처결되기를 요구함이니, 내가 가장 알리고자 하는 바는, 언제든지 교민단을 없이하거나 방해하자는 뜻이 조금도 없고 여전히 계속 진행하려 함이다. 민족운동에 성심으로 돕고자 하는 동포는 기왕에 어떠한 태도를 가졌던지 불계하고 같이 악수병진(握手並進)하자는 결심으로 큰 희망을 가지고 다시 착수하는 터이니, 우리의 고충을 모든 동포는 확실히 깨닫고 동심협력하기를 바라노라.

의주 여행
(1930년 9월호)

　　의주에서 서울까지 가려면 기차로나 자동차로는 열 시간에 득달 (得達)하고, 비행기로는 대략 세 시간에 갈 것이다. 그러나 우리는 상고에 보행으로 다니던 전례로, 매일에 평균 백리씩만 걸을지라도 10일 만이면 갈 수 있으리니, 이것은 도무지 의심 없는 사실이다.

　　그런데 10년 전에 경성에서 4,5인이 동행하여 의주를 목적하고 떠나서 쉬지 아니하고 무한한 경비와 고생을 치르며 밤낮 가기는 간 것이 분명한데, 아직까지 서울 무학재를 넘지 못하고 허덕허덕하니, 이것은 정녕 무엇이 잘못된 일이다.

　　만일 그 동행들이 다 걸음 못 걷는 어린애기거나 앉은뱅이 절름발이 같은 병신이라도 10년을 갔으면 적어도 몇 십 마일은 갔을 것인데, 이 사람들은 외양으로 보아서는 하나도 병신이 아니고, 기골도 다 장대하며, 신수도 남만 못하지 아니하며, 자기네끼리 말로나 힘으로 다투는 것을 보아서는 결코 남에게 질 사람들이 아닌데, 어찌된 셈인지 10년 전에 서울 장안에서 떠난 것이 아직도 무학재를 못 넘었다면 이것이 무슨 일이란 말인가.

　　남들은 모두 기계로, 기차 전차를 타다가, 자동차를 몰다가, 지금은 그것도 불편하다고 비행기를 내서, 이왕에는 무한한 고생으로 10일을 걸려서 가던 것을 10시간으로 가다가, 또 줄여서 3시간을 만들어 가지고 하루 몇 번씩을 왔다 갔다 하는데, 이 사람들은 병신도 아니고 철없는 애기들도 아닌데 글쎄 10년 동안을 주야 애쓰며 보행한 것이 아직도 경기 무학재를 못 넘었다. 이것이 참 이상하고 희한하고 기막힌 일이 아니냐.

이 일을 테두리 밖에 앉아서 방관하는 사람들은 이상하다, 괴상하다, 희한하다 하고 말 것뿐이겠지만, 그 길을 가기로 작정하고 떠난 사람들은 어찌하는 것이 옳을까. 10년 동안을 걸어 보았으니 지금은 좀 정신을 수습하고 돌아앉아서 뒤에 온 길도 좀 돌아다보며, 앞에 갈 길도 내다보고, 또 세상 사람들의 말도 들어보아서 우리가 참 진보를 하는가 퇴보를 하는가 조사하여 보고, 숫자로 한번 타산하여 볼 것이다.

10년 동안을 걷기는 걸었는데 걸은 이수는 단 10리가 못되었으니 1년 365일에 걸은 이수가 1리가 다 못되었다. 이 비례로 계산하여 설령 10년에 10리를 걸었다 치고 보면, 앞으로 또 10년을 가야 10리 밖에 더 못 갈 것이고, 백년을 그대로 가야 백리를 갈 것이며, 천년을 그대로 쉬지 말고 걸어야 의주에 도착할 터이니, 우리가 이대로 예산하여 가지고는 열 번을 죽어서 다시 나도 의주 구경은 못하고 말 것이 판단된 일이다.

이와 같이 판단된 일을 번연히 보고 앉아서 덮어놓고 의주 간다고 여전히 믿기만 한다 하면, 이것은 천치가 아니면 곧 병풍상성(病風喪性)한 광인이거나, 그렇지 않으면 이 세상에서 달리 얻어먹고 살 수도 없고 다른 것은 할 것이 도무지 없어서 의주 간다는 핑계나 하고 그저 가는 체하며, 여전히 부끄럼도 없고 양심도 없이 길 가는 사람으로 몸이나 의탁하여 입이나 얻어먹으려 할진대, 개인의 자신지책(自身之策)으로 생활상 지혜는 있는 사람이라 하겠지만, 이 사람들은 그것도 아니라. 다른 일을 얻어서 다른 길을 찾으면 자신지책으로는 얼마 나을 것인데, 의주 간다는 바람에 따라 나서서 잘 먹지도 못하며 잘 입지도 못할 뿐 아니라, 세상 사람들의 비평과 조소가 사방에 답지하는 중에서, 그저 덮어놓고 하루 이틀 여전히 계속하여 땀을 흘리며 발바닥이 부르트며 사지가 늘어나도록 허덕거리는 것은, 참 여간 지각 있는 사람으로서는 행치 않을 일이다.

그러면 지금에 앉아서 어찌하는 것이 옳을까. 다만 두 가지 중에 하나를 작정할 것이니,

일(一)은, 그 동행인들이 함께 돌아앉아서 어찌하여 길을 갈 수 없는 이유를 상고하여 보아 그 이유를 전부 교정하여 가지고, 새 판으로 새로 차려서 남과 같이 걸을 만치 만들어 놓은 후에 다시 시작하여 행하는 것이 한 가지요.

이(二)는, 이 이유를 교정할 수도 없고 교정하기를 원치도 않을진대, 의주 간다는 생각은 다 파의(罷意)하고 마는 것이 자기들에게도 지혜롭고 남에게도 편리할 것이다. 그러면 이상에 말한바 제1조 아래서 그 사람들이 어찌해서 10년 동안에 무학재를 넘지 못한 이유를 상고하여 볼 것이다. 당초에 그 동행 4,5인이 의주를 가자 한 결심으로 함께 나선 것은 사실이며, 의주에 가 보고 싶은 욕심은 다 일체로 간절한 중 그 먼 길을 혼자는 갈 수 없고 여럿이 동행할수록 길이 편리하고 가기도 쉬운 것을 하나도 양해하지 못하는 자가 없었다.

그리고 본즉 처음에는 다 한 마음 한 뜻으로 같은 길에 동행하여 한 곳을 향하자고 나선 것이니, 개인 개인이 경쟁하는 것이 아니고, 자기들끼리 서로 밀고 끌어서 다른 사람들보다 속히 가자는 경쟁이라. 그런즉 그 4, 5인은 각 개인으로 볼 것이 아니다. 즉, 한 집안이나 한 몸의 자격으로 보아, 집안으로 치면 다 한 가정 식구요, 일신으로 치면 한 몸에 딸린 지체가 될 것이다.

그러나 처음에 시작할 적에는 이렇게 다양해 하고 결심하여 나섰지만은, 불행히 그 4, 5인 중에 의견 다툼이 생겨서 하나는 이렇게 하자하면 둘 셋은 저렇게 해야 된다 하며, 두 사람이 얼려 붙어 한 가지를 주장하면 세 사람이 막고 못하게 하며, 처음에 한 사람이 반론하던 것을 다른 사람이 하려고 하면 먼저 하려던 사람이 도리어 반대하며, 지금은 이 사람과 저 사람이 뭉치가 되다가 돌아서면 벌써 형편이 변해서 저 사람과 또 다른 사람과 얼려 붙어 서로 아무 일도 못되게만 차리고 앉았으므로, 이것이 차차 자라서 악감정이 되어서 필경은 옳고 그른 것과 이롭고 해로운 것을 다 불계하고 서로 쥐여 뜯으며, 꼬집으며, 수족을 결박해서 도무지 한 사람도 길을 갈 수 없이 만들어 놓았으니, 말로는 10년 동안을 걸었다 하며 경비와 노력에는 10년 적공을 들일만치 들였으나, 일로 말하면 짚신감발(*짚신 발감개) 하기에 의견이 충돌되어 토론하며 쟁론하노라고 아직도 신동 매는 문제가 해결이 못되었은즉, 실상으로는 집안 내에서 의견 다툰 것뿐이고 길은 간 것이 아니다.

그런즉 길이 험하여 걷기 어려운 것도 아니고, 길을 몰라서 방향을 찾느라고 헛 애쓴 것도 아니며, 의주 갈 마음이 부족해서 중간에서 쉬거나 낮잠 자거나 게으름 핀 것도 아니고, 다만 동행하는 사람들 중에 각각 조그마한 시기와 자존자대(自尊自大)하는 사사 마음이 눈을 가리어 서로 양보하며 피차 받들어서 큰 목적을 이루기는 뜻하지 못하고, 도리어 사소한 곡절로 큰 목적을 방해하고 말았으니, 서로 방해하려는 중에서 필경은 일체로 다 같이 손해를 받은 것이다.

그런즉 지금은 이 병근(病根)을 철저히 알았으니, 지금부터는 이 모든 병통을 일제히 버려서 새 정신, 새 결심으로 한 덩어리가 되어 서로주고 서로 따라서 손을 잡고 함께 나가면, 적어도 10일 안에 의주를 한 번 가볼 것이고, 이것이 그이들의 마땅히 할 일이고, 이것을 그이들

이 하려는 중이라 하니, 의주를 가보고 싶은 사람들은 이 기회를 잃지
말고 다 일심 합력할 것이다.

　만일에 이것이 못 된다면 의주를 보고 싶어서 두 눈이 짓물러 빠
질지라도 할 수 없이 제2조건을 취할 밖에 수 없나니, 이와 같은 날에
는 하나님의 책망도 아니고, 남의 죄도 아니며, 다 의주 가고 싶은 사람
들이 이렇게 만드는 것이라고 세상이 증명할 것이다. 끝.

미포 동포에게
(1930년 9월호)

여보, 우리도 독립운동 좀 해 봅시다. 남들은 비폭력운동이라는 것을 우리가 주창한 후에 시작하여, 그동안 쉬지 않고 일한 결과로 벌써 독립이 왔다 갔다 한다는데, 우리는 아무것도 못하고 우리끼리만 이러다가 말 터입니까?

여보, 이제는 누가 옳고 누가 그른 것을 좀 다 제쳐놓고, 처음 겸 마지막 겸 짜장 독립운동을 한 번 해 봅시다. 당신이 옳으면 얼마나 옳으며, 내가 잘났으면 몇 푼어치나 잘났겠소. 우리 중에 누가 낫고 누가 못한 것이 그다지 중대한 관계가 아니오. 다만 우리끼리 비교하는 것을 다 그만 묵살(黙殺)치고, 우리끼리 합동하여 타국인과 비교하는 것이 참 중요한 것입니다.

아무렴 한인이 한인보다 나은 것도 좋은 것이지만은, 한인이 타국인보다 나은 것이 더 좋은 일이 아닙니까. 그런즉 타국인과 비교해 보려면 우리끼리 비교하는 성질을 먼저 버리고, 우리끼리 제일 잘하는 점을 다 모아다가 합동하여 남을 이기려고 한 후에야 비로소 남을 이기고 날 것입니다.

내지에서 거의 전국이 들고 일어나서 독립을 선언하고, 소위 정부라는 것을 조직하여 세계에 반포하여 놓은 후, 그 결과로 다수 동포가 피를 흘리고 감옥에서 악형을 당하는데 정부에 각원으로 피선된 자들은 외양에 편히 앉아서 내 자리가 높다, 네 지위가 높다 하고 개조니 창조니 하며 서로 권리다툼 하노라고 성토문(聲討文) 악선전으로 전후 궁흉극악(窮凶極惡)한 수단과 계획으로 남을 결단 내려는 것이 능사요 재주로 알았으며,

임시정부를 우리 민족운동에 최고기관이라고 받들어서 모든 영웅이 다 구름처럼 모여들어 대업(大業)을 진행하라고 만들어 놓고 보니, 총장과 차장 사이에 어떻게 갈등이 났던지, 국무회를 열면 서로 돌아앉아서 피차 얼굴만 바라보며 각각 자기는 의견을 내놓지 않고 남더러 의견을 좀 내 놓으라고 서로 밀다가, 시간이 다 지나가면 일어나서 각각 집으로 가고 말게 되니, 이는 다름 아니라, 내가 의견 한 가지를 내어 놓으면 다른 이들이 밖에 나가서 각각 제 당파에게 악선전을 하는 고로, 그 내용을 다 알고 본즉, 누가 그 속에서 아무리 경천위지(經天緯地)할 계획이 있기로 내어놓고 싶으리오. 그래서 소위 국무회의라는 것을 몇 달을 두고 열어보지 못하기에 이른 것을 본지라. 그러나 이것은 다 옛적에 유치시대에 하던 일이니 다 지나갔고, 지금은 아마 이렇지 않을 줄로 믿는 바이며,

원동(遠東) 각처와 다른 곳은 모르지만은, 다만 미포 각 지방에 지나간 10년 경력으로만 보아도, 사람마다 독립은 다 원한다면서 독립운동하자는 단체가 매 지방에 둘 셋씩 분립하여 가지고 서로 정탐을 보내어 남의 단체에 들어가서 내용을 알아다가 서로 반각(返却)과 계교를 부려서 방해하려 하며, 그 중에 갑파가 좀 유력한 듯하면 을 병 두 파가 갑파와 합하여 크게 만들어 가지고 적국을 제재할 생각은 꿈에도 못하고, 을파 병파가 합하여 갑파를 대항하다가, 을파가 유력하면 갑파 병파가 손을 잡다가, 병파가 강해지면 갑을이 또 친밀해져서 마치 옛날 삼국시대에 서로 다투듯 하고 앉았으니, 하가(何暇)에 독립운동을 해볼

수 있으리요.

폐일언(蔽一言)하고, 재외 한인 몇 십만 몇 백만이라는 수효가 삼일 운동을 시작한 이후로도 벌써 10년 세월을 이 모양으로 보내고, 아직도 끝이 어디 있는지 모르는 모양이라.

하와이서 동지회를 시작한 지가 하루 이틀이 아니라, 삼일운동 계속을 준비할 목적인데, 남들은 우리와 같은 방식으로 벌써 세상을 선동하고 독립이 온다간다 하는데, 우리는 이 모양으로 지내왔으니 아무렴 인도자가 없어서 그렇다고 할 수도 있지만은, 설령 제갈량을 모셔온들 관공(關公), 장비(張飛), 마초, 조자룡이 다 각각 자의로 따로 놀려고 하면 와룡 선생이 혼자 어찌 하리요. 그도 할 수 없이 남양 초당에 가서 드러누울 뿐이라. 우리가 매양 독립운동을 실상으로 착수하려 하면 번번이 내홍이 생겨서 집안 속에서 뒤틀어 놓는 고로 매양 일어나려다가 도로 주저앉고, 나가려다가 퇴축(退縮)하고 말아온 것이라.

다행히 이번에 미포 동지 대표회가 처음으로 열리자 마침 하와이 몇 단체의 합동운동이 생겨서 원만한 효과를 이루었으므로, 이번에는 동지회 중앙부로 우리 민족운동의 최고기관을 삼아, 미포에 산심(散心)된 동포를 다 합하여 한 덩어리를 이루어 정신과 물질을 뭉쳐가지고 원동에 몇 백만 동포에게 크게 선전하여, 몇 해 안으로 한 번 크게 일어나자는 결심으로 많이 바라는 동지가 여럿이다.

그런즉 지금부터는 이상(理想)에 지난 몇 가지 경력을 다시는 없게 하고, 다만 우리 민족이 살기 위하여 우리가 한 구덩이에 들어가기를 준비하자는 일심으로 합동되어서, 우리 당대에 성공하자는 욕심만 품을지라. 중앙부에 당국한 인도자들이나 밖에서 받들어서 같이 나가자는 사람들이나, 다 이 마음 하나만 가지고 함께 뭉치게 되면, 그때는 우리도 여러 지혜와 여러 힘이 모여서 능히 적국으로 하여금 어찌할 줄

을 모를 만치 만들 터이라. 이것이 우리 세상에 한 번 났던 가치가 될
만한 일이니, 이 기회를 잃지 말고 독립운동을 한번 하여 봅시다.

사실 설명
(1930년 10월호)

근일 호항의 정계 풍파는 조그마한 차관에 잠시 끓는 물결이라. 밑에 불만 끄고 위에 연기가 개이면 아무것도 없을 것이다.

밑에 불 때는 사람이 하나이고, 옆에서 부채질 하는 사람이 5, 6인이며, 그 외에는 다 연기에 눈이 어둡고 열기에 마음이 취하여 정신 없이 날뛰는 사람들이라. 열도 내리고 공기가 맑아지는 때에는 각각 자기의 한 말과 일을 생각하고 도리어 남을 대하기에 부끄러워 할 사람이 여럿이 생길 것이다.

그러면 그 밑에서 불 때는 사람은 무슨 까닭으로 연속 화목(火木)을 집어넣고 있느뇨. 악감(惡感)을 일으켜서 정신을 취하게 하며, 허언(虛言)을 주작(做作)하여 이목을 현황케 하려는 주의라. 그 결과로 당파 싸움이 나서 시비곡직을 분간치 못할 만치 되면, 자기는 그 중에서 한 부분의 머리가 되어서 자유행동으로 지내고자 함이니, 남의 밑에서 대사업을 돕는 것보다 따로 조그마한 것을 차려서 마음대로 하는 것이 나을 줄로 아는 연고라.

그러므로 아무가 남의 단체의 주권을 침손한다, 다른 사람들을 불러다가 우리를 내어 쫓으려 한다, 수십 년 계속하여 온 단체를 없이 하려한다, 근 20년을 충성스럽게 바친 사람들을 무식하다고 다 몰아낸다, 또는 전제력(專制力)으로 민중을 무시한다 하는 이런 모든 선전이

다 차관 밑에 불을 때는 재료이다.

당국한 이들은 자기들의 권리를 침손한다거나 자기들을 무시한다는 바람에 덮어놓고 격분하여 불평을 품는 것이고, 민중은 2,30년 지켜온 단체를 없이 하란다는 말에 격동이 된 것이니, 이것이 다 인정에 자연한 상태라. 나는 이 시비하는 사람들을 조금도 책망하지 아니하며, 다만 외국에 앉아서 세상인심이 파동(波動)되는 것을 구경하고 있었노라.

그런즉 교민단 임원들은 다만 김 씨의 말만 들었고 내 말은 들어볼 계제가 없었나니, 교민단에 중대한 관계를 우리 임원들에게 알려주지도 않고 직접으로 사면 명령을 내린 것은 우리를 무시함이라 하는 말도 다 사리에 적당한 말이니, 나는 이에 대하여 책망하려 아니하노라.

그러나 임원들에게 알리지 않고 속으로 설왕설래(說往說來)된 것은 다름이 아니라, 다만 나의 지인지감(知人之感)이 밝지 못하여 그때까지도 김 씨를 사람으로 알고, 속으로 그 맘을 돌려서 흠절 없이 같이 일하게 되기를 바란 고로, 지나간 5,6삭 동안에 모든 일을 희생하며 백 가지로 충고하여 각오가 생기기를 도모하노라고, 과연 돌이면 닳고 쇠면 녹을 만치 간담을 토하고 권면하다 못하여, 필경은 자기의 부인에게 내용을 설명하고 지금에 위원부로 돌아가게 하였으면 좋을 터이나, 사오백 원의 여비로 인연하여 할 수 없으니, 차라리 조용히 사면하고 있다가 이 일이 정돈된 후에 다시 어느 편으로든지 나서는 것이 지혜롭겠다 하고, 아무쪼록 돌리기를 힘써 보라 하였고, 그 후에 자기의 친한 친구에게 부탁하여 아주 돌릴 수 없으면 사면할 수밖에 없다고 하였나니, 구미 위원부 관계로 보든지, 내가 그를 불러내어다가 일을 맡긴 경위로 말하든지, 자기의 내외를 친신(親信)하는 사분(私分)으로 치든지, 중대한 관계를 인연하여 내가 김 씨더러 사면하라고 권면하지 못할 이

유가 없거늘, 별지풍파(別紙風波)로 신문 상에 대서특서하여 명령으로
사면하라 하였으니, 사면한다 하며 십일 내로 투표해 들이라 하며 나를
성토하여, 소위 풍문이라고 신문 상에 발포한 것을 보니 과연 청천백일
에 번개 불 떨어진 것 같아서, 너무 억색(臆塞)하여 말을 못하였으며,
세상에 인심이 이러한 줄은 참 뜻하지 못하였나니, 임원들에게 내용을
알릴 여가가 없었는지라. 임원들을 무시하거나 단체의 권리를 침손하
려 함이 아니로라.

　　그러자 신문상에 연속해서 나를 토죄하여 기재하기를, 임원들이
사화(私和)하기 위하여 모였는데 리 박사가 오지 아니하였다고 책망한
지라. 그 내용인즉, 민단 임원들이 자기들에게 알려주지 아니한 것을
섭섭히 안다 하며, 불러서 설명해 주기를 바란다 하는 말을 듣고, 나는
대답하였으되, 나의 말도 듣지 아니하고 신문상으로 공격하기를, 민단
임원들이 한 것이지 내가 한 것은 아니니, 자기들이 내게 설명할 말은
있을지언정 나는 실수한 것이 없으며, 만일 내용을 알고자 하면 설명하
기는 어렵지 아니하나 민단 임원들을 내가 불러서 이런 말을 하게 되면
참으로 민단 사무를 간섭한다고 신문에 다시 성토하게 되어도 내가 대
답할 말이 없을지라. 나의 자서제질(子壻弟姪)이나 친구가 김 씨의 경우
에 있는 것을 내가 사면하라고 사사로이 권면하였으면, 이것을 민단 주
권의 간섭이라 하겠느뇨. 이에 대하여 나를 성토하는 사람들에게 내가
불러서 이를 수는 없으니, 만일 자기들이 나를 청하여 설명하여 달라하
면 가겠노라 한 것이라. 그러나 추후에 들은즉, 그 자리에 모일 사람이
임원들뿐이 아니라 김 씨가 또한 참석한다 하니, 그 사람의 하는 일이
이렇듯 흠험(欠險)한 줄을 알고, 앉은 이후에는 다시 대면하여 말할 수
없는 줄로 깨달은 고로, 그 좌석에는 참예할 수 없다고 기별하고 만 것
이라.

혹은 말하기를, 지금이라도 리 박사가 사화(私和)하는 말로 좋게 하면 다 아무 시비 없고 말 것이라 하나, 이것도 내용을 모르고 하는 말이라. 내용 관계는 내가 내 주의를 고치든지 김 씨가 김 씨의 주의를 고치든지 둘 중에 하나가 주의를 고쳐야만 될 것인데, 김씨는 5,6삭을 두고 지성으로 하다 못하여 이에 이른 것이니 더 바랄 형편은 못되며, 다만 내가 내 주의를 고쳐야 할 터인데, 나는 지금에 와서 합동운동을 그만두고 우리끼리만 그대로 지키고 앉아 있자 할 수는 없으니, 합동을 기위(旣爲) 시작한 대로 지켜서 민족운동에 크게 도움이 되기를 도모할 뿐이라. 그런즉 김 씨와 사화(私和)라는 것은 상의 물론(勿論)이고,

또 혹은 이 박사가 지금이라도 잘잘못을 물론하고 형편을 돌아보아 모든 사람들에게 사과 한 마디만 하면 중심이 다 풀릴 터이라 하는지라. 이것은 대체를 위하여 하는 말 같으나, 사실로 말하면 이번 일에 내가 사과할 것은 하나도 없고, 다만 한 가지 실수한 것은, 김 씨를 이곳에 데려다 놓아 모든 연장을 그 손에 잡혀주어 그 연장으로 이러한 풍파를 내게 만든 것이라. 이에 대하여는 내가 진정으로 마음에 아프고 부끄러워서 사과할 말을 아지 못하노라

그러나 김 씨를 선임하게 된 내력을 대강 설명하건대, 연전에 구미위원부 위원 허정 씨가 건강을 인하여 사면한 양하게 될 때에, 그 후임자가 없음으로 염려하여, 미주에 모모 동지들과 왕복이 빈삭(頻數)할 동안에 뉴욕 동지들이 고 임용호 씨를 위탁하여 라성(羅城)에 어떤 여관에서 일하고 있는 김 씨를 찾아보고 말한 결과로, 김 씨가 구미위원부에 가서 리 박사의 의견을 복종하여 충돌 없이 시무하겠다는 맹약을 받고, 뉴욕 동지들이 담보하는 글을 보내며 간절히 천거하되, 김 씨가 전에는 어찌하였든지 다 탕척(蕩滌)하고 신임하여 주면 좋은 동지를 만들 수 있다 하는 고로, 나는 전에 나 개인에게나 하와이 국민회를 대하여

어떻게 하였든지 다 잊어버리고 지금부터는 동심 합력하여 일하겠다는 것만 중히 여겨 즉시 임명하고, 위원부 전부를 다 맡기며 뒤를 받쳐서 신임할뿐더러, 여러 관계로 인연하여 더욱 친애한 정의가 타인과 자별하게 된지라.

급기 작년에 하와이 교회와 사회 간에 다소간 풍파가 있을 때에 타처에서 새 사람이 오기 전에는 시국을 정돈할 방책이 망연한데, 그때 호항은 물론하고 밖에서 새 일꾼을 데려오는 것을 극히 불찬성하는 고로, 중인의 공론을 돌려가지고 작정하기는 어렵고 형편은 매우 시급한 고로, 몇몇 동지와 의론하고 김 씨를 나오게 한 것이라.

급기 김 씨가 호항에 도착하자 여러 사람이 의혹하여 묻는 고로 내가 절대 신임하는 사람이니, 내 말은 무엇이든지 다 준행하리라 하였으므로, 차차 여러 동지들이 아는 대로 크게 환영하여, 필경은 교민단과 동지회 사무를 겸임하고 국민보와 태평양잡지 사무를 다 겸임케 하였으며, 자초로 잡지사 활판 주자는 내가 따로 보수하여 오던 것을 다 내려다가 그 손에 맡겨 주었나니, 김 씨를 조금이라도 의심하였더라면 어찌 이에 이르렀으리요. 실로 분하고 부끄러운 일이로다.

이번 미포 동지대표회가 되자 포와 한인 합동운동이 성취되어 하와이 한인 역사에 전무한 호감을 일으켜 각 방면으로 화기가 충만하게 되었나니, 그때에 국민보 주필로 앉은 이가 절대로 찬성하여 포와 한인의 통일이 완성되었으니, 지금부터는 민족운동에 다 일치한 보조를 취하자는 뜻으로 크게 선전하였더라면 중간에 혹 불평분자가 있을지라도 동성향응(同聲響應) 하는 중에서 다소간 끌렸을 것이니, 정신과 물질적 양방으로 새 힘이 생겨서 우리끼리 살기에도 화평과 재미로운 구경을 하겠고, 원동과 내지에서도 이런 성적을 듣고 크게 희망을 둘지니, 대업의 발전에 큰 도움이 되었을 것이거늘, 이것을 보지 못하고 속으로는 몇몇 사람들과 내응하여 백방으로 선전하며, 신문상에 주장하는 바는 기성 단체를 공고케 해야 된다 하여 합동운동을 은근히 무력하게 만들므로 많은 호감을 다 타락시키며, 사방에서 의혹이 생겨서 리 박사가 겉으로는 합동을 주장하며 속으로는 김 씨를 내어놓아 은근히 반대한다는 이도 있으며, 혹은 김 씨가 우리의 대 활동을 방해하니 갈아내겠다는 이도 있는 것을, 다 그렇지 않다고 설명하고, 김 씨는 우리와 같은 보조를 취하리니 스스로 돌리기를 기다리라 하며, 한편으로 김 씨를 권하여 절대로 합동을 찬성하면 동지회뿐 아니라 교민단에도 다대한 효력을 볼 줄로 믿는다고 누누이 설명하였으되 조금도 동념(動念)이 없으며, 몇몇 사람들은 뒤로 다니며 선동하기를 더욱 심하게 하여서, 독립단 측 동지들이 선서식을 행하러 올 때에 옆에서 당장 귀에 거슬리는 말을 하여 들리며, 동지 대표회에서 청년운동을 착수하자 한고로 이것이 민단에서 하려는 일을 빼앗는 것이라 하여 단장이 동지회 이사부에 사면하기에 이르렀으며, 독립운동을 민단에서 하여온 것인데 동지회에서 다 하기로 하면 민단은 없어진다고 하며 공석에서 선언하기에 이르렀나니, 이 모든 것이 다 김 씨의 주모(主謀) 설계에서 나온 것이라.

이와 같이 하여 민심이 모두 이산하게 된 후에는 동지회로 인연하여 의무금(義務金)이 아니 들어오니, 김 씨가 각 지방을 순행하기로 한다 하는지라. 나는 말하기를, 지금 이 형편에 각 지방에 순회하려면 우리 인도하는 사람들 중에 일정한 방침이 있어 여기 앉은 사람이나 밖에 나간 사람이나 다 한결같이 의견을 가지게 되어야 효력을 얻을 수 있지, 그렇지 않으면 모든 사람이 어찌할지 모를 것이오, 따라서 피차에 받을 손해가 이익보다 더 크리라고 하였으며, 그 후에는 김 씨가 나에게 나가서 순행하는 것이 좋겠다 하는 고로, 누가 나가든지 협의가 되기 전에는 효과가 없으리니, 일치한 의견을 가지기 전에는 나갈 수 없노라 하였으며, 합동문제에 대하여 김 씨 외 절대찬성을 얻도록 끝까지 힘쓴 것이라.

이와 같이 애쓴 것이 자기와 같이 일하게 되기로 목적함인 줄을 김 씨는 의심 없이 알았거늘, 이것을 다 뒤집어다가 신문에 광포하여 교민단 없이 할 말을 신문에 쓰라고 하는 고로 듣지 아니하였더니, 5, 6삭 동안을 위협하다가 필경은 사면하라고 명령하였다고 선포하고, 모든 사람이 다 일어나서 자기를 도와서 리 박사와 싸워 달라는 주의를 표시하기에 이른 것은 너무도 의사(意思) 부도처(不到處)의 일인고로 어떠하다고 말을 할 수 없도다.

사실이 이렇게 되었으면 어찌하여 임원들과 조용히 의론하고 조처하도록 아니하였느냐 하는 책망을 내가 들을 만하다 하겠으나, 그때까지도 김 씨가 이러한 줄은 모르고 종시 믿는 친구로 대접하려는 고로, 필경 할 수 없으면 친히 물러가라고 권면할지언정, 뒤로 다른 사람들을 시켜 내어 쫓게 하는 것은 정대한 도리가 아니라 어디까지든지 그 마음을 돌리게 하려는 것이 나의 결심인고로 이에까지 이르렀나니, 조금 하여 보면 나같이 어리석은 사람은 다시없다 하겠도다.

급기 동지회 지방회장을 선거할 임시에 몇몇 사람이 속으로 약속하고 독립단 모모인으로 임원을 선거하기로 하였나니, 이는 다름 아니라 이와 같이 하여 이왕에 싸우던 악감정을 일으켜서 구실을 만들려는 계획이라. 이것이 심히 위태한 것을 나는 미리 본 고로 이것을 막기 위하여 특별히 총재의 추천으로 교민단원 중에서 선정하게 한 것이거늘, 이것을 비평하여 독권(獨權)을 쓴다, 민중을 무시한다는 구실로 참 공화주의를 존중히 하는 듯이 말하였으니, 이것도 또한 우스운 일이라. 김 씨가 처음 하와이에 와서 공석 사석에서 말로 한 것은 물론하고, 신문상에 공포하여 인도자를 복종해야 한다고 한 적이 한두 번이 아니라.

그 붓에 먹이 아직 마르지 않았거늘, 지금에 그 붓으로 다시 개인 권리를 없이하고 민중 권리를 회복한다 하니, 모든 사람 앞에서 손을 들고 명령 복종하겠다고 선서한 것은 무슨 생각으로 하였던가, 과연 사람의 양심을 가지고야 어찌 이렇듯 하리오.

김 씨가 사면한다는 글을 반포한 후에 나는 즉시 사실을 설명하여 반포하고 제의하기를, 김 씨의 사면을 받고 그 책임을 나에게 위탁하면 오는 의사회 때까지 지켜 나가겠노라 하였나니, 이는 이왕에도 이렇게 한 적이 있었으며, 이러한 의견을 표시하여 각 지방 동포들이 어떻게 조처할 줄을 알게 하려 함이라. 공화 사회에서 누구든지 자기를 선거하면 무엇무엇 하겠다고 글도 돌리고 말도 하는 것이 보통 전례라, 투표하고 아니하기는 투표권 가진 이들의 할 일이거니와, 후보자로 자천(自薦)하는 것은 개인의 자유에 있나니, 이것으로 인연하여 시비하는 것은 공화제도를 말로는 내세우면서도 뜻은 알지 못하는 자들이라.

그 후로 말과 글로 선전되는 것을 보고 듣건대, 교민단을 빼앗으려 한다 하며, 교민단의 권리를 간섭한다 하는 모든 허무한 소리로 인심을 현혹시키는 고로, 나는 즉시 글을 발하여 교민단이나 국민보 일을 상관치 않겠다고 하였나니, 이는 다름 아니라 내가 교민단을 없이 하려 한다는 악선전에 언단(言端)을 없이하여 의혹을 풀고자 함이고, 주권을 침손치 않는 증거를 표명코자 함이라. 이후로는 민단의 잘되고 못되는 것을 내가 도무지 상관치 않을 것이니, 이에 대하여 거의 20년 동안에 모든 풍파를 무릅쓰고 다투며 싸워서 보호하여 온 것을 지금에 그 운명이 장차 어찌될지를 모르고 손을 뗀다는 것이 어찌 깊은 감상이 없으리오. 많은 당국한 이들의 원을 따라 손을 떼는 것뿐이며, 이것도 교민단원의 다수 의견으로는 인증치 아니하나, 당국의 뜻이 즉 단체를 대표한 줄로 인증하는 법이니, 다른 불평을 인연함은 아니로다.

그런데 우리가 깊이 깨달을 것이 몇 가지 있으니, 첫째는 이번 시비가 교민단과 독립단 사이에 생긴 것도 아니고, 둘째는 교민단과 동지회 사이에 생긴 것도 아니며, 다만 민단 안에 당국들이 김 씨의 선동을 받아 사실 아닌 말로 글을 발한 고로 각 지방 동포는 사실을 알지 못하는 중에서 자연 파동된 것이라. 국민보 상에 무슨 말을 내든지 다소간 사실을 뒤집어서 감정을 일으키려는 주의로 연속 글을 내는 것이니, 부디 그 말에 촉감(觸感)되어 격동을 받지 말 것이며,

또 한편으로는 국민보 상에 은근히 지방 관념을 격동시키는 증거가 보인지라. 인심이 이렇듯 음험한 것은 이번에 처음 보았도다. 우리가 남의 야심을 다 깨달은 후에는 특별 조심하여 남의 함정에 빠지지 않는 것이 지혜로우니, 서울이니 시골이니 하는 구별로 은근히 악감을 일으키려 하는 사람이 있거든, 이것은 결코 민족이 영영 멸망할 장본으로 알아 촉감을 받지 않는 것이 가하도다. 우리가 하와이에 30여년을 사는 동안에 타처에서는 지방열(地方烈)이라는 것으로 모든 일이 거의 다 결단을 당하였으되, 하와이에서는 몇 해 전까지 지방구별은 없이 지내어 일체 한족으로만 보아온 것이라. 이것이 옳고 지혜로운 일이니, 그대로 지켜나가는 것이 애국애족의 본의라 하노라.

내가 이 일에 대하여 글 한 줄이나 말 한 마디라도 허비하지 않으려하였나니, 이는 다름 아니라, 김 씨와 싸우는 태도를 보이는 것이 너무도 유치하게 여긴 연고라. 그러나 동포들이 어찌된 내용을 알지 못하면 이 책망이 내게 있겠기로, 이 글로 한 번 설명할 따름이고, 이후는 무슨 소리를 발하던지 대답하지 않으려 하노니, 다만 바라는 것은 우리끼리 싸우고 시비하는 정신을 돌려다가 우리 민중을 합하여 적국을 대적하기로 전력하는 것이 옳으니, 모든 동지들은 동지회에 대한 직책을 더욱 극진히 행할지라.

　모든 사소한 것을 다 버리고 우리 끼리 뭉쳐서 독립운동을 진행하는 것이 우리 목적이라. 만일 이 모양으로 우리 끼리나 싸우다가 말고자하면 나는 숙시숙비(孰是孰非)를 말하지 않고자 하노라.

민국 12년 9월 24일
이승만

제 2 부

태평양주보

이 박사의 탄신 축하
(1938년 4월 2일)

동지회 기독교회 부인 구미회 기독학원 학생 단체에서는 연합하
여 전월 26일 저녁에 이승만 박사의 탄신을 위하여 기독학원에서 성대
한 연회를 배설하고 다수 내외국 동지들이 회집하여 축하하였다.

호항지방 부인 구제회 회장 한애스터 씨의 사회 하에 동지회 중
앙부장 김리재 선생의 기도와 부인보조회 대표 백인숙 씨의 축사가 있
었고, 김형식 목사는 죽은 인도자를 봉사하는 것보다 산 인도자를 봉사
하는 것이 낫다 하였고, 양유찬 박사는 축하연을 준비한 여러 부인들을
특별히 치하하며 이 박사가 착수한 사업이 속히 성공하기를 위하여 축
하하였고, 너드로 박사 내외분은 다수 한인이 외양에서 고집한 것을 만
나게 되었은즉, 작객 중에 있는 것을 깨닫지 못하게 하였다. 보드웍씨
는 한인은 세계에 군함 발명의 조상이고, 종교상과 정치상으로 미국의
후원을 받게 된즉, 일반 한인은 이 박사를 후원하여 대사업을 성공할
줄로 희망한다고 하였다.

기독학원 학생단 기념물(성경) 봉정식과 생신 창가는 청중의 회포
를 쾌락케 하였다. 이 박사는 여러 단체에서 성대한 연회를 설비한 것
을 무한히 감사히 여긴다 하며, 하와이에 거접한 이후로 기독회원, 동
지회, 기독교회 3대 기관을 설립한 것은 일반 동지들의 성력이오. 특별
히 기독교 예배당 건축에는 양규찬 박사의 성력이라 하였다.

여러분 남녀동지들의 축하예물 중 최백렬 씨는 특별기념 양복 1
벌을 봉정하였다.

〈이 박사와 감사장〉

동지회와 기독교회와 부인 구제회와 부인 보조회 여러분의 사랑
으로 본인의 생일을 또 잊지 않고 성대한 연회로 기념해 주신 것을 우
리 내외는 실로 설명키 어려운 감사를 느끼며, 따라서 여러 형제자매의
각각 귀중한 예물로 기부한 것을 일일이 감사장으로 보내나 우리 두 사
람의 고마운 마음 흉중에 충만한 것을 아시기 바랍니다.

이 박사 여행담

- 3월 30일 이 박사께서 워싱턴을 향하여 발정하시면서 쓰신 것
(1939년 4월 8일)

나는 1935년에 구미를 달(達)하여 호항으로 온 후로 교회나 사회의 내막을 완화주의로 교정하기를 바라고 1년 반을 두고 힘써 오다가 필경 또 싸우지 않고는 되지 못할 것을 간파하고, 그때부터 사교회 간에 도무지 간섭을 끊고 상관 않기를 결심하여, 글과 말로 여러 번 선언하였으나, 40여년 적공하여 오던 우리 민족운동을 어찌 졸지에 거절하고 말고자 함이었으리요. 다만 여러 번 풍파를 지낸 결과로 새로이 깨달은 바 내가 혼자 인도자 책임을 가지고 동포의 재정을 모손하며, 독립은 회복하지 못하고 보니, 자연 내게 대한 악감이 심해서 내 신분에만 어려울 뿐 아니라 우리의 하고자 하는 일을 해갈 수 없을 만치 되고 보니, 차라리 내가 물러앉아서 다른 이들이 인도될 기회도 있고 재정도 거두어 쓸 수 있게 하는 것이 가하다는 생각으로 이렇게 한 것이니, 독립을 못할지언정 동족 간에 싸우지는 말아야 하겠다는 각오를 얻게 된 까닭이다.

그 후로 중일전쟁이 거의 2년 세월에 달하며, 그동안 좋은 기회를 잃은 것도 같거니와 지금은 중국이 차차 왜적에게 전국 요해처를 다 빼앗기고 앉아서 좀 더 있으면 숨통이 다 막히게 되어 세계에 대한 선전도 할 수 없게 될 터이라. 지금 중국 한 가지 생맥은 영, 미, 아 각국

중 다만 한두 나라라도 나서서 직접으로나 간접으로나 중국을 응원하게 되는 그 점에 달렸는데, 미국 사람들은 아직도 이 전쟁이 중국의 전쟁인 줄만 알고 중국이 망한 후에는 저의 전쟁이 될 줄은 모르고 앉았나니, 우리가 이것을 알려주는 것이 중한 양국뿐 아니라 미국과 세계평화에 큰 도움이 되는 것이라. 이때에 우리가 침묵하고 앉았으니 이 사람의 처지로 어찌 차마 견딜 바리요.

이렇게 침묵하고 앉은 이 사람의 속이 탈 동시에 여러 동포들의 관찰이 또한 나와 같아서, 필경은 참다못하여 나에게 대한 원망과 질문이 들어와서 이 박사가 아니하면 누구더러 하라고 그저 앉았느냐 하는지라.

그런즉 이런 좋은 기회를 가지고 세계를 대하여 한마디 못하고 앉아서 내게 돌아오는 원망과 죄책은 면할 수 없이 되나니, 내가 차라리 나의 힘대로 직책이나 행하며 시비를 듣는 것이 도리어 낫겠다는 각오를 가지게 된 고로, 수차 공동회를 불러서 토의하게 된 결과가 나에게 책임을 지우기에 이르렀나니, 나는 이때부터 다시 결심하고 불시로 짐을 묶어서 미주로 건너갑니다.

이번에 추구하는 바는, 우리가 일본의 압박을 복종치 않는다는 것과, 중국을 급히 도와서 일본을 몰아내는 것이 미국에 제일 지혜로운 정책이라는 뜻을 미국 관인에게 대하여 누누이 선전하고자 함이라. 이것인즉 미국을 도울 것이오, 또 중국을 돕는 것이니, 즉 우리 민족운동에 긴중한 보조라. 이것을 깊이 각오하는 동포는 어디서든지, 무슨 경우에 처하였던지 다 각각 사사관계를 생각지 마시고 한마음 한뜻으로 끝까지 응원하실 줄로 믿으며 바랍니다.

이 박사 자유를 위하여 싸움
(1939년 6월 3일)

(이상 문제로 워싱턴에서 발행하는 세네터라는 주보 5월 20일호 제214페이지에 이 박사의 사진을, 그리고 그 밑에 기재한 것)

금일 세계평화는 참으로 위협을 당하였다고 공화한국 제1차 대통령 이승만 박사께서 경고하되, 유럽에는 세력이 평균 되었으나 원동에는 일본으로 인하여 그렇지 못하고, 동양에는 아일 양국이 모든 세력을 잡았는데, 일본에서 아국 세력까지 동양에서 끊었다고 하신다.

이승만 박사께서는 근자에 호항으로부터 워싱턴에 다시 오셔서 30년간 싸우던 목적을 계속한즉, 일본에는 손해가 되고 한국에는 자유와 독립을 회복하여 2천3백만 민족으로 일본노예를 면케 하신다.

이 박사께서 1878년에(*1875년 출생) 한양 부호가문에서 탄생하여 일찍이 각오한 바는, 이조 말년에 구습 정부의 학정과 압박으로 국민이 불행히 고초를 당하는 것이다.

이 박사께서는 20세 될 때에 매일 신문을 시작하시고, 이 신문을 통하여 자유 훈계로 전도하시다가 종당에는 감옥에 체류하게 되어, 동양제도에 교훈과 행복의 모본이 되었다. 박사께서는 7개월 동안 목에는 20근이나 되는 무거운 칼을 쓰고 손발에는 고랑을 차셨고, 동모자들이 구타를 당하는 것과 단근질을 당하는 것과 교형에 처하는 것과 참형에 처하는 것을 목도하셨다. 그러나 이 박사께서는 항상 민족의 자유를 위하여 싸움하는 것을 주관하시며, 논설과 선전문을 기록하여 비밀히 옥문 밖에 나가도록 만드셨다.

다년간 험악한 경력이 전부 소멸될 수는 없으며, 박사께서도 그 경력을 담화하시기가 어려우나, 그러나 담화하시다가 최고점에 이르러는 졸연히 머무시고 입술을 적시거나, 입술을 찌그리시게 된즉, 이것이 동양형벌 제도의 결과이며, 감옥과 수인은 칼 쓴 죄수를 지날 때마다 서서 죽장으로 철사를 친다.

1904년에 일본이 대한반도를 합병할 때에 이 박사와 기타 정객 죄수들이 해방되고, 그러나 한국은 새정부 밑에서 잘된 것이 없고, 이 박사께서는 계속하여 자유를 학습하시며 교훈하시다가 말종에는 일본 정부에서 10만원을 현상하고 박사의 머리를 구한즉, 박사께서는 외국에 피신하시는 것이 필요하시게 되었다.

1914년에 박사께서는 민, 한 양씨로 동행하였으니, 민 씨는 귀족이며 한 씨는 대장이다. 저들은 독립운동으로 조직한 신정부의 비밀대사로 미국의 후원을 얻어 한국이 일본에서 자유 되기를 시험하였었다.

하여간 적은 비밀대사는 성공치 못하게 되었고, 미국은 일본과 친선하는 나라이며 디오도 루스벨트 대통령은 일본과 친선키를 원하였는데 특별히 문호 개방정책으로 미국에서 동양에 교섭키를 시험하였다.

이 박사께서는 35년 전 11월에 한국에서 떠나신 후로 본국에 다시 가시지 못하였으며, 일본은 계속하여 자유를 금지하며 박사께서 환국하시면 즉시 하옥되거나 사형할 것이다. 박사께서는 여러 번 생명에 위협을 당하셨고 수차 사저와 사무소에 수색을 당하고 종이도 실물(失物)되었다.

이 박사께서는 한국에서 피신하신 후로 대부분 세월은 미주와 호항에서 보내시며 박사의 영구한 가정을 정하였다. 1914년에 한인 기독원을 창설하셨는데, 지금까지 주관하시며 6년 전에 취처하신 부인이 협조하였다. 박사께서 희망이 없는 때를 늘 당하였으되, 적은 신체로 사생과 담력을 가지고 독립을 위하여 싸우며, 지금까지 싸우는데 어떤 때는 대부분을 독수공권으로 싸우셨다. 그러나 이승만 박사는 낙심치 아니하시며 성공되는 날을 만나실 것을 믿으신다. 그래서 박사께서는 워싱턴에 다시 오셨다.

박사께서는 희생으로 지내시며, 아마 이번에는 내가 한국에 도움이 되겠지, 하여간 그렇게 되기를 희망하니, 나는 싸우기를 정지치는 않을 것이라 하신다.

우리가 참으로 이렇듯이 경애하는 바는 이 박사께서 정신으로 싸우는 것을 동정하는 바이다. 적고 예모 있고 연약한 신체는 63년간 다 대한 분투의 경력 미실정, 미전력으로 지휘하시는 것이 표현된다. 박사께서는 체소(體小)도 불계하시고, 박사의 사상은 고상한 학위를 조지워싱턴 대학, 하버드 대학, 프린스턴 대학에서 받으셨고, 민첩하시며 녹록치 않으시다. 우리는 박사께서 만사에 형통키를 진심으로 희망한다.

리 박 외교소식

(1939년 6월 3일)

총재 이 박사께서 워싱턴에 도착하신즉 곧 미국 친구들이 고문하기를, 체코인의 국민외교부로 운동하는 제도를 채용하여 한인도 대한 국민위원부로 외교를 계속하는 것이 유력하겠다 하여, 중앙부와 전보와 서신으로 누차 상의하시고, 이전에 구미위원부를 개하였던 곳에서 외교활동 하시는데, 거월 19일에는 이 박사의 외교하시는 소식이 26처 신문에 기재되었으며, 그 후에도 각처 신문에 우리의 독립운동이 널리 전파되었다.

이 박사께서는 워싱턴에 도착하신 후로 종종 전보와 서신으로 하와이 여러분께 문안하시며 안부를 전하라 하셨다. 선생께서는 분망 중에도 잠시라도 하와이 동포를 잊지 못하시는 것 같다. 선생께서 1차는 워싱턴 형편을 말씀하신 중 우리의 사업은 잘 진행되며 미국 인심은 일본을 배척하는 태도는 매일 심하며, 군인계와 정치가들은 일본을 배척하되 일본에서는 막대한 재정 세력으로 외교를 민활히 하는 고로 미국 재산가들이 사업상 관계로 아직까지는 일본을 친선하는 세력이 정당을 농락하는 것뿐이라 하였더라.

그러나 우리의 믿는 바는, 이 박사의 독립운동 소식이 각 신문에 전파된 것만 의하여도 그 가치를 재정으로는 비교할 수 없다. 일본의 재정 세력이 우리의 애국성을 당치 못할 것이며, 각처 신문에 기재된 소식과 잡지에 전파된 소식을 듣고 보는 사람들은 한국 독립에 후원치 않을 자가 없겠다. 이 박사께서는 지금 각국 인으로 한국친우회를 복설키에 분망하신 중이다. 지금은 창설하시는 시기를 다시 당한고로 운동비가 평시보다 더 많게 될 것은 설명치 않아도 일반이 자각할 바이다.

이 박사 환영준비
(1939년 7월 29일)

1. 회정(回程) 예언

총재 이 박사께서는 중요한 외교 목적을 가지시고 몇 달 전에 워싱턴으로 가실 때에 미리 말씀하시기를 7, 8월간에 하와이에 오셨다가 워싱턴에 가셔서 외교 활동을 계속하게 될 듯하다고 하셨다. 그 이유는 7, 8월간에는 국회도 폐회될 터이며, 백인들은 하기에 피서하며 휴식하는 고로, 워싱턴에는 매년에 하기를 당하면 각 정객들과 기타 유력한 인물들은 외국이나 산중과 해변으로 가서 수양하다가 추절에야 다시 오는 것이 전례이다.

그래서 이 박사께서 발정하시기 전에 중앙부 임원들을 소집하시고 예언하시기를, 금년 여름에도 워싱턴 등지에서 다수 유력한 백인 친구들을 종종 상보치 못하게 되시면 차라리 회정(回程)하셨다가 다시 가셔서 외교를 계속 활동하는 것이 여러 방면으로 유익이 더 많게 될 것이다고 예언하셨던 바이다.

중앙부에서는 이 박사께서 27일에 나성에서 떠나는 선편으로 8월 2일에 호항에 도착하시기로 준비하신다는 서신을 받고, 25일 밤에 임원회를 소집하고 환영 순서를 대강 상의하고, 1일이 3추같이 환영일자만 기대하고 있다.

2. 경제 준비

우리가 외교를 다시 계속하고 성공하는 날까지 대활동을 연속하기로 결심인바 경제상에도 주의치 않을 바가 아니다. 외교전쟁에도 군대전쟁과 같아서 경제상 실력 준비를 매양 요구케 되는 바이다. 그래서 이 박사께서 워싱턴에 계셔서 경비만 내는 것보다 나성 동포를 심방하시며 겸하여 잠시 회환하셔서 기독학원 개학하는 범절이나 지도하시고 다시 워싱턴으로 가시는 것이 필요케 되었다.

이 박사께서는 기독학원에 앉아 계시면서도 미국 국회원들이 하와이에 올 때면 기독학원에서 저들을 청하여 중요한 외교를 계속하여 왔은즉, 금년에도 하와이에서는 8월 15일경에 국회원 중에 중요한 인물들이 올 때에 환영할 순서를 준비 중이다. 이 박사께서 기독학원에 와계시게 되면 금번에도 또 국회원들을 기독학원에 앉아 계시며 외교할 기회도 있게 되었다.

우리는 외교에 경제상 준비도 항상 중요시한다. 거년에 독립운동금으로 수입되는 것을 외교비로 저축하였던 것으로, 금번 이 박사께서 워싱턴으로 떠나실 때에 즉시 여비를 지출케 되었었다. 외교비 호원을 허락하신 분은 계속하여 힘써 주시며, 아직도 허락지 아니하신 분은 지체마시고 힘대로 후원하여 주시면 우리의 외교상 성공될 날이 멀지 않을 것이다.

3. 내정준비

독립운동 외교의 중대한 책임을 맡은 동지회 총부가 하와이에 있은즉 하와이와 미국 사이에 진행할 방책도 이 박사께서 친히 설명하실 것이 있을 것으로 믿으며, 또는 하와이 동포들이 미주에 계신 동포들의 열성을 이 박사께서 친히 설명하는 것을 들을 때에 동지회 본부에는 천연적으로 원기가 더 나며, 이후로 진행할 방칙에도 유억(留憶)될 것이 많을 바이다.

동지회와 기맥을 상통하고 있는 몇 큰 기관이 하와이에 있는바 곧 기독교와 기독학원도 그 중에 포함되었다. 그래서 기독교와 기독학원이 확장되는 대로 동지회 내정 실력에 많은 도움이 되는 바이다. 기독교와 기독학원은 또 외교상에 도움이 많게 된 바는 외국인에게서 많은 재정으로 후원하며, 우리가 관리하여 가며 우리의 독립하는 사상을 널리 선전하는 기관이다.

그런즉 이 박사께서는 기독학원 개학을 방임하고 계시기를 원치 않으시며, 기회만 있으면 착수하였던 학원 확장을 대강 지도하시고 다시 워싱턴으로 가시는 일이 동지회 내정에 큰 도움이 될 것으로 믿으며, 이 박사 회정으로 미포 간에 동지회가 더 확장될 것을 확신한다.

4. 물질 후원

이 박사의 환영에는 물질 후원이 요소이다. 먼 곳에서 환영석에 내참치 못하게 되는 형편에 계신 동포들께서는 이 박사께서 경영하시며 우리가 원하는 외교 사업에 대하여 물질로 후원하시고, 성의를 더 표하여 주시는 것을 대환영으로 믿는다. 우리 학교에 좋은 기회는 이 앞에 더 많으며, 그간 몇 달 동안에 이 박사께서 워싱턴 등지에서 활동하시며 한국 친우회를 복설하시고, 일인이 한국에서 압박하는 정형을 들어 선전한 결과로 미국 국회에서는 우선 한국에서 일인을 압박하는 정치가 변동할 때까지는 미국에서 유학하는 한국 학생을 특별히 대우하여 미국에 있게 하자고 하여서, 이 안건에는 통과 여부가 없이 국무부에서는 특권으로 한인을 후대할 권(權)도 있는 바이다.

이것이 미국에서 한국을 후원하는 초보이며, 이 박사께서 수십

년 동안 우리와 같이 고락을 한가지로 당하시며 외교를 계속하여온 결과이며, 미국에서는 배일하는 사상이 매일 증가된즉 천연적으로 우리와 친선하는 정의는 시시로 더 친밀하게 되고, 우리의 외교는 성공할 날이 멀지 않게 되었다.

세계현상

- 워싱턴에서 이 박사

(1939년 7월 29일)

체코슬로바키아라는 나라는 구라파의 동남 지방에 산재한 민족으로 여러 각국의 부속하여 다소간 학대를 받다가, 세계 전쟁 후에 미국에서 미국 친우회들의 도움으로 독립을 선언하고, 마시릭 씨를 대통령을 삼아 월슨 대통령의 동정을 얻어 오백만 원 차관을 얻어 독립국을 이루었다가, 이번 히틀러의 강탈로 덕국에 영지를 만들게 되매 그 나라 대통령인 뻬네스 씨가 즉시 대신하여 미주로 와서 미주에 산재한 저의 동족 150만 명으로 자기 나라의 독립회복을 운동하매, 미국 관민이 극히 찬조하며, 워싱턴에 있는 체코슬로바키아 공사관을 덕인이 빼앗으려 하매, 체코 공사는 말하기를, 덕국이 자기나라 빼앗은 것을 인증치 아니하니, 공사관은 덕국 공사관이 아니라 체코슬로바키아 공사관이라 하여 덕인을 물리치매, 그 공사관이 아직도 여전히 체코의 외교기관으로 있는 중이다. 수일 전에 뻬네스 대통령은 급히 떠나서 영국으로 갔는데, 그 내용을 듣건대, 전쟁이 불구 시작될 터이니 당지에 있어야 한다 하고 갔다 한다.

무솔리니는 히틀러에게 끌려서 벗어나기 어려운 모양인데, 자기도 필경은 히틀러의 손에 해를 당할 줄을 알면서도 경제 방면으로 얽혀서 벗어나지 못하게 되었으므로, 부득이하여 따라가며 속으로는 히틀

러의 세력이 오래 부지하지 못할 것을 은근히 바라고 끌려 나가는 모양
이며,

히틀러는 사주책(四柱冊)에 적혀 있기를 그 운명이 오는 9월에 끝
맺는다 한 고로, 히틀러가 이것을 믿어서 죽기 전에 세계를 전쟁판을
만들어놓고 말겠다 하여 전쟁을 시작하기가 십상 팔구라 하나니, 이것
이 다 무슨 근거가 있는 말인지는 알 수 없으나, 워싱턴 정계에 유행하
는 말이 이러하니 두고 보아야 알겠고,

챔벌린으로 말하면, 런던에 완고한 정당파의 한 분자로 절대 평화
를 주장하나니, 영국이 어떤 나라이던지 전쟁만 시작하면 대영제국이라
는 것은 파산되고 말 것을 각오한 모양이라. 지금 부득이 노국과 연맹을
주현하나 실상은 노국과 미국을 미워하며 일본을 친하게 하는 터이라.
그러나 덕, 이, 일 3국이 영국의 세력을 꺾기로 활동하는 자리에는 부득
이 하여 노국과 미국으로 더불어 친근히 할 수 밖에는 없는 터이다. 그
래서 노, 법, 미 3국과 합력하여 준비를 부지런히 하며, 중국 방면에서
일인에게 양보를 않겠다고 선언하였나니, 이는 미국의 후원을 의뢰하고
하는 것이라. 일인이 이것을 인연하여 큰 문제가 되는 모양이다. 각국
조계를 중국에 그저 두고는 중국에서 독권을 잡을 수 없는 고로, 기어이
몰아내고야 말려 하나니 일본의 큰 문제가 여기 달렸다.

미국은 유럽에서 전쟁이 나더라도 이번에는 도무지 참예치 말자
는 것이 보통 평화주의자의 의견인데, 정부 측에서는 영국과 협력하여
덕, 이, 일 3국의 야심을 막고자 하나, 보통 민심은 영국을 도와서 싸울
필요가 없다 하며, 일본에 대하여는 전국 민심이 보통 배일인데, 문화
배척과 배일 행동이 표면으로 쉬지 아니하나 속으로 재정가의 연락이
깊으며, 일본의 선전기관이 가장 유력함으로 군기군물과 전쟁 재료는
일본이 전혀 미국에서 얻어다가 중국을 치는 고로, 지금 국회에서 이것

을 막으려고 법안을 제출하였으나 반대가 많이 생겨서 많은 충돌로 막아 오다가, 지금은 거의 몇 조건을 통과케 되는 모양이라. 미국이 군물만 막고 보내지 않으면 몇 달 내로 일본은 실패하리라 하는 자들이 있으니, 일본은 이에 대하여 속으로 근심하는 모양이다.

이상이 세계 현상인데, 배임 열이 점점 자랄 수는 있으되 침식될 수는 없은즉, 우리는 이 중에서 대대적 활동이 없을 수 없고, 활동을 할수록 앞길이 더욱 열릴 것이다.

이승만 박사 환영기

- 其1

(1939년 8월 26일)

세계 정국이 갈수록 긴장하여지는 이때에 우리 민족의 사정을 만천 인사에게 호소하기 위하여 우리의 경애하는 이승만 박사께서 국제무대로 향하신지도 어느덧 반년이 가까운 세월을 지내게 되었다. 선생께서 이런 길을 떠나시는 것도 한두 번이 아니오, 우리로서 선생을 보내는 일도 처음 되는 경험은 아니다. 그러나 본대 우리 골수에 사무친 원통은 너무도 아프고 우리의 이 원통이 어서 신원이 되어지이다 하는 기대는 너무도 안타까워서, 가시는 날부터 무슨 좋은 소식이나 보내시지 않는가 하는 마음으로 누구나 다 조급하게 지내다가 선생께서 잠시 다녀가신다는 소식을 듣고서는 손가락을 꼽아가면서 고대고대 하여왔다.

어느덧 선생이 오신다는 8월 16일은 닥쳐왔다. 밤새껏 기다리던 비는 개일 줄을 모르고 아직까지 안개비로 오락가락하고 있다. 시간이 늦지나 않는가 하는 초조한 마음으로 동지회 중앙부장 김리제 목사 동반으로 선창 제12호 부두에 다다르니 때는 바로 일곱 점 반이었다. 급급히 배표와 레이를 사 가지고 종선(從船: 큰 배에 딸린 작은 배)을 타라고 할 순간에 문득 뒤에서 무슨 소리가 나면서 나타난 이는 리대보 형이었다. 영수를 존경하는 그의 마음, 존경하는 영수를 1분이라도 다 가서 맞으려는 그의 정성을 나는 못내 치하하였다. 우리 형이 종선에

오르자마자 그 배는 돋는 햇빛에 비단 같은 물결을 헤치고 나가기 시작
하였다. 좌편으로 금강봉, 우편으로 천하제일이라는 진주군항을 멀리
바라보면서 선생을 모셔오는 매소니아 기선을 향하여 달음질할 때에
뼈가 터질 듯이 실린 손님 중에서 어떤 이가 망대로부터 우리를 부르는
소리가 들렸다. 그는 누구인가! 선생을 맞으러가는 리태성 선생이었다.
우리 일행은 더 느렸다. 앞바다로 더 갈수록 눈앞에 널린 적은 배 큰
배들이며, 일대 장관을 이룬 20만 주민은 선생을 맞이하러 나가는 우리
의 기쁨을 한층 더 돋우어주는 듯하였다.

큰 배에 오르니 갑판에 나타나 있는, 수삭 전에 미주여행을 가신
김영기 선생 내외분이었다. 반가이 인사를 마치면서 김 선생은 당신의
일행 한 분을 소개하니, 이는 우리 사람으로서 누구나 다 잘 아는 샹항
양주은 선생의 따님 한미 양이다. 부모를 멀리 떠나서 서투른 타향 동
포들을 찾아오는 그를 과연 장하고도 칭찬하고 또 동정하였다. 이 박사
께서는 어찌해서 갑판에 나서지 않으셨나 하는 일종의 불안한 마음이
떠올랐다. 방 호수를 알게 되는대로 급급히 달려가니 부인의 병은 아직
쾌차치 못하여 출입에 자유롭지 못하고, 따라서 선생께서는 갑판에 나
서실 경우가 되지 못하셨다. 반가이 악수를 하는 그 순간에 나타나는
부인의 신색은 핼쑥하여 보기에 미안하였고, 선생의 건강은 전보다 매
우 좋으시다는 느낌을 가지게 되었다. 갑판위에서 부두를 바라보면서
담화하는 동안에 알로하 타워의 괘종은 아홉시를 점치고, 점잔을 빼는
기선은 청아한 음악소리를 따라서 유착한 몸을 부두에 위탁하였다. 인
산인해를 이룬 선창에 선생 내외분의 얼굴이 나타나자 미리부터 등대
하고 있는 남녀동포들은 열광적으로 허둥지둥 선생에게로 모여들어 기
쁨에 취한 광경을 이루었다.

선생께서 오신지 제 3일인 18일 밤에는 동지회, 부인구제회, 기

독교회의 연합 주최로 중국찬관 동양루에서 선생을 환영하는 만찬회가 열렸었다. 선생의 사정을 모르는 우리로서는 만찬회 일자를 예정키 어려워서 창졸간에 된 일이었지만 구름같이 모여드는 남녀동포들은 입추의 여지가 없는 대성황이었다. 손님으로는 정빈 이 박사를 위시하여 김영기 선생 내외분, 양한미 양, 그리고 또 마위에서 오신 이수임 여사가 출석하셨고, 병중에 계신 이 박사 부인께서는 섭섭하게도 오시지 못하셨다. 향응 뒤를 따라서 주석 김리제 목사로서 선생에게 회중에 말씀해 줍시사 청하니, 선생께서는 감사하다는 정중한 답사가 있은 뒤에, 이번에 보고 듣고 느끼신 감상을 말씀하시매 그 대요는 다음과 같다.

『내가 워싱턴 갈 때에 선편의 사정으로 시애틀을 직행하여 시카고를 들러서 워싱턴을 향하는 연도에서 다수 동포들을 만나 보았소이다. 워싱턴에 있는 동안 모모 백인 친구들이며 정객들과 교제하여 보았는데, 여러 친구들의 말이, 1919년에 당신이 조선 문제를 일으킬 때에 우리들은 친구 된 의리로 동정하면서도 이것은 과거에 장사한 죽은 문제니 어찌할 도리가 없다는 의심을 가졌소이다. 그러나 오늘날 와서 지나간 일을 회고하니, 당신의 각오가 과연 정당한 것을 깨달았소이다 하는 동시에, 정객들은 미국이나 영국이나를 물론하고 우리가 과거에 한국에 대한 모든 태도를 이제 뉘우치노라 합되다. 그렇게 완강하던 중국 사람들도 제 설움에 못 이겨서 한국과 중국은 죽든지 살든지 다 한길로 섭시다 합되다. 시카고에서 두 분 청년의 의향을 들어본 일도 있거니와, 어디를 가든지 동포들의 일반 심리가 지방별이니 당파심이니, 나니 너니 하던 것은 다 떨어버리고 민족의 원대한 목적을 위해서는 공동 일치하게 서자는 것이 1919년 이후에 처음 되는 현상임을 깨달았소이다. 일본이 동양이나 세계를 다 삼키지 못할 것이 명백한 대세인 동시에, 조선의 친구들이 늘어가는 터이니 우리의 희망은 과연 많소이다. 여러

분께서는 사사감정이나 의견의 충돌을 피하고 다 하나가 되어서 동지
회의 정신대로 민족운동을 계속합시다. 운운.』

선생의 말씀이 끝나자 김영기 씨의 취미 진진한 여행담은 가다가
웃음의 바다를 이루었고, 양한미 양의 답사는 간단하고도 다정하였다.

호암에 새로 오신 손님으로 인하여 양씨 한 분이 더 느는 것을 감사
하다는 양유찬 박사의 치하를 뒤따라서, 손님이라면 손님 주인이라면
주인인 ○○○ 씨의 간곡한 말씀이 있었다. 그 대요를 말하면 다음과
같다.

『제가 이번에 하와이로 돌아올 때에는 무엇이라고 할 수 없는 섭
섭한 마음을 가졌었습니다. 그러나 이제 이 박사를 모셔보니 집을 떠나
셨던 아버지를 만난 것같이 기쁘고 든든합니다. 한 가지 섭섭한 것이
있다면, 우리 민족이 가장 다사다난한 이때에 선생님의 육체가 늙어 가
시는 일이라 하겠습니다. 예전에 어떤 임금이 신하들을 데리고, 소를
가리켜 말이라 하니, 신하들은 말이 아니라 소인 줄 뻔히 알면서도, 예,
말이란 말씀이 지당하외다, 했다는 말과 같이, 우리는 이만치 선생님의
말씀을 순종하여서 앞날에 좋은 결과가 있기를 바랍니다. 이 박사께서
는 과연 장래를 보시고 일하시는 우리 민족의 인도자이올시다. 운운.』

화기 융융한 가운데서 산회하니 시간은 바로 아홉 점이었다.

환영회 기사는 다음 호에 또.

이승만 박사 환영기

- 김형식

(1939년 9월 2일)

이 박사 환영 만찬회가 지난 바로 이튿날인 8월 19일 밤은 세 단
체 연합주최로 기독교 예배당에서 이 박사 환영연설회로 모이게 되었
다. 반공(半空)에 솟은 3층 건물의 장내 장외를 분빛으로 단장하였고,
정각 전부터 모여들기 시작한 동포들은 그처럼 넓은 좌석을 빽빽하게
채웠다. 리떼시 양의 주악이 끝나면서 김형식 목사 사회하에 찬송가
228장을 합창하고, 이종관 목사의 기도로 환영회는 열리었다. 강싸라
양의 독창, 민함나 여사의 환영사, 소년 찬양대의 합창이 있은 뒤에 동
지회를 대표하여 김학성군, 부인구제회를 대표하여 김봉순 여사, 교회
를 대표하여 안득은 여사가 선생에게 레이를 걸어드렸다. 병으로 인하
여 출석 못하신 박사 부인께는 별달리 꽃 한 봉 보내드린 것을 회중에
광포하고, 이 박사의 연설과 김리제 목사의 답사가 있은 후에, 무궁화
1절을 합창하고, 박동완 목사 축복으로 폐회하니, 때는 아홉 점이었으
며 이 박사 연설의 대요는 여좌하다.

『내가 워싱턴에 도착한 날은 4월 13일이었소이다. 가자마자 뉴
욕에 있는 중국 약품구제회 회장 윌리암 박사에게서 이곳 중국 후원을
위한 대회가 열리니 오셔주시오 하는 전보를 받았소이다. 그곳 가서 세

번이나 이런 성질의 대회에 참예해 본 일이 있는데, 일본을 배척할 기세가 대치하는 것을 보았소이다. 중국을 순회하고 돌아온 미국인 ㅇ씨는 말하기를, 95퍼센트의 미국인이 중국을 동정한다면서, 95퍼센트의 군물을 일본에 수출하는 것은 웬일인가! 그 증거로는 남경 함락시에 일본 비행장교가 사용한 폭탄이 터지지 않은 채 떨어져 있는 것을 중국학생들이 발견하였는데, 그것은 펜실베니아 ㅇㅇ공장에서 제조한 폭탄으로 판정되었다. 미국이 중국에 대하여 이런 일을 감행하느냐고 질문하는 그 학생들의 호소에는 대답할 말이 과연 없었소이다 하는 가장 비통한 연설에는 수천 명되는 청중이 극도로 흥분이 되어서 좌불안석하는 것을 목도하여 보았소이다. 이처럼 중국을 동정하고 후원하는 반면에 일본 정부의 역선전도 과연 맹렬한 것을 보았소이다. 그들이 선전하는 말은, 중국이 이번에 승리를 한다고 가정하고, 중국이 승리만 하게 되면 공산당의 천지가 될 터이니, 그때에 외국인들이 중국에서 찾아 볼 것이 무엇인가. 일본이 만주를 먹은 뒤에 미국이 만주에 와서 얻어간 이익을 보고 있는가. 이것은 숫자로 증명할 수가 있다. 운운.

이러한 판국에 미국의 정부, 국회 그리고 또 일부 인사들은 중국에 대하여 적지 않은 동정을 하고 있으나 또 한편으로는 중국이 망하든지 일본이 망하든지 우리에게 상관이 무엇이냐. 장사만 잘하면 그만이 아니냐 하는 자본가들의 등쌀에 일본과 중국이 미국의 동정을 얻는 일은 마치 씨름하는 것 같습디다. 오늘날 중국이 미국의 자본가와 일반 민중의 동정을 사려면 선전하는 일을 반드시 대대적으로 해야 하겠는데, 내가 일찍이 1931년 만주사변 때에 중국 공사에게 선전이 필요하다는 말을 하였고, 이번에도 또 그와 같은 말을 하였더니, 지금 있는 공사가 그 전에 있던 그 사람은 아니로되, 미국 친구들이 선전을 많이 해주니 우리가 더할 필요는 없다고 꼭 같은 말을 합디다. 백인 부인 ㅇㅇ씨는 군물 수출을 일본에 금지하여 달라는 6만 명의 사인을 받아서 국회에 청원한 일도 있고, 이번에 중국에서 미국 비행기 7백만 원어치를 사 간다고 하기에, 내 말이, 비행기에는 6백만 원만 쓰고 백만 원은 떼어서 선전비로 쓰는 것이 좋겠다고 하였소이다.

　내가 가서 지나간 몇 달 동안에 한 일은, 이전에 있던 한국 친우회를 복설한 일이외다. 구미위원부의 문을 닫고 소위 짐짝은 다 몰아다가 남의 곳간에 쌓아두었다가 이제 다시 끌어내다가 먼지를 털어가며 사무실이라고 차리고 보니, 이전에 하던 일을 모두 다 되풀이해야만 되게 되었소. 체코슬로바키아 사람은 시카고를 중심으로야 150만 명이나 살고 보니 세력이 굉장하지마는, 우리의 세력이야 말할 것 무엇 있소. 이 운동을 계속해 가야만 할 터인데, 우리의 재력을 의지할 수 없어서 친우회를 복설한 것이외다. 회원 만 명만 있고 회원마다 1년에 1원씩만 준다면 만원은 될 터이니, 만 원 돈만 가지게 되면 문 닫힐 일은 없지 않습니까. 나의 관찰로는 대세가 이만한 형편이나 무슨 일이든지 인력으로 다 되는 법은 없고 하나님의 경륜이 계신 줄 분명히 믿을 수밖에 없소이다. 우리 사람은 본래 총명한 민족인즉 그저 남에게 매여서만 살게 될 줄을 나는 믿지 않소이다.」

이 박사 전별회
(1939년 11월 11일)

워싱턴으로 행하시는 이 박사 내외분을 위하여 4일 밤에는 동지회와 부인구제회와 기독교회 3단체 주최로 동양 청천관에서 만찬회가 있었고, 5일 오후 2시에는 또한 2단체 주최로 성대한 전별회가 있었는 바, 손중운 씨 사회 하에 일동이 애국가를 노래한 후 부인구제회 중앙부 부회장 민함나 씨의 기도와 김형식 목사의 전별사가 있었고, 따라서 각 단체의 화환례를 필한 후에 정빈 이 박사의 연설이 있었는데, 대지는 아래와 같다.

『이 세상 천만사가 하면 되고 아니하면 안 되는 것은 만고에 불변하는 원칙이올시다. 그래서 개인의 일일지라도 하고 또 하고 쉬지 않고 계속하여가면 성공이 있고, 범사에 게을리 하여 어렵다고 아니하면 신망패가(身亡敗家)를 하고 마는 것입니다. 하물며 국가민족의 사업이겠습니까. 더군다나 우리 제일 빈약한 조선 민족의 사업이겠습니까.

빈 주먹을 가지고 오신 여러분, 그 어려운 노동을 하여 가시면서도 입을 것을 다 입지 못하고 먹을 것을 다 먹지 못하고 푼푼이 모은 그 돈을 가지고 민족운동이니 외교이니 하여 오셨습니다. 우리의 일은 우리가 하여야만 하겠다는 여러분의 오직 일편단심 굳은 마음 변천 아니 하시고, 온갖 희생을 다 하여가면서 오늘날까지 원망 없이 낙심 없이 꾸준히 성의를 써오신 것 나는 치하하려 합니다. 여러분의 앞날이 많지 아니한 처지로서 죽도록 충성을 다하는 결심을 받아가지시고 외교의 길에 나아가시는 우리의 인도자, 한편으로는 눈물을 흘리게 되며 한편으로는 뛰며 춤출 만한 이 자리라, 나는 감격한 마음을 금치 못하겠습니다.

여러 동지들이여, 이 박사를 전별하는 오늘날을 당한 새로운 감상, 새로운 결심이 계실 줄 압니다. 여러분이 무거운 짐을 졌습니다. 무엇 무엇이 부족하다 아니하여도 여기 모이신 동지들이 다 헤아리실 줄 압니다. 남들은 모든 것이 풍족하여 무슨 일이던지 힘들이지 않고 치루어 가지만은 우리의 처지는 그와 달라서 다만 여러 동포들의 붉은 성의만 믿고 일을 시작하며 일을 치러갑니다.

여러분, 국가 민족을 위하여 일할 날도 많지 않습니다. 남은 정성을 이때에 기울이십시다. 우리는 여러분이 매삭 외교비로 담당하신 것을 우리는 단단히 믿습니다. 또한 이 박사께서 행장을 차리실 때에 다소간 경비 있어야 하겠으며, 그 외에 외교 사무를 진행함에 돈이 있어야 하겠습니다. 나는 얼마가 들리라고 말씀을 아니 하고 여러분 스스로 생각하시라고 합니다. 이 자리에서 특연이 좀 있어야 하겠습니다. 여러분이 아무쪼록 힘 많이 쓰셔서 우리의 사명을 띠고 가시는 이 박사께 정성을 나타내십시다. 힘을 다하십시다. 우리가 우리의 일을 할 것 같으면 우리의 성공이 있을 줄 믿고 바라는 바이올시다.』

리원순 연설 필기

이 씨 연설이 끝나자 일반 동포는 열정을 기울여서 당석에서 특연으로 삼백여 원이 허락되었더라.

워싱턴 사무소 정돈
(1939년 12월 23일)

우리는 워싱턴에 온 후로 거처할 처소를 정하노라고 날로 분주한 중입니다. 그러나 종종 하와이의 모든 동포와 우리의 모든 일을 생각하고 도리어 외따로운 회포가 나서 마치 귀양살이 온 것 같습니다. 중간에 거리를 계산해 보니까 대한 이수로 1만 5천여 리나 되니 자연 깊은 감상이 없지 못합니다.

우리의 거처하는 처소는 이전 위원부 사무소에서 멀지 않고 또한 화이트하우스와 몇몇 관청도 가까우며, 또한 각국 공사관도 몇이 이 근처에 있는데 앞에 문간도 점잖아 뵙니다. 3층 위에 방에 넷입니다. 새로 중창해서 안팎이 다 깨끗한 중, 이전 우리 사무소에 있던 세간을 옮겨다 놓았습니다.

한편은 사무소로 쓰고 넓은 방 하나는 접빈실로 써서 사무소와 살림집을 합해서 쓰니 경제도 좀 되고 편리도 하며, 남들도 돈 많지 않고 점잖은 사람들이 이렇게 지내는 이가 많으니 체면상에는 적당합니다. 다만 내 부인의 샌 병이 쾌복하지 못한 중에 살림을 손수 맡은 것이 미안하나, 경제를 위해서 자기가 고집하고 자담해 나갑니다.

우리가 이번에 제일 주의하는 바는 무슨 방식으로든지 이곳에 우리 대표기관은 영구히 유지하기를 도모할 것입니다. 왕사를 생각하는 것이 소용없는 말이지만은, 1919년에 하와이에서 온 돈 3천5백 원을 봉치해 놓고 내가 은근히 주선해서 이 근처에 돌로 지은 집 한 채를 사기로 하고 있는 돈을 선급으로 주고 그 나머지는 집세 내듯이 부어 가게 약조하여 문서를 하게 마련하여 놓고, 그날 저녁에 서재필 박사와 돌푸스에게 설명하였더니, 이리저리 의견이 생겨서 며칠 안에 돈만 없어지고 집은 다시 생각도 말았나니, 그때에 돈을 다 치러놓고 귀정이 된 후에 알지 못한 것이 나의 실수라 후회막급이외다.

지금은 3, 4천원을 모아가지고 하기는 어렵지만은, 무슨 방법으로든지 장구한 처소를 마련하여 놓는 것이 지혜로운 일입니다.

지금은 더구나 구라파에서는 저의 나라를 남에게 빼앗기고 다시 찾기를 위해서 이곳에 선전 외교상 대표기관을 둔 나라가 여럿이 생겨서 승인을 받지 못하고도 공사관 명의를 부지하고 있는 사람이 한인뿐이 아닙니다. 그런즉 우리도 어찌하던지 우리 민족을 대표한 기관이 간단없이 워싱턴에 있게 하는 것이 우리 광복 대사에 한 긴요한 일로 압니다.

이상 말한 바는 우리가 여기서 어찌 지내는 것을 각처 동포가 다 알고자 하시겠기로 대강 기록함이오. 지금은 이 명절을 당하여 우리의 사랑하는 모든 동포에게 일일이 편지를 못하며, 귀 주보의 폭원을 빌려서 우리의 간절한 마음으로 미, 포 각처의 모든 동포께 성탄만복과 신년대길을 축하합니다.

워싱턴에서 이승만 내외

〈성탄 저녁〉

성탄일　저녁에　온 집안은　모두다
숨소리　낮추고　쥐죽은 듯　조용히
성늬콜　오기를　기다리는　가운데
버선짝　굴뚝에　매여 달고　있었다

침방에　아이들　다 몰리여　자면서
제각기　무엇을　하나둘씩　바라며
엄마는　수건과　나는 모자　쓰고서
길고긴　겨울밤　잘 지내려　하더니
정원에　왼소리　왁작짓걸　나기로
그만에　뿌리쳐　내달으며　그편에
창문을　바라고　허둥지둥　하면서
문장을　헤치고　불쑥 내다　보았다

새로운　월광은　하얀 눈을　바라고
비취어　만물이　낫과 같이　밝은데
삼면을　휘둘러　살펴보는　내 눈에
여덟 필　설마가　뚜렷하게　보이고
기상이　늠름한　노옹차부　채들고
줄달여　오는 이　성늬콜라　정령히
모두다　속함이　독수리에　지난다
또 저는　급급히　재촉하는　소리로
댄씨야　대셔야　푸렌써야　빅써야
혜영아　큐빗아　불릿쓴아　돈저야
이름을　불러서　마루와 벽　우흐로
광풍에　나부낀　검부작이　노닐 듯
설마에　장난감　주섬주섬　담은채
성늬콜　일행은　지붕위에　올랐다
눈 깜박　할 새에　지붕에서　요란히
발자국　소리가　여기저기　나더니

2부 래평양주보 ∥ 449

머리를　돌리어　보려하는　순간에
성늬콜　일행은　굴뚝에서　나왔다
머리로　발까지　입고서온　털옷은
검정이　재 티끌　남루하게　묻었다
들쳐맨　장난감　봇짐으로　분다면
짐 풀어　팔려는　등짐장수　같았다
그 눈은　총기가　반짝반짝　빛나고
그 뺨은　월계와　코는 앵두　같았다
그 작은　입술은　당겨 쏘는　활 같고
그 볼에　덮여진　백발수염　날린다
곰방대　잇빨로　꽉 깨물고　피는데
연기는　머리로　화관처럼　떠돈다
그 배는　둥글고　그 얼굴은　넓은데
때때로　웃으며　흐물흐물　해졌다
그 몸은　둔하나　기쁜 노옹　분명해
나로는　어쨌든　그를 보고　웃었다
그 눈은　번쩍여　나를 돌아　볼 때에
무섬이　내게서　뱅손이 질　하였다
그이는　아무 말　없이 볼일　보는데
보선을　어언간　다 채우고　나서며
콧등에　손가락　잠간 대고　있더니
굴뚝을　향하고　둥둥 떠서　올랐다
그이는　설마에　휘바람 쳐　따더니
새처럼　휙 날라　둥실둥실　떠간다

교회와 학교에 대하여
(1940년 9월 7일)

근자에 귀처에서 오는 소식 중 반가운 것은 기독교회 목사를 새로 택인하여 미구에 도착된다 하니 심히 기쁩니다. 누가 교회 일을 담임하고 오시던지 교회와 일반 교우에게와 목사 자신에게 다 두루 복스러운 결과가 있기를 빌며 바랍니다.

따라서 반가운 것은 금조에 한인 기독교 교회보가 와서 그 제목만 보고도 마음이 스스로 기쁩니다. 장 목사를 청하여다가 사무를 맡게 되었다는 소문을 들었더니, 지금 교보를 보니 일반 교우의 많은 성심으로 이렇게 진흥되는 것을 멀리서 치하합니다.

따라서 기독학원이 이원순 씨 부인의 성심 성력으로 모든 일이 잘 진행되며 추기 개학에 진행할 순서를 준비 중이라니 멀리서 항상 사모하며 그리운 나로서 많은 위로를 받으며 찬성합니다.

내가 여러분께 알리고자 하는 바는, 우리가 여러 십년 동안을 두고 기다리던 그 시기가 지금 와서 일미 간에 친선한 교섭은 아주 끝이 났으니까. 미일 재정이 언제 생기겠다는 것은 단언키 어려우나, 친일사상이 다시 이 나라에 전같이 많아질 것은 아주 불가능이므로 우리가 이 중에서 배일사상을 고취하는 것이 중국을 돕는 것이고 미국을 위하는 것이다. 한국은 따라서 자연히 도움을 받을 것임으로 이 일에 전무하는 것이 나의 직책인 줄로 압니다. 그러므로 이 사람은 귀처에 교회나 학교나 사회에 대하여는 내가 다시 책임을 질 수 없는 형편이니, 여러분 이대로 아시고, 해외에 모든 사업상에는 이 사람이 아무 관계가 없는 것과 이후에라도 또다시 주장될 수 없는 사정을 양해하여 주시기를 바랍니다.

내가 그동안에 여기서 준비하던 일은 거의 필역되는 중이므로 장차 효과가 어떠한 것을 보아서 아시게 하려니와, 어려운 재정으로 이때까지 계속하여 후원해 주신 여러 동포는 그 후원하여 준 효과가 장차 우리 민족운동에 도움이 될 것을 알게 될 날이 있기를 바랍니다. 이 앞으로도 계속해서 진행할 것이며, 그동안 하여온 모든 일도 아직 완성이 다 못되었으니 여러분의 후원이 여전히 필요합니다.

교회와 학교에 대해서 내가 한마디 다시 하고자 하는 말은 이것입니다. 우리 교회와 학교를 따로 세운 것은 우리가 타국인과 연락을 끊는다든지 우리가 독립 교회라는 명예만 취하자는 것이 아니고, 우리도 남과 같이 우리 것이 있어야 되겠다는 각오로 시작한 것입니다. 남이 주장하여 세워주는 것은 아무리 좋아도 우리 것은 아닙니다. 남의 하는 사업에 우리 돈을 갖다 암만 많이 넣어도 우리 것이 되지 못합니다. 물론 우리 것이나 남의 것이나 우리가 가서 예배 보았으면 그만이지 구별할 것이 무엇이냐 하겠지만, 남에게 가서 부쳐서 예배를 보는 것은 얼마 후에 남이 도와주지 않으면 없어지고 말지만은, 우리 것은 조그맣게 라도 시작해 놓고 우리 재력을 들여 확장하면 영구히 우리 것으로 크게 만들 수 있는 법이니, 우리도 남들 하는 전례를 따라서 우리 것을 세워가지고 우리 것을 크게 만들려는 계획으로 시작한 것입니다.

학교를 세운 것이 이 교회에 장래와 민족장래를 희망하고 세운 것인데, 크게 만들어서 각국 인계에 자랑할 만한 기관을 이루자는 욕망을 가지고 한 것인데, 이것을 성공치 못하고 말게 된 이 사람으로는 더

할 말 없으나 당초부터 각국인과 싸우며 세운 것입니다.

백인과 일인이 다 각각 저의 세력 밑에 드는 자를 좋아하나니, 우리는 그 두 세력을 면하고 세우려는 일이 어찌 쉽게 되기를 바라릿까. 우리가 이대로 얼마 계속하면 장차 미국인이 일인 배척을 시작하는 날에 가서야 백인 중으로 재정가의 큰 도움을 얻을 수 있겠다는 관념을 가지고 한 것인데, 보통 한인들의 관념으로 보면 사방에서 비평하는 것뿐이고 도움은 받지 못하니, 한인 청년 중 누가 이 학교를 찬성하리까. 그래서 장래가 점점 어려워지는 것입니다.

나는 지금 이 일을 위하여 다시 하와이를 갈 여가가 못되니, 모든 일을 각각 교회나 학교 당국과 또 고문부 제원과 타협해서 시국에 맞춰서 원만한 계획을 정하고, 그 결정 되는대로 따라 행하면 처음 시작한 본의와 같지 않게 될지라도, 나는 조금도 이의 없이 결정 되는대로 찬성할 터입니다.

동지회는 여러 동지가 아시는 바와 같이 민족운동을 조직적으로 진행하자는 목적으로 한 것인데, 개인 사혐과 파당적 감정에 끌려서 목적에 도리어 장애가 되는 염려가 없지 않았으나, 지금 시기가 가까워 오는 대로 우리 민족적 정신이 새로 진흥되어 사소한 생각을 타파하고 공의를 앞세울 날이 다시 올 줄 믿으니, 더욱 단결하여 공고한 조직을 이루기 바랍니다.

〈이승만〉

기회를 이용
(1941년 3월 1일)

미, 일 충돌이 점점 가까워 오는 것을 보고 한인들이 보통 말하기를 이것이 우리의 절대한 기회라 하니, 실로 30여 년을 두고 기다리던 기회가 오는 것은 사실이라. 그렇지만 또 한편으로 보면 절대 위험 시기이다.

전에는 일인들이 세계 공론을 두려워서 남의 이목을 가려가며 포학한 학정을 행했지만은, 지금은 아직 드러나게 백인을 대항하는 고로 선교사라 신문기자라 하는 모든 외국인 중에 저희를 비평할 만한 자는 다 내쫓고, 저희를 도와서 선전해 줄 자들만 남겨두므로, 감옥서에 무죄한 교인들이 몇 천 명씩 갇혀서 악형을 당하되 말 한 마디 하는 자가 없고, 쫓겨나온 선교사들 중에도 다수는 이후에 용서를 받아 다시 돌아가기를 바라고 감히 실정을 말하지 못하며, 도리어 한인을 흉보는 말이나 신문에 내서 일인의 호감을 사려고 힘쓰는 중이므로, 한족의 형편이 더욱 말이 아니오.

외양으로 말하면, 우리가 지난 35년간에 글과 말로 일본이 미국과 전쟁할 준비를 한다는 것을 미국인들에게 알려주려고 백방으로 선전할 때에는 이 나라 정부와 백성들이 우리를 배일 선동자라고 지목하여 핍박이 적지 않았으며, 미포에 한인 청년들을 권하여 일인과 동화하기를 힘쓴 결과로 한인의 자식들이 한국 독립운동이 난 것은 변동 초월

(楚越)같이 보게 되었다.

지금 와서는 일인들이 속으로 전쟁준비를 충분히 하여 가지고 공개적으로 원동에서 백인을 전부 몰아내며, 태평양 전부를 다 저의 관할에 넣으려고 점점 밀어 들어오므로 비로소 선동이 되어서 국방을 준비한다, 해륙군을 확장한다 하니, 한편으로는 배일 배덕 열이 일어나며 또 한편으로는 이것을 반대해서 국회와 민간에 충돌이 극렬하니, 이 중에서 일인 방어할 운동은 못하고 군비 준비만 하나, 이것도 적국이니 나라를 침범하기 전에는 쓰지 못한다 하니, 일인들은 기탄없이 저의 할 일을 다 하고 점점 진보하여 나오므로, 이대로 계속만 된다면 일인이 태평양 좌우를 다 단속하고 미국을 침범할 때까지 미국은 앉아서 기다릴 모양이니, 미국이 위험한 것은 우리가 보고 앉아서도 속수무책이다.

동시에 미국을 해하려는 외국인 분자들이 각 처에 여러 방면으로 폭동을 일으키므로 인심이 점점 선동되어 외국인을 의심하며 주목하나니, 각 지방에 불량한 한인들이 한둘씩 있어서 혹은 사혐으로 혹은 편당심으로 무죄한 한인들을 얽어다가 관리 측에 비밀히 보고해서 아무는 친일이라, 아무는 일인 정탐이라 하여 죄 없이 오해를 받게 만들어 놓으므로, 어떤 지방에서는 이런 자 한 둘을 두려워서 타처로 이거하는 한인들도 있다 하니, 이는 한인에게 위험이고, 미국에는 손해된다.

그러므로 이 기회를 한인들이 잘 이용하면 한인들이 복이오, 잘 이용하지 못하면 크게 위험한 시기이다.

이상에 말한 바와 같이, 한인들이 서로 잔해하여 단결이 못되면 미국에 도움을 주지 못할 뿐더러 저의 신분상으로 의탁이 '없이 될 것이다. 타국인들은 각각 저의 보호나 있지만은, 한인은 공영사도 없이 미국인의 의혹이나 받고 있으면 장차 어떻게 되겠으며, 따라서 이후에 전쟁이 생겨 일인이 망한 후에라도 한인이 단결이 못되니 독립을 주어도 소용이 없는 백성이라고 판단이 되게 되면 이에서 더한 불행이 어디 있으리오.

그러므로 우리는 각각 사분상 이해와 친소를 다 버리고 조직과 연락이 되어 미국인들이 하기 어려운 일을 우리가 맡아서 일인의 내용을 탐보하며, 중국인과 합작하여 일본을 항거하여 미국이 싸우지 않고도 일본을 무력하게 하며, 혹 한인 계에 일본과 내통된 자가 있으면 단체에서 조사하여 확실한 증거를 가지고 공개로 선포하여 미국 관리 측에 걱정이 되지 않게 할진대, 한인 위신이 더욱 높아지며 동정이 더욱 깊어져서 우리 신분에도 이롭고, 조국과 미국에 대한 충성을 다하는 도리가 될 것이다.

한인들이 자고로 일인과 원수인 것을 각국이 다 아는 고로 미국인의 신임을 많이 받는 중이지만은, 이런 기회를 타서 모든 단체 간 합심합력으로 세계에 공화를 위하여 큰 공효를 세우기를 바랍니다.

〈리승만〉

해외 한족 대표회를 치하
(1941년 5월 31일)

이번 호항에서 개최한 해외 한족대회 결과를 모든 한족이 다 기뻐할 줄 믿습니다. 아무 작정한 일이 없이 다만 모였다가 악수만 하고 헤어졌을지라도 그 좋은 영향이 이때에 얼마쯤 기대할는지 추측하기 어려울 터인데, 그 이상에 피차 호의로 의사를 교환하고 따라서 민족운동을 합심 합력하여 하기로 작정하고 각각 호감을 가지고 일어나게 된 것은 과연 축하할만한 성적입니다.

이 뒤를 계속하여 이 성적이 영구한 결실을 내고 못 내는 것은 각 단체에 인도자들과 또한 일반 민중에게 달렸으니, 어떤 단체나 어떤 인도자나 이것을 이용해서 자기들의 세력을 세워 보기로 경영하는 데가 있으면, 아무리 비밀히 하고 아무리 수단 있게 할지라도 스스로 남들이 다 알고 각각 그 정신이 다시 들어와서 서로 분열이 부지중에 생기리니, 이것을 극히 조심할 것입니다. 민족을 이때에 우리 손으로 살려내야 하겠다는 일편단심만 가지고 서로 받들어 나가면 스스로 신앙이 생기며 정의가 통해서 몇 십 몇 백 단체가 있을지라도 다 단합 단결한 민족이 될 것이라. 그러므로 대회하기 전보다 지금 이후로부터 조심하여 준행하는 것이 필요합니다.

그런즉 지금 이후로 어떤 한인이든지 외국인을 대하여 글로나 말로나 한인들이 단합이 못 되어서 일하기 어렵다 하는 자가 있으면 이는 곧 거짓말하는 자요, 한족의 생활 길을 막는 자로 인증하여 공개 성토할 것이라.

지금 이후로는 모든 왕사를 다 잊어버리고 천재일시인 이 기회에 우리 삼천리 금수강산을 회복하자는 목적에 다 살아도 같이 살고 죽어도 같이 죽자는 대의를 지켜서 이 굳은 애국심과 이 굳은 단결로 대업을 성취하도록 나가기를 바랍니다.

이에 대하여 나는 모든 단체 대표 제씨와 모든 인도자들과 또 원근에서 이 대회를 위하여 진심진력 하신 여러분에게 일체로 감사하며 치하합니다.

1941년 5월 17일
리승만